Adrienne Edgar

·

Intermarriage and the Friendship of Peoples

Ethnic Mixing
in Soviet Central Asia

Cornell University Press
Ithaca / London
2022

Адриенн Эдгар

•

Межэтнические браки и дружба народов

Этническое смешение в Советской Центральной Азии

Academic Studies Press

Библиороссика

Бостон / Санкт-Петербург

2025

УДК 94(57)
ББК 63.3(54)
   Э18

Перевод с английского Юрия Губина

Серийное оформление и оформление обложки Ивана Граве

Эдгар, Адриенн.
Э18 Межэтнические браки и дружба народов. Этническое смешение в Советской Центральной Азии / Адриенн Эдгар ; [пер. с англ. Ю. Губина]. — СПб.: Academic Studies Press / Библиороссика, 2025. — 400 с. — (Серия «Современное востоковедение» = «Contemporary Eastern Studies»).

ISBN 979-8-887199-30-6 (Academic Studies Press)
ISBN 978-5-907918-20-7 (Библиороссика)

В отличие от своих соперников по холодной войне, Советский Союз прославлял смешанные браки среди разнообразных этнических групп как знак нерушимой дружбы народов и скорого появления единого «советского народа». Однако в последние десятилетия существования СССР взгляд на национальный вопрос становился все более примитивными и даже расистским. В этой ситуации смешанные семьи оказывались не в состоянии понять или принять свою сложную идентичность: выходцы из межэтнических советских браков часто отмечали, что «официальная» национальность в их документах не соответствовала их субъективным ощущениям. Опираясь на десятки интервью, а также советские документы, статьи, фильмы и книги, Адриенн Эдгар показывает, как смешанные пары и семьи остро и болезненно переживали слом идеи «советского народа».

УДК 94(57)
ББК 63.3(54)

ISBN 979-8-887199-30-6
ISBN 978-5-907918-20-7

© Cornell University Press, 2022
© Adrienne Edgar, text, 2022
© Ю. Губин, перевод с английского, 2024
© Academic Studies Press, 2025
© Оформление и макет.
ООО «Библиороссика», 2025

*Посвящается Амаю и Бену, младшим Эдгарам
И памяти Адиля Александровича Уалиева (1993–2015)*

Благодарности

Я рада выразить благодарность всем, кто помог сделать эту книгу возможной. Прежде всего, я благодарю всех женщин и мужчин в Центральной Азии и России, которые поделились историями своей жизни в интервью для этого проекта. Без их великодушия и открытости этой книги не было бы. Я в огромном долгу перед моими друзьями и казахстанскими коллегами — это С. А. Уалиева, которая помогла мне найти моих первых респондентов и чье сотрудничество, знания и гостеприимство так много значили для меня на протяжении многих лет; Н. У. Шеденова и ее отец У. К. Шеденов, любезно принявшие меня на несколько недель в своем доме в Алматы; К. А. Токтыбаева, Б. Н. Кылышбаева, М. А. Ускембаева, С. М. Шакирова, З. Ж. Жаназарова и А. Х. Аймаганбетова, которые поделились своими мыслями о смешанных браках в Казахстане, навели меня на респондентов и посоветовали интересные материалы для чтения, а также помогли мне во многих других вопросах. Кроме того, К. А. Токтыбаева великодушно предложила провести и записать интервью за меня. А. Б. Есимова провела для этого проекта несколько интервью в Шымкенте, а О. А. Гайко и Е. Ю. Мацковская расшифровали многие интервью.

Я благодарю ученых Института этнологии и антропологии РАН, особенно О. И. Брусину, О. Б. Наумову, С. Н. Абашина и В. А. Шнирельмана, которые поделились со мной мыслями и материалами, а также деликатно развеяли некоторые мои заблуждения о советских общественных науках. Я также благодарна социологу А. А. Сусоколову, который пригласил меня к себе домой, чтобы обсудить его важное исследование о смешанных браках советской эпохи.

Мне посчастливилось работать с двумя необыкновенно талантливыми ассистентами-аспирантами — З. Ю. Абман и С. Салущевым, которые помогли мне во многих аспектах этого исследования. Я выражаю искреннюю благодарность им обоим.

На начальных этапах исследования финансовую поддержку этому проекту оказал Фонд Александра фон Гумбольдта, что позволило мне плодотворно провести год в Берлинском университете имени Гумбольдта. Я благодарю Й. Баберовски и его исследовательскую группу за то, что они приняли меня и вовлекли во многие вдохновляющие беседы о советской истории. Я благодарна С. Рош и Центру перспективных транскультурных исследований имени Карла Ясперса при Гейдельбергском университете (Германия), чье предложение исследовательской стипендии обеспечило мне время и душевное спокойствие для написания предварительного варианта этой книги. Кроме того, я получила поддержку для этого проекта от Академического сената Калифорнийского университета в Санта-Барбаре и Междисциплинарного гуманитарного центра Калифорнийского университета в Санта-Барбаре.

Многие мои коллеги читали фрагменты из этой работы или же обсуждали непосредственно со мной этническую принадлежность, расу, смешанные браки, советскую идентичность и устную историю, поэтому окончательная версия книги во многом обязана им. Я особенно благодарна Е. Ароновой, Х. Бернштейн, Б. Фроммеру, А. Игмену, М. Камп, Я. Караджаоглу, А. Халиду, М. Б. Могильнер, С. Рош, П. Спикарду, Дж. Сахадео и А. Уиттингтон. Я ценю внимательное прочтение моей рукописи анонимными читателями из издательства Корнеллского университета, которые предоставили множество замечательных предложений по ее доработке. Я также благодарна моим редакторам из издательства Корнеллского университета — Р. Хейдону, чей энтузиазм по поводу этого проекта во время нарастающей пандемии был поистине отраден для меня, а также Дж. Лэнсу и К. Джонс, которые умело довели книгу до конца.

На протяжении нескольких лет я получала отзывы и предложения к этому проекту на многих площадках, в том числе на собраниях Ассоциации исследований национальностей, Ассоциации славянских, восточноевропейских и евразийских исследований, Общества исследований Центральной Азии, Общества критических исследований смешанных рас и Семинара Пустыни по истории России. Семинар по расовой проблематике в России, организованный Д. Рэйнбоу в Центре Йордана по углубленному изучению России при Нью-Йоркском университете, помог мне на решающем этапе проекта переосмыслить свои представления о расовой повестке в Советском Союзе.

Моя семья уже много лет живет темами этой книги: моя мать, Патрисия Эдгар; мой брат Том Эдгар, его жена Грейс Ли и их сын Бен; мой муж Биси Агбула и наш сын Амаи. Я благодарна им за неизменную поддержку. Мой покойный отец, Даллас Эдгар, не увидел этой книги, но я отдаю ему должное за то, что он превратил меня в историка, научив все подвергать сомнению, всегда. Спасибо, папа!

Вариант текста пятой главы также опубликован отдельно под названием «Children of Mixed Marriage in Soviet Central Asia: Dilemmas of Identity and Belonging» [Ideologies of Race 2019: 208–233]. Вариант текста шестой главы опубликован в журнале *Kritika: Explorations in Russian and Eurasian History*[1]. Кроме того, некоторые материалы этой книги впервые появились в статье «The "Laboratory of Peoples' Friendship": People of Mixed Descent in Kazakhstan from the Soviet Era to the Present» [Ualiyeva, Edgar 2014: 68–90] сборника «Global Mixed Race» и в статье под названием «Marriage, Modernity and the "Friendship of Nations": Interethnic Intimacy in Postwar Soviet Central Asia in Comparative Perspective» [Edgar 2007: 581–600][2] журнала *Central Asian Survey*. Я благодарна издателям, позволившим мне использовать этот материал.

---

[1] Edgar A. L. What to Name the Children? Oral Histories of Ethnically Mixed Families in Soviet Kazakhstan and Tajikistan // *Kritika: Explorations in Russian and Eurasian History*. 2019. Vol. 20. № 2. Bloomington: Slavica Publishers, 2019. P. 269–290.

[2] Copyright Global South, Ltd., reprinted by permission of Informa UK Ltd., trading as Taylor and Francis Group, www.tandfonline.com.

Введение
Национальность, раса и смешанные браки в Советском Союзе

> Ну, вы знаете, я не могу... как сказать... чувствовать себя казашкой или русской. Это сложно сказать. Я как-то, ну, как? Я чувствую себя просто человеком. Мне ближе, как-то, как у нас при социализме было — интернациональное. Я человек, ну, как, которому действительно все равно, какой он национальности. То есть, вот этот принцип интернационализма, это близко мне, в общем-то, по духу.
>
> *Марина Абдрахманова*[1]

Комментарий Марины, дочери русской матери и казахского отца, вряд ли был чем-то необычным; множество версий подобного я слышала во время интервью с бывшими советскими гражданами из этнически смешанных семей. Респонденты утверждали, что в Советском Союзе «национальность не имела значения», что «все мы были советскими» и «мы тогда были интернационалистами». При этом те же люди иногда делились воспоминаниями, раскрывающими совсем другую историю, в которой национальность и этническая принадлежность в действительности имели большое значение. Я слышала о тревожных случаях дискриминации, которой подвергались люди смешанного этнического происхождения, и слушала, как люди обсуждали

---

[1] Интервью с М. Абдрахмановой, Алматы, Казахстан, 15 апреля 2010 года.

этнические стереотипы, широко распространенные в советские времена, в которых казахи были гостеприимны, но привязаны к традициям; русские были сильно пьющими и не имели тесных семейных связей; азербайджанцы были патологически ревнивы; а армяне были экспертами в зарабатывании денег. Как, задавалась я вопросом, советские граждане могли быть интернационалистами и одновременно с этим — помешанными на национальностях, определяемых по этническому признаку?

Этот парадокс отражает напряженность, часто отмечаемую внутри советского многонационального государства, которое стремилось создать «советский народ», в то время как отдельные этнические нации укоренялись в пределах своих республик[2]. Не менее важно то, что эта ситуация отражает развитие примордиального[3] и квазибиологического взгляда на национальность в позднем Советском Союзе, когда стереотипы, основанные на национальном происхождении и наследственных характеристиках, казались естественными и даже неизбежными. Несмотря на официальный антирасизм советского государства, советские граждане в последние десятилетия существования СССР все чаще, хотя зачастую и непроизвольно, думали, говорили и действовали в расиализированном ключе.

Эта книга исследует взаимодействие национального и советского через призму межэтнической близости. Советский Союз, как и многие современные государства с этнически разнообразным населением, был озабочен вопросами этнического смешения. В противовес политике, направленной против смешения, которая преобладала в США на протяжении большей части XX века, советское государство прославляло смешанные браки как доказательство нерушимой «дружбы народов» и как признак предстоящего слияния своих многочисленных национальностей в совет-

---

[2] См., например, [Suny 2012: 17–36].

[3] Примордиализм — это теоретический подход в социологии, антропологии и этнологии, который рассматривает отличительные этнические, расовые и культурные группы как изначальные, естественные и обязательные характеристики человеческих сообществ. — *Прим. ред. русского перевода.*

ский народ. Но чем же на самом деле был советский народ и насколько быть этнически русским, узбеком, грузином или эстонцем было совместимо с членством в этом наднациональном пространстве? Как на границе между национальностями индивиды и семьи, обладающие множественной и неоднозначной этнической принадлежностью благодаря своему смешанному происхождению, ориентировались между этими двумя полюсами своей идентичности? Я утверждаю, что, несмотря на официальный советский антирасизм и государственное воспевание смешанных браков, люди и семьи со смешанной этнической принадлежностью в Советском Союзе в попытках определить свое место в советском полиэтническом обществе сталкивались с серьезными вызовами, которые во многом были обусловлены возрастающей расиализацией понимания национальности.

В Советском Союзе смешанные браки определялись именно национальностью. В СССР было более 100 официально признанных национальностей, которые применялись в соответствующей категории во время переписи населения, а также во внутригосударственном паспорте, который был у каждого гражданина старше 16 лет. Эти национальности были сформулированы советскими этнографами в первые годы после большевистской революции 1917 года как часть процесса разделения Советского Союза на национально-территориальные республики[4]. Национальность была наиболее близка к тому, что в Соединенных Штатах назвали бы этнической принадлежностью, хотя она включала в себя территориальный компонент, отсутствующий в американском понимании этого термина. Таким образом, в советском контексте смешанный брак представлял собой просто союз мужчины и женщины, у которых в документах, удостоверяющих личность, были указаны различные национальности.

Это официальное понимание не всегда совпадало с местными концепциями смешанных браков. Даже советские граждане одной национальности могли считать, что пересекают важные границы

---

[4] О разработке национальных категорий и их интернализации жителями Центральной Азии в ранний советский период см. [Hirsch 2005: chap. 3].

идентичности, вступая в брак, поскольку религия, родство и социальный статус оставались важны при принятии решений о браке. Это особенно верно в отношении Центральной Азии, где советские национальные категории необязательно находили отклик у людей, которые исторически определяли себя по религии, происхождению, региону или образу жизни (кочевому или оседлому). В Туркменистане люди редко вступали в брак с представителями другого племени. Во всех республиках Центральной Азии представители священных родов (ходжи или сеиды) традиционно не вступали в брак с остальными [Аннаклычев 1964: 30; Ганцкая, Терентьева 1977: 463][5]. В то же время супруги разных национальностей, например казах, женатый на татарке, или русский, женатый на украинке, могли не воспринимать свои браки как смешанные из-за культурной и религиозной близости между этими группами. Таким образом, для многих советских людей национальность необязательно была единственной или даже самой важной категорией идентичности.

Учитывая все эти сложности, для чего вообще нужно использовать советское определение смешанного брака? Я использую его в этой книге по двум основным причинам. Во-первых, потому что советское государство и советские ученые постоянно подсчитывали, чествовали и иными способами оперировали понятием смешанных браков, используя такое определение. Само советское государство создало идею смешанных браков между представителями разных национальностей на территории бывшей Российской империи. После большевистской революции 1917 года новый советский семейный кодекс превратил брак в бывшей Российской империи из религиозного таинства в гражданскую церемонию, а прежняя концепция смешанных браков, как исключительно межконфессиональных, оказалась устаревшей. Особое внимание советского режима к национальности и разработке этой категории развило идею о смешанных браках,

---

[5] Советские ученые значительно преуменьшали значение этого вопроса, хотя данные опросов 1990-х годов указывали на сохраняющийся высокий уровень племенной эндогамии [Кадыров 1996: 87–88]. О категориях социального статуса и браке в Таджикистане см. [Roche 2020: 163–199].

как о межнациональных. Во-вторых, я использую советское понимание смешанных браков, потому что со временем оно оказалось широко и публично принятым среди советских граждан, отодвигая альтернативные идеи о смешанных браках на второй план. В моих беседах с бывшими советскими гражданами из Центральной Азии быстро прояснилось, что они считают смешанными только те пары, которые состоят из представителей различных «официальных» национальностей. Внутринациональные браки между людьми различной степени родственных или статусных групп не учитывались. Как и сами советские национальные категории, концепция смешанных браков, созданная советским государством, была усвоена советскими гражданами.

Историческая роль государств в создании и укреплении категорий идентичности хорошо изучена[6]. В Советском Союзе не только периодические переписи населения, но и постоянные напоминания о своей национальности при предъявлении документов, удостоверяющих личность, укрепляли официальные категории национальности. Само существование национально-территориальных республик со своим языком, школами, газетами и элитой все больше укрепляло реальность советских национальностей [Suny 1993: 129–130, 154–156]. Подобно тому, как, по утверждениям некоторых американских и британских ученых, идея межрасовых браков основана на сомнительных с научной точки зрения предположениях о реальности расы, концепция смешанных браков в Советском Союзе основывалась на вере в существование отдельных и чистых национальностей[7]. Парадоксально, но постоянное обсуждение и прославление межнациональных браков — браков, которые якобы помогут стереть национальные различия и создать «советский народ», — на самом деле помогли укрепить эти различия и убедить людей в их реальности.

---

[6] Как утверждают Д. Кертцер и Д. Арель, официальные категории переписи населения, используемые государствами, служат для конструирования реальности; «коллективные идентичности формируются посредством переписи населения». См. [Kertzer, Arel 2002: 2].

[7] Пример такого аргумента в контексте США см. [Spencer 2006].

Книга «Смешанные браки и дружба народов» затрагивает три взаимосвязанные области научных интересов. Во-первых, она взаимодействует с растущим объемом литературы, анализирующей этническую, национальную и расовую принадлежность в Советском Союзе, одном из наиболее важных мультиэтнических государств XX века. В частности, в этой книге исследуются способы, с помощью которых определяемые государством национальные категории взаимодействовали с субъективными идентичностями советских граждан. Я утверждаю, что по мере обострения напряженности между двумя магистральными тенденциями — национальной и наднациональной — в последние десятилетия существования Советского Союза смешанные семьи оказались заключены в ловушке где-то посередине этих тенденций, не будучи способны идентифицировать себя исключительно с одной национальностью, но в то же время они уже не могли называть себя просто советскими. Потомки смешанных пар буквально воплощали собой упрек тем, кто концептуализировал национальность как единый и примордиальный феномен. Во-вторых, эта книга исследует смешанные браки как форму повседневного опыта в советской Центральной Азии, тем самым внося вклад в зарождающиеся области гендерной и семейной истории, а также в историю повседневности в этом малоизученном регионе. Хотя советская идеология рассматривала смешанные семьи в положительном ключе как наиболее советские из всех семей, эта книга свидетельствует, что в действительности они сталкивались с различными трудностями, которых не возникало у моноэтнических семей. Определение того, на каком (-их) языке (-ах) говорить дома, подбор имен для детей, которые отражали бы их многогранную идентичность, взаимодействие с родственниками различного культурного происхождения, выбор религии, если это было актуально, для исповедания, а также согласование различных представлений о гендерных ролях — все это требовало дополнительных усилий и размышлений, даже если они и не были предметами открытого противостояния. В-третьих, в этой книге принят эксплицитный сравнительный и глобальный подход к межэтническим бракам в СССР, что способствует более широкому пониманию общемирового феномена межэтнической близости в современную эпоху. Несмотря на заявления Советского Союза об уникальном прогрессивном подходе к этническому смешению, я утверждаю, что его официальная политика и опыт его смешанных семей были далеко не уникальными. Советский Союз был не единственным государством, приветствовавшим и прославлявшим смешанные браки, и категоризация его населения по национальности, а не по расе, также не была уникальной. Более того, опыт и проблемы, описанные людьми смешанного этнического происхождения в Советском Союзе, во многом перекликаются с опытом людей этнически смешанного происхождения в других частях мира. Мои выводы здесь дополняют работу историков, стремившихся снизить советскую исключительность и выделить то, что у Советского Союза было общего с другими современными государствами XX века [Khalid 2006: 231–251; Kotkin 2001: 111–164].

Этничность, национальность и раса

Изучение этнической принадлежности и национальности в советском государстве претерпело стремительную эволюцию за три десятилетия, прошедшие после распада СССР в 1991 году. В первое десятилетие после распада Советского Союза ученые были особенно заинтересованы осознанием центробежных сил, способствовавших неожиданному концу советского эксперимента. Возглавляемые Р. Г. Суни историки утверждали, что советский режим был «создателем наций», который способствовал развитию национальных культур в пределах республик, определяемых по этническому признаку, и тем самым он непреднамеренно закладывал основу для вероятного распада Советского Союза по линии национальных границ. В первые два десятилетия XXI века историки переключили свое внимание на узы сплоченности, которые удерживали в целости многонациональное советское государство, и особенно на концепцию надэтнического советского народа. Некоторые пытались примирить эти два, казалось бы, несовместимых аспекта советской истории, утверждая, что советские граждане могли одновременно быть причастны и к национальности, и к советскости[8]. Тем не менее ни одно из этих направлений научных исследований не включало рассмотрение межэтнических браков — явления, которое прямо соперничало с советским взглядом на национальность как на врожденную и единую[9]. Недостаток внимания западных ученых к смешанным бракам в СССР тем более поразителен, поскольку в историографии Америки, европейского колониализма и других частей мира эта тема была областью интенсивной научной работы[10].

Очевидно, отличительной чертой полиэтнического советского государства была категоризация граждан по национальности, а не по расе. В советскую эпоху западные историки были склонны принимать на веру советские заявления об отсутствии рас и расизма в СССР. Действительно, в годы становления СССР между революциями 1917 года и Второй мировой войной официальная советская позиция заключалась в том, что каждая советская национальность отличалась от других национальностей наличием общих культурных и исторических корней, а не общим происхождением или кровью. Каноническое сталинское определение национальности категорически отвергало идею о том, что нация имеет расовое или этническое происхождение[11]. Нация, писал он, «не расовая и не племенная», а скорее «...исторически

---

[8] О Советском Союзе как о «создателе наций» см. [Suny 1993; Martin 2001] О «советском народе» и его отношении к национальности см. [Lehmann 2012; Florin 2013; Tasar 2017].

[9] До распада Советского Союза некоторые специалисты по советской национальной политике анализировали смешанные браки, используя в качестве основного источника советские публикации. К ним относятся [Silver 1977: 107–116; Dunn, Dunn 1973: 45–58; Karklins 1986; Fisher 1980; Kaiser 1994]. Политолог Д. Горенбург вновь обращался к этой теме [Gorenburg 2006: 145–165], как и некоторые авторы из сборника [Intermarriage 2020].

[10] Примеры из этой обширной области литературы: [Sex, Love, Race 1999; McClintock 1995; Stoler 2002; Twine 2010; Spickard 1989].

[11] О раннесоветской терминологии и концептуализации национальностей и наций см. [Hirsch 2005: 42–45, 108–114].

сложившаяся, устойчивая общность людей, возникшая на базе общности языка, территории, экономической жизни и психического склада, проявляющегося в общности культуры» [Stalin 1936: 5]. В научных работах XXI века, посвященных Советскому Союзу, исследователи начали обращать внимание на скрытую роль расы в советском мышлении. Историки отмечают, что даже в сталинский период существовали признаки более примордиального и основанного на происхождении подхода к национальности; депортация целых народов на основании предполагаемой нелояльности в 1930-е годы и во время Второй мировой войны была очевидным признаком этого, как и ярый послевоенный антисемитизм Сталина [Snyder 2010: chaps. 10–11]. В постсталинский период наблюдалось развитие примордиального понимания национальности, поскольку институционализация национальной идентичности в национально-территориальных республиках обеспечивала понимание этих наций как вечных и бессмертных [Martin 1999: 348–367; Laruelle 2008b: 169–188]. Возрождение в середине 1960-х годов такой дисциплины, как генетика, запрещенной при Сталине в пользу псевдонаучной теории биолога Т. Д. Лысенко, привело к возобновлению дискуссий о человеческих сообществах как о биологических, а не только социальных и исторических явлениях[12]. Советские этнографы возродили термин этнос (от греч. «народ» или «этническая группа»), впервые использованный в 1920-х годах, для описания человеческих сообществ, которые по предположению сохраняли свою самобытность на протяжении веков или даже тысячелетий[13]. Этнические характеристики все чаще стали рассматриваться как генетически детерминированные и неизменные. Эти события подразумевали негласную расиализацию национального дискурса и его практик в последние десятилетия существования Советского Союза. Некоторые историки теперь утверждают, что расовые категории были вполне присущи Советскому Союзу, даже если они не

---

[12] О лысенковщине и советской генетике см. [Babkov 2013; Graham 2016; Soyfer 1994; Pollock 2006].

[13] О концепции этноса см. [Тишков 2003; Бромлей 1973].

полностью соответствовали категориям таких «типичных» основанных на расовой принадлежности обществ, как Соединенные Штаты[14].

В этой книге я утверждаю, что в последние три десятилетия существования Советского Союза обычные граждане часто понимали национальность и говорили о ней в расовом ключе, хотя почти никогда не употребляли слово «раса». Даже члены семей смешанного происхождения, от которых можно было бы ожидать более тонкого понимания идентичности, были склонны описывать характеристики национальных и этнических групп как врожденные и неизменные, а также признавать имплицитное существование этнических иерархий как внутри, так и за пределами Советского Союза. В этом они придерживались ведущей линии партии и советской науки. Как я покажу в последующих главах, расовое мышление в Советском Союзе имело особенно пагубное воздействие на потомков от смешанных браков, которые иногда были вынуждены сожалеть об отсутствии «чистой» национальной идентичности. В последние годы существования Советского Союза и в последующий период примордиальное понимание национальности проложило также путь к возникновению различных форм этноцентризма и расизма, включая неприятие к смешанным бракам.

Субъективность, идентичность и повседневная жизнь в советской Центральной Азии

В основе этой книги лежит исследование опыта и восприятия смешанных пар и семей в советской Центральной Азии, регионе, который в глазах советских лидеров выглядел как особенно от-

---

[14] Одним из первых, кто выступил за наличие расового мышления в Советском Союзе, был Э. Д. Вайц [Weitz 2002: 1–29]. См. также: Rainbow D. Introduction: Race as Ideology: An Approach // [Ideologies of Race 2019: 3–26]. Роль расы и расового мышления в Советском Союзе остается спорной, и некоторые продолжают утверждать, что раса не была важной категорией в советском мышлении. См., например, [Knight 2012: 667–683].

сталый и нуждающийся в ускоренной социальной трансформации[15]. Население республик Центральной Азии было разнородным, что создавало многочисленные возможности для межэтнического взаимодействия. Немногие регионы СССР обладали таким разнообразием культур, языков, религий, национальных традиций и фенотипов. Советские ученые и сами в своих исследованиях смешанных браков уделяли серьезное внимание Центральной Азии. Однако мало что известно о том, как реальный опыт смешанных пар соотносился с воспевающей их официальной риторикой. Как реагировала русская семья, когда их дочь объявляла о намерении выйти замуж за таджика или наоборот? Соглашалась ли украинка, вышедшая замуж за татарина, на совершение обрезания своим сыновьям в соответствии с правилами ислама? Какие имена корейско-казахская пара подбирала для своих детей? В школу с казахским или русским языком обучения отправляла своих детей смешанная казахско-русская пара? Как дети от смешанных браков справлялись со сложностями этнической принадлежности в государстве, где национальность по паспорту была ключевым фактором, определяющим социальную идентичность? Эта часть моей книги выстраивается на глубинных интервью, как методе устной истории, с членами смешанных семей в постсоветских государствах-преемниках Казахстане и Таджикистане.

Устная история играет решающую роль в исследовании повседневной жизни и семейной истории в бывшем Советском Союзе, где иностранные исследователи не могли свободно работать, а жесткая цензура не позволяла обсуждать многие аспекты жизни в печати. После распада Советского Союза в 1991 году среди западных историков, взволнованных возможностью изучать недавно открытые советские архивы и долго хранившиеся под грифом секретности материалы, вспыхнула настоящая «архивная лихорадка». Однако вскоре ученые осознали, что советские архивы не

---

[15] Регион Центральной Азии, который был советским, в настоящее время состоит из пяти независимых государств: Узбекистана, Казахстана, Таджикистана, Кыргызстана и Туркменистана.

станут универсальным решением проблемы поиска источников по советской истории. Как и все архивы, они отражают культуру, в которой были созданы, и содержат много пробелов, упущений и умолчаний. Архивы сталинской эпохи особенно туманны и требуют чтения между строк. Устные исторические интервью, хотя и требуют тщательной интерпретации, являются одним из немногих способов запечатлеть определенные аспекты опыта последнего советского поколения, прежде чем оно уйдет со сцены. В то же время они являются важным средством документирования того, как бывшие советские граждане вспоминают — коллективно и индивидуально — жизнь при социализме.

Я выбрала Казахстан и Таджикистан в качестве основных локаций для своего исследования, потому что эти два государства Центральной Азии, хотя и имеют много общего как преимущественно мусульманские бывшие советские республики, в других отношениях представляют собой противоположные полюса в спектре советского опыта. Обе центральноазиатские республики были созданы советским государством в 1920-х и 1930-х годах как национально-территориальные республики в рамках политики содействия развитию нерусских национальностей. В советскую эпоху Казахстан стал чрезвычайно многонациональным и русифицированным до такой степени, что этнические казахи составляли меньшинство в собственной республике, и многие говорили на русском как на родном языке [Fierman 2006: 101; Жакупов 2009: 9–10]. Десятилетия российских притязаний и колонизации привели к появлению большого контингента русских поселенцев. Ужасающий голод во время сельскохозяйственной коллективизации в начале 1930-х годов привел к гибели и бегству почти 40 % этнического казахского населения [Cameron 2018; Kindler 2018]. В сталинскую эпоху массовые депортации, миграции, ссылки в ГУЛАГ и военные эвакуации привели в Казахстан этнических немцев, русских, украинцев, евреев, армян, корейцев, чеченцев и др. В Казахстане этнические казахи составляли лишь 39 % населения в 1989 году по сравнению с минимальным показателем в 30 % в 1959 году. Русские составляли 37,8 % населения, за ними следовали менее многочисленные группы украинцев, белорусов и немцев [Landau, Kellner-Heinkele 2001: 21–22][16]. Таджикская ССР, напротив, была одной из наименее русифицированных в языковом отношении советских республик, а также отличалась меньшим этническим разнообразием, чем Казахстан, по крайней мере, с точки зрения советских национальных категорий[17]. Самым крупным этническим меньшинством в советском Таджикистане были не русские, а местные узбеки. В 1989 году таджики составляли 62,3 % населения, узбеки — 24,8 %, а русские — всего лишь 3,2 % [Landau, Kellner-Heinkele 2001: 14, 33]. В советский период Казахстан с его чрезвычайно разнообразным населением и высоким уровнем межэтнического взаимодействия представлял собой благодатную почву для этнического смешения. Более социально консервативный и менее этнически и религиозно разнообразный Таджикистан предлагал менее благоприятную среду для смешанных браков. Несмотря на эти различия, истории жизни смешанных пар и семей в этих двух советских республиках имеют поразительные сходства, свидетельствующие о гомогенизирующем влиянии советской системы. И только в постсоветский период их пути резко разошлись.

Опубликованные отчеты о смешанных браках в советскую эпоху были почти исключительно положительными, что соответствовало официальной идеологии, согласно которой смешанные браки считались политически и социально прогрессивными. Якобы такие семьи были более счастливыми, здоровыми и более советскими, чем другие. Книга «Смешанные браки и дружба народов» показывает, что в реальности все было сложнее. Действительно, государственная политика морально поддерживала и поощряла тех, кто желал вступить в межэтнический брак, что позволяло некоторым парам делать это даже вопреки воле их семей. Вместо стигматизации или маргинализации, как это часто и повсюду случалось, смешанные пары могли гордиться тем, что

---

[16] См. также [Smagulova 2008: 170].

[17] Важно отметить, что категория «таджикский», по крайней мере частично, была продуктом ранней советской национальной политики, которая объединила несколько отдельных регионов и групп населения в единую Таджикскую национальную республику. См. [Bergne 2007].

были частью интернационального авангарда. Тем не менее свидетельства устной истории указывают на то, что в Советском Союзе людям из смешанных семей было трудно преодолеть национальные барьеры и стать просто «советскими». Потомки от смешанных браков, вынужденные выбирать одну официальную национальность, чувствовали себя неспособными охватить все составляющие своей сложной идентичности. Вспоминая свою жизнь в Советском Союзе, люди этнически смешанного происхождения часто заявляли, что их официальная национальность не соответствовала их субъективным ощущениям собственной идентичности; что они не могли говорить на том языке, что считали родным; и что их неоднозначная внешность мешала им идентифицировать себя с национальностью, с которой они больше всего себя ассоциировали. Во всех этих отношениях рост этнического примордиализма и напряженность между национальными и наднациональными проектами в СССР остро и болезненно сказывались на смешанных парах и семьях.

Советское этническое смешение в глобальной перспективе

В дополнение к освещению малоизвестных аспектов повседневной жизни советского мультиэтнического общества эта книга ставит советский опыт в контекст обширной всемирной междисциплинарной литературы о межэтническом и межрасовом смешении. Советский Союз редко, если вообще когда-либо, включался в сравнительные дискуссии о межэтнической и межрасовой близости. Тем не менее СССР, как и другие современные государства, стремился контролировать и регулировать межэтнические браки. Советские лидеры утверждали, что их страна исключительно прогрессивна в своей расовой и этнической политике, особенно в отношении смешанных браков. Но так ли это было на самом деле? На протяжении всей книги я показываю, что Советский Союз, хотя и обладал определенными отличительными чертами как многонациональное коммунистическое государство, тем не менее вписывался в узнаваемые глобальные модели относительно смешанных браков.

Одной из основных причин исключения Советского Союза из глобальных дискуссий о смешанных браках было использование в нем своей особой терминологии. В Советском Союзе государство обычно использовало термин «национальность» вместо расы, когда речь заходила о коллективных идентичностях и смешанных браках. Это контрастировало с множеством исследований межрасовых браков, проведенных в Соединенных Штатах и других странах. Однако терминология классификации СССР не была уникальна. В сравнительном исследовании категорий переписи населения Э. Морнинг обнаружила, что европейские государства, включая страны Восточной Европы, обычно использовали национальность в качестве основного средства классификации своего населения. Раса же, напротив, использовалась почти исключительно в бывших колониальных и рабовладельческих обществах Северной и Центральной Америки, а также Карибского бассейна [Morning 2014: 6][18]. Более важным, чем конкретный используемый термин, является то, как причастные к этому государства концептуализируют группы людей. Если национальность, этничность и раса понимаются как вещи, связанные с генетикой или происхождением человеческих популяций, как это становилось все более распространенным в позднем Советском Союзе, советский опыт может и должен быть включен в обсуждение более широкого глобального явления смешанных браков[19].

Другой заметно отличительной чертой советской ситуации, которую наиболее часто комментировали внешние наблюдатели, было чрезвычайно положительное отношение советского государства к смешанным бракам. Как я показываю в первой главе этой книги, смешанные браки были важны для советских теоретиков национального вопроса по двум основным причинам. Во-первых, они рассматривались как способствующие объеди-

---

[18] Некоторые государства, в том числе Франция и Израиль, не классифицируют свое население по этническому происхождению.

[19] Морнинг использует термин «этничность» как сокращение для обозначения всех форм идентичности, концептуализируемых как «сообщества по происхождению» [Morning 2014: 4].

нению советских наций, позволяя меньшим нациям и этническим группам сливаться — или быть поглощенными — более крупными. Советские теоретики верили, что конечным результатом этого процесса станет появление единого советского народа. Во-вторых, межнациональные браки тесно ассоциировались с современностью, и, в частности, с приходом современности в «отсталые» районы советской периферии, такие как Центральная Азия. Советские чиновники и ученые подвергали резкой критике широко известную враждебность к расовому смешению в США, нацистской Германии и Южной Африке, настаивая на том, что люди смешанной расы обладают лучшим здоровьем и приспособляемостью, чем представители «чистой» расы. Тем не менее Советский Союз был далеко не единственной страной, продвигающей этническое смешение как средство ассимиляции или преодоления «отсталости». В Австралии и Новой Зеландии поощрялись браки между европейцами и коренными жителями как способ ассимиляции или «улучшения» последних, подобно тому как советская власть надеялась «модернизировать» жителей Центральной Азии посредством смешанных браков [Ellinghaus 2006: xvi–xviii; Riddell 2000: 81–85][20]. В Латинской Америке сторонники идеологии местизахе (*mestizaje*)[21] воспевали этническое смешение с таким же энтузиазмом, как и советские теоретики национальностей, рассматривая его как признак современности и будущей расовой гармонии. Следует отметить, что как в Австралии, так и в Латинской Америке историки, критически анализирующие дискурс ассимиляции и гармонии, утверждают, что он скрывал сохраняющуюся реальность этнической иерархии, в которой доминировали европейцы[22]. Аналогичным образом

---

[20] См. также [Grimshaw 2002: 12–28].

[21] Термин «mestizaje» в латиноамериканском контексте обозначает не только смешение рас или этнических групп, но и сложный процесс культурного синтеза, когда элементы различных культур соединяются в новую идентичность. Mestizaje представляется как символический процесс преодоления расовых, этнических и классовых барьеров. Альтернативным русским переводом может служить термин «метисация». — *Прим. пер.*

[22] О метисации см. [Miller 2004], см. также [Tilley 2005: 53–68].

в Советском Союзе восхваление смешанных браков и дискурс национального равенства затмевали существование скрытой иерархии, в которой русские стояли выше остальных. Как отмечает Э. Столер, «метисация не свидетельствовала ни о наличии, ни об отсутствии расовой дискриминации. Иерархии привилегий и власти вписывались как в допущение межрасовых союзов, так и в их осуждение» [Stoler 2002: 76].

Источники, литература и методы

Книга «Смешанные браки и дружба народов» представлена в форме диалога между официальным советским подходом к межэтническому смешению и опытом обычных советских граждан. Я использую советские документы и публикации, а также интервью с советскими экспертами по смешанным бракам, чтобы исследовать официальную идеологию и политику в отношении межэтнических браков; в противовес этому я привожу более 80 глубинных интервью в рамках устной истории, которые позволяют мне исследовать межэтническую близость как форму «жизненного опыта» среди смешанных пар и семей.

Эта книга принципиально отличается от предыдущих западных исследований по межэтническим бракам в СССР. Авторы предыдущих работ, в основном социологи и эксперты по национальной политике, писавшие до распада Советского Союза, использовали опубликованную советскую литературу и материалы переписи населения, чтобы определить статистические показатели и закономерности смешанных браков. Они фокусировались на том, какие группы были наиболее склонны к смешанным бракам и с кем, как эти показатели варьировались по республикам и как они менялись со временем. На основе этих тенденций они делали выводы общего характера о значении смешанных браков для успеха или провала советской национальной политики [Karklins 1986; Fisher 1980; Kaiser 1994]. Данная книга не является социологическим или демографическим исследованием и мало говорит о показателях и закономерностях смешанных браков (отследить которые, как я показываю ниже, затруднительно).

Скорее, это социальная и культурная история опыта смешанных пар и семей, а также интеллектуальная история советских экспертов, которые определяли и изучали смешанные браки.

Советские ученые, в основном этнографы, социологи и теоретики по вопросам национальности, много писали и публиковали исследований о смешанных браках в период с 1960-х по 1980-е годы. В сотнях статей и книг анализировались количественные и качественные аспекты смешанных браков практически в каждой республике и регионе СССР. Этот массив работ обеспечивает ценный контекст для моих устноисторических интервью. Однако ему присущи определенные ограничения. Качественные исследования, основанные на полевой этнографической работе, дают представление о разнообразии смешанных семей, но советская идеология требовала, чтобы смешанные браки изображались позитивно, поэтому о проблемах и трудностях, с которыми сталкивались эти семьи, говорилось мало. В то же время количественная работа также страдала от серьезных недостатков. Советские ученые стремились отслеживать общие показатели смешанных браков как в целом по СССР, так и в конкретных республиках и регионах. Они исследовали показатели смешанных браков для конкретных этнических групп: кто наиболее склонен к смешанным бракам и с кем? Они стремились количественно определить различия в показателях смешанных браков между сельским и городским населением, а также между титульными и нетитульными национальностями. Однако эти исследователи испытывали трудности из-за нехватки адекватных данных, на которых можно было бы обосновать свои выводы. Советское государство исторически держало в секрете информацию о своем населении, и статистические данные о демографических тенденциях было трудно получить[23]. Социологические исследования фактически были запрещены с 1930-х до 1960-х годов. Когда после смерти Сталина начали публиковаться данные пере-

---

[23] Сталин, как известно, провел чистку организаторов переписи 1937 года и приказал провести новую перепись, когда ему не понравились результаты. См. [Hirsch 2005: 284–286].

писи населения, государство не включало в них информацию о супружеских парах, касающуюся национальности супругов. Перепись содержала данные о количестве «смешанных семей» только в 1959, 1970, 1979 годах и только на самом общем уровне, без указания национальности отдельных членов каждой смешанной семьи. Таким образом, бóльшая часть количественных исследований советских смешанных браков опирались на неполные или фрагментарные данные [Botev 2002: 682–683, 685][24].

В результате непродуктивно обсуждать статистические показатели и закономерности смешанных браков в Советском Союзе, кроме как в самых общих чертах, и даже тогда необходимо сохранять здоровый скептицизм. Официальная точка зрения заключалась в том, что число смешанных браков растет, и исследования брежневских времен, основываясь на количестве смешанных семей, зарегистрированных переписью, прилежно сообщали, что уровень смешанных браков неуклонно повышается по всему Советскому Союзу. За период с 1959 по 1979 год, утверждали советские ученые, общая доля смешанных семей в стране увеличилась на треть, с 10,2 до 14,9 % [Социально-культурный облик 1986: 153]. Однако этот показатель сильно варьировался в зависимости от республики и этнической группы. За исключением Казахстана, в республиках Центральной Азии в целом наблюдался низкий уровень смешанных браков [Сусоколов 1987: 42; Fisher 1980: 218]. В каждой центральноазиатской республике, включая Казахстан, представители титульной национальности обычно вступали в смешанные браки гораздо реже, чем русские и представители других нетитульных групп[25]. Более того, большинство смешанных браков заключалось между культурно близкими группами, имеющими общий религиозный контекст, такими как узбеки и таджики или украинцы и русские [Козенко,

---

[24] См. также [Сусоколов 1987: 31].

[25] У. Фишер подсчитал, что все основные советские национальности были в подавляющем большинстве эндогамными. Он предположил, что это и есть настоящая причина, по которой более точные данные о смешанных браках так и не были опубликованы. См. [Fisher 1980: 229].

Моногарова 1971: 116]. Также важно понимать, что категории, использовавшиеся советской переписью, менялись в течение десятилетий. Процессы консолидации и переклассификации привели к резкому сокращению числа официально признанных советских национальностей между переписями 1926 и 1959 годов, что делает невозможным сравнение статистики смешанных браков 1959 и 1979 годов с данными более ранних периодов [Бромлей 1983: 9; Hirsch 2005: 133–134].

Так как советские категории, систематизирующие национальности, были достаточно изменчивыми, не всегда было легко точно определить, какие браки были смешанными. Например, когда каждый из супругов был смешанного происхождения, официальная статистика не отражала разнообразия их происхождения, поскольку каждый из партнеров регистрировался как представитель только одной национальности [Gorenburg 2006: 155]. Таким образом, если в брак вступали два человека смешанного казахско-русского происхождения, один из которых был зарегистрирован как казах, а другой как русский, это считалось смешанным браком. В советской системе существовали и другие виды некорректной категоризации. Сокрытие советскими гражданами своего «чуждого» классового происхождения подробно описано историками, но практика сокрытия или изменения этнического происхождения задокументирована хуже[26]. В 1930-е годы, когда сталинский режим начал преследовать людей по этническому признаку, советские граждане научились защищаться, скрывая свою этническую принадлежность. Одна пожилая женщина в Казахстане вспоминала, что узнала после смерти отца, что он был не русским, как она всегда думала, а татарином. Отец ее отца был расстрелян в 1930-х годах как враг народа, и родственники устроили так, что мальчик взял имя русского знакомого, чтобы скрыть свою идентичность. Дочь Ада всегда удивлялась, почему ее отец так хорошо говорил на «восточных языках» и почему его друзья называли его Закиром, а не Пав-

---

[26] О сокрытии классового происхождения см. [Fitzpatrick 1993: 762; Goldman 2011: 55–60].

лом — его русским именем. Ей говорили, что это просто детское прозвище. Из-за глубоко укоренившегося страха Павел/Закир никогда не рассказывал своей дочери о своей — и ее — настоящей этнической идентичности[27]. Я могла бы привести множество других примеров, но и этих должно быть достаточно, чтобы явить ненадежность природы советских национальных ярлыков в Центральной Азии, которые в любом случае были в значительной степени продуктом советской национальной политики. Подобные сложности искажали официальные отчеты о количестве смешанных браков. Оглядываясь на исследования позднесоветского периода, один из ведущих исследователей по вопросам смешанных браков в СССР А. Сусоколов сказал мне, что, по его мнению, около 30–40 % официально зарегистрированных смешанных браков в Центральной Азии были «фиктивными»[28].

Эта книга не претендует на более точный количественный анализ смешанных браков. Скорее, она задумана как социокультурная история этнического смешения в советской Центральной Азии, и в этом качестве она опирается на источники, которые до 1991 года были недоступны ученым: свидетельства смешанных пар и их потомков из устноисторических интервью. В советскую эпоху практика устной истории в законном или открытом виде была невозможна[29]. Иностранным исследователям был ограничен доступ к советским гражданам, которые в любом случае не могли высказываться свободно. Кроме того, республики Центральной Азии были почти полностью закрыты для западных исследователей до периода перестройки в конце 1980-х годов. С 1991 года устная история расцвела на территории бывшего Советского Союза, но бóльшая часть этой работы проводилась в России и других европейских частях постсоветского пространства, а не

---

[27] Интервью с Адой Павловной, Алматы, Казахстан, 8 сентября 2011 года. См. также опубликованное интервью с Адой Павловной, проведенное К. А. Токтыбаевой [Голоса 2002: 124–135].

[28] Интервью с А. А. Сусоколовым, Москва, 14 июня 2010 года.

[29] Диссиденты, такие как А. И. Солженицын, тайно проводили интервью. См. [Khobova et al. 1992: 90].

на мусульманской периферии. Более того, большинство проектов устной истории касались травмирующих тем, таких как сталинские политические репрессии, коллективизация и голод, нацистская оккупация и геноцид во время Второй мировой войны[30]. Несмотря на несомненную важность документирования воспоминаний очевидцев об этих ужасающих событиях, определивших XX век, устная история также предоставляет ценную возможность узнать больше о повседневной жизни советских семей в менее травматичные времена[31].

Память играет сложную роль в изучении советской истории, которая отличается от большинства других контекстов, где практикуется устная история. С одной стороны, в СССР вспоминать было опасно. Определенные темы были табуированы в общественном дискурсе — например, политические репрессии, Гулаг и этнические депортации — люди избегали говорить о них даже в частной жизни. Родители часто не рассказывали своим детям о травмирующих событиях из семейной истории, таких как политические репрессии или раскулачивание, полагая, что для них безопаснее не знать об этом [On Living 2004: 7; Khobova et al. 1992: 89]. С другой стороны, многие советские граждане ценили память и устные свидетельства как более надежные и объективные, чем официальная история в документах и публикациях, с ее многочисленными идеологическими искажениями и белыми пятнами [Gulag Voices 2011: 8]. По словам одного российского ученого, долгие годы «историческая правда в пределах нашей страны продолжала жить только благодаря подпольной памяти» [Sherbakova 1993: 103]. Но можно ли полагаться на подпольную память? Исследователи памяти утверждают, что существует тесная связь между индивидуальной и коллективной памятью, поэтому людям трудно формировать связные воспоминания о событиях без контекста общественной памяти, в который они могли бы их поместить [On Living 2004: 10]. Д. Лейнарт

---

[30] Примеры включают [Gulag Voices 2011; Frierson, Vilensky 2010; Walke 2015].

[31] Среди немногих работ по устной истории, посвященных повседневной и семейной жизни — [Shternsis 2017; Raleigh 2013; Sahadeo 2019].

предполагает, что этот недостаток контекста общественной памяти помогает объяснить «молчание и амнезию», которые характерны для многих интервью с бывшими советскими гражданами, чьи рассказы она часто находила несвязными и непоследовательными [Leinarte 2016: 13]. Я бы сказала, что воспоминания о браке и семейной жизни отличаются от воспоминаний о событиях более широкого исторического контекста тем, что они наиболее личные и меньше зависят от коллективной памяти. Тем не менее способы, которыми вспоминаются и пересказываются личные и семейные события, никоим образом не защищены от внешних влияний.

Особая сложность устной истории в бывшем Советском Союзе заключается в том, что она лишена «надежной исторической основы, установленной газетами и записями, на основании которых большинство западных историков могут оценивать устные источники» [Khobova et al. 1992: 96]. Говоря конкретнее, часто отсутствуют подтверждающие источники, которые можно было бы использовать для подкрепления достоверности сказанного в интервью. Опубликованные отчеты о смешанных браках были односторонними. Лишь немногие простые люди в Центральной Азии писали или публиковали мемуары или дневники. Более того, в бывших советских архивах личные дела и документы о людях закрыты на 75 лет, что означает, что брачные, разводные и судебные записи, используемые историками семьи в других странах, в случае с советской историей недоступны для изучения начиная с 1945 года. Существуют исключения из этой общей ситуации; например, архивы брежневской эпохи содержат многочисленные письма граждан с просьбами к государству снизить роль национальности и признать советскую идентичность, демонстрирующие, что теплые воспоминания о советском интернационализме в постсоветской Центральной Азии не просто результат ностальгии [Whittington 2018: 225–238]. Однако такие подтверждающие документы редки. Устноисторические нарративы, какими бы недостатками они ни обладали, — практически единственный способ узнать о многих аспектах советской супружеской и семейной жизни.

И последнее замечание об устной истории и памяти в Советском Союзе заключается в том, что огромные изменения последних трех десятилетий несомненно повлияли на то, что и как помнят люди. Конечно, течение времени всегда влияет на память, но в случае с Советским Союзом вся система понимания общества и истории изменилась с распадом государства и его правящей Коммунистической партии. Люди были вынуждены «цепляться за всеохватывающий нарратив, чтобы придать смысл собственной жизни» [Khobova et al. 1992: 96]. Отношение к советскому периоду и личный опыт с момента краха коммунизма неизбежно влияют на то, как вспоминаются события прошлого [Gulag Voices 2011: 10]. Таким образом, человек, не одобряющий националистическую политику постсоветского правительства своей страны, при разговоре о советском прошлом может с большей вероятностью подчеркивать значение официально провозглашаемой ранее «дружбы народов». Ностальгия по советской эпохе принимает множество форм в устноисторических повествованиях — от простой тоски по ушедшим дням молодости до идеализированных воспоминаний о коммунизме, основанных на неприязни к сегодняшним реалиям[32]. Как сказал мне один бывший гражданин Советского Союза в типичном комментарии (противореча большинству современных отчетов), «в брежневскую эпоху у нас было всё».

Изначально я не планировала писать эту книгу как работу по преимущественно устной истории, но меня подтолкнули к этому реалии исследовательской ситуации: отсутствие документальных и архивных источников о повседневной супружеской и семейной жизни, неуклонный позитивный настрой опубликованных материалов о смешанных браках; и осознание того, что если вскоре не взять интервью у приближающихся к пожилому возрасту бывших граждан Советского Союза, то ценная информация, которую они могли бы передать о браках, семьях и повседневной жизни в исчезнувшей стране, может быть утрачена. Я не догады-

---

[32] О ностальгии по советскому периоду в Центральной Азии см. [Dadabaev 2016: 96].

валась, насколько открытыми окажутся люди в разговорах о своей домашней и семейной жизни, поэтому была рада обнаружить, что большинство респондентов охотно и подробно рассказывали о своем опыте[33].

Интервью для этой книги были проведены в Казахстане и Таджикистане с мужчинами и женщинами разного возраста и различного регионального, этнического и социально-экономического происхождения. (См. приложение I для более подробной информации о моей методологии устной истории.) Все опрошенные были либо членами (или бывшими членами) этнически смешанных браков, либо взрослыми потомками от таких браков. В некоторых случаях они были и теми и другими. Такие смешанные браки имели самые разнообразные комбинации: от русско-таджикских и корейско-казахских до армяно-украинских и татарско-немецких[34]. Обсуждая все виды смешанных браков, я в большей степени сосредоточиваюсь на тех, партнеры которых считали себя пересекающими важную границу идентичности, будь то языковая, религиозная или расовая — или их комбинация. Хотя такие браки были менее распространены, советское государство расценивало их как потенциально преобразующие, также они вызывали больше споров среди населения, чем, скажем, узбеко-таджикские или русско-украинские браки. Большинство респондентов позволили мне использовать их реальные имена,

---

[33] Н. Куинн, которая проводила интервью о браке в Соединенных Штатах, также обнаружила, что люди «похоже, были готовы дать бесплатное и подробное интервью на эту тему в любой момент» [Finding Culture 2005: 40].

[34] Единственная важная советская «национальность», не представленная в моем исследовании, — это евреи; мне не удалось найти ни одной смешанной пары в Казахстане или Таджикистане, которая включала бы партнера-еврея. Хотя евреи считались национальностью и часто вступали в смешанные браки в Советском Союзе, их отсутствие в этой книге может быть связано с тем, что подавляющее большинство евреев покинули Среднюю Азию после 1991 года. В официальной статистике за 2012 год зафиксировано, что в Таджикистане осталось всего 34 еврея. Мухаммадиева Б. З. Национальный состав и владение языками, гражданство населения Республики Таджикистан. Душанбе: Агентство по статистике при Президенте Республики Таджикистан, 2012. Цит. по: [Zakharov, Law 2017: 155].

в то время как некоторые предпочли использовать псевдонимы. (Имена, взятые при первом упоминании в кавычки, обозначают псевдонимы.)

Структура исследования

Первая глава содержит анализ эволюции официального дискурса о смешанных браках в Советском Союзе с 1920-х по 1980-е годы с опорой на научные публикации, а также интервью с этнографами и социологами, работавшими в позднесоветскую эпоху. В этой главе прослеживаются противоречия между биологическим и социокультурным пониманиями этничности, которые способствовали формированию укрепляющегося в последние советские десятилетия примордиалистского взгляда на этническую национальность. Во второй главе рассматривается опыт этнически смешанных пар, которые познакомились и поженились в Казахстане и Таджикистане в период с 1945 по 1991 год, что показывает, что, несмотря на огромные изменения в советском обществе за это время, в опыте смешанных пар существовала существенная преемственность. В третьей главе основное внимание уделяется характеристикам успешных смешанных браков, что дает основания утверждать, что они в основном следовали одной из двух моделей поведения: пары, в которых один из супругов адаптировался к культуре другого, и пары с сильным чувством общей советской культуры и меньшей привязанностью к конкретным национальным традициям. В четвертой главе анализируются гендерные аспекты межэтнических браков в Казахстане и Таджикистане советской эпохи. Я утверждаю, что вместо того, чтобы привносить современность в советском стиле в Центральную Азию, русские и другие немусульманские жены были склонны приспосабливаться к местным гендерным нормам в попытке предотвратить конфликты в своих браках и наладить хорошие отношения с родственниками. В пятой главе исследуется опыт и идентичность потомков смешанных браков, анализируются способы, помогавшие им подстраиваться под условия, согласно которым каждому советскому гражданину полагалось иметь одну национальность. Шестая глава посвящена выбору имен для детей в смешанных семьях, в которых приходилось решать, следует ли давать имена детям по национальности матери, национальности отца, обоих или ни того ни другого. В седьмой главе анализируется использование языка в смешанных семьях, в которых чаще, чем в моноэтнических семьях, использовался русский — советский «лингва франка» — как основной язык. Результатом стало частое несоответствие между официальной национальностью и используемым языком среди многих этнически смешанных детей. В восьмой главе рассматривается изменяющаяся ситуация в смешанных семьях в независимых Казахстане и Таджикистане после 1991 года, когда рост исключающего национализма[35] и возобновленный акцент на традиции усложнили жизнь для тех, кто вступил в межэтнический брак.

---

[35] Исключающий (исключительный) национализм (exclusionary nationalism) — форма национализма, акцентирующая внимание на культурных, этнических или религиозных различиях с целью определения «своих» и «чужих». Это политическая позиция, требующая привилегий для «коренных» жителей по отношению к приезжим. — *Прим. пер.*

Глава 1
Смешанные браки и советские общественные науки

> Велика роль межнациональных браков в этногенезисе советского народа как новой исторической общности людей.
>
> *Л. В. Чуйко* [Чуйко 1975: 69]

В течение последних трех десятилетий существования Советского Союза советское академическое сообщество приветствовало и прославляло межэтнические браки. С начала 1960-х и по 1980-е годы статьи как в научных, так и в популярных изданиях стабильно восхваляли смешанные браки в качестве подтверждения успеха советской национальной политики и предвестника консолидации всеобъемлющей советской идентичности. Наряду с прославлением своей просвещенной позиции по отношению к смешанным бракам советские социологи любили критиковать реакционную политику своего главного геополитического соперника — США. Они регулярно указывали на запреты межрасовых браков в Соединенных Штатах, где законы, запрещающие белым вступать в брак с людьми черного или азиатского происхождения, были объявлены неконституционными только в 1967 году [Ачылова 1966: 135–136; Нитобург 1989: 100–110][1]. Эпоха, в которой

---

[1] О запрете смешанных браков в Соединенных Штатах см. также [Pascoe 1996: 67; Spickard 1989: 279].

преобладал этот дискурс, может создать впечатление, что советская поддержка смешанных браков была артефактом холодной войны, формой прогрессивного превосходства коммунистов, набирающих себе очки за счет критики американского расизма. На самом деле советская поддержка смешанных браков возникла еще до холодной войны и была поразительно последовательной практически на всем протяжении истории СССР. Всякий раз, когда национальность или раса были основной темой дискуссии среди советских ученых и чиновников, смешанные браки также становились предметом обсуждения.

В Советском Союзе расовое и этническое смешение оказывалось в фокусе особого внимания в течение двух основных периодов. Первый период был в 1920-х и начале 1930-х годов, когда антропологи и этнографы стремились разработать новые советские подходы к изучению различий между людьми. В этот период советские ученые были вовлечены в изучение доминирующих на Западе парадигм о расе и евгенике, которые они в итоге полностью отвергли. В межвоенные годы законы нацистской Германии, направленные против расового смешения, были основным примером институциализированного расизма, с которым Советский Союз выгодно сравнивал собственную национальную политику. Второй период наступил с приходом 1960-х годов спустя несколько десятилетий после тотального сталинизма, при котором обсуждение этнических и расовых различий подавлялось наряду с целыми областями знания, такими как генетика и социология. В хрущевскую и брежневскую эпохи смешанные браки вновь оказались важной темой для советских социологов и теоретиков национальностей[2]. Это совпало с воссозданием областей социологии и генетики, с этнографическим ренессансом с его новым фокусом внимания на том, что теперь называлось этносом, а также со всплеском интереса к национальностям и межэтническим связям. Кроме того, это совпало со временем, когда СССР открывался для контактов между советскими учеными и их коллегами на Западе.

---

[2] Н. С. Хрущев был первым секретарем ЦК КПСС с 1953 по 1964 год; Л. И. Брежнев руководил Коммунистической партией СССР с 1964 по 1982 год.

Циркулирующей темой в советских дискуссиях о межэтническом смешении и смешанных браках, также как и в дебатах о национальности и этнической принадлежности в более широком понимании, было взаимодействие биологического и социального в формировании этнических сообществ. Является ли этническая группа или национальность биологическим организмом, культурно-исторической единицей или тем и другим? Межэтническое смешение — это прежде всего биогенетический или культурный процесс? Сталинский «Великий перелом» конца 1920-х — начала 1930-х годов положил конец этим дебатам на несколько десятилетий, поскольку коммунистические ученые отвергли любую связь между биологическим и социальным в человеческой жизни. Однако позже эта повестка стала актуальна вдвойне, и с 1960-х по 1980-е годы ученые часто пересматривали роль биологии и генетики в человеческих сообществах. Эта эпоха была свидетелем появления еще более фундаментальных взглядов на проблему национальности благодаря развитию концепции этноса, который советские этнографы определяли как человеческую группу, сохраняющую свою особую идентичность на протяжении веков или даже тысячелетий. В последние десятилетия существования Советского Союза этот новый фокус внимания на биологические и генетические аспекты человеческой идентичности имел важное значение при изучении смешанных браков.

Смешанный брак: от царского к советскому

Контекст советской государственной политики в отношении смешанных браков сформировался уникальным образом под воздействием истории российского и советского полиэтнического государства, а также марксистско-ленинского мышления на тему национальности. В отличие от Соединенных Штатов, где межрасовые и межэтнические отношения возникли в результате истории рабства, поселенческой колонизации и заокеанской иммиграции, Советский Союз был наследником крупнейшей в мире сухопутной континентальной империи. Эта обширная территория вмещала более 100 этнических групп, большинство из которых проживали на своих исторических территориях, говорили на разных языках или диалектах и исповедовали разные религии — от русского православия, лютеранства и иудаизма до буддизма и ислама. Русские поселенцы продвигались во многие нерусские регионы и до 1917 года, но в советскую эпоху этот процесс ускорился. Многие регионы становились все более многонациональными из-за трудовой миграции, эвакуации в военное время, а также депортации кулаков и «провинившихся» народов.

В царской России смешанными считались только браки между мужчинами и женщинами разных вероисповеданий. Царское государство начало интересоваться этническими и языковыми классификациями своих жителей в конце XIX века, однако религиозное исповедание оставалось фундаментально важной и единственной категорией, которая имела значение для таинства брака [Werth 2008: 296–331]. В этом контексте мусульманско-христианский брак мог состояться только в случае, если одна из сторон проходила религиозную конверсию и заключала брак по обряду другой стороны. Такие браки иногда заключались, особенно на приграничных территориях, хотя обращение в другую веру часто было чисто формальным [Barrett 1999: chap. 7; Malikov 2006: 111–120]. Если двое мусульманских или двое православных подданных различной этнической принадлежности желали вступить в брак, это не было предметом интереса или беспокойства со стороны государства. Другие виды межконфессиональных браков, например между православными и представителями других христианских конфессий (католиками или лютеранами), были легализованы в XVIII веке, хотя и православная, и католическая церкви настаивали на сохранении своего приоритета в обрядах и в воспитании детей. Во второй половине XIX века царский режим активно поощрял религиозно смешанные браки в Прибалтике и западных регионах империи как способ интеграции имперской периферии [Werth 2008: 316–317]. В то же время одно из направлений имперских антропологов рассматривало расовое смешение как основу гармоничной и современной Российской империи³. Обе эти тенденции предвосхитили советскую пропаганду и поощрение смешанных браков.

После революций 1917 года брак преобразился из религиозного таинства в гражданскую церемонию, а борьба большевиков против религии как «опиума для народов» сделала устаревшим религиозное представление о смешанных браках. В то же время акцент советского режима на «национальностях» и разработка этнических категорий создали новое понимание смешанного брака как пересечение национальных или этнических границ. Таким образом, советские власти переопределили их как смешанные брачные союзы, которые, как считалось до 1917 года, не пересекали важные границы идентичности — например, узбекско-таджикские или русско-украинские браки, в которых оба партнера исповедовали одну веру.

Советская национальная политика, сформулированная Лениным и Сталиным, оказала глубокое влияние на представления об идентичности в СССР. В отличие от деспотичной политики последних двух царей, большевики обещали самоопределение и культурную автономию всем национальностям империи. Идеология национального самоопределения нашла отражение в структуре советского государства, которое стало первым в истории государством, сформированным из республик, территориально определенных по этническому признаку [Suny 1993: 110–112]. Согласно советской конституции, эти республики были суверенными, хотя на практике они подчинялись железному правлению Коммунистической партии — той же партии, что шла на уступки национальному самосознанию. Большевики не занимались принудительной русификацией, как это делал царский режим. Вместо этого советская национальная политика официально поддерживала национальное равенство и развитие национальной культуры каждой нации [Martin 2001: 6–7].

В основе советского подхода к национальной политике была политика коренизации. Коренизация предоставляла каждой национальности право использовать свой язык в школах, публи-

---

³ См. [Mogilner 2013: 310–327].

кациях и государственных учреждениях на своей территории. В то же время режим стремился создать местную коммунистическую элиту в каждой республике, привлекая членов местной национальности (часто посредством явных этнических предпочтений и квот) на должности в Коммунистической партии и государственном аппарате[4]. Национальность стала важной частью официальной идентичности каждого советского гражданина и с 1932 года указывалась во внутренних паспортах Советского Союза [Martin 2001: 449]. Результатом стало закрепление и институционализация национальности как основной категории идентичности советских граждан.

Этническое смешение, раса и этнография в раннесоветскую эпоху

В 1920-х годах новым большевистским правителям бывшей Российской империи не хватало информации о разнообразии населения, которым они управляли. Чтобы исправить этот недочет, советские этнографы (культурные антропологи) проводили исследовательские экспедиции по обширной территории Советского Союза, изучая этнические и языковые особенности жителей каждой республики и региона [Hirsch 2005: chap. 3]. В ходе этого процесса они помогли определить границы населенных территорий по этническому признаку, которые послужили основой для национальных и автономных республик. В неевропейских регионах этнографы идентифицировали новые национальности среди народов, которые ранее не мыслили себя в таких терминах. В Центральной Азии, например, до 1917 года люди понимали свою идентичность с точки зрения религиозной, региональной или родственной принадлежности, но не с точки зрения этнической, языковой или национальной[5]. В результате советского правления были установлены новые национальности (казахи,

---

[4] Об эволюции этих этнических предпочтений см. [Martin 2001]. См. также [Edgar 2014: 522–541].

[5] См. [Schoeberlein-Engel 1994; Khalid 1999].

туркмены, узбеки, таджики и т. д.), которым были предоставлены свои республики и «национальные языки»[6].

Многие из первых советских этнографов получили образование в царский период и развивали дореволюционные темы и идеи. В первом десятилетии большевистского правления некоторые советские исследователи все еще придерживались концепций расовой иерархии и расовой патологии, которые тогда были распространены по всей Европе и в Соединенных Штатах. В ранний советский период, как и во времена поздней империи, генетика и евгеника пользовались большой популярностью. Активно обсуждались взаимосвязи между биологическим и социальным в человеческих сообществах. Русское евгеническое движение было основано в 1920 году двумя экспериментальными биологами, получившими образование в Западной Европе, тогда же начал издаваться и «Русский евгенический журнал», посвященный вопросам генетики и евгеники [Adams 1990: 98–100][7].

В 1920-х годах советские и немецкие ученые объединили усилия для изучения связи между расой и заболеваниями. Советские этнографы и специалисты по евгенике сотрудничали с немецкими коллегами для проведения исследовательских экспедиций и даже планировали создать совместный германо-российский институт расовых исследований [Cavanaugh 2001: 246]. Немецкие антропологи, утратившие доступ к «примитивным» народам после Первой мировой войны, когда Германия оказалась лишена своих колоний, были особенно заинтересованы в изучении тех, кого они причисляли к расово отсталым группам на советских территориях Кавказа и Центральной Азии [Hirsch 2005: 235]. Взгляды этих немецких ученых по отношению к расовому и этническому смешению были в основном негативными, как и у ученых в других частях Европы. Идеи, разработанные в конце XIX и начале XX века расистскими мыслителями, включая А. де Гобино и Ж. Лапужа во Франции, а также М. Гранта в Соединенных Штатах, настаивали

---

[6] О «национальном размежевании» Центральной Азии в 1924–1925 годы см. [Haugen 2003; Edgar 2004: chap. 2].

[7] См. также [Babkov 2013: 57–65].

на том, что люди смешанного происхождения физически и умственно неполноценны и в некоторых случаях неспособны к воспроизводству [Zack 1994: 122; Young 1995: 8–9, 148–149]. Некоторые ранние советские ученые разделяли эти взгляды, утверждая, что расовое смешение ведет к вырождению, и выступали за евгенические меры, чтобы предотвратить воспроизводство «непригодных» индивидов и групп [Hirsch 2005: 244].

Советский взгляд на человеческие различия и этническое смешение отчетливо сформировался лишь в период сталинского «Великого перелома» в 1928–1932 годах. Новая когорта ученых в этот период отвергла евгенические взгляды и сформировала новый, официальный советский дискурс о расе. Они отвергли «буржуазные» идеи о неизменных расовых чертах, которые не соответствовали советским представлениям о пластичности человеческой природы. Официальная советская позиция заключалась в том, что культура не является врожденной и что не бывает низших или высших рас [Hirsch 2005: 231–232, 238; Cavanaugh 2001: 328–329, 376–378; Mogilner 2013: 368]. Усиление влияния нацизма в Германии, кульминацией которого стал приход А. Гитлера к власти в 1933 году, привело к разрыву академического сотрудничества. Отказавшись от евгеники, советские ученые принялись критиковать немецкие расовые идеи и утверждать, что различия между группами обусловлены историей и культурой, а не биологией. Физические черты не определяют культуру, и все расы одинаково способны к процветанию при должных (т. е. социалистических) условиях. Более того, сталинские ученые решительно отвергали саму идею о каком-либо влиянии биологического на социальную жизнь человека. «Биологизировать» человеческое общество или увлекаться «биологическим детерминизмом» стало непростительным идеологическим отклонением. Вся область евгеники была объявлена не просто «буржуазной», но даже «фашистской», Русское евгеническое общество было распущено и его журнал прекратил издаваться. Сталинский режим начал требовать от всех ученых подтверждений марксистско-ленинской линии о расе и культуре; ученым могли сделать выговор или даже арестовать, если они не смогут это исполнить [Hirsch 2005: 250–253, 248–249; Adams 1990: 101–102; Mogilner 2013: 369].

В 1930-х годах советские физические антропологи подвергли критике представление о том, что расовое смешение ведет к вырождению и патологии. Они проводили исследования, нацеленные на то, чтобы показать, что представители смешанной расы были такими же работоспособными и продуктивными, как и этнически «чистые» люди. Они утверждали, что расовое смешение не только положительно, но и неизбежно по мере прогресса общества [Hirsch 2005: 253–258, 265]. Советские ученые, стремясь опровергнуть западные идеи о том, что «полукровки» якобы слабые или деградирующие, изучали расовое смешение среди бурят-монголов, которые активно вступали в браки с этническими русскими. Эти ученые выгодно сравнивали советскую «гибридизацию» с нацистским акцентом на расовой чистоте — и под этим подразумевалось не только физическое смешение, но и слияние культур на советском пространстве. Советские ученые призывали прогрессивных социологов тщательнее изучать феномен расового смешения, чтобы противостоять работе расистов и евгеников на Западе [Hirsch 2005: 256–258, 265, 270]. В новом «Антропологическом журнале», основанном в 1932 году, молодой московский антрополог А. И. Ярхо раскритиковал расовые теории советских антропологов 1920-х годов как вульгарный «зоологизм» [Ярхо 1932: 11][8]. Он резко осуждал тех, кто «биологизировал» социальные отношения и кто утверждал, что метисы физически или умственно неполноценны [Ярхо 1932: 16].

К началу 1930-х годов не оставалось сомнений в благосклонности политики советского государства по отношению к этническому и расовому смешению. Однако даже в то время, когда в конце 1920-х — начале 1930-х годов шли дебаты о достоинствах метисации, сталинистские культурные революционеры начали наступление на традиционные научные интересы этнографов. Обсуждение национальных, этнических и расовых различий стало табуированным, а внимание этнографии к «отсталым»

---

[8] См. также [Ярхо 1934: 3–20].

народам с самобытными обычаями стало рассматриваться как реакционное. Эта дисциплина была расформирована и отнесена к истории, поскольку предполагалось, что этнические различия исчезли при коммунистическом правлении. Этнографам теперь предстояло не изучать жизнь людей в настоящем, а сосредоточиться на этногенезе, происхождении советских народов в далеком прошлом. Таким образом, отпала необходимость в полевых исследованиях по изучению современных обычаев и быта различных этносов или даже связей между ними. Все, что носило признаки «отсталости» в современном СССР, отвергалось как «пережиток» прошлого[9] [Тишков 2003: 22; Slezkine 1994a: 257].

Переосмысление этнографии

Во время Второй мировой войны интерес к этническим различиям вновь стал допустимым, отчасти из-за необходимости узнать больше о народах, проживающих на недавно приобретенных советских территориях и оккупированных Советским Союзом регионах Восточной Европы. Специалист по древней истории Средней Азии С. П. Толстов, ставший директором Института этнографии Академии наук СССР, стремился возродить область этнографии. Задачей этнографов вновь стало изучение этничности, точнее, «национальных особенностей» советских народов[10]. Однако опыт 1930-х годов заставил этнографов опасаться слишком пристального внимания к этнической идентичности и различиям [Abashin 2011: 85–86]. Несмотря на то что в институте Толстову поручили изучать этнические группы, он продолжал фокусироваться в первую очередь на этногенезе (происхождении этнических групп), безопасной теме, поскольку она касалась истории, а не современных условий. Даже среди тех исследований под руководством Толстова, что формально были посвящены этническим группам, многие

---

[9] О пережитках см. [DeWeese 2011: 35–58].

[10] Mühlfried F., Sokolovskiy S. Introduction: Soviet Anthropology at the Empire's Edge // Exploring the Edge of Empire: Soviet Era Anthropology in the Caucasus and Central Asia / Ed. by F. Mühlfried and S. Sokolovskiy. Berlin: Lit Verlag, 2011. P. 10–11.

имели мало общего с этничностью как таковой. Типичные этнографические работы 1940-х и 1950-х годов были сосредоточены на новой, современной жизни советских народов при социализме, а не на их этнических особенностях. Изучение жизни в колхозах было основой этнографических исследований в этот период [Abashin 2011: 85–86; Slezkine 1994a: 309–310, 313–319][11].

Во время войны и в послевоенный период такая осторожность, несомненно, была оправданной. Государственный дискурс в поздний сталинский период прославлял роль русских как «ведущей нации» СССР, в то время как ксенофобские кампании были направлены против предполагаемых сторонников «буржуазного национализма» и «космополитизма». В этом контексте излишнее внимание к этническим особенностям могло привести неосторожного этнографа к неприятностям. Только после смерти Сталина в 1953 году этничность и межэтнические отношения вновь стали признанной областью научных исследований [Simon 1991: 207–222].

В хрущевскую эпоху возродились дебаты о национальной политике и межэтнических отношениях в СССР, вместе с идеей о том, что советские национальности переживают период сближения, который в итоге приведет к слиянию. Идея этого периода об этническом сближении на основе общего советского образа жизни придала новые силы концепции советского народа, которая получила дальнейшее развитие в брежневскую эпоху[12]. Это также предвосхитило внимание к «этническим процессам», которое доминировало среди этнографов с конца 1960-х по 1980-е годы. В своей речи на XXII съезде Коммунистической партии Советского Союза (КПСС) в октябре 1961 года Никита Хрущев отметил, что «в нашей стране идет процесс сближения наций» и что «в ходе развернутого строительства коммунизма будет достигнуто полное единство наций» [Khrushchev 1961: 118]. В принятой на съезде программе партии декларировалось, что приближение коммунизма означает «новый этап в развитии

---

[11] Для примера такой литературы см. [Бикжанова 1973].

[12] О теоретической базе советского народа при Хрущеве и Брежневе см. [Whittington 2018: 207–222].

национальных отношений в СССР, характеризующийся дальнейшим сближением наций и достижением их полного единства». Несмотря на это сближение, документ предупреждал, что «стирание национальных различий, в особенности языковых различий, — значительно более длительный процесс, чем стирание классовых граней»[13].

В то время как теоретики национальности сталинской эпохи утверждали, что советским нациям для начала необходимо «расцвести», а только потом «сблизиться», теперь утверждалось, что эти два процесса происходят одновременно. При Хрущеве чиновники и ученые также начали подчеркивать возникновение советского народа, который якобы сформировал «новую историческую общность людей» [Smith 2013: 200–202, 214][14]. В этом контексте смешанные браки вновь стали главной темой обсуждения, которой теперь предстояло сыграть решающую роль в становлении и консолидации советского народа. В начале 1960-х годов в научных кругах стали часто появляться упоминания о роли смешанных браков в советской национальной политике. В отчете, отправленном в Центральный комитет КПСС в марте 1961 года, Толстов определил национальные процессы в Советском Союзе как развивающиеся по двум направлениям: с одной стороны, внутренняя консолидация советских наций и народов, а с другой — сближение советских наций на основе дружбы, сотрудничества и «создания общих советских форм культуры и быта». Толстов назвал смешанные браки одним из наиболее явных признаков сближения советских народов[15]. Вскоре этот пример стали использовать и другие ученые.

---

[13] Программа и Устав КПСС. М. С. 190–191.

[14] Понятие «советский народ» было концептуализировано как единое гражданское образование в середине 1930-х годов, и упоминания о нем стали обычным явлением во время Второй мировой войны [Whittington 2018: 34–36, chap. 2].

[15] Толстов С. П. Современные процессы национального развития народов СССР: докладная записка в ЦК КПСС // Научный архив Института этнологии и антропологии Российской академии наук (ИЭА РАН), ф. 142, оп. 2, д. 51, лл. 3, 19.

Первым обширным научным исследованием смешанных браков стала статья ветерана этнографии и специалиста по Средней Азии и Казахстану С. М. Абрамзона, опубликованная в 1962 году в ведущем журнале «Советская этнография». В этой статье Абрамзон намекнул на связь между политическими интересами верхушки КПСС и его собственным интересом к теме смешанных браков, несколько раз упомянув октябрьский съезд партии 1961 года и его акцент на сближении советских наций. Он отметил, что процесс формирования смешанных семей находится в СССР на ранних стадиях; тем не менее он носит прогрессивный характер и «свидетельствует об установлении новых национальных взаимоотношений, об изживании былой национальной замкнутости и изолированности, о преодолении религиозных предубеждений» [Абрамзон 1962: 18–19]. Абрамзон писал, что тема смешанных браков в целом, и в Средней Азии и Казахстане в частности, мало изучалась советскими этнографами; его вклад, как он утверждал, отражает «весьма скромные результаты исследований этой темы» [Абрамзон 1962: 33].

Абрамзон отмечал, что до советской эпохи смешанные браки среди мусульман различной этической принадлежности хоть и случались — казахи с татарами, каракалпаки с киргизами, узбеки с таджиками, — но не были частыми. Некоторые группы, такие как дунгане и арабы, были почти полностью эндогамными, в то же время оседлые народы обычно неохотно отдавали своих дочерей кочевникам. Смешанные браки между мусульманами и представителями других вероисповеданий считались позорными и случались крайне редко. С приходом советской власти, утверждал Абрамзон, условия изменились: «Социально-экономические условия были уже иными, и это не могло не отразиться на отношении к межнациональным бракам. Такие браки встречали поддержку и участие со стороны органов советской власти, на их основе возникали и укреплялись смешанные семьи» [Абрамзон 1962: 19–23].

Абрамзон описал рост прежде редких смешанных браков между мусульманскими мужчинами из Центральной Азии и русскими или украинскими женщинами, который имел место во время и после Второй мировой войны, когда мужчины-мусульмане, находясь на Западном фронте, знакомились с европейскими женщинами. Он представлял эти смешанные союзы в идеализированной манере, которая преобладала в работах на эту тему на протяжении десятилетий. Смешанные браки, по его словам, были крепче и счастливее моноэтнических браков и оказывали положительное влияние на общество вокруг них. В рамках другой темы, которая стала распространенной в советских работах о смешанных браках, он выгодно противопоставлял советское отношение к межэтническому смешению запретам на межрасовые отношения, действовавшим тогда во многих местах Соединенных Штатов [Абрамзон 1962: 28–30, 33].

Статья Абрамзона была новаторской, но не предоставляла реальных данных о смешанных браках в Центральной Азии; его подход был ситуативным и апологетическим. В целом это можно отнести ко всем работам о смешанных браках 1960-х годов. В статье Ш. С. Аннаклычева 1964 года был использован аналогичный подход к Туркменистану, где утверждалось, что в дореволюционном Туркменистане смешанные браки были редки и тяжелы, но в новых советских условиях межэтнической гармонии их число растет. Доказательства Аннаклычева были довольно неубедительны и основывались на архивных данных записей актов гражданского состояния из двух туркменских городов, а также на ряде анекдотических свидетельств о счастливых смешанных семьях [Аннаклычев 1964: 25–36]. Аналогичные темы были затронуты в статье Р. Ачыловой 1966 года, которая на основе данных ЗАГСов двух районов Ташкента утверждала, что в Узбекистане растет число смешанных браков. Она, как и Абрамзон, подчеркивала контраст между просвещенной советской политикой в отношении смешанных браков и политикой капиталистического мира (особенно США, Южной Африки и нацистской Германии) [Ачылова 1966: 135–136].

Эти примеры советской литературы 1960-х годов об этническом смешении характеризовались несистематическим подходом и узким региональным фокусом. Их целью был не анализ данных, а демонстрация прочности советских межэтнических связей, при помощи утверждений — без особых фактических доказательств — о росте числа успешных смешанных браков. Этот хвалебный нарратив продолжал преобладать, хотя советские исследования смешанных браков со временем становились все более искушенными. Общественные науки претерпели значительные трансформации, которые начались в эпоху Хрущева, что изменило контекст для изучения смешанных браков. Во-первых, после многих лет запрета в качестве «буржуазных» дисциплины социологии и генетики были реабилитированы. Вместе с возвращением генетики появился новый интерес к роли биологии в человеческих сообществах[16]. Во-вторых, советские социологи впервые познакомились с тенденциями международных социальных исследований, включая изучение межэтнических и межрасовых отношений. В-третьих, в этнографии 1960-х годов наблюдался подъем теории этноса и систематическое внимание к «этническим процессам» под руководством Ю. В. Бромлея, который был назначен директором Института этнографии в январе 1966 года.

Возвращение социологии и контакты с западными учеными

Возрождение советской социологии стало знаменательным возвращением дисциплины, разрушенной событиями сталинской эпохи. Социология, как и генетика, была объявлена буржуазной наукой и запрещена при Сталине с 1930-х до 1950-х годов. Более того, те эмпирические данные, на которые опираются социологи — демографическая и социально-экономическая статистика, общественное мнение и т. п., — было невозможно собрать в сталинском СССР. Подобная информация была строго секретной и доступной только доверенным партийным чиновникам [Социология в России 1998: 31][17]. Ситуация начала меняться при

---

[16] О возрождении генетики см. [Bassin 2016: 30–31].

[17] Вместо проведения опросов партийное руководство информировалось о «народных настроениях» через регулярные отчеты Народного комиссариата внутренних дел (НКВД), позднее — Комитета государственной безопасности (КГБ).

Хрущеве, когда культурная оттепель и растущая открытость к иностранным контактам привели к появлению нового контингента социологов во второй половине 1950-х годов. Эти ученые вскоре подпали под влияние западных социологических методов и теорий. Сперва они знакомились с западными идеями в процессе написания «критики буржуазной социологии» для советских публикаций. Чтобы написать подобную критику, советские ученые должны были читать западную литературу, которая обычно хранилась под замком в специальном, отделе библиотеки с ограниченным доступом, известном как *спецхран* (сокращение от «специальное хранение»). В результате советская критика «буржуазной» науки была своего рода троянским конем — важным, но скрытым способом передачи западных идей советской аудитории [Социология в России 1998: 32].

Вскоре последовали личные контакты с западными учеными. В августе 1956 года советская делегация Института философии Академии наук отправилась на международную социологическую конференцию в Амстердам. Они вернулись убежденными в необходимости марксистской социологии, основанной на «конкретных исследованиях». В то же время Москву начали посещать зарубежные социологи. С 1957 по 1961 год прибыли множество иностранцев, большинство из них были левыми или сторонниками коммунистов. В январе 1958 года в Москве состоялся международный конгресс социологов. В том же году была образована Советская социологическая ассоциация[18] [Социология в России 1998: 32–36]. Для советских этнографов важной вехой стал Конгресс Международного союза антропологических и этнологических наук, который состоялся в Москве в 1964 году. Этот конгресс, как вспоминал один ученый, стал «первой массовой встречей советских этнографов с западными антропологами»[19]. 25 февраля 1966 года президиум АН СССР принял резолюцию о необходимости совер-

---

[18] Одним из посетивших был Р. Мертон, создатель одной из самых влиятельных идей о смешанных браках, понятия статусно-кастового обмена или гипогамии.

[19] Интервью с С. А. Арутюновым из сборника Exploring the Edge of Empire: Soviet Era Anthropology in the Caucasus and Central Asia / Ed. by F. Mühlfried and S. Sokolovskiy. P. 122.

шенствования «конкретных социальных исследований». Соответственно, в 1968 году под эгидой Академии наук был учрежден Институт конкретных социальных исследований.

Благодаря доступу к литературе в спецхране советские социологи были осведомлены об обширной американской литературе, посвященной межэтническим и межрасовым отношениям. Многое из этой литературы было для них «будто бы предано анафеме». Советские социологи решительно отвергали негативный взгляд на людей смешанного происхождения, который долгое время преобладал в западной литературе о межрасовых и межэтнических браках. В Соединенных Штатах на протяжении многих лет доминировало мнение, что люди смешанной расы трагически разочарованы из-за своей идентичности. Как в научных, так и в популярных описаниях люди смешанной расы изображались тревожными, патологическими и полными негодования из-за неспособности найти свое место в мире. Исследования людей смешанной расы перешли от преимущественно биологического подхода в конце XIX века, когда «расовые эксперты» документировали предполагаемое физическое несовершенство и бесплодие таких людей, к социальным и психологическим исследованиям в первой половине XX века [Furedi 2001: 29]. Тем не менее негативное восприятие людей смешанной расы сохранялось. Как пишут Д. Паркер и М. Сонг, «неприязнь к расовому смешению была составным элементом развития гуманитарных наук» [Parker, Song 2001: 3].

В начале XX века ученые, изучающие межрасовые отношения в США, видели в людях смешанной расы потенциальных смутьянов и расовых агитаторов. Считалось, что такие люди чувствуют себя некомфортно среди «своих» и испытывают негодование из-за того, что им не разрешают общаться на равных с белыми. В межвоенный период социологи Р. Парк и Э. Стоунквист ввели термин «маргинальный человек», относящийся в первую очередь к людям смешанной расы, но в более широком смысле — к любому человеку, не имеющему надежной привязанности к культуре, расовой или этнической группе. Предположение, лежащее в основе всех этих аргументов, заключалось в том, что проблемы смешанных людей обусловлены их психикой, а не расизмом и социальным неравенством. «Состояние смешанности понималось как порождающее неразрешимые личностные проблемы». Не только мулаты, но и люди англо-индийского, европейско-азиатского и другого расово смешанного происхождения якобы являлись невротиками и страдали дезадаптацией. Эти идеи, широко распространенные в 1930-х и 1940-х годах, серьезно не оспаривались до 1960-х годов[20] [Furedi 2001: 28–29, 33–34, 37–38; Spickard 2001: 78–81].

Советские социологи отвергали представление о смешанных потомках как о психологически испорченных или дезадаптированных. Напротив, они считали таких людей авангардом советского общества, лучше приспособленными в социальном плане и более прогрессивными в политическом отношении, чем их моноэтнические соратники. В 1960-х годах, когда большинство белых американцев все еще выступали категорически против межрасовых браков, советские ученые подчеркивали социологические и психологические преимущества этнического смешения. Однако у них было одно общее с западными социологами убеждение — идея о том, что человек, даже смешанного происхождения, в идеале должен иметь надежную привязанность к одной определенной идентичности.

Благодаря западной литературе по социологии советские ученые познакомились с конкретными методами изучения межэтнических отношений. Классическая работа Р. М. Уильямса «Strangers Next Door: Ethnic Relations in American Communities», опубликованная в 1964 году, представила советским социологам концепцию «социальной дистанции». Пользующаяся авторитетом шкала социальной дистанции Богардуса, впервые разработанная в 1924 году и широко используемая в западной социологии для оценки межэтнических отношений, предлагала респондентам указать, как они отнеслись бы к различным формам контакта

---

[20] С 1970-х годов ученые подчеркивали изменчивые и социально сконструированные аспекты смешанной расовой идентичности и утверждали, что стресс у людей расово смешанного происхождения вызывают социальные отношения и структурный расизм, а не врожденный психологический конфликт. См. [The Multiracial Experience 1996; Ifekwinigwe 1998; Olumide 2002].

с представителями других этнических групп, будь то соседи, коллеги, друзья или родственники. В СССР советские социологи начиная с 1970-х годов в своих исследованиях использовали аналогичную шкалу этнических настроений[21]. Фактически многие инструменты, используемые американскими социологами для изучения межрасовых браков, имели аналоги в советской литературе[22]. В дополнение к шкалам социальной дистанции эти методы включали анализ взаимосвязи демографической структуры с уровнем смешанных браков, выявление иерархии предпочтений в отношении брачных партнеров среди различных этнических групп и отслеживание выбора идентичности детей из смешанных семей[23].

Становление теории этноса

Если советские этнографы эпохи Хрущева первыми попытались изучить смешанные браки как часть национальной политики, то ученые эпохи Брежнева, особенно 1970-х и 1980-х годов, сделали это важной частью своей исследовательской повестки. Это очевидно даже при беглом взгляде на советскую научную литературу того периода. С начала 1970-х и до конца советской эпохи в советских научных журналах не прекращался поток статей о межэтнических браках. Исследования, посвященные межнациональным бракам, проводились практически в каждой республике и регионе страны, а почти каждая книга о браке или национальном составе включала обязательную главу о смешанных парах[24].

---

[21] Интервью с А. А. Сусоколовым, Москва, 14 июня 2010 года. См. [Williams 1964]. См. также [Wark, John 2007: 383–395].

[22] Судя по срокам, советские ученые скорее заимствовали западную методологию, чем разработали эти подходы самостоятельно.

[23] Для краткой сводки некоторых наиболее распространенных направлений исследований смешанных браков на Западе см. [Spickard 1989: 6–9, 364].

[24] Среди множества примеров: [Егурнев 1973: 28–34; Ганцкая, Терентьева 1965: 5–19; Калышев 1984: 71–77; Кривоногов 1980: 73–86; Исмаилов 1972: 86–89; Тер-Саркисянц 1973: 89–95; Ганцкая, Терентьева 1977].

Интенсивное изучение смешанных браков стало производным — и фактически неотделимым — от появления «теории этноса» в конце 1960-х годов. Возникновение нового подхода к этничности произошло в результате смены руководства Института этнографии. Директор Бромлей привел к смещению акцента от более описательного, исторического подхода к этнографии, ориентированного на первобытные племена и этногенез, к более теоретическому, ориентированному на современный этнос. Хоть Бромлей и был специалистом по истории южных славян, а не этнографом по образованию, он с энтузиазмом занялся разработкой новой теоретической основы для этнографии. Отойдя от связи с историей, этнография таким образом стала интеллектуально родственной возрождающейся дисциплине социологии, сфокусированной на современных социальных процессах. Этнографы теперь сосредоточились на «этнических процессах» в современном СССР [Баграмов 2003: 47–48].

Под руководством Бромлея в Институте этнографии все больше внимания стало уделяться современным проблемам этноса и межэтническим отношениям. Область этнической социологии или этносоциологии — отдельной субдисциплины в Советском Союзе — стала особенно важной[25] [Бромлей 1983: 6]. Хотя эта область была уникальной для советского контекста, в ней использовались статистические и теоретические подходы, схожие (и, вероятно, заимствованные) с теми, что были разработаны на Западе для изучения этнических процессов в СССР. В это время также возникли другие субдисциплины, такие как этнопсихология и этногеография. Доступ к западной литературе и западным ученым способствовал развитию этих областей. Этносоциологи — среди них Ю. В. Арутюнян, Л. М. Дробижева и А. А. Сусоколов — подготовили в поздний советский период некоторые из наиболее интересных и ценных работ о советских национальностях, включая работы о смешанных браках. Хотя в том, что они могли публиковать, они были ограничены советскими идеологическими рамками, в советском контексте им

---

[25] См. также [Арутюнян, Дробижева 2003: 87–103].

удалось прийти к некоторым поразительным и противоречивым заключениям. В частности, в их работах содержались намеки на то, что национальный вопрос не был «решен» и что в нерусских республиках не всегда царила межэтническая гармония. Получалось, что сближение образов жизни необязательно создавало ощущение интернационального единства[26]. Их выводы заметно противоречили более детально разработанной в брежневскую эпоху концепции «советского народа», которая постулировала еще большее единство среди советских наций. В своей знаменательной речи в 1971 году Брежнев назвал советский народ «новой исторической общностью людей» [Brezhnev 1971]. Советский народ определялся как «новая историческая, социальная и интернациональная общность людей, имеющих единую территорию, экономику, социалистическую по содержанию культуру...» [Калтахчян 1976: 25]. Советский народ в качестве нации явно не изображался, но он имел некоторые характеристики нации, в первую очередь общую историю, общий образ жизни, а также общий язык — русский[27] [Simon 1991: 310–312].

Термин «этнос» отсылал к человеческому сообществу, которое сохраняет свою сущностную идентичность, проходя через исторические и социально-экономические стадии, определенные Карлом Марксом. В этом смысле он отличался от концепций народности, национальности и нации, разработанных этнографами в 1920-х годах, каждая из которых была связана с определенной стадией социально-экономического развития [Hirsch 2005: 313–315][28]. Дебаты об этносе в 1960-х и 1970-х годах актуа-

---

[26] Книга Арутюняна «Социальное и национальное» вызвала споры, поскольку предположила, что расширение межэтнических контактов необязательно приводит к межэтнической гармонии [Социальное и национальное 1973]. См. также [Dragadze 2011: 29; Арутюнян, Дробижева 2003: 87–103].

[27] О разработке концепции советского народа см. также [Whittington 2018: 207–222].

[28] Подробнее о понятии этнос см. [Бромлей 1973]. См. также Mühlfried F., Sokolovskiy S. Introduction: Soviet Anthropology at the Empire's Edge // Exploring the Edge of Empire: Soviet Era Anthropology in the Caucasus and Central Asia / Ed. by F. Mühlfried and S. Sokolovskiy. P. 9.

лизировали проблему, которая, казалось бы, была решена в 1930-х годах, а именно роль биологического и социального в создании человеческой культуры. Концепция этноса поощряла примордиалистский взгляд на этнические сообщества; ученые, специализирующиеся на конкретных национальных республиках, все больше воспринимали исследуемые этносы как примордиальные и даже биологические сущности, тысячелетиями укоренявшиеся на своих территориях, выявленных Советским Союзом [Laruelle 2008b: 169–188]. Бромлей, как правило, подчеркивал, что этнос — это историческая конструкция, но даже он колебался в отношении природы этноса, иногда отстаивая значение генетики популяции в дополнение к исторической и культурной сущности (в конечном счете он пришел к компромиссу, описывая этнос как «биосоциальный» [Тишков 2003: 32, 68–69, 101]). В любом случае теория этноса была предметом споров и обсуждений среди советских ученых в 1960-х и 1970-х годах. Они спорили о том, в какой степени этнос является объективным или субъективным явлением, а также о соотношении его социокультурных и биологических аспектов [Абашин 2007: 6].

Кандидатура Бромлея, ранее ученого секретаря Отделения истории АН СССР, на пост директора института не пользовалась всеобщим признанием; некоторые этнографы критиковали его как «кабинетного ученого», не знакомого с полевыми исследованиями[29]. Члены старой гвардии института, привыкшие подходить к этнографии с более исторической точки зрения, были недовольны его новым теоретическим подходом. Назначение Бромлея вызывало также некоторую личную неприязнь, поскольку не-

---

[29] Kuznetsov I. Anthropology at Its Margins: Essentialism and Nationalism in Northwest Caucasian Studies // Exploring the Edge of Empire: Soviet Era Anthropology in the Caucasus and Central Asia / Ed. by F. Mühlfried and S. Sokolovskiy. P. 221–222. Эмигрировавший антрополог А. М. Хазанов вспоминал Толстова как высокомерного и грубого человека и говорил, что Бромлей был «более либеральным и открытым до определенных пределов, пока это не вредило его карьере». См. интервью с Хазановым в: Exploring the Edge of Empire: Soviet Era Anthropology in the Caucasus and Central Asia / Ed. by F. Mühlfried and S. Sokolovskiy. P. 132.

сколько ведущих этнографов лоббировали кандидатуру Л. П. Потапова — протеже предыдущего директора, Толстова[30]. Однако пребывание Бромлея на посту директора вдохнуло новую жизнь в область советской этнографии. Будучи убежденным коммунистом, он был способным администратором, который расширил сферу влияния Института этнографии. Этнографы, активно работавшие в то время, вспоминают, что он умел угождать высшему руководству, одновременно создавая достойные условия для работы ученых. Он был осторожным и умеренным, но при необходимости был готов защитить своих коллег и институт. Хоть институту и приходилось следовать общим для тогдашнего Советского Союза «правилам игры», преклонять колени в своих опубликованных трудах перед Лениным и последними решениями Коммунистической партии, готовить специальные очерки для крупных партийных съездов, а также подчиняться цензуре и самоцензуре, ограничивающим темы, над которыми они могли работать, тем не менее многие ученые вспоминают Бромлея как благотворную фигуру, а эпоху Бромлея — как хорошее время для советской этнографии. Они отмечают, что исследовательские фонды и возможности были обширны, а также существовала определенная свобода для обсуждения важных тем, касающихся этничности и национальности как внутри института, так и на страницах его изданий[31].

С середины 1960-х и по 1980-е годы под руководством Бромлея этнографические исследования сосредоточились на этнических процессах, которые имели два основных направления: тенденции к фрагментации и тенденции к объединению. Советские этнографы утверждали, что в современных капиталистических и социалистических обществах доминировали объединяющие тенденции

---

[30] Тумаркин Д. Д. Ю. В. Бромлей и журнал «Советская этнография» // Академик Ю. В. Бромлей и отечественная этнология. 1960–1990-е годы / Ред. С. Я. Козлов. М.: Наука, 2003. С. 212.

[31] О перспективах правления Бромлея см. сборник «Академик Ю. В. Бромлей и отечественная этнология. 1960–1990-е годы / Ред. С. Я. Козлов». Особое мнение о степени свободы, которой пользовались этнографы, см. в [Schoeberlein 2011: 59–63].

[Бромлей, Гурвич 1987: 161]³². Они выделили три основных объединительных процесса: консолидация, которая происходит, когда несколько групп, родственных по языку и культуре, объединяются в более крупную этническую общность; ассимиляция, которая происходит, когда более крупный этнос поглощает один или несколько меньших; и интеграция, которая происходит при взаимодействии групп, различающихся по языку и культуре, что приводит к возникновению общих этнических черт среди них. Советские этнографы утверждали, что смешанные браки значительно способствуют этим процессам³³. Сам Бромлей дал большой толчок изучению смешанных браков своей статьей «Этнос и эндогамия», которая появилась в журнале «Советская этнография» в 1969 году. В ней Бромлей теоретически обосновал смешанные браки, связав их с марксистским взглядом на историю и предоставив научное обоснование для официального утверждения о процессе слияния советских наций. В период рабовладения и феодализма, утверждал Бромлей, этносы проявляли тенденцию к фрагментации, тогда как в капиталистическую и социалистическую эпохи наблюдалась противоположная тенденция: слияние меньших этносов во все более крупные [Бромлей 1969: 84–91]³⁴. Бромлей утверждал, что межэтнические браки играли важную роль в этом естественном процессе консолидации. Поскольку определяющей чертой этнической группы была эндогамия, он утверждал, что растущий уровень межэтнических браков свидетельствует о том, что два отдельных этноса сливаются, образуя новую группу. Он отмечал, что даже в районах с полиэтническим

---

[32] Mühlfried F., Sokolovskiy S. Introduction: Soviet Anthropology at the Empire's Edge // Exploring the Edge of Empire: Soviet Era Anthropology in the Caucasus and Central Asia / Ed. by F. Mühlfried and S. Sokolovskiy. P. 12; [Сусоколов 1987: 23].

[33] Выдающийся этнограф Ю. В. Арутюнян утверждал, что термин «сближение наций» имеет двойное значение. С одной стороны, это означало уравнивание социального и культурного содержания различных советских народов; с другой стороны, речь шла о взаимоотношениях между национальностями [Арутюнян 1972: 7]. См. также [Bromlei, Kozlov 1989: 425–438].

[34] См. также: Бромлей Ю. В. Очерки теории этноса. М.: Наука, 1983. С. 338–382.

населением и тесными межэтническими контактами, таких как Югославия и Северный Кавказ, более 90 % браков были моноэтническими. Пропорция была еще выше в этнически однородных районах, таких как центральная часть России [Бромлей 1969: 84–86]. Таким образом, Бромлей утверждал: «Значительное нарушение эндогамии этноса — предвестник его разрушения» [Бромлей 1969: 87][35]. В подтверждение этого утверждения Бромлей приводил примеры нескольких малых народов Кавказа и Арктики, консолидации которых в единый этнос предшествовал рост смешанных браков [Бромлей 1969: 86–87].

После публикации статья Бромлея возбудила споры [Dragadze 2011: 29]. Резкая критика была вызвана не поддержкой смешанных браков как таковых, а тем, что некоторые приняли за биологизацию этноса Бромлеем. С момента отказа от расового мышления и евгеники в начале 1930-х годов советский режим настаивал на непреодолимой пропасти между биологическим и социальным [Bassin 2016: 135]. Консерваторы, выступающие против руководства института Бромлеем, использовали эту полемику как повод для мобилизации оппозиции против него и, возможно, даже для его смещения. М. С. Иванов, глава сектора народов Ближнего и Среднего Востока в институте, обвинил Бромлея в биологизации этноса и неисторическом подходе к теме смешанных браков. Он дошел до того, что заявил о Бромлее в партийные органы за «идеологические ошибки». Этнограф Д. Д. Тумаркин вспоминал, что Иванов пользовался молчаливой поддержкой более консервативной фракции ученых Института этнографии. Атака на статью Бромлея была попыткой не только дискредитировать директора лично, но и остановить масштабные изменения, которые он стремился привнести в институт, уделяя больше внимания анализу современных этнических проблем и отказываясь от исторического подхода к этнографии[36].

---

[35] Это разрушение, по мнению Бромлея, на самом деле было положительным явлением, ведущим к большему единству советских народов.

[36] Тумаркин Д. Д. Ю. В. Бромлей и журнал «Советская этнография» // Академик Ю. В. Бромлей и отечественная этнология. 1960–1990-е годы / Ред. С. Я. Козлов. С. 214.

На публичном обсуждении статьи в институте 5 февраля 1970 года Бромлей расширил свои биологические аргументы, утверждая, что эндогамия создает «генетический барьер» между этносами и что каждая популяция имеет тенденцию к увеличению однородности своего генетического пула и приобретению характеристик расы. Вероятно, предвидя критику своих оппонентов, он поспешил добавить, казалось бы, противоречивую мысль о том, что в основе этноса лежат в первую очередь социальные, а не генетические факторы[37]. Несмотря на это уточнение, Иванов начал обсуждение, обвинив Бромлея в приверженности расовой концепции этноса. В описании Бромлея, сказал Иванов, этнос «приобретает характер не общественно-исторического явления и общественно-исторической категории <...> а характер биологической категории» [Обсуждение статьи 1970: 89]. Бромлей отверг это обвинение, повторяя свою мантру о том, что этнос является одновременно и биологическим и социальным [Обсуждение статьи 1970: 100–103]. Но Иванов в принципе не принимал идею биологической природы этноса. В концепции Бромлея, по его словам, игнорируются общественно-экономические факторы, а «этническая общность в то же время объявляется антропологической (т. е. расовой) группой». Это противоречит реальности, утверждал Иванов, так как существует множество примеров этносов, содержащих смешение антропологических типов [Обсуждение статьи 1970: 89–90].

Возможно, самой резкой частью критики Иванова в сторону Бромлея было его заявление о том, что Бромлей разделяет взгляды отступника Л. Н. Гумилева. «И хотя Ю. В. Бромлей здесь говорит, что выступал против [биологического] понимания популяции, которое выдвигает Л. Н. Гумилев, — заявил Иванов, — но по существу он сам выступает сторонником этой позиции» [Обсуждение статьи 1970: 89][38]. Это были воинственные слова, так как

---

[37] Отчет о дискуссии был опубликован в «Советской этнографии». См. [Обсуждение статьи 1970: 87–88].

[38] Примерно в то же время Гумилев подвергся нападкам за тот же проступок на основании своей статьи, которую опубликовал в советском научном журнале «Природа». См. [Bassin 2016: 174].

взгляды Гумилева официально были анафемой для советского академического истеблишмента и партийных верхов. Гумилев, диссидентствующий географ, востоковед и историк, был хорошо известным и популярным преподавателем в Ленинградском государственном университете. Он также был знаменитой и трагической жертвой сталинизма и представителем культурной элиты, сыном поэтов Анны Ахматовой и Николая Гумилева. Старший Гумилев был казнен большевиками в годы Гражданской войны, а сам Лев Николаевич провел при Сталине многие годы в тюрьмах и ссылках из-за своих семейных связей. У Гумилева была своя весьма эксцентричная теория этноса, который он рассматривал как биологический организм и продукт природы. В своих лекциях и прочих публичных выступлениях он часто выражал спорные взгляды на межэтнические отношения, в том числе против «космополитизма» и межэтнических браков. Ввиду неготовности режима поддерживать любой негативный анализ этнических отношений Гумилеву не позволялось публиковать эти взгляды. Его самая известная работа «Этногенез и биосфера Земли», первоначально представленная как докторская диссертация в 1974 году, появилась в печати только многие годы спустя, во время перестройки[39]. Этнографы, придерживающиеся более традиционных взглядов, резко критиковали Гумилева за его биологизацию этноса, которая, по их мнению, граничила с расизмом [Bassin 2016: 174][40]. Гумилев не мог получить постоянную академическую должность, соответствующую его образованию и статусу[41]. Таким образом, связывание пользующегося авторитетом Бромлея с маргинализированным Гумилевым было крайне провокационным.

---

[39] Gumilev L. N. Ethnogenesis and the Biosphere. Moscow: Progress Publishers, 1990; [Laruelle 2008a: 54].

[40] Один из сторонников Бромлея опубликовал в 1974 году в крупном журнале статью с критикой идей Гумилева. См. [Козлов 1974: 72–85].

[41] Хотя диссертация Гумилева не могла быть опубликована, читатели имели возможность запросить ее копии в научном институте, где он ее оставил, поэтому многие ученые смогли прочитать эту работу до ее официальной публикации в 1989 году [Laruelle 2008a: 54, 79–80]. Гумилев стал почитаемой фигурой после распада СССР.

Гумилев был во многих отношениях противником Бромлея, занимавшим позиции, которые находились далеко за пределами мейнстрима советской этнографической мысли, при этом он также был влиятельным и важным теоретиком этноса. Его идеи были широко известны, несмотря на его изгнание из научного сообщества. Более того, как отмечает М. Бассин в своем авторитетном исследовании наследия Гумилева, между взглядами двух ученых на этнос были сходства[42]. Бромлей также придерживался квазибиологического представления об этносе, о чем свидетельствуют его взгляды на эндогамию как на генетический, а не преимущественно культурный барьер[43]. Оба ученых расходились во взглядах не столько по поводу природы смешанных браков, сколько по поводу их желательности. Гумилев считал этническое смешение разрушительным для целостности этноса, тогда как Бромлей видел в нем важный шаг к этническому сближению и возникновению советского народа.

Гумилев испытывал мистическое чувство по отношению к этносу, воспринимая его как живой организм, который рождается, проходит предсказуемые стадии развития и умирает. Однако он отрицал, что его взгляд на этнос был биологическим или расовым; хотя этнос был живым организмом, писал он, его, этноса, генетическое происхождение чаще всего было смешанным, а его традиции передавались от родителей к детям через усвоенный «стереотип поведения» [Bassin 2016: 32]. Именно этот стереотип поведения и страдал в смешанных браках. В книге «Этногенез и биосфера Земли» Гумилев писал: «Ясно, что для сохранения этнических традиций необходима эндогамия, потому что эндогамная семья передает ребенку отработанный стереотип поведения, а экзогамная семья передает ему два стереотипа, взаимно погашающих друг друга»[44]. Гумилев обладал неоспори-

---

[42] По-видимому, сходство было настолько велико, что Гумилев даже обвинил Бромлея в краже идей [Bassin 2016: 174].

[43] Позицию Гумилева также было трудно охарактеризовать, поскольку он отрицал, что этнос каким-либо образом связан с расой, хоть при этом и является биологическим организмом [Bassin 2016: 141].

[44] Gumilev L. N. Ethnogenesis and the Biosphere, 94.

мой харизмой и определенно привлекал внимание как интеллектуальный бунтарь, а его идеи вызывали значительное внимание со стороны советской интеллигенции. Коллеги вспоминали, как он критически высказывался о смешанных браках на публичных лекциях в период правления Брежнева[45]. Этнограф О. Б. Наумова рассказывала об услышанных ею выступлениях обоих ученых на конференции. Бромлей, влиятельный и уважаемый исследователь, монотонно бубнил, в то время как Гумилев, инакомыслящий аутсайдер, пленил аудиторию своей эрудицией и убедительным риторическим стилем[46]. У Гумилева также были сторонники среди русских националистов, которые появились в брежневскую эпоху; некоторые из них сокрушались по поводу «биологического вырождения» русской нации и ее размывания посредством «случайной гибридизации» [Bassin 2016: 180].

Несмотря на обвинения Иванова, большинство выступающих на семинаре 1970 года поддержали Бромлея (Тумаркин вспоминал, что целью организации семинара было отразить атаки со стороны Иванова и его сторонников[47]). На семинаре присутствовали не только члены Института этнографии, но и сочувствующие ему коллеги из Московского государственного университета и Института востоковедения. Почитаемый этнограф и эксперт по религии С. А. Токарев, который первоначально был скептически настроен к Бромлею, оказал ему решающую поддержку. Токарев произнес похвальные слова в адрес теории этноса Бромлея и его подхода к межнациональным бракам: «В статье Ю. В. Бромлея мы находим существенно новый подход к теме, которая в последнее время вызвала оживленный обмен мнений. Она

---

[45] Интервью с В. А. Шнирельманом, Москва, 8 июня 2010 года; интервью с О. Б. Наумовой, Москва, май 2010 года. Хотя Гумилев официально был маргинализирован, его лекции были популярны, и он стал известен как «престижная, хоть и скандальная фигура в ленинградских академических кругах» [Laruelle 2008a: 80].

[46] Интервью с О. Б. Наумовой.

[47] Тумаркин Д. Д. Ю. В. Бромлей и журнал «Советская этнография» // Академик Ю. В. Бромлей и отечественная этнология. 1960–1990-е годы / Ред. С. Я. Козлов.

открывает новый этап в изучении этнической истории» [Обсуждение статьи 1970: 91]. После неудачной попытки сместить Бромлея Иванов покинул институт и поступил на работу в дипломатическую академию[48]. В итоге идеи Бромлея об этносе и смешанных браках возобладали, и его эссе послужило стимулом для быстрого расширения этого поля исследований[49]. Заявление Токарева получилось пророческим; теория этноса и идеи Бромлея об этносе и эндогамии оказались чрезвычайно плодотворным новым полем для советских этнографов.

Пик исследований смешанных браков

После публикации статьи Бромлея об эндогамии и этносе в 1969 году прошла волна исследований по межэтническим бракам. Конец 1960-х, 1970-е и 1980-е годы стали расцветом этого направления. Иерархическая структура советских научных институтов обеспечивала быстрое распространение новой повестки, как только она получала официальное одобрение. У каждого института был план исследований, включающий общие темы, в разработке которых должны были принимать участие все ученые. Интересы нового директора института быстро подхватили его подчиненные; таким образом, возвышение Бромлея быстро привело к наплыву литературы этнографов, изучающих «этнические процессы», тенденции к слиянию этнических групп и т. д. Смешанные браки стали неотъемлемой частью таких исследований[50]. В советской академии, пишет антрополог Дж. Шоберлайн, «новация в науке создавалась скорее путем применения принятой концепции к новой области наблюдений, чем путем предложения инноваций для самой концепции, что в лучшем случае могло быть рискованным» [Schoeberlein 2011: 77]. Так, появилось множество книг и статей с почти идентичными назва-

---

[48] Тумаркин Д. Д. Ю. В. Бромлей и журнал «Советская этнография». С. 215.

[49] Интервью с А. А. Сусоколовым, Москва, 14 июня 2010 года.

[50] Интервью с О. Б. Наумовой; Mühlfried F., Sokolovskiy S. Introduction: Soviet Anthropology at the Empire's Edge. P. 4, 12–13.

ниями о смешанных браках в Прибалтике, Северном Казахстане, Молдове, Дагестане и других регионах. Определение темы и методология оставались прежними; изменялось лишь поле исследования. По иронии это новое направление, столь спорное в начале, быстро стало ортодоксальным, с собственными канонами. Бромлей лишь незначительно подправил свою теорию после ее представления в конце 1960-х и начале 1970-х годов[51].

Полевая работа этнографов в отдаленных регионах СССР облегчалась вездесущностью советского государства и официальной поддержкой их исследований. Советские этнографы работали несколько иначе, чем их западные коллеги. Британские и французские антропологи, работавшие в имперских владениях в Африке, Азии и на Ближнем Востоке, выработали традицию одиночных длительных полевых исследований, в ходе которых они на месяцы или годы погружались в культуру изучаемого места, живя с «туземцами» и практикуя «включенное наблюдение»[52]. Советские этнографы, напротив, отправлялись в поездки группами. Когда этнографы из Москвы посещали регион для проведения полевых исследований, они обычно выезжали в составе группы на краткосрочную экспедицию. Приехав, они останавливались в гостиницах и совершали короткие вылазки в деревни для проведения интервью, часто с помощью местных переводчиков. Тем не менее советские исследователи, как и их западные коллеги, пользовались доступностью и преимуществами, которые обеспечивало им верховное правление. По прибытии они сразу же представлялись в местный сельсовет или областной партийный комитет (обком) и предъявляли официальное письмо с просьбой о сотрудничестве со стороны местных властей. Обком мог предоставить автомобиль и обеспечить дефицитные номера в гостиницах. Этнографы находили интервьюируемых с помощью похозяйственных книг, в которых велся непрерывный учет всех жизненно важных статистических данных — рождений, смертей, браков — в каждой деревне и содержались записи о национально-

---

[51] Тумаркин Д. Д. Ю. В. Бромлей и журнал «Советская этнография». С. 221.

[52] О развитии идей и методов западной антропологии см. [Eriksen, Finn 2001].

ности каждого человека в области. Основываясь на этих книгах, этнографы легко находили смешанные пары для интервью[53].

Ученые с периферии СССР быстро вовлекались в изучение утвержденных тем. Научные институты в Москве тесно координировались с аналогичными структурами в национальных республиках. Руководитель сектора — например, сектора Средней Азии и Казахстана Института этнографии — передавал исследовательский план своим республиканским коллегам, которые обязывались выполнять определенные составляющие плана[54]. Существовала четкая иерархия, которая иногда становилась источником недовольства на периферии. Республиканским этнографам позволялось изучать только «свое» население, но не проводить полевые исследования где-либо еще, тогда как этнографы из центра могли проводить исследования в любом месте Советского Союза. Все республиканские диссертации должны были получить одобрение Москвы. От ученых в регионах ожидалась не разработка новых или оригинальных теорий и аналитика, а применение теорий, разработанных в Москве, к своим местным ситуациям. Американский антрополог Т. Драгадзе вспоминала резкие слова московского этнографа В. И. Козлова: «Вы в республиках присылайте нам материалы, а мы предоставим теорию»[55].

В любой академической среде определенные темы вызывают больший интерес и поддержку, чем другие. В случае с Советским Союзом эти факторы усиливались централизованностью государства и академии. Некоторые этнографы советской эпохи утверждают, что их дисциплина была одной из наименее поли-

---

[53] Эти похозяйственные книги хранятся с 1930-х годов по настоящее время, но они уже недоступны для исследователей. Интервью с О. Б. Наумовой; интервью с О. И. Брусиной, Москва, 9 июня 2010 года.

[54] Интервью с О. Б. Наумовой.

[55] Увлекательное описание отношений центра и периферии в советской этнографии можно найти в мемуарах Драгадзе о проведении исследований в Советском Союзе брежневской эпохи [Dragadze 2011: 21–34]. Цитата Козлова находится на с. 29. См. также интервью с А. М. Хазановым в: Exploring the Edge of Empire: Soviet Era Anthropology in the Caucasus and Central Asia / Ed. by F. Mühlfried and S. Sokolovskiy. P. 221–222.

тизированных и идеологических в СССР[56]. Однако темы для диссертаций должны были утверждаться, и как только директор института устанавливал требования — что нужно изучать этнос и этнические процессы, — ученые выбирали корректные темы без особых размышлений и обсуждений. По словам санкт-петербургского этнографа Ю. А. Евстигнеева, даже если ученые не были официально назначены для изучения смешанных браков, все понимали, что некоторые темы могут быть одобрены легче других. Было очевидно, что смешанные браки были одной из тем, приветствовавшихся властями[57].

В то же время существовали темы, которые, как все знали, были проблемными. Любая тема, связанная с межэтнической напряженностью или националистическими настроениями в нерусских республиках, была, очевидно табуирована, как и любая тема, которая потенциально могла намекать на такую напряженность. Религия и правовые обычаи не могли обсуждаться, кроме как в качестве пережитков прошлого. Некоторые темы были допустимы как предмет исследования, но закрыты для публичного обсуждения; ученый мог работать над такой темой, защищать диссертацию и даже обсуждать ее в рамках института, но не мог публиковаться на эту тему. Когда О. И. Брусина начинала свои исследования славянского населения Центральной Азии в начале 1980-х годов, ее научный руководитель предупредил ее, что она, возможно, не сможет опубликовать результаты[58]. В то время сопротивление русификации и русскому влиянию уже давало о себе знать в некоторых республиках, что могло сыграть свою роль в чувствительности этой темы[59]. Ленинградский этно-

---

[56] Интервью с М. Н. Губогло, Москва, 8 июня 2010 года; интервью с О. Б. Наумовой.

[57] Интервью с Ю. А. Евстигнеевым, Санкт-Петербург, Россия, 11 июня 2010 года.

[58] Вскоре после этого к власти пришел Михаил Горбачев, и она смогла опубликовать свое исследование. Интервью с О. И. Брусиной.

[59] По воспоминаниям Э. А. Баграмова, он столкнулся с враждебно настроенными вопросами о русских поселенцах в Эстонии во время выступления, которое провел там в конце 1960-х годов [Баграмов 2003: 54–55].

граф Т. В. Станюкович, писавшая о русских и украинцах для книги 1961 года о народах Центральной Азии, была вынуждена ограничить внимание в своем сюжете материальной культурой и жилищем, хотя она собрала немало интересного материала о межэтнических отношениях[60]. Брусина вспоминала: «Очень интересно: эти материалы не носили какого-то, можно сказать, даже, с идеологической точки зрения советской власти, провокационного характера. Но в то же время они остались неопубликованными»[61]. В результате этих ограничений многое из того, что ученые выявили в своих исследованиях, оставалось и остается скрытым в их личных архивах. По словам Брусиной, то, что писали ученые эпохи Брежнева, было фактически правдой, но неполной; многое приходилось упускать[62]. Даже определенные аспекты межэтнических браков были закрыты для изучения — например, распространенность таких браков среди коммунистической элиты в нерусских республиках никогда не изучалась и не обсуждалась, предположительно потому, что это могло поставить под сомнение «национальные» полномочия этих лидеров[63]. Тем не менее было хорошо известно, что у многих видных лидеров Центральной Азии были русские или европейские жены. В биографиях отдельных членов Коммунистической партии часто восторженно описывались их красивые русскоязычные жены и то, какими они были замечательными помощницами в работе их мужей[64]. То, что публиковалось о межэтнических отношениях

---

[60] См. [Станюкович 1963: 662–696].

[61] Интервью с О. И. Брусиной.

[62] Там же.

[63] А. А. Сусоколов отметил в нашем интервью, что эта тема была закрыта для советских социологов.

[64] См. описание Е. Я. Брянцевой, русской жены туркменского партийного лидера К. С. Атабаева, туркменским писателем Берды Кербабаевым в его биографическом романе «Чудом рожденный: роман-хроника», опубликованном в журнале «Роман-газета» [Кербабаев 1969: 121–123]. Аналогичный рассказ о смешанном браке узбекского лидера У. Ю. Юсупова см. в [Ресков, Седов 1976]. Браки с русскими женщинами также были распространены и среди казахских националистических лидеров в начале XX века. См.

и смешанных браках, имело преимущественно оптимистичный и самовосхваляющий тон.

Этнографы видели свою роль не только в освещении успехов советской национальной политики, но и в предупреждении о возможных проблемах. Они считали свою квалификацию уникальной для консультирования советского правительства по вопросам межэтнических отношений [Баграмов 2003: 47–48]. В то время, когда большинство русских мало знали о состоянии национальных вопросов, этнографы из российских институтов проводили время в периферийных регионах СССР и собирали более точное представление о положении дел там. Эти условия они описывали в секретных докладах руководству Коммунистической партии, а также пытались намекнуть на них более широкому кругу читателей, опровергая заявления «буржуазных фальсификаторов» в своих работах. Как это часто случается с экспертами, они обнаруживали, что государство не оценило их экспертные знания и не прислушалось к их предупреждениям. По словам теоретика национальных вопросов Э. А. Баграмова, советские лидеры не хотели знать точный анализ национальных проблем; они просто хотели слышать старые, изношенные идеи в новой форме. Рост национального недовольства в Украинской, Армянской и прибалтийских республиках в 1960-х годах побудил режим Брежнева продемонстрировать внимание к «национальным проблемам», был создан Научный совет по национальным проблемам при Академии наук и приглашены консультанты для рекомендаций, направленных Центральному комитету КПСС[65] [Баграмов 2003: 50–57]. Однако эти меры были малосодержательными. Центральный партийный аппарат считал национальную проблему решенной и мог предложить только пустые лозунги

[Бекбосунова 2009]. Эта практика продолжалась и в поздний советский, и в постсоветский периоды: бывший премьер-министр Казахстана Акежан Кажегельдин, выдающийся казахский писатель Олжас Сулейменов, покойный президент Узбекистана Ислам Каримов и покойный президент Туркменистана Сапармурат Ниязов — все они имели русских или европейских жен [Dave 2007: 193].

[65] Баграмов стал одним из таких консультантов в 1966 году.

о борьбе с национализмом, продвижении русского языка и создании советского народа [Баграмов 2003: 47–48, 50–51, 56–58].

Наумова согласилась с этим, вспоминая многочисленные доклады этнографов, отправленных коммунистическим партийным чиновникам, о плачевном состоянии малых народов Крайнего Севера, которые не имели особого эффекта:

> Дело в том, что никто никогда не учитывал наверное, мнение института и вообще ученых в формировании национальной политики. Мы существовали сами по себе, а они существовали сами по себе. И всегда было ощущение, что к нам не прислушиваются. Что мы знаем больше жизнь народа, потому что все ездили в экспедиции, все видели, как народ живет[66].

Вместо публикации анализа проблем в советской национальной системе этнографы продолжали публиковать саморекламирующие отчеты на такие темы, как межэтнические браки. Такие отчеты подтверждали впечатление, что национальная проблема если не полностью «решена», то на пути к решению.

Этнографическая теория и смешанные браки

Обширный массив исследований, вдохновленный работой Бромлея по этносу и эндогамии, был направлен на то, чтобы связать этническое смешение с более масштабными этническими процессами в Советском Союзе. В частности, целью было показать, что смешанные браки способствуют модернизации периферии и консолидации советского народа. Как уже отмечалось, Бромлей утверждал, что процессы этнического объединения — консолидация, ассимиляция и интеграция — доминируют в современный период. Смешанные браки ускоряют эти три процесса и также зависят от них, усиливая друг друга[67].

---

[66] Интервью с О. Б. Наумовой. Несколько подобных отчетов о малых народах Севера я видела в архивах ИЭА РАН.

[67] См. также [Терентьева 1972: 49].

В этом контексте было важно демонстрировать рост числа смешанных браков, чтобы показать прогресс в этно-объединяющих процессах. Воспевание сотен отдельных советских народов, характерное для 1920-х годов, в 1930-х уступило место фокусировке внимания на консолидации крупнейших советских национальностей, особенно тех, у которых были собственные союзные республики. Хотя в пределах союзных республик меньшие группы и получали ограниченную автономию и культурные права, от них все же ожидалось, что они будут сливаться с другими малыми группами или с титульными национальностями своих республик [Hirsch 2005: chap. 7; Slezkine 1994b: 414–452]. Конечным результатом этого процесса должно было стать возникновение советского народа [Laruelle 2008b: 307–310]. Бромлей описал этот процесс в 1983 году:

> Как известно, магистральную линию современных этнических процессов в нашей стране представляет сближение наций в сфере культуры, т. е. межэтническая интеграция. Этот процесс теснейшим образом сопряжен с возникновением и развитием новой исторической общности — советского народа, представляющего собой первое в истории человечества межнациональное (межэтническое) образование, сложившееся на базе социализма [Бромлей 1983: 11].

В своей работе «Этнос и эндогамия» Бромлей стремился показать, что процесс консолидации, связанный со смешанными браками, уже идет полным ходом. На Северном Кавказе, писал он, малые народы абазины и черкесы сливались в одну группу, причем уровень смешанных браков между ними достигал 26,8 % в 1963 году. Аналогично народы энцы и ненцы сливались в Сибири. Уже в 1920-х годах в этих двух группах уровень смешанных браков составлял 60–70 % [Бромлей 1973: 86]. В целом процессы консолидации привели к резкому сокращению числа этнонимов между переписями 1926 и 1959 годов — с 185 до 109[68] [Бромлей

---

[68] Был ли это процесс консолидации или просто реклассификации, остается под вопросом.

1983: 9]. Следуя примеру Бромлея, эксперты по различным регионам СССР в эпоху Брежнева стремились показать, что процесс консолидации этносов и ассимиляции малых народов в более крупные титульные нации продвинулся далеко вперед.

На Северном Кавказе, в мультиэтническом Дагестане, по данным переписи 1926 года, проживало более 30 коренных народностей. По данным переписи 1959 года, оставалось только десять, что свидетельствует, как отметил один русский этнограф, о быстром процессе консолидации, в котором смешанные браки играли важную роль [Евстигнеев 1971: 80]. В прибалтийских республиках, как отмечала Л. Н. Терентьева в 1969 году, происходила ассимиляция, так как представители малых популяций некоренных меньшинств вступали в смешанные браки и сливались с тремя титульными нациями (эстонцами, латышами, литовцами) и с русским народом. Ссылаясь на свои исследования с 1960 по 1968 год в Вильнюсе, Риге и Таллине, Терентьева подметила явную тенденцию «к сокращению в этих городах численности украинского, белорусского, польского, еврейского населения за счет увеличения численности литовцев, латышей, эстонцев, русских» [Терентьева 1969: 29]. В Поволжье и на Урале изменения языковой ситуации показали консолидацию малых групп в крупные народы. Диалекты уступали место литературному языку, так как люди стали себя идентифицировать скорее с башкирами, чем с малыми локальными группами. Более того, смешанные браки между субэтносами мордвы, чувашей, удмуртов и других способствовали процессу консолидации. Продолжался также двойной процесс ассимиляции; меньшие этнические группы, такие как мордва и карелы, ассимилировались в одних случаях более крупными коренными народами, а в других случаях — русской нацией. Поскольку это могло прозвучать как насильственная русификация, Терентьева подчеркивала, что в СССР всякая ассимиляция была строго добровольной и естественной [Терентьева 1969: 42–44, 50].

Этнографы были уверены, что они наблюдают аналогичные процессы в полиэтнических республиках Центральной Азии

[Винников 1980: 22; Борзых 1970: 88]. Внутри каждой национальной республики титульная национальность поглощала этнические меньшинства. Например, в Республике Узбекистан небольшие группы туркменов, кураминцев, кипчаков и арабов сливались с узбекским населением. В Таджикистане горные памирские народы, ранее считавшиеся отдельным этносом, якобы становились таджиками. Даже европейские народы Центральной Азии — главным образом русские, украинцы и белорусы — сливались друг с другом, а также с евреями, армянами и другими некоренными для Центральной Азии народами [Винников 1980: 22–24, 27–34]. Смешанные браки играли важную роль во всех этих процессах консолидации. Ученые эпохи Брежнева, несколько лукавя, использовали данные о высоком уровне смешанных браков между таджиками и узбеками для того, чтобы утверждать, что эти два народа сближаются быстрыми темпами. В Душанбе браки между узбеками и таджиками были настолько заурядными, что этнографы говорили об инклюзивной таджикско-узбекской эндогамии — подразумевая, что они находятся на грани слияния в новый этнос [Винников 1980: 22; Козенко, Моногарова 1971: 116–118]. Ирония здесь заключается в том, что именно советский режим провел четкие этнические и языковые границы между узбеками и таджиками во время «национального размежевания» Центральной Азии в 1924–1925 годах. К концу 1930-х годов эти две категории воспринимались — по крайней мере в Москве — как отдельные, примордиальные и вечные[69]. До революции же этнографы, напротив, отмечали размытые границы между этими двумя группами, трудности в четком различении таджиков и узбеков в этническом и языковом отношении и их сходство с ныне несуществующей категорией, называемой сарты [Schoeberlein-Engel 1994: 19–21, 56–60].

Советские этнографы и социологи признавали, что смешанные браки чаще происходили между культурно близкими группами, такими как русские и украинцы или узбеки и таджики, и что

---

[69] О примордиализации идентичностей в сталинскую эпоху см. [Martin 1999].

мусульманско-христианские браки были более сложными из-за культурных и языковых различий и сохраняющихся религиозных «предрассудков». Точно так же, как ожидалось, что племена должны были сливаться в нации, так и сближение людей со схожими культурными и религиозными корнями должно происходить быстрее, чем сближение культурно более отдаленных групп. Ученые верили, что по мере продвижения модернизации и национальной консолидации браки между культурно более отдаленными группами получат большее распространение.

Наряду с ролью в ускорении процессов этнического объединения другой официальной причиной для чествования смешанных браков было то, что они способствовали модернизации «отсталых» национальностей. Действительно, именно такие редкие союзы между представителями «отсталых» и «передовых» наций были наиболее важны для продвижения к современности. В Центральной Азии считалось, что смешанные пары, особенно те, что объединяли выходцев из Центральной Азии с русскими или другими немусульманами, имеют возможность уникальным образом освободиться от патриархальных норм и традиционной семейной жизни. Исследование 1985 года показало, что состоящие в смешанных браках казахи были гораздо менее ориентированы на племенные традиции, чем те, кто состоял в моноэтнических браках; 95 % последних могли назвать свою племенную принадлежность, тогда как из тех, кто был в смешанных браках, это могли сделать только 65 % [Сусоколов 1990: 41]. Этнографы утверждали, что члены смешанных семей с большей вероятностью разговаривали дома на русском языке и принимали «советский» образ жизни. В Казахстане смешанные пары справляли свои свадьбы в русском стиле — короткая церемония в советском ЗАГСе, за которой следовал банкет с семьей и друзьями [Наумова 1987: 96]. Молодая смешанная пара обставляла свой дом в европейском стиле, устраивала семейные обеды за столом на стульях (а не на полу, согласно казахской традиции) [Наумова 1987: 96–97]. Смешанные пары, как правило, в семье говорили на русском, и для детей русский часто был родным языком. В Татарстане исследователи также обнаружили, что смешанные татаро-русские семьи были более «интернациональными» (т. е. советскими) в своей материальной культуре и еде, менее склонны к традиционным татарским обычаям и чаще в домашнем общении использовали русский язык в качестве основного [Бусыгин, Столярова 1988: 30–32].

Помимо того что смешанные пары вели более советский образ жизни, считалось, что у них были более крепкие и счастливые браки, лучшие отношения с родственниками и дети, которые были более проникнуты духом интернационализма, чем их сверстники [Винников 1980: 37]. Наконец, считалось, что смешанные пары могут похвастаться более равноправными отношениями между мужем и женой: они вместе принимают решения и разделяют домашние обязанности по дому. Короче говоря, они представляли собой советский идеал и супружеский авангард будущего.

В последние три десятилетия существования Советского Союза положительное отношение к смешанным бракам и убеждение, что этническое смешение в значительной степени способствует интеграции и модернизации советских народов, прочно укоренились среди советских чиновников и ученых. Браки между культурно отдаленными национальностями, особенно между выходцами из Центральной Азии и русскими, считались особо глубокими по своему влиянию. Советские чиновники любили противопоставлять просвещенную советскую политику в отношении межэтнических браков негативному отношению или прямым запретам на межрасовое смешение в других странах, особенно в США. Законы нацистской Германии против смешения рас и строгая расовая сегрегация в условиях апартеида в Южной Африке были другими печально известными примерами институциализированного расизма, с которыми Советский Союз выгодно сравнивал свою политику.

Официальное превознесение смешанных браков создало благоприятный климат для смешанных пар и семей во всем советском обществе. Тем не менее тревожные сигналы для смешанных семей — и в целом для преданных интернационалистов — заключались в более примордиальном взгляде на национальность, который формировался в поздний советский период. В какой мере эти противоречивые тенденции доходили до советских граждан, до городов, деревень и общин, в которых пары встречались и женились? Облегчало ли официальное одобрение смешанных браков жизнь смешанным парам и семьям? Следующие две главы отвечают на эти вопросы при помощи исследования опыта людей, вступивших в межэтнические браки в советских послевоенных Казахстане и Таджикистане.

Глава 2
Любовь без этнических границ

Вера Рахимова (род. 1924), русская женщина из деревни в Амурской области на Дальнем Востоке России, встретила своего мужа в 1947 году, когда он был размещен неподалеку в составе Красной Армии. Он был из Таджикистана, советской республики Центральной Азии, о которой она мало что знала. Отец Веры был профессиональным охотником, а мать занималась домашним хозяйством и заботилась о девятерых детях. Родители с обеих сторон были против их брака. Ее отец усмехнулся: «Что, ты не смогла за русского выйти?» — «Какое ваше дело?» — сердито возразила Вера. Отец и брат ее жениха подобным образом пытались убедить его взять в жены таджичку. Он отказался, и молодая пара поженилась. Несколько лет они прожили в России, у них родилось двое детей, а затем в 1952 году переехали в Таджикистан, где жили с овдовевшим отцом ее мужа. Там Вере жизнь показалась еще труднее, чем в послевоенной Сибири.

«Год пожила, мне не понравилось, — вспоминала она. — Ни дома, ничего не было, отец жил, жены не было, мать умерла. Плохо жили. Дом был казнок [кладовая], не делено ничего. Я еле-еле жила. Целый день плакала, кушать не было, очень плохо жили»[1]. Перед лицом этих невзгод Вера призналась своему мужу: «Я говорю, не могу больше жить». Она вернулась в Россию, оставила детей

---

[1] Интервью с В. С. Рахимовой, Согдийская область, Таджикистан, 23 октября 2010 года.

с родителями и нашла работу на заводе. Однако ее муж не отказался от брака. Он построил для семьи дом в Таджикистане. «Он нашел меня. Говорит: "Поедем". Я говорю: "Я никуда не поеду". Потом мои родители сказали: "Что делать? Двое детей. Ты молодая, 25 лет. Мужа не найдешь"». Так что она села на поезд с двумя детьми и вернулась в Таджикистан. Постепенно Вера и ее муж устроили свою жизнь. Она заботилась о пожилом свекре до самой его смерти, и в итоге он «вообще доволен был мной». Она верит, что именно «судьба» привела ее к тому, чтобы выйти замуж за таджика и провести свою жизнь в Таджикистане[2].

«Камал Ибраев» (род. 1946), представитель советской городской интеллигенции, родился и вырос в многонациональном городе Алматы (Алма-Ата), столице советского Казахстана[3]. Согласно его паспорту, он был этническим уйгуром, хотя также заявляет, что имеет татарские и казахские корни. В 1973 году он женился на русской женщине, среди предков которой был эстонский дедушка, сосланный в Казахстан во времена Сталина. Камал встретил свою будущую жену на киностудии, где они оба работали. Впечатлившись ее румяными щеками и стройной фигурой, он вскоре сделал ей предложение. Но обе семьи отреагировали отрицательно: «Ну, родители, конечно, были против! <...> У нее мама была жива. Она была против. Ну как это?! Совсем чужой человек, да еще мусульманин! <...> А мои тоже были против, мол: "Тебе, сынок, неужели нет уйгурки, казашки или узбечки?!" — Но мы поженились и до сих пор живем».

Только его отец отреагировал с бо́льшим спокойствием, сказав: «Ну, раз вы любите друг друга, то что я могу сказать?! Главное, чтобы вы дружно жили!» «Отец у меня был коммунистом, сторонником Сталина», — вспоминал Камал. Несмотря на такое относительно неблагоприятное начало, обе семьи вскоре смирились с браком. Камал считает, что его близкие приняли его жену

---

[2] Интервью с В. С. Рахимовой.

[3] Сейчас этот город в Казахстане называется Алматы (в словарях современного русского литературного языка сохраняется написание Алма-Ата), а столица была перенесена в Астану.

из-за ее замечательных качеств, особенно способности адаптироваться к культурным нормам мусульманских родственников.

> Конечно, здесь все индивидуально. Допустим, я женился на женщине какой-то, к примеру говорю, а она ведет себя высокомерно, не соблюдает никаких традиций, нет уважения к родственникам. Тогда кто ее будет любить? А жена у меня, как сказать, она умная женщина. Сразу же, как приедем к бабушке: «Ассалам алейкум». А я с уважением относился к их традициям. Когда мы уже прожили года два-три и мои родственники лучше узнали ее, ее родственники лучше узнали меня. Для моего отца лучшей снохи и не надо было.

Семья его жены тоже в конце концов приняла его. В итоге, вспоминает он, его теща сказала: «Лучшего зятя мне и не надо»[4]. Талгат Акилов, казах, который женился на русской женщине по имени Марина в конце 1980-х годов, вспоминал, что его отец и старший брат первоначально были против его выбора. Его семья была консервативной и соблюдала строгие гендерные и возрастные иерархии, они считали русских женщин недостаточно скромными. «Родственники категоричны были. Как я сказал, у нас в семье такой порядок, что младшие против старших не идут. Они свое мнение могут высказать, но идти против не имеют права. Уклад жизни у нас такой»[5]. Именно мать Талгата в конце концов убедила семью принять его выбор невесты.

> Они пытались прийти к решению, сидя за столом, но моя мать сказала решающую фразу: «Талгату же жить с ней! Не вы же с ней жить будете? Раз нравится Талгату, то, значит, он решил на всю жизнь!» — в результате спустя примерно полчаса мой отец согласился. Мой брат хотел что-то добавить, но отец резко и категорически его остановил. Получилось, что моя мать одержала победу.

---

[4] Интервью с «Камалом Ибраевым», Алматы, Казахстан, 28 июня 2008 года.
[5] Интервью с Т. Акиловым, Шымкент, Казахстан, октябрь 2012 года.

Семья Марины, напротив, будучи стойкими приверженцами советского интернационализма, приветствовала брак. В семье уже были смешанные пары: сестра Марины была замужем за этническим немцем, а у тети муж был татарином. Отец и старший брат Талгата позже поменяли свое мнение, и брат даже извинился за свое первоначальное противодействие браку. Талгат считает, что изменение произошло благодаря тому, что его жена с уважением относилась к образу жизни своих новых родственников. «Мусульманкой она не стала, но обычаи уважает и соблюдает»[6].

Эти три примера охватывают две разные республики, три различных периода советской истории и людей с самым разным уровнем образования и профессии. Образованная пара, вступившая в брак в эпоху «развитого социализма» 1970-х годов, казалось бы, имела мало общего с парой из рабочего или крестьянского класса, поженившейся в суровые сталинские послевоенные годы, или с парой, вступившей в брак на фоне нарастающих этнических напряжений в период перестройки. Советское общество значительно изменилось за период с 1945 по 1989 год. Однако в этих трех историях есть важные сходства. В каждом случае по крайней мере одна из семей была против союза. Каждой паре пришлось преодолевать препятствия и невзгоды, чтобы обеспечить супружеское благополучие. И в каждом случае скептически настроенные родственники в конце концов приняли супруга другого этнического происхождения. Жизненные истории этих пар имеют особую структуру повествования; это рассказы о любви и стойкости перед лицом семейного противостояния и прочих препятствий. Кульминация истории в каждом случае (и во многих других историях, которые мне рассказывали) наступала, когда один из супругов (обычно мужчина) заявлял: «Я женюсь на ней — или ни на ком». Обычно эти истории завершались волшебным финалом, поведанным самыми разными рассказчиками поразительно похожими словами: те, кто были против смешанного брака, наконец, признавали свою неправоту. В результате невестка или зять «неправильной» этнической принадлежности оказы-

---

[6] Интервью с Т. Акиловым, Шымкент, Казахстан, октябрь 2012 года.

вались, как гадкий утенок из сказки Ганса Христиана Андерсена, прекрасным лебедем — «лучшим из всех, о ком только можно мечтать».

Три описанных выше брака объединили мужчин-мусульман из Центральной Азии и русских женщин. Такие браки были довольно редки; среди «смешанных браков», отслеживаемых советскими чиновниками, большинство заключались между культурно и религиозно близкими группами, такими как русские и украинцы или таджики и узбеки. Тем не менее браки, преодолевающие значительные культурные и религиозные границы, не только вызывали большее противодействие в семьях, но и считались советскими чиновниками особенно важными. Когда русско-мусульманские браки все же заключались, они почти всегда объединяли мусульманина из Центральной Азии и русскую (или украинскую, или белорусскую) женщину. Мужчины-мусульмане, хотя и были связаны узами любви и послушания со своими семьями, имели больше свободы для передвижения и знакомства с потенциальными супругами в послевоенной Центральной Азии. Их родители могли желать брака и даже пытаться его устроить, при этом молодые мужчины располагали еще большей свободой, чтобы сказать «нет». Более того, именно мужчины из Центральной Азии служили в армии или, в некоторых случаях, уезжали на учебу в другие части СССР, где и встречали потенциальных жен. Незамужние мусульманки, за редкими исключениями, должны были оставаться дома, помогать своим матерям и вести себя скромно. По воспоминаниям респондентов, советские танцы в Центральной Азии после войны привлекали центральноазиатских мужчин, но почти не привлекали молодых мусульманок — их семьи не позволяли им туда ходить. На этих мероприятиях молодые люди встречали русских девушек, которые наслаждались более свободной жизнью, чем их центральноазиатские сверстницы. Для мусульманок браки часто устраивались раньше, чем у них возникала возможность познакомиться с молодыми людьми самостоятельно. Наконец, культурные и религиозные нормы традиционно диктовали, что мусульманские мужчины, в отличие от мусульманских женщин, могут вступать в брак с немусульманками при условии, если их жены обратятся в ислам[7].

Преемственность, проявляющаяся в трех описанных выше историях жизни, протекала на фоне масштабных изменений в советском обществе Центральной Азии между 1940-ми и 1980-ми годами. Послевоенный период характеризовался массовыми внутренними миграциями и демографическими сдвигами, изменением статуса женщины и появлением нового советского поколения, более образованного и космополитичного, лучше владеющего русским языком. В то же время наблюдался рост национального самосознания в каждой республике Центральной Азии, что заложило основу для всплеска национализма в самом конце советской эпохи. Все эти изменения оказали огромное влияние на жизнь смешанных пар и семей.

1940-е и 1950-е годы: военные и другие невесты

Советский Союз был мультиэтническим обществом, в котором, несмотря на преобладание этнических групп в их собственных «национальных территориях», существовала значительная мобильность и межэтническое взаимодействие. В 1920-х и 1930-х годах множество русских и других европейцев отправлялись в отдаленные республики в качестве квалифицированных рабочих и управленцев [Lubin 1985: 41]. Начиная с предвоенных лет и усиливаясь во время и после Второй мировой войны, происходили массовые перемещения населения, которые способствовали контактам между советскими гражданами разных национальностей. Этнические депортации, эвакуации военного времени, ссылки и заключения в ГУЛАГ, а также хрущевская кампания освоения целинных земель способствовали высокой мобильности советских этнических групп и высокому уровню межэтнического взаимодействия, особенно в городах[8].

---

[7] О гендерных аспектах смешанных браков в Центральной Азии см. [Абрамзон 1962: 29; Борзых 1970: 87–96; Калышев 1984: 73].

[8] О тенденциях военного времени см. [Manley 2009; Stronski 2010; Shaw 2015].

Для жителей Центральной Азии война оказалась первым крупным этническим и социальным смешиванием. Миллионы солдат Красной Армии, в том числе выходцы из Центральной Азии, служили и сражались в других частях Советского Союза вместе с солдатами других этнических происхождений[9] [Carmack 2019; Shaw 2015]. Им приходилось хотя бы немного учить русский язык, которым до Второй мировой войны владели лишь немногие выходцы из Центральной Азии. В конце 1940-х и начале 1950-х годов солдаты родом из Центральной Азии, возвращаясь домой, привозили с собой русских, украинских и других немусульманских невест, с которыми они познакомились во время службы в других частях Советского Союза. Феномен смешанных браков военного времени имел свои особенности. По большей части это были люди, родившиеся в 1920-е годы — первое поколение, воспитанное на советских ценностях. Их родители, напротив, выросли до революции и придерживались более традиционных взглядов. Это межпоколенческое различие, наряду с условиями послевоенного периода, создавало почву для семейных конфликтов по поводу смешанных браков.

Послевоенный период в Советском Союзе был временем ужасных невзгод. Война привела к серьезному демографическому дисбалансу, поскольку более трех четвертей из 26,6 миллиона погибших на войне были мужчинами. Таким образом, в 1944 году по сравнению с количеством женщин не хватало десяти миллионов мужчин в возрасте от 20 до 44 лет, то есть в возрасте, наиболее благоприятном для рождения детей. Это означало, что многие женщины не могли найти мужей после войны или что они потеряли своих мужей и остались с детьми без отцов [Zubkova 1998: 20–21]. С практической точки зрения это могло привести к тому, что женщины с большей готовностью выходили за рамки своих обычных кругов общения в поисках супруга, а их семьи, осознавая нехватку других вариантов, могли быть более благосклонны к подобным бракам. (Вспомним, как родители Веры уговаривали ее вернуться к таджикскому мужу, поскольку

---

[9] См. также [Shaw 2016: 517–552].

она вряд ли смогла бы найти другого.) В 1946–1947 годах также случались продовольственные дефициты, которые усугублялись вплоть до голода в европейских регионах Советского Союза, особенно в некоторых частях Российской, Молдавской и Украинской республик [Zubkova 1998: 40–48]. Это также могло побудить некоторых женщин переселиться с большей готовностью в отдаленную Центральную Азию, даже если условия там были далеки от идеальных.

Большинство этих военных невест уже ушли из жизни, но интервью с теми, кто остался, а также этнографические исследования, проведенные в поздний советский период, передают представление об их опыте. «Военные невесты», которые приезжали с мужьями в деревни Центральной Азии, как правило, плохо представляли себе, что их там ждет. Российский этнограф О. И. Брусина, проводившая этнографические исследования в Ферганской долине в 1980-х годах, встретила пожилых славянок, которые познакомились со своими таджикскими или узбекскими мужьями во время войны или вскоре после нее. Некоторые из этих женщин вспоминали, что у многих из них были ошибочные представления относительно того, какой будет жизнь в Центральной Азии. «Там-то, в России, в армии, он (жених. — *О. Б.*) по-европейски одет, говорит, что у него здесь три дома, а сюда приезжают — что ей в глиняном-то доме делать?» [Брусина 2001: 165].

Часто родня мужа была враждебно настроена к молодой невесте, которую, в свою очередь, возмущали требования ее новых родственников. Молодые невесты в Центральной Азии выходили замуж не только за мужчину, но и за всю его семью. Предполагалось, что они будут жить с родственниками мужа и соотносить свои потребности с нуждами большой семьи. В частности, они должны были быть в полном распоряжении свекрови, помогая готовить, убирать и стирать для всей семьи. Более того, они должны были носить национальную одежду и вести себя в соответствии с мусульманскими нормами женской скромности. Традиционная одежда и прически были маркерами этнической принадлежности, а также соответствия гендерным нормам. Детали этой одежды различались в зависимости от региона; в Таджикистане она обычно включала длинное вышитое платье поверх узких шаровар, головной платок или тюбетейку (традиционный головной убор) и волосы, заплетенные в длинную косу[10]. Некоторые русские невесты не могли адаптироваться и уезжали; по словам респонденток Брусиной, большинство таких браков распадались вскоре после свадьбы [Брусина 2001: 165]. Одна из моих пожилых респонденток, Алла Туйчибаева, вспоминала, что была свидетельницей распада многих подобных союзов. «Здесь очень много у нас соседей привозили с армии русских. Они сразу приезжали, им тюбетейки одевали, штаны одевали, платье таджикское одевали. И вот они месяц-два живут, скандал дома получается, и они уезжают, уходят»[11]. Тем, кто оставался, особенно в сельской местности, часто приходилось перенимать поведение, ожидаемое от женщин в патриархальной семье.

Военная невеста, вышедшая замуж за солдата из Центральной Азии, представляла со своим мужем типичный смешанный брак в Центральной Азии 1940-х и 1950-х годов, но далеко не всегда именно военная служба объединяла центральноазиатских мужчин и женщин других национальностей в послевоенные годы. И не всегда смешанные пары встречались за пределами Центральной Азии. Небывалая мобильность того периода проявлялась в том, что многие советские граждане оказывались далеко от дома, вдали от своих семей, в обстоятельствах, которые способствовали взаимодействию людей со всего Советского Союза. Поездки по учебе и работе становились все более распространенными. Многие советские женщины из европейских регионов, уже эмансипированные большевиками и воодушевленные на работу вне дома, взяв на себя новые роли во время войны, становились политически и социально активными, приобретая независимость и уверенность [Clements 1994]. Такие европейские женщины уже не находились под контролем своих семей, что также объясняет, почему они с гораздо большей вероятностью вступали в смешанные браки, чем их сверстницы из Центральной

---

[10] О таджикской женской одежде см. [Моногарова, Мухиддинов 1992: 207–213].
[11] Интервью с А. М. Туйчибаевой.

Азии. Те женщины, что знакомились со своими будущими супругами, уже проживая в Центральной Азии, имели лучшее представление о том, чего можно ожидать от местной семейной жизни.

Лидия Евдакимова, рабочая, родившаяся в 1927 году, познакомилась со своим таджикским мужем в Таджикистане после войны. Ее родители, этнические русские из Пензенской области, поселились в Таджикистане в 1926 году. Ее дядю, убежденного коммуниста, отправили в Таджикистан руководить строительством железной дороги, и ее родители с шестью детьми последовали за ним. Лидия пошла работать сразу после окончания восьмого класса в 1943 году. Она встретила будущего супруга на автобазе города Пролетарска, где они оба работали: она — бухгалтером, он — механиком и водителем. Сначала они подружились, стали частью мультиэтнической молодежной группы, а затем, в 1951 году, решили пожениться. Родители Лидии были против брака. Однако они не могли помешать ей выйти замуж за того, кого она хотела. Лидия уже жила отдельно с одной из своих сестер, которая ей сказала: «Смотри сама, это твоя жизнь». Лидия вспоминала, что мать ее жениха также была против. У его родителей был свой дом, и мать велела сыну уйти: «Тогда иди, где хочешь с ней живи». Поскольку от таджикских сыновей ожидалось, что они приведут невест жить к своим родителям домой, это было равносильно изгнанию жениха Лидии из его семьи. Лидия продолжала:

> Она даже ему сказала: «Если хочешь на русской жениться, — у них была соседка русская, — то женись вот на этой». А он сказал: «Нет, на этой я не женюсь, я на этой женюсь». «Тогда иди, — говорит, — где хочешь живи». Мы сняли квартиру и жили. Мы жили два месяца, его взяли в армию и был в армии. Я без него родила сына. Сыну было уже три года, когда он приехал. Ну, когда он приехал, потом уже у нас родилась дочка[12].

---

[12] Интервью с Л. В. Евдакимовой, Согдийская область, Таджикистан, 4 августа 2011 года.

В рассказе Лидии ее будущие родственники раскрыли свое представление о браке как о семейном деле, а не как о вопросе личных чувств; если их сын действительно хочет жениться на русской женщине, тогда почему не на их соседке, которую семья уже знает? Но он впитал романтическую идею любви и брака, популярную в Советском Союзе, согласно которой может подойти только одна персона — возлюбленная. В любом случае примирение родителей жениха и молодой пары не заставило себя долго ждать. Как это часто случалось, рождение внука побудило родителей простить и забыть. «Ну, а потом, когда я родила, его мать самая первая пришла в роддом. До девяти месяцев я у сестры была, а потом к ним переехала [в семью мужа]. Смирились [приняли брак], как мои родители, так и она»[13].

Случай Лидии проясняет несколько моментов. Он демонстрирует высокий уровень межэтнической социализации среди городской молодежи, особенно среди русских обоих полов и таджикских мужчин, которые знакомились на танцах, в школе или на работе. Он раскрывает независимость взглядов многих молодых русских/советских женщин, которые требовали свободы в принятии собственных решений. Он также говорит о целеустремленности, необходимой таджикскому мужчине, который собирался жениться без одобрения своих родителей. В Таджикистане родители несли ответственность за организацию браков своих детей, и молодому человеку, который желал самостоятельно выбирать себе невесту, приходилось преодолевать серьезный конфликт, даже если девушка была одного с ним этнического происхождения[14]. И наконец, он подтверждает практически универсальную тенденцию к примирению после нежеланного брака, когда рождались внуки.

Русские девушки иногда самостоятельно отправлялись в Центральную Азию на заработки или учебу, обнаруживая там

---

[13] Там же.

[14] Пары иногда обручались в детстве, и браки между родственниками, включая двоюродных братьев и сестер, были обычным делом [Моногарова, Мухиддинов 1992: 113–116].

бóльшую социальную мобильность, чем дома. Мария Салиева родилась в 1934 году в Барнауле и приехала в Таджикистан в 1952 году, чтобы получить медицинское образование. Она была из малообразованной семьи; ее отец был водителем, а мать колхозницей. Тем не менее, будучи молодой русской в Таджикистане, Мария имела определенный социальный статус, связанный с ее национальностью (хотя официально все национальности в Советском Союзе были равны, русские считали себя «старшими братьями» более «отсталых» народов и занимали более высокий статус в неофициальной иерархии[15]). В результате она, работая секретарем в областном суде, получила работу лучше, чем могла бы найти в России. Со своим мужем, таджиком, она познакомилась на танцах в 1953 году и вышла за него замуж в 1955-м. Более 50 лет спустя она вспоминала впечатление, которое он на нее произвел: «Ну, вы знаете, он был какой-то... имел значение, вес среди друзей своих, родственников. И он такой уважительный был, во-первых, тоже честный был, работал он на обувной фабрике, его все уважали, у него друзья были все такие хорошие, и русские были друзья, и таджики были»[16].

Семья Марии была против брака, как и мать ее жениха, которая хотела, чтобы ее сын женился на двоюродной сестре.

> Мои не хотели, конечно: «Нужно [выйти замуж] за свою нацию» <...> Ну, и его мама была против, потому что у него была, значит, «гахворабахш» [сосватана с рождения] тетина дочь. <...> Вот его хотели на ней женить, и свекровь, конечно, была против. А он у меня настоял: «Мне больше никто не нужен, тогда не женюсь».

Несмотря на решимость жениха, Мария не хотела выходить замуж при таких неблагоприятных обстоятельствах. Она вспоминала: «А я решила уехать вообще. Думаю, зачем, ну, мама против, очень трудно жить». Но ее будущий муж настаивал,

---

[15] Об иерархии наций в СССР см. [Suny 2001: 874].
[16] Интервью с М. А. Салиевой, Худжанд, Таджикистан, 16 октября 2010 года.

писал ей письма и обещал: «Я приеду за тобой». А потом — так сложилась судьба — Мария не смогла найти работу в своем родном городе Барнауле. В итоге Мария вернулась в Таджикистан и вышла замуж за своего таджикского жениха[17].

Алла Туйчибаева, русская женщина, родившаяся в 1938 году в Подмосковье, познакомилась с молодым таджиком на Всемирном фестивале молодежи и студентов в Москве в 1957 году[18]. Он был студентом Московского института физической культуры (на то время — имени Сталина). Ее мать, овдовевшая после гибели отца Аллы на фронте в 1944 году, была против брака: «Ну, говорят, зачем замуж за нерусского выходишь?» Алла объяснила:

> Вот здесь [в Таджикистане] не гуляют парень с девушкой, а у нас [в России] встречаются, гуляют, узнают друг друга. Вот полюбили, наверное, и он сказал, что я на тебе женюсь. Ну, конечно, родители были против, сюда я приехала, тоже против были. Вот так, а все равно жили [смеется][19].

Когда Алла переехала в Таджикистан, ей было 18 лет и она ничего не знала о жизни в Центральной Азии. Более того, в России она вела замкнутый образ жизни и почти не знала нерусских. Родственники мужа были добры к ней: они не заставляли ее носить таджикскую одежду, и все говорили с ней по-русски (по факту она так и не выучила таджикский). Тем не менее Алле было трудно адаптироваться. Ее беспокоила тесная атмосфера новой семьи и махалля (традиционная мусульманская община), где все были в курсе дел каждого, ведь в ее культуре молодая пара могла рассчитывать хоть на какое-то личное пространство[20].

---

[17] Там же.

[18] О значении этого фестиваля см. [Koivunen 2016: 219–247].

[19] Интервью с А. М. Туйчибаевой.

[20] По иронии судьбы молодые пары, возможно, имели больше физического пространства для личной жизни в традиционных районах Таджикистана, где семьи жили в одноэтажных домах, расположенных вокруг внутреннего двора, чем в послевоенных российских городах, где коммунальные квартиры были нормой, а семья могла жить в одной комнате. См. [Messina 2011].

Она вспоминала: «Я однажды тоже уезжала, не то что уезжала, убежала. Взяла сына и улетела. Здесь меня в розыск... [смеется] Месяц, наверное, меня не было. Потом [ее муж] приехал, меня забрал». На вопрос, почему она ушла, Алла объяснила:

> Поругалась, наверное, со всеми [смеется]. Вся родня, все лезут, все говорят то, это... этот говорит другое, этот говорит третье. <...> Раньше так было, все лезли, а сейчас уже, когда мы стали жить нормально, всё, никто не лез. Он [мой муж] уже никого не слушал.

Поддержка ее мужа и его отказ слушать сплетни были явно важны для ее решения остаться. В конце концов, Алла хорошо интегрировалась в местную общину. Она прожила в Таджикистане 52 года на момент нашего интервью, 48 из которых — с мужем, вплоть до его смерти. «Сейчас уже меня вся махалля любит, — отметила она. — Я очень довольна всеми, и старые, которые умерли, очень любили все меня. Как-то мы находили общий язык с ними»[21].

Родители Сажиды Дмитриевой, русская мать и отец-татарин, изначально столкнулись с сильным противодействием со стороны русских членов семьи. Они встретились в 1953 году в Оскемене (Усть-Каменогорск) на северо-востоке Казахстана. Отец Сажиды ухаживал за ее матерью, когда она работала на почте. Он был татарином, семья его была родом из Башкирии, после войны он переехал в Казахстан в поисках работы. Пара поженилась в 1957 году. Родители отца приняли брак, но овдовевшая мать его жены — нет. Это противостояние, продолжавшееся на протяжении многих лет, привело к тому, что мать отдалилась от дочери и внуков. Сажида вспоминала: «Бабушка категорически была против их брака. <...> категорически была против мусульманина, как она говорила, "нехристя", и все такое. По религиозным причинам вроде». Дедушка Сажиды по отцовской линии, напротив, «был такой, ну, как сказать, партийный, такой правильный, интернационалист». Что касается остальных ее татарских родственников, «может быть, где-нибудь в глубине души и хотели

---

[21] Интервью с А. М. Туйчибаевой.

татарку, но никогда не говорили об этом». Таким образом, родители Сажиды после свадьбы переехали к татарским родственникам ее отца и в основном общались с этой стороной семьи на протяжении всего детства Сажиды. «Они вместе жили и мама, как это сказать, практически от своих родственников, все, отдалилась. Она ушла в семью мужа, и у меня получается, что более близко мы всегда общались с родственниками отца и его друзьями-татарами[22]». Позже, став взрослой, Сажида начала видеться с своими двоюродными братьями и сестрами по материнской линии. В конце концов, ее бабушка по матери приняла зятя. «Ну, потом-то, с годами, это стал "лучший зять, который заботливый, который помогает". Вроде потом, с годами, все, конечно, все прошло это. А вначале это было очень остро»[23].

Решительные возражения русской семьи матери Сажиды были скорее исключением, чем правилом. В целом интервью показывают, что этнические русские зачастую были более благосклонны к смешанным бракам, чем представители других национальностей. Люди, не принадлежащие к европейским национальностям, обычно относились к таким бракам с меньшим энтузиазмом. Ограниченный объем данных из опросов советской эпохи подтверждает это[24]. В ходе масштабного опроса 30 000 советских граждан, проведенного в начале 1970-х годов в пяти союзных республиках, был задан ряд вопросов о межэтнических отношениях, в том числе о взглядах на смешанные браки. Респондентов спрашивали, как они относятся к работе, дружбе или семейным/брачным отношениям с людьми различных национальностей[25].

---

[22] Интервью с С. А. Дмитриевой (урожденной Валиулиной), Оскемен, Казахстан, 7 апреля 2010 года.

[23] Там же.

[24] Анализ советских опросов общественного мнения по этой теме см. в [Fisher 1980: 205–206; Karklins 1986: 163–165]. Последующие исследования поставили под сомнение достоверность этих исследований советской эпохи. См. [Сусоколов 1988: 3; Dragadze 2011: 29].

[25] Исследование называлось «Оптимизация социально-культурных условий развития и сближения наций в СССР» и стало известно по инициалам первых трех слов — ОГУ. В ходе исследования был изучен широкий спектр

Опрос показал, что татары чаще, чем русские, выступали против смешанных браков. Например, 52 % татар в сельских районах негативно относились к таким бракам [Дробижева 1971: 4–5, 8]. При этом только 39,7 % русских в сельских районах выступали против подобных браков [Дробижева 1971: 7]. В Узбекистане только 16 % узбеков полагали, что национальность не имеет значения в браке, в то время как 24 % считали, что смешанные браки нежелательны. Остальные затруднялись или отказывались отвечать — отказ, который сам по себе может отражать негативное отношение к смешанным бракам, которое люди не захотели выражать перед исследователями. В то же время 44 % русских, проживающих в Узбекистане, заявили, что национальность не должна играть никакой роли при принятии решения о вступлении в брак [Сусоколов 1988: 33]. Другие опросы показали, что мусульманская элита была более склонна выступать против смешанных браков, чем элита других национальностей[26] [Сусоколов 1988: 33]. Так, среди городской татарской интеллигенции почти 20 % выступали против межэтнических браков. Среди русской интеллигенции соответствующий показатель был менее 5 %[27] [Дробижева 1971: 14].

Рустам Искандаров, проживающий в Таджикистане и обладающий смешанным русско-таджикским происхождением, показал пример большей благосклонности русских к смешанным бракам. Его родители, поженившиеся в 1949 или 1950 году, столкнулись с гораздо более негативной реакцией со стороны

этносоциальных процессов — сначала в Татарстане (10 000 респондентов), а затем в пяти союзных республиках: России, Эстонии, Молдавии, Грузии и Узбекистане (всего 30 000 респондентов). Бо́льшая часть результатов никогда не публиковались, а оригинальные материалы (анкеты и т. п.) отсутствуют в архивах.

[26] См. также [Fisher 1980: 208–210].

[27] Дробижева объясняет это явление тем, что урбанизация и индустриализация привели к «гомогенизации» культур, что было предано анафеме некоторыми представителями национальной интеллигенции. Эндогамия для них представляла собой способ сохранения собственной культуры и национальной уникальности.

таджикской части семьи. Его таджикские дедушка и бабушка были людьми старой закалки. «То есть они жили еще до революции и после революции и т. д. Поэтому они восприняли не очень хорошо. И моей матери пришлось несколько лет доказывать, что она достойна быть женой этого человека». Таджикские дедушка и бабушка Рустама в конце концов обнаружили прагматическую причину принять русскую жену своего сына: «Ну после того как она стала главным врачом, это все они тогда поняли, что стоит принять ее. Потому что все будут лечиться там». Что касается родителей его русской матери, они не возражали, даже несмотря на то, что их дочь уехала жить в отдаленную республику. «У русских проще было. Да, она пришла, поставила перед фактом, что я выхожу замуж за этого человека и все. Вышла замуж и уехала сюда. И вот родители всю оставшуюся жизнь, они прожили одни. Ну, мы каждый год, конечно, ездили, виделись, но они одни прожили»[28]. Под «одними» Рустам подразумевал, что они жили без своей дочери и ее семьи поблизости.

Аналогичным образом русские родители Марии Хамидовой не возражали против ее смешанного брака. Мария родилась в 1936 году в сибирской деревне Тюменской области в семье, где было семеро детей. Окончив школу, она обнаружила, что дома для нее нет работы. Некоторое время она перебивалась случайными подработками, такими как уборка снега, пока ее подруга, живущая в Таджикистане, не помогла ей устроиться на шелкопрядильную фабрику и получить комнату в общежитии для рабочих. Вскоре после того, как ей исполнилось 18 лет, Мария покинула дом и переехала в Таджикистан. Бо́льшую часть своей карьеры она проработала на обувной фабрике. Со своим будущим мужем, таджиком, Мария познакомилась в общежитии, где жила. Она вышла за него замуж в 1956 году. Мария вспоминала чем он ее привлек: «Обходительный он, чисто по-русски разговаривал, понравилось мне, что речь у него чистая. Ну, чувствуется, что человек знает язык, а дальше не задумывалась, что может быть, просто не задумывалась, молодая была, вот и все. Мне было где-то 20 лет».

---

[28] Интервью с Р. Искандаровым, Худжанд, Таджикистан, июль 2011 года.

Воспоминания Марии свидетельствуют о важности русского языка, способствующего заключению смешанных браков, что будет затронуто в следующей главе. Она не помнит какой-либо негативной реакции со стороны родителей, когда она объявила о своем намерении выйти замуж. «Написала письмо, рассказала. Они же не знали, я же не сказала кто. Сначала они написали ответ: "Ты смотри, тебе виднее", — вроде согласие дали, вот и все. Родители не были против». Она также хорошо поладила со своими родственниками по мужу. Они прожили шесть лет с его семьей, прежде чем получили собственную квартиру[29].

Дедушка и бабушка Светланы Визер также приветствовали появление в семье своего зятя-татарина. Отец Светланы, Ахметшакур Абдулганиев был обрусевшим татарином и вместо его настоящего имени его звали Сашей. Мать Светланы родилась в семье, происходящей из Украины, но считавшей себя русской. Ахметшакур и Надежда родились в 1920-х годах, познакомились в казахской столице Алматы и поженились в 1951 году. Саша был из Семипалатинска, где исторически проживала больша́я татарская община, и окончил автомобильный институт, хотя стремился стать художником. С Надеждой они познакомились в Главном дорожном управлении, где оба и работали. Семья Надежды без колебаний приняла зятя-татарина, и он даже въехал в их переполненную квартиру. Светлана вспоминала:

> Ну, они его приняли нормально. Все равно, это был выбор их дочери, и они к нему плохо не относились, нет. Не было такого. Они его приняли в семью, тем более что жить-то ему было негде. Он был из Семипалатинска, он снимал квартиру тогда. <...> отгородили угол в этой большой комнате, где уже и так жили семь человек[30].

Послевоенные условия подразумевали, что многие молодые люди были оторваны от своей малой родины и жили на большом

---

[29] Интервью с М. М. Хамидовой, Худжанд, Таджикистан, 10 августа 2011 года.
[30] Интервью с С. А. Визер, Алматы, Казахстан, апрель 2010 года.

расстоянии от своих семей. Когда они знакомились и женились вдалеке от дома, их семьи узнавали о браке только постфактум. В таких случаях они едва ли могли возражать. Родители «Айгерим Семеновой», рожденной в 1952 году, познакомились и поженились в начале 1950-х годов. Ее отец, казах, служил в Красной Армии в России. Со своей будущей женой он познакомился, когда они оба были далеко от дома, и они так и поженились, не познакомившись с родственниками друг друга. Айгерим родилась в Сахалинской области. Семья ее матери состояла из простых, малообразованных русских провинциалов из Костромской области. Они без возражений приняли своего нового зятя, когда наконец встретили его.

> К нему очень хорошо относились. Его очень любили, папу, все. Они радовались, что у мамы все хорошо. Они [родители Айгерим] вообще были очень счастливы всю жизнь. Они между собой крупно так ни разу не ссорились, единственное, только, когда папа ее начинал ревновать к кому-нибудь [смеется][31].

Любовь по-советски: смешанные браки с 1960-х годов до времен перестройки

Смешанные пары, поженившиеся в период с 1960-х по 1980-е годы, заключали брак в существенно ином контексте. Это были люди, достигшие совершеннолетия в эпоху Хрущева и Брежнева, а не во время сталинизма и Второй мировой войны. Как отмечают историки, это поколение выросло без опыта войны и террора. Они были менее привычны к лишениям и жертвам, меньше боялись высказывать свое мнение и по сравнению со своими родителями имели бо́льшие ожидания в отношении социальных изменений и личной реализации. Они были более урбанизированными и более образованными[32]. И возможно, — что наиболее

---

[31] Интервью с «Айгерим Семеновой», Оскемен, Казахстан, 22 сентября 2011 года.
[32] См. [Lewin 1988].

важно для смешанных браков, — они развивали новые представления о том, что значит быть советскими. Опыт войны укрепил чувство солидарности и коллективной идентичности, особенно в Центральной Азии [Shaw 2015; Whittington 2018: chap. 2]. В послевоенный период, благодаря росту уровня образования и мобильности, русский язык и культура продолжали распространяться. С изменением образовательной политики в конце 1950-х годов в стране среди местных национальностей появился растущий элитный класс, получавший образование в русскоязычных школах [Blitstein 2001].

Многие советские граждане 1960-х и 1970-х годов проживали в условиях, где было легко познакомиться, подружиться и в итоге влюбиться в человека другой национальности. Интервьюируемые, выросшие в позднесоветскую эпоху, описывали школы, институты, рабочие места и многоквартирные дома, где население в целом было мультиэтническим и люди общались, не обращая внимания на этническую принадлежность. Они ездили в пионерские лагеря, вступали в комсомол, служили в армии, учились в Москве или Ленинграде, если были достаточно сильными студентами, — и все это в мультиэтническом обществе друзей и коллег. Крупные города в нерусских республиках, такие как Алматы (каз. Алматы), Душанбе и Ташкент, как правило, были этнически смешанными, что вызывало у многих интервьюируемых явную гордость. В этот период существовало множество видов смешанных браков, когда русские, украинцы, немцы, армяне, азербайджанцы, корейцы, татары, казахи, таджики и узбеки знакомились и влюблялись. Однако, как и в послевоенный период, большинство браков между выходцами из Центральной Азии и русскими, а также другими европейцами по-прежнему заключались между центральноазиатским мужчиной и европейской женщиной.

Для этого поколения также была характерна вышеописанная модель успешных смешанных браков; даже если родственники изначально не проявляли энтузиазма или были против межэтнического брака, почти все сообщали, что их родственники быстро уступали, если пара твердо стояла на своем и упорствовала в желании пожениться. Друзья, коллеги или одноклассники того же возраста обычно поддерживали их. Лишь немногим счастливчикам повезло получить исключительно положительные реакции со стороны своих семей. Это случалось с большей вероятностью, если родители жениха и невесты были убежденными коммунистами, атеистами и интернационалистами. «Руслан Исаев», обладающий казахско-украинскими корнями и выросший в России, вспоминал, что его родители не сталкивались с возражениями, когда поженились в конце 1960-х годов. Они оба были математиками, работавшими в Академгородке — специально построенном академическом городе недалеко от Новосибирска. Его будущие бабушка и дедушка «реагировали абсолютно спокойно, потому что с обеих сторон все были коммунисты»[33].

Сажида Дмитриева, чей отец-татарин и мать-русская столкнулись с серьезным противодействием, когда поженились в 1950-х годах, не встретила возражений ни с одной стороны, когда захотела выйти замуж за русского мужчину. Реакция ее родителей была «абсолютно нормальной. Маме с папой он очень нравился, они были очень "за". И его мама тоже». Сажида немного волновалась, когда впервые позвонила своей будущей свекрови по телефону.

> И мы когда стали звонить и первое, что думаешь, ну когда выходишь замуж: как называть эту женщину. Мама, не мама? Как обращаться к ней? И мы когда только по телефону стали звонить ей, приглашать на свадьбу, она мне сразу сказала: «Здравствуй, доченька!» Мне ничего не осталось, как ответить: «Здравствуйте, мама!» Нет, не было ничего с их стороны такого, ни его родители, ни мои, ничего такого.

Сажида объяснила, что родители с обеих сторон обладали абсолютно советским мышлением. «Ну, вот они воспитанники советского общества, интернационального общества. Они все ровесники, вот мои родители и его родители»[34]. (Тот факт, что ее татарского отца звали Аврор, в честь русского корабля, кото-

---

[33] Интервью с «Русланом Исаевым», Алматы, Казахстан, 20 апреля 2010 года.
[34] Интервью с С. А. Дмитриевой.

рый произвел первый выстрел во время Октябрьской революции, свидетельствует о коммунистических убеждениях ее дедушки и бабушки по отцовской линии.)

«Дарья Ким», украинка, вышедшая замуж за корейца в 1975 году, пережила другой опыт. Она вспоминала глубокое разочарование своей матери при первом взгляде на своего будущего зятя:

> Отец мой еще как-то спокойно так, ну, как мужчина, а мама <...> когда она его увидела <...> мама рыдала, не переставая, и все мне говорила: «Поехали домой!» Я не знаю, почему она так, но думаю, что он ей чисто внешне не понравился. Он был невысокого роста, худенький, и на Украине таких же людей нет, и она все время мне говорила: «Да как же ты его покажешь родственникам, когда приедете?!»

Дарья рассказывала эту историю в легком тоне, но картина, которую она описывала, вызывает тревогу; будущая теща мужчины безудержно рыдает при встрече с ним просто потому, что он выглядит как кореец. Однако история, как и многие другие, имела счастливый конец: «Но это все быстро, конечно же, прошло. С мамой у них до последних дней были очень хорошие отношения, мама его очень любила. Потому что он очень уважительно как-то относился к родителям. <...> То есть он вошел в нашу семью без проблем»[35].

История жизни Татьяны Салибаевой — еще один пример серьезного семейного противостояния, при этом без сказочного финала. Родители ее таджикского жениха выступили против брака, даже несмотря на то, что они были высокопоставленными коммунистическими чиновниками и к тому же достаточно обрусевшими. История Татьяны, в отличие от описанных выше, закончилась не примирением, а разводом; даже рождение пяти внуков не растопило сердце ее свекрови. Татьяна, этническая русская, родилась в Таджикистане в 1953 году. Ее мать была из российского Саратова; ее отец, также русский, родился в Таджикистане. Ее родители познакомились, когда его отправили в Са-

---

[35] Интервью с «Дарьей Ким», Оскемен, Казахстан, 14 февраля 2008 года.

ратов помогать со сбором урожая. Татьяна встретила своего будущего мужа в начале 1970-х годов. Обе семьи были категорически против брака. Ее мать была против не только потому, что будущий муж Татьяны был таджиком, но и из-за статусных различий между ними. Он происходил из видной таджикской семьи, некоторые члены которой работали в КГБ, и она боялась, что Татьяну не примут в качестве невестки. Мать использовала различные аргументы, чтобы убедить ее не выходить замуж за таджика, включая распространенное предостережение о том, что для нее будет слишком болезненным тот факт, что ее сыновей подвергнут обрезанию по мусульманской традиции. Татьяна вспоминала: «Это было в 72-м году. Я пришла к маме, рассказываю: "Мама, я выхожу замуж". <...> Как, кто, что, ну и всё, нет, ни в какую. Был, конечно, скандал, но потом мама, глядя на нас, как мы переживаем...»[36] В конце концов ее родители согласились на брак.

В отличие от матери Татьяны, родители ее жениха были не так чувствительны к страданиям юной любви. Его мать категорически отказалась принять русскую невестку, хотя сама была учителем русского языка. Когда молодой человек настоял на своем желании жениться на русской женщине, его родители выгнали непослушного сына из дома. Так он появился на пороге дома Татьяны, напугав ее родителей.

> Его отец сказал: «Забирай свои вещи и уходи». Ну и все, он взял свои вещи, ну что там — чемоданчик, пришел ко мне. Дверь открываю, он стоит: «Можно?», я говорю: «Можно». — «Я к тебе». — «Как ко мне?» — «Я к тебе со всеми вещами, я насовсем». Боже мой, мои родители были в шоке, мама, папа, чуть ли у нее инфаркт не был. «Его папа военный, он нас посадит, зачем это тебе нужно, дочка? Ты симпатичная, у тебя еще сколько на твоем веку будут, и русские ребята». Я говорю: «Нет». <...> Но я ничего не хотела слушать, никого и ничего.

Даже после того, как дата свадьбы была назначена, отношение ее будущих свекра и свекрови продолжало оставаться откровен-

---

[36] Интервью с Т. Н. Салибаевой, Худжанд, Таджикистан, 9 октября 2010 года.

но враждебным. Они не отвечали на звонки и не открывали дверь своему сыну и будущей невестке. «Потому что они хотели [невестку] свою нацию, там они уже кого-то присмотрели. Он сказал: "Нет, нет и всё, только она, хотите, пожалуйста, если нет <...> я остаюсь при своем мнении"».

Мать Татьяны помогла с организацией свадьбы, но родители ее жениха отказались присутствовать на церемонии. После свадьбы молодые жили с семьей Татьяны, что в сложившихся обстоятельствах было вынужденным отклонением от обычной практики в Центральной Азии, согласно которой невеста переезжает в семью своего мужа. «Его родители никак меня не воспринимали. Мы один день решили поехать, взяли подарки, поехали, нас молча встретили — и так мы молча уехали». Примерно через шесть месяцев Татьяне и ее мужу предложили собственную однокомнатную квартиру, но вскоре после этого его призвали в армию. В этот момент Татьяна приняла непростое решение отказаться от квартиры и переехать к родителям мужа, несмотря на их негативное отношение к ней.

> Мне ничего не оставалось делать, я приезжаю к ним. Сдаю эту квартиру опять в горком партии, маме говорю: «Мама, я уезжаю туда, к ним жить». — «Как, да ты что?» Я говорю: «Если я буду там жить, наша жизнь сохранится, если я буду здесь, нас разлучат, потому что сплетни пойдут»[37].

Татьяна имела в виду, что ее таджикские родственники подумают, что она ведет морально распутный образ жизни, если она будет жить одна и без присмотра.

Переехав к ним, Татьяна приложила все усилия, чтобы наладить хорошие отношения с родителями мужа.

> Ну, я сама старалась найти общий язык. Я тут же приняла их веру. Она [моя свекровь], значит, принесла мне национальное платье и штанишки и косынку и говорит: «У нас так не ходят, у нас соседи, ты новая "келин" [невестка]

---

[37] Интервью с Т. Н. Салибаевой.

придут тебя смотреть». Я одела штанишки, национальное платье, подвязала косыночку и вот все, моя миссия там началась.

Брак длился 20 лет, но в итоге распался из-за неверности ее мужа. Оглядываясь назад, Татьяна вспоминала: «Вот 20 лет прожили. Мы не раз со свекровью ругались. Я знала, что она меня недолюбливала. Но я через все прошла, я все перетерпела ради нашей жизни, ради нашей любви»[38]. История Татьяны показывает, какие огромные усилия прилагали некоторые женщины, чтобы обеспечить благополучие своих браков.

Тот факт, что советское общество в целом поддерживало межэтнические браки, имел значение для некоторых молодых пар. Большинство опрошенных мной людей не припомнили каких-либо официальных государственных программ по поощрению смешанных браков. Однако все знали, что гармоничные межэтнические отношения, символом которых выступали смешанные браки, были приоритетом режима. Рустам Искандаров, мужчина смешанного таджикско-русского происхождения, отметил, что этническое смешение считалось положительной тенденцией в советский период:

> Да, интернациональные семьи, все это пропагандировалось, ну, конечно, не в такой вот в яростной форме, ну это было. То есть считалось, что это положительные тенденции. Считалось, что люди правильно делают. Здесь еще было такое с медицинской точки зрения, что прилив новой крови — это приведет к оздоровлению нации[39].

Наряду с научными и публицистическими статьями, восхваляющими преимущества этнического смешения, подобные установки также передавались через массовую культуру. Несколько респондентов вспомнили классические фильмы советской эпохи, в которых этнически смешанные романы изображались

---

[38] Там же.
[39] Интервью с Р. Искандаровым.

в позитивном свете. Например, лирическая комедия «Далекая невеста» (1948) повествует о романтических перипетиях ветерана русской казачьей армии, который влюбляется в прекрасную молодую туркменскую дрессировщицу лошадей и после окончания войны отправляется в Туркменистан, чтобы найти ее. После череды путаниц и недоразумений они в итоге наслаждаются свадебными колокольчиками и счастливым концом. Другой часто упоминаемый фильм — «Свинарка и пастух» (1941), в котором русская крестьянка Глаша и дагестанский пастух Мусаиб знакомятся и влюбляются на Всесоюзной сельскохозяйственной выставке в Москве. В этом фильме односельчанин и ревнивый жених Глаши, Кузьма, пытается разрушить их отношения, но его замысел терпит неудачу, и Глаша с Мусаибом воссоединяются в конце. В фильме «Дикая собака Динго» (1962), основанном на одноименной детской книге, рассказывается о романтическом треугольнике между тремя подростками на Дальнем Востоке СССР [Фраерман 1939]. Симпатичная блондинка Таня влюбляется в русского мальчика Колю; тем временем по ней тоскует ее преданный друг детства Филька, принадлежащий к коренной нанайской национальности. (Фильку играл молодой казахский актер Талас Умурзаков.) Во всех этих фильмах межэтническая дружба, романтика и брак предстают нормальными и положительными сторонами советской жизни.

Молодая пара знала, что, даже если они столкнутся с неодобрением родителей, они не встретят сопротивления или критики на работе или в официальной сфере. Напротив, пары, столкнувшиеся с противодействием семьи, иногда получали молчаливую или явную поддержку и помощь от коллег или официальных лиц. Брак Светланы Умаровой служит тому примером. Русская женщина, родившаяся в 1949 году, познакомилась со своим будущим таджикским мужем Иномжоном в начале 1970-х годов. Светлана получила образование преподавателя английского языка, но работала в комсомоле. Ее родители не возражали против брака: «Мои родители, как и я, уважали его, потому что видели: серьезный, образованный, воспитанный, интеллигентный, решает все вопросы. И поэтому как-то мои родители мягко подошли к этому.

Отец мой сразу его полюбил». Однако родители Иномжона были категорически против. Как и многие таджикские родители, они предпочли бы таджикскую невестку, которая выполняла бы традиционные обязанности новобрачной по отношению к родителям мужа (жила бы с ними, выполняла домашние дела под руководством свекрови, вела себя скромно и уважительно по отношению к старшим и т. д.). Они опасались, что русская невестка не захочет соответствовать таким ожиданиям. Для них эта затея была особенно неприятной, поскольку старший брат Иномжона тоже женился на русской женщине, и Иномжон пообещал не делать того же. «А так сложилось, — отметила Светлана, — что все-таки у него тоже так же получилось»[40].

Мать Светланы сказала, что понимает мать Иномжона, которая была встревожена перспективой появления еще одной русской невестки. «А мама моя ему говорила: ты маму свою пожалей, ей же тоже хочется свою невестку, чтобы она за ней ухаживала, а все-таки Света (это я), она в другом духе воспитана, она не сможет, как таджичка "келинка" [невестка]». Мать Иномжона была настолько расстроена, что пыталась избегать встречи с будущей невестой своего сына, всякий раз покидая дом, когда пара пыталась навестить ее. Светлана какое-то время задумывалась, стоит ли продолжать отношения в условиях такого противодействия: «Потом раз, и у меня гордость заговорила, я говорю: "Я больше не пойду, если не желает меня, зачем я буду?"»[41].

Однако их коллеги по работе, заметив, что Светлана и Иномжон встречаются, подбодрили их пожениться. Даже секретарь районного комсомола призвала их официально оформить свои отношения. Воодушевленные этой поддержкой, Светлана и Иномжон подали заявление на получение свидетельства о браке, а затем пошли в ЗАГС, чтобы пожениться. Они отметили это событие походом на шашлык с близкими друзьями. Для секретаря комсомола и этого было недостаточно; она настаивала на том, чтобы молодожены отпраздновали свадьбу с бо́льшим

---

[40] Интервью с С. Умаровой, Худжанд, Таджикистан, 1 октября 2011 года.
[41] Там же.

размахом. Она предположила, что скромный и сдержанный характер их свадьбы больше подошел бы пожилой, ранее уже состоявшей в браке паре. Как молодым, впервые поженившимся, им следует устроить настоящую свадьбу.

> Ну, в общем нас подтолкнули, и мы потом комсомольскую свадьбу сыграли. Моя мама была, а его не была все-таки. Его брат, вместо мамы и отца, поддержал и материально, и морально, и его друзья. Хорошая свадьба была, помню, и национальный ансамбль был, и эстрадный вокальный, ну, в общем, очень интересно было, престижно.

Это был случай, когда поддержка советских чиновников и широкой общественности помогла молодой паре пожениться, несмотря на противодействие одной из двух семей. Когда Светлана забеременела, семья Иномжона наконец смягчилась. По словам Светланы, ее свекровь сказала своему сыну: «Иномжон, у вас будет ребенок, приходите, будем вместе жить». — «И вот так, под Новый год я пошла». Несмотря на трудное начало, у истории Светланы тоже оказался типичный сказочный финал: «Свекровь очень хорошая была. <...> Ну, а в конце концов она меня очень полюбила, до последнего своего дыхания она меня к себе звала»[42].

Те, кто вступил в смешанный брак в самом конце советского периода, между 1985 и 1991 годами, столкнулись с быстро меняющимся социальным и политическим контекстом в Центральной Азии. Перестройка и гласность в то время преобразовывали советский ландшафт и позволяли выражение ранее запрещенных идей. Националистические настроения среди титульных национальностей нарастали, особенно после таких событий, как протесты Желтоксан в Казахстане в 1986 году[43]. Русские и другие

---

[42] Интервью с С. Умаровой.

[43] Декабрьские события в Алматы, известные также как Желтоксан, произошли в декабре 1986 года и начались из-за решения Михаила Горбачева о снятии с должности первого секретаря Коммунистической партии Казахстана и замене его на русского управленца, ранее никогда не работавшего в Казахской ССР [Dave 2007: 90–91].

европейцы, проживавшие в Центральной Азии, были встревожены этими событиями. Респонденты, познакомившиеся со своими супругами в этот период, часто сообщали о значительном противодействии со стороны своих семей, включая русскую сторону. Однако в целом их опыт не выглядит принципиально отличным от опыта смешанных пар 1960-х и 1970-х годов. По крайней мере, в Центральной Азии растущие чувства национальной гордости и исключительности продолжали сосуществовать с идеей об общей советской идентичности.

«Ирина Абдулаева», родившаяся в 1966 году в Казахстане, вышла замуж за своего казахского мужа, «Кайрата», в 1987 году. Она была смешанного украинско-русского происхождения и работала библиотекарем. Пара столкнулась с сопротивлением их браку от родителей с обеих сторон. Ирина вспоминала свою первую встречу с матерью Кайрата. «Я пока про его родителей. Да. Мама меня, конечно, встретила так <...> тяжело: не встала, не поздоровалась, ничего. Сидела со своей подругой, на меня посмотрела». Однако будущая свекровь Ирины начала смягчаться, когда девушка подбежала к раковине, чтобы помыть посуду после чаепития. Позже свекровь сказала ей: «Вот с этого момента я поняла, что что-то будет». Ирина продолжила: «Моим тоже было тяжело». Особенно она была встревожена неприятием Кайрата ее родителями, так как они всегда казались открытыми по отношению к людям других национальностей.

> Мне это было непонятно. Они никогда нас не воспитывали так. Никогда не было такого, ну, чтоб другая нация, другое отношение... Вот, [казашка] у меня до сих пор в подругах. <...>. Всегда она у нас и дома бывала, на днях рождения. Мы дружили. У нас никогда не было такого, что это другая нация и с ними нельзя... Ну, наверное, они просто не думали, что я выйду замуж [за казаха] как-то <...> почему они мне такой скандал устроили? Я была удивлена. Говорю: «Мама, почему?» А она: «Не надо, и все. Не надо!» Типа, вот, своя нация — это и есть своя![44]

---

[44] Интервью с «Ириной Абдулаевой», Оскемен, Казахстан, 21 сентября 2011 года.

Ее родители отказались помогать с расходами на свадьбу, поэтому Ирина и Кайрат оплатили все сами. Это включало свадебный банкет в ресторане на 60 человек — значительные расходы для молодой пары, только начинающей свою совместную жизнь.

> Мы все что возможно отдали за вечеринку. Платье, кольца, все официально было. Но мы потом зашли в столовую и теми же деньгами, что нам надарили, оплатили остаток. У нас ничего не осталось! Нет. У нас осталось 70 рублей, и мы на 60 рублей купили ему туфли. Помните, такие «Сабо», чешские были, хорошие. Ему взяли туфли и все! Это все были деньги наши свадебные![45]

Лариса Ниязова (род. 1966), русская женщина из Шымкента (Чимкент) на юге Казахстана, вышла замуж за казаха в 1987 году. Она познакомилась со своим будущим мужем Русланом через друзей в общежитии университета, когда они оба были студентами. Ее родители приняли ее выбор.

> Когда мама его увидела, то нормально к нему отнеслась. Папа тоже сразу: «Пошли перекурим, пообщаемся». Они поговорили, и меня не ограничивали и говорили: «Тебе самой жить. Тебе самой строить свою семью. Поэтому мы принимаем то, что ты выбираешь». Поэтому меня не пугало то, что я привезу человека другой национальности.

Ларису не беспокоили культурные различия между ней и ее мужем. «Я говорила: "Не знаю, научимся! Главное, что он меня взял! Его это устраивает, и если никто мешать не будет, то мы эту преграду вместе преодолеем"»[46].

Однако семья Руслана пыталась отговорить его от женитьбы на Ларисе. У них на примете была другая девушка для него, и в их возражениях были намеки на национальную принадлежность. Лариса вспоминала:

---

[45] Интервью с Ириной Абдулаевой, Оскемен, Казахстан, 21 сентября 2011 года.
[46] Интервью с Л. Ниязовой, Шымкент, Казахстан, октябрь 2012 года.

> Родители отговаривали: «Ну, ты подумай! Она же русская! А вот есть [казахская] девочка Карлыгаш». А он сказал: «Или она, или вообще никто». Это были его слова: «Или она будет моей женой, или я вообще никогда не женюсь!» Он говорил, что «я не хочу, чтобы вы мне выбирали! Жить-то мне, а не вам!»

Лариса рассказала, что ее свекру особенно тяжело давалась идея смешанного брака; такое настроение, возможно, отражало рост казахской национальной гордости в конце 1980-х годов. Даже окружающее их общество казалось менее сочувствующим.

> Здесь человек более придерживающийся чисто национальных традиций, поэтому любое отклонение в сторону <...> того, что русская войдет в их семью. <...> Мне кажется, что он даже больше боялся, не то что в их семью войдет русская, а то, что скажут. Скажет его окружение, на его работе скажут по поводу того, что его сын избрал русскую. А сын у него старший, у казахов старший более важен.

Лариса делала все возможное, чтобы соответствовать ожиданиям и угодить родителям своего мужа.

> Уже когда я вошла в их семью, они, общаясь со мной, уже увидели, что я стараюсь где-то помочь, где-то понять, что нужно делать и как нужно делать, вроде они как бы, не скажу, что смирились, а приняли. Приняли до такой степени, что говорили, что «это наша дочка»[47].

Смешанные пары с близким религиозным бэкграундом

До сих пор в этой главе в основном рассматривались браки между выходцами из Центральной Азии и людьми европейского этнического происхождения. Однако такие браки случались гораздо реже, чем браки между людьми, принадлежащими

---

[47] Там же.

к одной и той же общей культурной и религиозной группе — например, браки среди мусульман, между казахами и татарами или таджиками и узбеками, или браки между представителями исторически христианских групп, таких как русские и армяне или немцы и украинцы [Борзых 1970: 91–92]. Когда женщины из Центральной Азии вступали в смешанные браки, они чаще всего выбирали мусульман другого происхождения, а не русских или украинцев. Такие браки реже вызывали сопротивление со стороны семей, хотя иногда родители выражали недовольство перед перспективой появления зятя или невестки другой этнической принадлежности.

Обозначение таджикско-узбекских браков как «смешанных» было следствием озабоченности советской эпохи этнической принадлежностью; для многих жителей Центральной Азии разница между таджиками и узбеками была незначительной, и такие союзы едва ли считались смешанными[48]. Досоветские этнографы не проводили четкого различия между узбеками и таджиками, все они были мусульманами, часто говорили на двух языках и не идентифицировали себя по этническому признаку[49]. Советские ученые отмечали, что таджики и узбеки часто женились между собой [Козенко, Моногарова 1971: 116]. Как вспоминала респондентка из Таджикистана Бахринисо Абдурахманова (р. 1953):

> Знаете, тогда не было разницы между узбеками и таджиками. Даже сейчас вот, знаете, что интересно, когда я езжу в Ташкент, там на свадьбах играют таджикские песни, а у нас здесь любят узбекские. И тогда считалось престижно иметь невестку таджичку, таджикской семье — узбечку[50].

---

[48] П. Финке отмечает, что узбекско-таджикские смешанные браки были обычным явлением на протяжении веков, но их выявление может быть затруднено, учитывая «сложность определения того, кто является узбеком, а кто таджиком» [Finke 2014: 87].

[49] О таджикской и узбекской идентичности см. [Schoeberlein-Engel 1994: 19–21, 56–60; Khalid 1999: chap. 6].

[50] Интервью с Б. А. Абдурахмановой, Гулистон, Таджикистан, 2 августа 2011 года.

«Смешанный» узбекско-таджикский брак Масуды Саттаровой представляет собой пример брачного союза, который все причастные стороны сочли совершенно беспроблемным. Со своим мужем она познакомилась, когда они оба были студентами университета в Душанбе, затем они поженились в 1961 году. Она не помнит каких-либо возражений со стороны своих или его родственников. «Ну, на этот брак родители... Собственно говоря, и таджики, и узбеки, вроде бы, мусульмане. Поэтому положительно»[51]. Другие варианты браков между мусульманами также обычно воспринимались положительно. Лутфия Бабаева, родившаяся в 1956 году у смешанной таджикско-башкирской пары, также вспоминала, что семьи с обеих сторон положительно отреагировали на брак ее родителей. Что касается матери ее отца, «она не возражала, потому что у них вера была одна, мусульманская вера была». Родители Лутфии также быстро согласились, когда она вышла замуж за мужчину, который был наполовину азербайджанцем, наполовину русским. Единственное, что беспокоило ее отца, заключалось в том, что семья жениха могла оказаться слишком строгой к женщинам и сделать жизнь его дочери тяжелой: «Отец сначала был против. Он слышал, что он строгий по отношению к жене. И говорил: "Что ты мучиться будешь?" Ну, а потом уже согласился. Я настояла на том, что только за него выйду замуж. Он [мой отец] сказал, что хорошо, что он мусульманин»[52].

Казахско-татарские браки также имели долгую историю, берущую начало задолго до советского периода. По мнению этнографа Наумовой, термин «шала-казах» (буквально «полуказах»), используемый в наши дни для обозначения обрусевших казахов или тех, кто утратил родной язык и культурную традицию, первоначально обозначал тех, кто был наполовину казахом и наполовину татарином [Наумова 1991: 184–185]. Татары относились — как они сами о себе думали, так и другие их воспринимали — к своего рода «промежуточной» национальности, находящейся на полпути между европейцами и выходцами из Центральной

---

[51] Интервью с М. Саттаровой, Худжанд, Таджикистан, июль 2011 года.
[52] Интервью с Л. Бобоевой, Исфара, Таджикистан, июль 2011 года.

Азии. Они были мусульманами, но более обрусевшими, чем жители Центральной Азии, поскольку находились под властью России гораздо дольше [Finke 2014: 98]. Общего религиозного и культурного контекста было достаточно, чтобы браки между татарами и жителями Центральной Азии были относительно беспроблемными. Однако и здесь культурные различия могли препятствовать ассимиляции и взаимопониманию, а в некоторых случаях — и семейной гармонии.

Гульмира Абдусаматова описала ряд трудностей, которые могли возникнуть в браках между татарами и выходцами из Центральной Азии. Ее опыт говорит о том, что общая религия необязательно гарантирует теплый прием в семье. Гульмира, татарка 1954 года рождения, вышла замуж в 1973 году за мужчину смешанного татарско-таджикского происхождения, считавшего себя таджиком. Она выросла в семье рабочих и не получила серьезного систематического образования. Гульмира вспоминала, что ее в первую очередь привлекло в муже. «Простота его. Такой простой. <...> на машине подвозил меня, на большой, машина большая, хлеб возили на таких машинах. И как-то красиво ухаживал, просто и как-то доступно. Я сама из простой семьи, как говорится, из рабочей, и он также»[53]. Воспоминания Гульмиры подчеркивают важность не только этнической, но и социально-экономической однородности в браке. Ее родители одобрили брак, но его — нет. Они бы предпочли таджикскую невесту по причинам, схожим с теми, что выражали другие семьи; они хотели невестку, которая соблюдала бы местные обычаи: уважала родителей мужа и услуживала им. Но жених Гульмиры настоял на женитьбе на своей избраннице и отстаивал ее перед родственниками, которые отнеслись к этому отрицательно.

Когда она решила представить своего жениха своим родителям: «ну, он приходил к нам. Общались, папа разбирался в людях, говорит, хороший парень, а мама мне сказала: "Ну, сама смотри. Тебе жить, чтобы потом локти себе не кусала"». Что касается ее будущих свекра и свекрови:

---

[53] Интервью с Г. З. Абдусаматовой, Худжанд, Таджикистан, 8 августа 2011 года.

> Ну, его родители сначала не хотели, они хотели таджичку взять, потому что шесть сестер уйдут [замуж в другие семьи], два брата должны с родителями жить. Он сказал: «Или она, или никто». Ребром вопрос поставил, смог за себя постоять. Если бы не настоял, мы бы с ним и не поженились.

Некоторые родственники ее мужа распространяли неблагоприятные слухи о бракосочетании, утверждая, что он, женясь на татарке, отходит от таджикских традиций. «Муж их так поставил на место: "Не трогайте ее, это моя жена, моя жизнь, в своих семьях что хотите делайте, а ко мне не лезьте". Дал понять, и они больше никто не лез». В итоге Гульмира наладила теплые отношения с семьей мужа.

> И все мероприятия, что ни делалось. Мы всегда с подарками ходили, меня на самое почетное место сажали. Не было такого: «Вот моя татарка», — нет, наоборот, не знают, куда постелить мне курпачу, чем накормить, водичку польют, и полотенчик подадут. Очень хорошие отношения были. Я не чувствовала, что я татарка. А они таджики, куда я попала. Не было у меня такого[54].

Гульмира ощущала близость с матерью мужа, которая тоже была татаркой. Однако ей было трудно принять некоторые различия между таджикским образом жизни и тем, к которому она привыкла. Например, она жаловалась, что у таджиков нет надлежащих ванных комнат, «они мыли голову кефиром» и «они редко стирали». Ей не нравилось жить с родственниками мужа, так как в их доме не было современных удобств, которые она считала необходимыми. Она ухватилась за возможность получить с мужем отдельную квартиру, хотя его родители умоляли их остаться (он был старшим сыном и должен был жить с ними). Тем не менее она подчеркнула отсутствие принципиальных различий между жителями Центральной Азии и татарами.

---

[54] Там же.

> Разные были татары. Были татары, которые говорили: «Я уеду [из Таджикистана], потому что за таджика не хочу. За свою нацию отдам». Я говорила, лишь бы был хороший человек. Какая разница нация? Перед Богом мы все одинаковы. У нас у всех одинаковая внешность, только язык другой. Обычаи другие. Можно приспособиться, если есть желание. Но выйдешь ты за свою нацию, попадается какой-нибудь дурак или алкаш[55].

Несмотря на ее заверения в обратном, слова Гульмиры намекают на существование определенной социальной дистанции между таджиками и татарами.

Ильхом и Эльмира Бабаевы, смешанная таджикско-татарская пара, похожим образом, несмотря на общую мусульманскую веру, столкнулись с сопротивлением своему браку. Ильхом, таджик, выиграл от того, что был младшим ребенком в семье: его родители диктовали выбор брачных партнеров его старшему брату и сестре, запрещая им пересекать для этого этнические границы. Однако эти браки оказались неудачными. К тому времени, когда подошла очередь Ильхома, его родители были уже менее настойчивы в требовании жениться на таджичке. Несмотря на это, опыт Ильхома показывает значимость этнических предпочтений при выборе брачных партнеров среди мусульман.

> Но были попытки женить меня на нашей единоверке, хотя Эльмира тоже единоверка. Но на своей национальности, вплоть до того, что на своей двоюродной сестре, против чего я с детства был, сейчас, и всю жизнь буду против, никаких родственных браков, никаких и никогда! <...> Я поставил перед фактом: я женюсь на ней и больше ни на ком[56].

По воспоминаниям Ильхома, отец Эльмиры тоже был против их брака. «Ее мать, она всегда ко мне хорошо относилась, мать-то не была против, но отец был против, категорично против, одно-

---

[55] Интервью с Г. З. Абдусаматовой, Худжанд, Таджикистан, 8 августа 2011 года.
[56] Интервью с И. Бабаевым, Худжанд, Таджикистан, июль 2011 года.

значно, он не хотел ее за меня выдать... ну, таджику". Причины этого были связаны со стереотипами о таджиках как о бедных и необразованных, особенно по сравнению с татарами. Эльмира вспоминала слова своего отца: «Он сказал, всю жизнь будешь продавать редиску на базаре Панчшанбе [смеется]. <...> Всю жизнь будешь торговать на рынке»[57]. Эльмира, которая работает в администрации университета, находит теперь эти слова отца скорее забавными, чем обидными.

История Фатимы Сатыбалдиновой также демонстрирует, что этническая принадлежность не всегда была самым существенным различием между будущими супругами, и что даже браки между людьми одной веры могли быть нежеланными. Фатима родилась в 1951 году в Китае. В детстве родители перевезли ее в Казахстан. Будучи этнической казашкой, она вышла замуж за татарина, который был родом из той же деревни, что и жена ее брата. В этой деревне проживали казахи, татары, азербайджанцы, курды и чеченцы. Фатиму отправили туда еще студенткой для помощи в сборе свеклы, картофеля и яблок. (Помогать в течение месяца осенью на колхозных полях, где не хватало рабочей силы, было обычной практикой для советских студентов.) В деревне она остановилась у своей невестки и впервые встретила своего будущего мужа Гарифуллу. В то время ей было всего 18 лет, и она еще не думала о замужестве; он же был старше ее на десять лет. Спустя несколько лет Фатима снова встретила Гарифуллу в той же деревне на вечеринке, устроенной в честь проводов одного молодого человека, которого призвали в армию. После вечеринки Гарифулла отвез ее домой в Алматы, и во время поездки она познакомилась с ним немного получше. Они начали встречаться. Вскоре Фатима узнала, что мать Гарифуллы с нетерпением хочет видеть ее в качестве своей невестки. «И потом мне моя сноха говорит: "Вот, его маме ты понравилась. Такая шустрая, деловая, трудяга". <...> [смеется] И вот потом мы с мужем... начали общаться»[58].

---

[57] Интервью с Э. Бабаевой, Худжанд, Таджикистан, июль 2011 года.

[58] Интервью с Ф. Сатыбалдиновой, Алматы, Казахстан, 10 апреля 2010 года.

На Фатиму производило впечатление то, что Гарифулла всегда приезжал за ней на отцовской машине, что было редкостью в те дни, и всегда приносил ей полевые цветы. «Ни одного дня не было, чтобы он без цветов приходил». Однако ее мать была против этого брака — не из-за этнической принадлежности Гарифуллы, но из-за его возраста и социального статуса. Он был старше даже старшего брата Фатимы и жил в сельской местности, что для городских людей было признаком низкого статуса. «Ты же в городе живешь, почему ты должна выйти замуж за поселкового... за колхозника?» Фатима считала это несправедливым предубеждением, поскольку ее будущий муж вовсе не был простым колхозником: он учился в военно-морском институте и был культурным и образованным человеком. «Он очень хорошо говорил по-русски. Он красиво пел, красиво на аккордеоне играл. Стройный, красивый парень был. В поселке все его любили»[59].

Ее старший брат был тоже против этого брака, в то время как средний брат, с которым она была наиболее близка, поддержал ее. Он пошутил: «С ее характером только один мужчина годится [смеется]. Ты согласись. Она будет с ним счастлива». Тем не менее Фатима вспоминала:

> Ну, в общем, мама была действительно против. Потом я говорю: «Мама, я его люблю». Я ей так сказала. Я выйду за него замуж. <...> Она согласилась, но она правда недовольна была. И старший брат был недоволен. Младшие у меня братишки недовольны были. «Почему ты вот выбрала именно его?» Ну, в конце концов. <...> Я же говорю, я такой упрямый человек. Настойчивый... [смеется].

Мать Фатимы была так разгневана ее непреклонностью, что целый год отказывалась разговаривать со своей дочерью. Когда Фатима попыталась ее навестить, мать отказалась ее видеть. Когда же Фатима забеременела, мать продолжала избегать ее, посылая младших братьев Фатимы узнать, как она себя чувствует. Однако во время беременности у Фатимы возникли серьезные

---

[59] Интервью с Ф. Сатыбалдиновой, Алматы, Казахстан, 10 апреля 2010 года.

проблемы со здоровьем. Ее мать, обеспокоенная этим, наконец, смягчилась и навестила ее в больнице, когда та родила ребенка. Это стало началом примирения между Фатимой и ее матерью. В конце концов, ее мать наладила крепкие отношения с мужем Фатимы.

> Даже мои братья говорили: «Не надо нам сестер, братьев, вот мой зять, вот, муж моей сестры — это самый, такой, дорогой человек». <…> Он понимал маму мою всегда. Они нашли общий язык. Он мог поделиться с моей мамой. И так она полюбила его потом. Полюбила. Как сына. <…> Его родители в 1985 году угорели. <…> И тогда моя мама говорит: «Все, Гарифулла, ты не горюй, не переживай. Ты для меня сын. Ты не думай, что у тебя ни матери, ни отца нету. Я тебе заменю мать».

История Фатимы напоминает нам, что даже в тех случаях, когда этническая принадлежность и религия не являлись проблемой, могли быть и другие причины для неприятия брака, такие как разница в возрасте или социальный статус. Также история Фатимы подтверждает, что родители, братья и сестры считали себя вправе запретить девушке выбор мужа. Брак был семейным делом[60].

В этой главе было показано, насколько сильно варьировались реакции семей на смешанные браки, несмотря на позитивные сообщения о желательности этнического смешения, исходящие от советского государства. В Центральной Азии подобные идеи не всегда обладали достаточной убедительностью, чтобы преодолеть страхи родителей по поводу принятия чужака в святая святых семьи.

Как и большинство людей во всем мире, бо́льшая часть жителей Центральной Азии, равно как и другие советские граждане, предпочитали иметь зятя или невестку из «своей» группы, которую можно интерпретировать в категориях большой семьи,

---

[60] Там же.

происхождения, национальности или религии. Для многих таджиков и казахов русская невестка подразумевала угрозу подрыва их образа жизни и размытия семейной идентичности. Русские в Центральной Азии были более открыты для смешанных браков, чем мусульмане Центральной Азии, что является несколько необычным явлением в сравнительно-историческом контексте. Во многих мультиэтнических обществах, напротив, доминирующая или привилегированная этническая группа наиболее решительно отвергала смешанные браки, не желая размывать «чистоту» якобы высшей расы[61]. Тем не менее даже русские были в подавляющем большинстве эндогамными, особенно в своей республике. Смешанные браки, особенно между людьми разных религий и культур, оставались редкостью.

Поразительно похожие «счастливые концовки», рассказанные успешными смешанными парами, поднимают вопрос о том, как они достигли такого семейного благополучия, несмотря на зачастую бесперспективное начало. Почему некоторые браки были счастливее и стабильнее других? О том, как смешанные пары преодолевали разногласия на повседневном уровне и создавали стабильные семьи, пойдет речь в следующей главе.

---

[61] Здесь можно плодотворно сравнить российское отношение с отношением в Соединенных Штатах, где в 1958 году 96 % белых не одобряли межрасовые браки [Romano 2003: 2].

Глава 3
Сцены из супружеской жизни счастливых (и не очень) смешанных браков

> Я делала все по таджикским обычаям. Гости придут, всё по-таджикски. <...> Я не как русские, я как таджики делала. Я как половина мусульманка, не русская.
> *Вера Рахимова*[1]

> Я не знаю, вот у меня многие спрашивают, но я ни разницы, ничего такого не чувствую. Даже смотрю и не думаю, что вот он кореец, а я казашка, как будто мы одна нация.
> *Мадина Нахипова*[2]

Сказочные концовки, описанные в столь поразительно схожих тонах членами смешанных пар из Казахстана и Таджикистана, естественно, были характерны для тех, чьи браки были счастливыми и долговечными. Истории В. Рахимовой (род. 1924) и М. Нахиповой (род. 1964) демонстрируют разные подходы к смешанным бракам в советской Центральной Азии, каждый из которых мог стать основой для прочного союза. Устноисторические свидетельства показывают, что успешные смешанные браки в основном следовали одному из двух сценариев. Во-первых, это были пары,

---

[1] Интервью с В. С. Рахимовой, Согдийская область, Таджикистан, 23 октября 2010 года.
[2] Интервью с М. Нахиповой, Шымкент, Казахстан, октябрь 2012 года.

в которых один из супругов, как Вера, прилагал значительные усилия, чтобы адаптироваться к культуре другого[3]. Такие браки были наиболее распространены в первые десятилетия после Второй мировой войны. Во-вторых, были пары, такие как Мадина и ее муж, которые разделяли общие принципы советской культуры и не ощущали определяющей роли своих национальностей[4]. Эти пары часто говорили на русском как на родном языке, не имели твердых религиозных убеждений, и в их семье царила приверженность интернационализму. Нередко один или оба партнера состояли в комсомоле или Коммунистической партии. Такие пары находили творческие пути для сочетания двух (а в некоторых случаях и более) культурных традиций, идентифицируя себя при этом в первую очередь в контексте более масштабного советского проекта. Начиная с 1960-х годов такие «советские» смешанные браки становились все более распространенным явлением.

С другой стороны, в Центральной Азии находилось неизвестное число смешанных пар, чьи браки не сложились или не получили должного развития — это были пары, чьи семьи упорно отвергали нового супруга, пары, которые не смогли преодолеть свои культурные различия, и пары, в которых личные конфликты привели к разрыву. Когда смешанные пары в Казахстане и Таджикистане сталкивались с разногласиями и разводом, причины чаще всего не имели отношения к этнической принадлежности. Измена, ревность, домашнее насилие, проблемы с родственниками, скука, утрата любви и близости со временем — все это может произойти в любом браке. Однако, наряду с этими общими проблемами, смешанные пары сталкивались с дополнительными трудностями, связанными с культурными различиями между партнерами. Многие смешанные браки военного времени распадались на раннем этапе, когда русской супруге становилось слишком трудно адаптироваться к местным культурным ожиданиям от женщин в Центральной Азии. Новоиспеченная русская

---

[3] Интервью с В. С. Рахимовой.

[4] Интервью с М. Нахиповой.

невеста приезжала в деревню своего мужа и обнаруживала неподходящие для нее условия жизни, сталкиваясь с давлением относительно одежды и поведения. Во многих случаях она убегала через месяц-два. В более поздние десятилетия необходимость приспособления к семейным нормам ее мужа, возможно, уже не была такой острой. Однако среди интервьюированных мною людей причины семейных проблем включали те же вопросы, что отпугивали таких скороспелых невест: различные представления о гендерных ролях, правильном поведении по отношению к родственникам и обязательствах перед близкими и гостями. В более широком смысле те пары, в которых каждый партнер был глубоко предан «собственной» культуре и не желал идти навстречу другому партнеру, сталкивались с гораздо бо́льшими трудностями. Компромисс, адаптивность и чувство юмора, важные в любом браке, были еще более насущными в смешанных браках.

Приспосабливающиеся жены (и иногда мужья)

Модель культурной адаптации была наиболее распространена в 1940-х и 1950-х годах, когда городская русскоязычная прослойка в центральноазиатских республиках была еще невелика. В этот период русские и другие европейские женщины, вышедшие замуж за выходцев из Центральной Азии, как правило, были склонны приспосабливаться к особенностям окружающей их среды. Они учились одеваться, вести себя и разговаривать как хорошие мусульманские жены, даже если формально не принимали ислам. Некоторые русские женщины ассимилировались до такой степени, что советские этнографы описывали их как неотличимых от коренного населения; иногда эти женщины даже забывали родной язык [Брусина 2001: 164–165]. Российский этнограф О. Б. Наумова, много работавшая в Казахстане в поздний советский период, описала несколько случаев, когда русские женщины выходили замуж за казахов в 1940-х и 1950-х годах и уезжали жить в казахские деревни. Одна из них — Лидия Григорьевна, которая была эвакуирована во время войны из Москвы в Казахстан и в 1942 году вышла замуж за казаха. Она взяла мусульманское имя Лейла, носила казахскую одежду и соблюдала казахские нормы семейного поведения, такие как не называть мужа и его старших родственников по имени [Наумова 1991: 186–188]. (Традиционно молодым казашкам не позволялось обращаться к старшим родственникам по имени. Вместо этого они использовали термины родства или их модифицированные формы, такие как «дедушка», «дядя», «дорогой старший брат» и «старшая сестра»[5].)

Вера Рахимова была одной из тех, кто со временем адаптировался после трудного начального периода. На вопрос, придерживалась ли она русских или таджикских традиций в своей семейной жизни, она ответила: «Мы привыкли, как мусульмане». Для таких женщин, как Вера, было предметом гордости не считаться за русскую. Она пришла к выводу, что общество Центральной Азии во многом превосходит российское, особенно в том, что касается традиций уважения старших и гостеприимства. По словам Веры,

> в Таджикистане меня все уважают... знаешь, почему мне понравилось, гостеприимные очень. <...> Русские не такие, никогда не скажут «садись», поэтому мне нравятся таджики. Никто меня «урус» [русская] не называет. Я не говорю, что я таджичка, но «урус» не обзывают. Увидит: «Ассалам алейкум», — так здороваются. Уважают[6].

История Марии Салиевой (род. 1934), русской вдовы таджика, представляет собой еще один пример этой модели. Выйдя замуж в 1955 году, она всегда соблюдала таджикские традиции в доме со своим мужем и четырьмя детьми. «Например, вот муж умер, я по-ихнему читаю. Вот четверг я должна прочитать, в понедельник читаю за мужа, чтобы там ему было хорошо». В ее семейной жизни было очень мало того, что можно было бы отнести к русской культуре. Все ее дети вступили в брак с таджиками: «Два

---

[5] Этот запрет был настолько глубоко укоренен, что казашка не произносила имя старшей родственницы, даже если оно по случайному совпадению принадлежало совершенно незнакомому человеку [Argynbaev 1984: 50–52].

[6] Интервью с В. С. Рахимовой.

зятя у меня очень хорошие, они меня "бувачон" [мамочка] зовут, они очень ценят меня». Как и Вера, она с гордостью отмечала, что ее дети и их семьи не воспринимают ее как русскую. «Однажды зять Хомидчон рассказывает: "Один мой друг говорит: 'Я видел твою тещу русскую'". Он в ответ: "У меня русской тещи нет"»[7].

Несколько иную форму адаптации описала Алла Туйчибаева (род. 1938), которая вышла замуж за таджика и проживает в Таджикистане с конца 1950-х годов. Алла рассказала, что на нее никогда не давили, заставляя ассимилироваться с таджикской культурой, она никогда не носила национальную одежду и не учила таджикский язык. Однако она открыто признала, что смешанный брак изменил ее, вплоть до того, что изменился ее способ говорить по-русски. Когда она приезжала в Россию, люди там замечали, что она говорит с непривычным акцентом.

> Я домой приезжаю, они говорят: «Что у тебя за разговор, какой-то не такой?» А я говорю: «Не знаю, нормальный разговор». Они спрашивают: «Почему ты так говоришь, это звучит неправильно». А я отвечаю: «Не знаю, я обычно так разговариваю!» [смеется] <...> Они мне там говорят: «Ты совсем чужая стала». Я говорю: «Ничего себе, я родилась здесь и чужая стала»[8].

Частично «иностранность» Аллы заключалась в принятии таджикских ценностей по отношению к семейной жизни и уважению старших, так что она начала смотреть на московскую жизнь с определенным отстраненным удивлением, как могла бы на нее смотреть таджикская женщина ее поколения:

> Вот я приезжаю в Москву, там совсем люди другие, там грубые люди, ужасно грубые <...> а здесь нет, здесь еще хорошие, немножко здесь уважают, старших уважают. Там старших не уважают, вот сидят молодые, не освободят тебе место, ни в метро, ни в автобусе, нигде не освободят тебе место.

---

[7] Интервью с М. А. Салиевой, Худжанд, Таджикистан, 16 октября 2010 года.
[8] Интервью с А. М. Туйчибаевой.

В последующие десятилетия принятие хотя бы некоторых аспектов местной культуры оставалось обычным делом. Светлана Умарова, русская женщина, вышедшая замуж за таджика в 1973 году, описала свое беспокойство по поводу того, что ее считают русской женой, подрывающей местные традиции. Ее муж Иномжон никогда не настаивал на том, чтобы она носила таджикскую национальную одежду или принимала ислам, приговаривая: «Какой я тебя взял, такой ты и оставайся, какой я тебя полюбил». Образованная женщина, учительница английского языка, Светлана работала в провинциальном комитете комсомола и настояла на обрезании своего сына[9]. Требуемое исламом, но официально запрещенное в советское время, обрезание тем не менее было широко распространено среди мусульманского населения. Светлана знала, что русских жен иногда подозревали в том, что они могут препятствовать исполнению этого мусульманского религиозного долга:

> А так, по обычаю я сама настояла сыну обрезание делать, это мусульманский закон. Он [мой муж] тогда в комсомоле работал. В то время очень сложно было, партийные органы запрещали делать это все, обрезание, туи эти. Он тогда был первым секретарем горкома комсомола, потом я говорю: «Знаешь, Ином. <...> ты там в хирургию отвези, сделай ему обрезание, десять стариков с махалли пригласи, сделай в узком кругу, чтобы старики знали, чтобы не сказали, что русская жена запрещает».

Светлана добавила, что в ее браке этот процесс адаптации был обоюдным. Они с мужем работали вместе, чтобы оправдать ожидания родственников с обеих сторон. «Мы как-то в согласии, в понимании жили. Родители мои когда умерли, он первым возглавлял все, он сделал по-христиански, все узнавал, все делал, помогал. Мама его умерла — я тоже все обычаи соблюдала»[10].

---

[9] Комсомол был молодежной организацией Коммунистической партии Советского Союза, задачей которой было прививать коммунистические принципы молодым людям в возрасте от 14 до 28 лет.

[10] Интервью с С. Умаровой.

Культурная адаптация также могла протекать и в совершенно ином направлении, в зависимости от обстоятельств брака и семейной жизни. Светлана Визер (урожденная Абдулганиева) была единственным ребенком татарского отца и русской матери, которые поженились в 1951 году. Ее отец, Ахметшакур Абдулганиев, инженер-дорожник и художник-любитель, бо́льшую часть жизни носил альтернативное русское имя «Саша». В кругу семьи он придавал так мало значения своей татарской идентичности, что его дочь не осознавала, что ее отчество «Ахметшакуровна», а не «Александровна», пока не получила личные документы в подростковом возрасте. Хотя «Саша» родился в Казахстане в 1926 году в интеллигентной мусульманской семье из Семипалатинска и хорошо говорил по-татарски, после женитьбы он переехал к семье своей жены и перенял их образ жизни. Например, Саша праздновал православную Пасху и раскрашивал традиционные пасхальные яйца для своей жены и ее семьи. Светлана объяснила:

> Ведь в нашей семье тоже была, тоже же преобладала русская сторона. Поскольку, во-первых, они жили в русскоязычной среде. Во-вторых, это отец ведь пришел в их русскую семью. Если бы мать пришла в татарскую семью, была бы другая ситуация. Но в данном случае отец пришел в русскую семью. И он уже вынужден был привыкать и принимать нормы жизни в этой семье[11].

Как следует из рассказа Светланы, бремя адаптации легло на плечи супруга, вошедшего в новую для него как семью, так и культурную среду. Поскольку общины в Центральной Азии были и остаются патрилокальными (т. е. невеста присоединяется к семье мужа, и предполагается, что будет жить с ней), необходимость адаптации обычно возлагается на русских жен. В исключительных случаях, когда супруг из Татарстана или Центральной Азии присоединялся к русской семье, происходило обратное.

---

[11] Интервью с С. А. Визер.

Смешанные браки по-советски

Наряду с женами (а иногда и мужьями), которые полностью перенимали культуру и традиции семьи своего супруга, существовал еще один распространенный тип успешных смешанных браков, которые объединяли людей с ярко выраженной «советской» идентичностью и, следовательно, общностью, превосходящей этнические различия. Хотя такие браки с ростом русскоязычного образованного класса стали преобладающим типом смешанных браков в поздние советские десятилетия, они встречались и в более ранние периоды, особенно в городской среде.

Л. Евдакимова (род. 1927), вышедшая замуж за таджика в 1951 году, подчеркивала, что она, в отличие от некоторых русских невест, не стала квазимусульманкой или квазитаджичкой. Ее муж служил в армии в России и был довольно обрусевшим. Иногда она по своему желанию носила таджикскую одежду, особенно когда того требовали практические соображения, при этом она не чувствовала себя обязанной это делать:

> Меня не заставлял одевать таджикское. Даже я сама стеснялась одевать таджикское и идти с ним куда-то. Потому что скажут: «Вот таджик и она [его жена] одела его платье», — ну, таджикское. Ну, у меня были таджикские платья и я их одевала, когда со свекровью ходила на какой-то их праздник. Тогда нужно было одевать, потому что там на полу нужно садиться.

Попытки Лидии учить таджикский язык не увенчались успехом. «Нет, они все равно меня заставляли учить таджикский язык. А я начну говорить, а они смеются надо мной. Я сказала: "Все, я разговаривать не буду"». Их домашняя жизнь была смесью русских и таджикских традиций: «Если приходили его таджикские гости, конечно, мы садились на полу. А если моя русская компания собиралась, мы, конечно, садились за стол»[12].

---

[12] Интервью с Л. В. Евдакимовой.

Аналогично, Мария Хамидова (род. 1936), русская женщина, вышедшая замуж за таджика в 1956 году и прожившая с ним вместе вплоть до его смерти в 2009 году, упоминала, что в течение их долгого и счастливого брака придерживалась принципа «живи и позволь жить другим». Будучи работницей на обувной фабрике, она вспоминала многонациональную среду, где люди принимали различия друг друга.

> Мы жили где-то на окраине города. А уже во время войны переселенцев полно было, кого только не было. И немцы были, и молдаване были. Вместе учились. Ходили они в нашу школу. <…> Я не чувствовала того, что у меня муж другой национальности. <…> Разговаривать я разговариваю, язык знаю. А так чтобы надеть [таджикское] платье, еще что, нет, не было никаких принуждений, жили свободно, общались, работали, ходили к нам в гости, мы в гости[13].

Такой тип браков становился все более распространенным по мере того, как в послевоенные десятилетия советское общество трансформировалось, становясь более образованным, урбанизированным и русифицированным. Описанный Марией многонациональный район на окраине города, вероятно, относился к одному из так называемых микрорайонов — новых кварталов, состоящих из огромных многоквартирных домов, которые, в отличие от старых махаллей, заселялись преимущественно вновь прибывшими в город. Мультиэтнический характер советского городского общества вместе с ростом нового русскоязычного поколения после реформ системы образования конца 1950-х годов обеспечивали в позднесоветский период условия для высокого уровня этнического смешения. Многие из этих пар считали себя прежде всего «советскими», что подразумевало выход за рамки национальностей.

Сусанна Морозова (род. 1973), женщина украинско-армянского происхождения, выросшая на севере Казахстана, вспоминала: «У нас этнический состав был тоже очень разнообразный, но

---

[13] Интервью с М. М. Хамидовой.

помню, что казахской национальности у нас было всего три ребенка в классе. Остальные были русские, украинцы, очень много было немцев, были кореянки девочки, татары, то есть смешанный очень состав, но говорили все на русском»[14]. Надежда Констаньянц (род. 1954), русская женщина, выросшая в столице Азербайджана Баку и вышедшая замуж за армянина, описывала подобную среду в своем родном городе: «Вот у нас в классе были армяне, азербайджанцы, татары, русские, украинцы. Класс настолько был интернациональный!»[15] «Майра Ахметова» (род. 1953), казашка, вышедшая замуж за русского, рассказывала о своих друзьях в школе: «С кем я сидела за партой и с кем общалась — у меня были русские девочки. Вот, мои подружки были. Мы вообще не делились тогда. <...> У нас были уйгуры, евреи <...> и со всеми мы как-то, вот, как единые»[16].

То, как эти женщины вспоминают свое детство — в качестве образца счастливого единства в разнообразии, — типично для их поколения. Советские граждане, взрослеющие в брежневскую эпоху, часто отмечали: «национальность тогда для нас не имела значения» и «мы все были одинаковыми». «Салтанат Тлеубаева» (род. 1970), казашка, ранее состоявшая в браке с русским, сказала: «Для меня в отношениях личных никогда не было важно, казах он или русский. Для меня всегда было важно — хороший он человек»[17]. О 1960-х годах С. Морозова отметила, что тогда «не было такого деления на русских и нерусских». Сусанна описала своего отца, армянина, так: «Он у меня такой космополит», у которого были друзья всех национальностей — «и африканцы, и афроамериканцы, и индусы», когда он учился в Университете дружбы народов имени Патриса Лумумбы в Москве[18]. Родители

---

[14] Интервью с С. Морозовой, Оскемен, Казахстан, 10 апреля 2010 года.

[15] Интервью с Н. Константьянц, Оскемен, Казахстан, 7 апреля 2010 года.

[16] Интервью с «Майрой Ахметовой», Алматы, Казахстан, 11 апреля 2010 года.

[17] Интервью с «Салтанат Тлеубаевой», Оскемен, Казахстан, 3 апреля 2010 года.

[18] Основан в 1960 году для обучения студентов из развивающихся стран; это учреждение известно с 1992 года как Российский университет дружбы народов.

ее матери, украинцы из деревни, сначала с опасением отнеслись к тому, что их дочь выходит замуж за армянина, но она их заверила в том, что «в Москве все совсем по-другому, это город интернациональный»[19].

Н. Констаньянц во многих отношениях представляет собой пример «советского» человека, вступившего в смешанный брак. Родившись в Баку, в 1977 году она вышла замуж за армянина, военного пилота вертолета. Крупная блондинка, уверенная и откровенная, — женщина, которую можно было бы назвать грозной, — она твердой рукой управляла санаторием машиностроительного завода «Востокмашзавод» в Оскемене. (Она с гордостью рассказала мне, что работала на этом заводе 33 года.) В советскую эпоху Надежда была убежденной коммунисткой и членом партии. Она вспоминала, что все — азербайджанцы, армяне, русские, евреи — использовали русский язык в ее родном городе, так как «это был язык нашей Родины». У нее были друзья и соседи разных национальностей: армяне, азербайджанцы, грузины, осетины, украинцы. Она заявила: «Потом, я внутри, вот как я сказала, человек советский. У меня абсолютно отсутствует национализм. Для меня [представитель] любой нации — человек!»[20] Советский для Надежды означал интернациональный — как в ее личной жизни, так и в ее политических взглядах.

> У меня в семье, я вам уже сказала, что моя сестра вышла замуж за азербайджанца, а я за армянина. Мой сын, который смешанный армянин с русским, вышел, женился на девочке Соне, у которой мама, значит, еврейка, а папа наполовину татарин. Вот поэтому, столько кровей уже смешано! И я их люблю! И уважаю как сватов!

Для таких «советских» смешанных пар было характерно различным образом сочетать национальные традиции и культурные обычаи. Ирина Домулоджанова, русская женщина, выросшая

---

[19] Интервью с С. Морозовой.
[20] Интервью с Н. Констаньянц.

в смешанной семье после того, как ее мать вышла замуж за ее отчима-узбека, описала свою родную семью как культурный гибрид. «В основном смешанные семьи были, наверное, такими. Во всех смешанных семьях, насколько я наблюдала, были и традиции одной стороны, и традиции другой, они смешаны всегда»[21]. Ильхом и Эльмира Бабаевы, таджикско-татарская пара, описали подобный процесс слияния двух культурных традиций. «Не могу я сказать, что чисто русская, чисто таджикская», — сказал Ильхом. Он охарактеризовал вклад своей татарской жены в культуру семьи как «русский», что отражает распространенное в Центральной Азии мнение о татарах как о культурно близких к русским. «У нас как-то получилось хорошее смешение: и русский идет, и таджикский, и музыка, и культура, и общение»[22].

Так же вспоминала и Наталья Волкова: «У нас все смешано было в семье, и русские и таджикские»[23]. Джамиля Рахимова говорила, что ее дом, в котором она провела детство в Душанбе, был физически разделен на таджикскую и «европейскую» части.

> У нас была комната одна чисто национальная [т. е. таджикская]. Все, кто приезжали с Ленинабада, все в эту комнату, все по-ленинабадски. <...> Все было национальное в этой комнате. А другие были европейские. Была жилая комната, гарнитур, тогда не у всех было, телевизор, серванты, библиотека была очень огромная напоказ. Я же говорю, папа был очень интеллектуальный человек. Там стол, стулья, диван, все чисто по-европейски[24].

То, как Джамиля рассказывала о смешении культур в своей семье, было типичным для позднего Советского Союза, когда суть каждой национальности описывалась широкими мазками: казахи пили чай из пиалы, русские — из чашки; таджики сидели

---

[21] Интервью с И. Домуладжановой, Худжанд, Таджикистан, июль 2011 года.
[22] Интервью с И. Бабаевым.
[23] Интервью с Н. Волковой, Худжанд, Таджикистан, 8 октября 2010 года.
[24] Интервью с Дж. Рахимовой, Согдийская область, 23 октября 2010 года. Город Худжанд раньше именовался Ленинабадом.

на полу, в то время как «европейцы» (т. е. русские) устанавливали мебельные гарнитуры в своих квартирах[25].

Было ли слияние двух (или более) культур действительно настолько гармоничным, как вспоминают эти дети от смешанных браков? Невозможно сказать наверняка, но их воспоминания идеально вписываются в общую картину ностальгии по советскому интернационализму, которая формирует память многих советских граждан той эпохи. Подобно духу «алоха» на Гавайях или дискурсу местисахе (смешения) в Латинской Америке, советский дискурс памяти содержит мощную идеологию межэтнического братства и гармонии, которая доминировала в позднем Советском Союзе и была усвоена многими советскими гражданами[26]. Даже если этот дискурс, как и его аналоги где-либо, игнорировал менее приятные реалии жизни в полиэтническом или мультирасовом обществе — иерархии, конфликты и дискриминацию, — вера в советский интернационализм была реальной.

Религия и смешанные семьи

Религия была одной из областей, где компромисс был особенно важен для смешанных браков между выходцами из Центральной Азии и европейцами, хотя, возможно, и не по тем причинам, которых можно было бы ожидать. Из-за официально атеистического характера Советского Союза религиозная вера играла меньшую роль при принятии решений о заключении брака, чем до 1917 года или после 1991 года. Советская Центральная Азия была формально светским обществом, в котором религия играла незначительную роль в общественной жизни, либо вовсе не играла в ней никакой роли. Тем не менее религиозная идентичность

---

[25] Эта особая форма этнических стереотипов с ее противопоставлением «европейского» и «национального» была специфична для Советского Союза. Халид отмечает, что в Индии и Пакистане люди не чувствуют, что предают свою нацию, если у них есть современная или «европейская» мебель [Khalid 2007: 100].

[26] О критическом взгляде на дискурс алоха см. [Ohnuma 2008: 365–394].

в советской Центральной Азии была тесно связана с национальностью и культурной идентичностью, а религиозно укоренившиеся обычаи часто были важной частью семейного образа жизни. Даже те, кто не имели религиозных убеждений, часто отождествляли себя с исламом или русским православием в культурном смысле[27]. Поскольку даже неверующие ценили свою религиозную идентичность, межконфессиональные браки случались гораздо реже, чем смешанные в пределах одной религиозной традиции [Fisher 1980: 247]. Мусульманские семьи, в частности, неохотно принимали зятя или невестку, которые могли бы не участвовать в их религиозных обрядах и обычаях или не уважать их. Джамиля Рахимова объяснила, что в смешанных браках религиозные различия создавали больше проблем, чем национальные. «Мама всегда говорила <...> что брак, все равно, ладно там нация, не играет роли, но играет роль вера. <...> Вот в этом несогласие, трудность, а не в части нации»[28].

Религиозная карта Казахстана была разнообразной. Этнические казахи и другие коренные жители Центральной Азии традиционно были мусульманами-суннитами, в то время как европейское население Казахстана (русские, украинцы, белорусы, немцы) было в основном христианским: православные, католики и лютеране. Также были татары-сунниты, азербайджанцы-шииты, православные армяне, корейцы-христиане и евреи-ашкеназы. В Таджикистане численность русских и других европейцев была наименьшей, поэтому он был менее разнородным; большинство населения составляли мусульмане-сунниты, а меньшинство — шииты-исмаилиты, проживающие в горах Памира[29].

---

[27] Об исламе как части культурной и национальной идентичности см. [Khalid 2007: chap. 4].

[28] Интервью с Дж. Рахимовой.

[29] Об исламе в советской и постсоветской Центральной Азии см. [Khalid 2007; Tasar 2017]; Ro'i Y. Islam in the Soviet Union: From the Second World War to Gorbachev. New York: Columbia University Press, 2000. Об исламе в Таджикистане см. [Nourzhanov, Bleuer 2013, chap. 8]. Об исламе в сельской местности Казахстана см.: Privratsky B. Muslim Turkistan: Kazak Religion and Collective

Обстановка для религиозных практик в послевоенный период была несколько менее напряженной и репрессивной, чем в первые два десятилетия после революции. Согласованные нападки большевиков на религию в 1920-х и 1930-х годах, сопровождавшиеся арестами и казнями священнослужителей, закрытием церквей и мечетей, а также преследованиями верующих, утихли. Вместо этого повсеместное ослабление запретов в период Второй мировой войны в определенных рамках позволило осуществлять религиозные практики. Сталинское государство в военное время создало новые институты для контроля и стандартизации религиозных обрядов основных религий СССР, включая ислам и русское православие. Совет по делам религиозных культов курировал религии во всем Советском Союзе, в то время как Духовное управление мусульман Средней Азии и Казахстана (муфтият), находившееся в Ташкенте, следило за мусульманами. В общих чертах муфтият стремился институционализировать ислам и поставить его под контроль государства, подавляя при этом деятельность, которую он принимал за проявление неофициального или народного ислама, такую как паломничества к святым местам, связанным со святыми [Tasar 2017: 47–49, 117–122, 152–155][30]. По-прежнему существовали ограничения на виды допустимой религиозной активности и на тех, кто мог ею заниматься, однако стало возможным сочетать религию, по крайней мере в ограниченном смысле, с приверженностью советской идентичности и коммунизму.

Русские и другие советские граждане, причастные к православию, из тех, с кем я беседовала, регулярно упоминали украшение пасхальных яиц и выпечку пасхальных куличей как способы выражения религиозной идентичности. Крещение и посещение церкви были менее распространены, так как это могло навредить

Memory. New York: Routledge, 2015. О русском православии и популярных религиозных практиках во время и после Второй мировой войны см.: Huhn U. Glaube und Eigensinn: Volksfrömmigkeit zwischen orthodoxer Kirche und sowjetischem Staat, 1941–1960. Wiesbaden, Germany: Harrassowitz Verlag, 2014.

[30] О влиянии войны на ислам см. [Eden 2021].

семье или карьере молодых людей. Рождественские елки были повсюду, но они стали «новогодними елками» и, таким образом, перестали ассоциироваться с религиозным праздником. Среди мусульман религиозные обряды, такие как обрезание, были распространены, как и празднование религиозных праздников, таких как Курбан-байрам (праздник жертвоприношения). Однако передача религиозных знаний была прервана, за исключением случаев, когда она проходила в кругу семьи, но общественная структура жизни вокруг ислама была упразднена. Практики, такие как пятикратная ежедневная молитва (намаз), пост во время Рамадана, посещение мечети и воздержание от свинины и алкоголя, соблюдались реже, возможно, из-за того, что они с большей вероятностью привлекали внимание со стороны немусульманского населения и властей. По словам А. Халида, «ислам был локализован и стал синонимом обычаев и традиций» [Khalid 2007: 82][31]. Эта домашняя, личная форма ислама оказалась в значительной степени совместима с секулярным советским образом жизни.

Существовало два действенных подхода к религиозной практике в межконфессиональных браках. В первом случае один из партнеров обращался в веру другого или даже без формального обращения принимал убеждения и практики этой веры. (Фактическое обращение, обязательное для досоветских межконфессиональных браков, после 1917 года стало редкостью.) Согласно другому подходу, среди семей, которые были более «советскими» по своему образу жизни и мировоззрению, религия либо вообще не была частью семейной жизни, либо практиковалась в фольклорном или символическом виде, в котором религиозные традиции, часто взятые с обеих сторон семьи, были отделены от доктрин и систем верований, которые их породили.

В ранних послевоенных смешанных браках (а также в некоторых более поздних) русские женщины часто адаптировались

---

[31] Некоторые ученые не согласились с доводом Халида о том, что ислам стал синонимом «национальной традиции» в позднесоветскую эпоху. См., например, [Tasar 2020: 389–433].

к мусульманскому образу жизни, иногда даже формально принимая ислам. Несколько пожилых женщин, с которыми я беседовала, сообщали, что «они делали все по-мусульмански». В их рассказах выполнение вещей по-таджикски или по-татарски часто приравнивалось к выполнению вещей по-мусульмански, что свидетельствует о тесной связи в сознании людей между национальностью и религиозной идентичностью. Мария Салиева (род. 1934), русская женщина с православными корнями, была родом из семьи коммунистов; при выходе замуж за таджика она приняла его веру.

> Когда «кайношка» [свекровь] была живая, когда я вышла за него замуж, она говорила: «Вы знаете, надо домулло [священник] пригласить». И они пригласили «домулло» и я, значит, приняла эту веру. Но фактически я все по-таджикски делаю. Детей женили по-таджикски, отца похоронили, в основном я исполняю все таджикские законы[32].

В позднесоветские десятилетия люди, вступавшие в смешанные браки, обычно происходили из нерелигиозных семей — в некоторых случаях из семей, которые состояли из атеистов на протяжении нескольких поколений, — и для них не было необходимости ни в переходе, ни в изменении религиозной веры. Это отражало как общий успех советской антирелигиозной политики среди образованных элит, так и тот факт, что люди из нерелигиозных семей были более склонны к межнациональным бракам. Зачастую это были семьи членов коммунистической партии, для которых религиозная практика была официально запрещена.

Многие из моих респондентов выросли в семьях, для которых религия просто не имела значения. «Айгерим Семенова», дочь смешанной русско-казахской пары, вспоминала семейную среду, в которой к религии относились крайне отстраненно: «Нет, у меня папа был коммунистом. <…> Ну, потом я сама в партию вступала, будучи еще очень молодой, конечно. И брат в армии

---

[32] Интервью с М. А. Салиевой.

вступил в партию. Это было очень престижно, уважаемо, авторитетно. И религию мы изучали, читали, только как интересную науку»[33]. «Руслан Исаев», мужчина смешанного русско-казахского происхождения, оказался потомком нескольких поколений атеистов с обеих сторон, и даже самые базовые христианские и мусульманские традиции не соблюдались в его семье. С раскрашиванием пасхальных яиц, которое было распространено в Советском Союзе среди русских и украинцев, он познакомился только в пятом или шестом классе школы. Его родители были математиками и не располагали временем на такое легкомыслие. «Они все были абсолютные коммунисты, то есть атеисты это означает. <...> Вот, например, со стороны отца даже дед мой, он уже был некрещеный, потому что его родители уже были некрещеные. Потому что родители — коммунисты»[34].

Наргиза Назарова, родившаяся в Таджикистане в 1979 году от родителей, каждый из которых был смешанного этнического происхождения, вспоминала подобное неприятие религии в своем детстве.

> Ну, раньше же во время Советского Союза нельзя было открыто показывать, что ты приверженец какой-то религии. Вообще нельзя было показывать, что ты веруешь в Бога. Все были коммунистами. Вот в папиной семье я никогда не видела, чтобы они держали «рузу», какие-то там [религиозные] праздники праздновали. <...> Просто дедушка был коммунистом. Папа у меня после окончания школы учился где-то. <...> Он пошел сразу работать в КГБ, там пресекают всё. Они космополиты и атеисты. <...> И мы всегда говорили: «Мы в Бога не веруем!»[35]

«Алия Ахметова», женщина казахско-татарского происхождения, чья мать была убежденной коммунисткой, вспоминала об аналогичном отсутствии каких-либо религиозных обрядов:

---

[33] Интервью с «Айгерим Семеновой», Оскемен, Казахстан, 22 сентября 2011 года.
[34] Интервью с «Русланом Исаевым», Алматы, Казахстан, 20 апреля 2010 года.
[35] Интервью с Н. Назаровой, Худжанд, Таджикистан, июль 2011 года.

> Вот, вы знаете, в семье у нас ничего не было. Ни русских праздников, ни этих <...> мусульманских праздников. Единственное, что я помню, что моя вот эта, вот, бабушка, она пекла лепешки [по пятничной традиции среди мусульман в Центральной Азии]. <...> Какие-то, вот, видимо, она сохраняла, вот, эти традиции народные, культуру. <...> Пыталась она объяснить как-то, нас привлечь к этому. Но мама не поощряла этого совершенно, вот, и мы праздновали только какие-то советские праздники[36].

Леся Каратаева, женщина казахско-русского происхождения, подчеркивала, что ее мусульманский отец был совершенно «советским» в виду отсутствия у него твердых религиозных убеждений. Будучи военным, он вел себя и питался как другие советские граждане. «Мой папа тоже ест свинину, хотя традиционно считается, что казахи не едят. А он говорит, что в армии будешь есть все, что дадут. Хочешь не хочешь, да! [смеется]. И то есть, они советские люди»[37].

Некоторые респонденты вспоминали, что их бабушки (а иногда и дедушки) были набожными, но не их родители. Это может быть связано с разницей поколений, так как бабушки и дедушки этих людей смешанного происхождения, рожденных в 1950-х и 1960-х годах, родились до большевистской революции. Это также может отражать тот факт, что пожилые люди имели больше свободы для проявления религиозности в советской Центральной Азии, и их окружение было к этому готово. Сажида Дмитриева (род. 1959), наполовину татарка и наполовину русская, мало контактировала с семьей своей русской матери, но вспоминала о глубоком религиозном благочестии среди старших женщин со стороны татарской части ее семьи. «Ну, бабушки, только бабушки, потому что папа атеист был, дедушка тоже атеист. <...> В общем-то, он такой настоящий, ярый коммунист тех времен. <...> Бабушка верила. Ну, вот они, бабульки-татарки, собирались, молились, праздники все мусульманские отмечали»[38].

---

[36] Интервью с «Алией Ахметовой», Оскемен, Казахстан, 14 апреля 2010 года.
[37] Интервью с Л. Каратаевой, Алматы, Казахстан, 19 апреля 2010 года.
[38] Интервью с С. А. Дмитриевой.

Светлана Визер, наполовину русская и наполовину татарка, вспоминала, что ее татарская бабушка была религиозна и получила исламское образование. Она посещала исламскую школу для девочек, где училась читать Коран на арабском языке.

> Она каждый день читала Коран, ее даже приглашали читать [вслух], когда надо было, ну, вот, когда кто-то умирал, или на рождение, или на освящение дома. Хотя женщин обычно не приглашают. Но если мужчину нельзя было пригласить, то приглашали ее. <…> Она была набожная, в то время, как уже я была на свете, я у них гостила, она при мне пять раз в день молилась всегда[39].

Тем не менее эти бабушки обычно избегали делиться своими религиозными убеждениями с внуками, осознавая, что это не одобряется в советском обществе. Лариса Ниязова (род. 1966), русская женщина, которая в итоге вышла замуж за казаха, вспоминала, что ее благочестивая русская бабушка избегала учить ее христианству:

> У меня папа и дедушка по линии отца, они партийные. В то время партией было запрещено посещать церкви, даже где-то рядом находиться. А со стороны мамы у нас дедушка и бабушка придерживались более религиозного воспитания. <…> У бабушки всегда была иконка, которую она, в тот момент это были советские времена, она ее прятала. Она ее прятала в самой дальней комнате. Мне было очень интересно, я подходила и на лик Пресвятой Девы Марии с Иисусом с трепетом смотрела. Когда я просила бабушку объяснить, то она всегда говорила: «Тебе, дочка, это пока не надо». Она может быть, где-то меня оберегала, чтобы у меня не было проблем на тот момент. Время такое было[40].

Точно так же, по словам Сажиды Дмитриевой, ее бабушка и другие набожные пожилые татарские женщины «нас, детей, к религии как-то не привлекали, не воспитывали»[41].

---

[39] Интервью с С. А. Визер.
[40] Интервью с Л. Ниязовой.
[41] Интервью с С. А. Дмитриевой.

Более распространенным, чем прямое пренебрежение или игнорирование религии, был своего рода «культурный» подход к религиозной практике, при котором преимущественное внимание отдавалось внешним формам религиозной жизни, а не их духовному значению. Самопровозглашенный атеизм не мешал многим семьям исполнять различные ритуалы и обычаи религиозного происхождения; как отмечали некоторые историки, вполне возможно было быть одновременно мусульманином и советским человеком [Tasar 2017][42]. Даже семьи партийных чиновников придавали большое значение соблюдению религиозных традиций в отношении важных ритуалов жизненного цикла, таких как обрезание или захоронение. Тем не менее респонденты, чтобы описать религиозные обряды своей семьи, часто использовали такие термины, как «символический» или «формальный». Их воспоминания о религиозной практике в советскую эпоху иногда кажутся запутанными и противоречивыми, что отражает отсутствие связной структуры в памяти, которая могла бы объединить советский атеизм с мусульманской или христианской религиозной практикой, особенно в сегодняшних условиях, когда коммунистическое правление становится далеким воспоминанием.

«Куралай Жемсекбаева» (род. 1973), казашка, вышедшая замуж за корейца, охарактеризовала свою родную семью как атеистическую, несмотря на то, что они постились во время религиозных праздников. «Пока я жила дома у родителей, мы не соблюдали. Ну как, это было чисто символически. Айт, вы знаете, это пост в религиозные праздники, а так у меня папа до последнего дня был коммунистом. Он был атеистом, он считал, что нет Бога, что все в руках человека всегда»[43]. Неясно, как пост во время Рамадана сочетался с атеизмом и ярым коммунизмом, особенно учитывая, что публичная демонстрация поста в советские времена резко осуждалась. По словам Майры Ахметовой, определенные религиозные обычаи соблюдались чаще, чем другие. «Ну,

---

[42] Также см. [Florin 2013].
[43] Интервью с «Куралай Жексембаевой», Шымкент, Казахстан, октябрь 2012 года.

мусульманские традиции соблюдали, конечно. Обязательно, если кто-нибудь умирал, то обряд похорон обязательно был мусульманский. Всегда. Муллу приглашали. Это было. Но сильных таких религиозных обычаев не соблюдалось». Майра вспоминала, что ее собственный отец, казах и видный член Союза писателей СССР, был похоронен по-советски, а не по-мусульмански. Поскольку ее отец был выдающейся фигурой советской культуры, его семье не следовало публично придерживаться мусульманской религиозной идентичности. Единственным несоветским аспектом церемонии было присутствие мусульманского священнослужителя.

> Не соблюдали. В советское время вообще редко кто соблюдал пост или Рамадан. Это уже больше, вот, в постсоветское. А тогда как-то все было. <...> Даже моего отца хоронили, вот, был мулла, но его все равно в гробу похоронили. Понимаете? Не так, вот, как у нас: обычно как-то в ковер или тряпки. <...> А его как-то вот так, поскольку он на посту, по каким-то современным <...> обычаям [захоронили]. Мулла был, но он был постольку поскольку[44].

Вопрос Майры, заданный интервьюеру, — «понимаете?» — подразумевает, что ей самой трудно разобраться в этих воспоминаниях. Ее отец был похоронен в «современном» (т. е. европейском и советском) стиле — в гробу, а не завернутым в ткань по традиционному мусульманскому обряду, и все же на похоронах «символически» присутствовал мулла. Почему мулла был там, если семья не была набожной? Как она должна описывать религиозную идентичность своего отца, оглядываясь на советский период?

Джамиля Рахимова, женщина таджикско-русского происхождения, родилась в номенклатурной коммунистической семье. Ее отец был убежденным коммунистом и атеистом, а ее брат работал в КГБ. Тем не менее ее отец настоял, чтобы его похоронили как мусульманина. Когда он умирал от рака легких, то сказал своей семье: «Я бы хотел, чтобы меня похоронили по

---

[44] Интервью с Майрой Ахметовой.

мусульманским обычаям.<...> Ну, как бы будут, не будут с почестями, митинги устраивать, но я бы хотел, чтобы этого ничего не было, меня пусть похоронят по мусульманскому обычаю». Джамиля вспоминала, что вся ее семья была у постели ее отца. «Сестра, брат, все там были. Мой брат тогда работал в КГБ, папа говорил, что: "У него по службе могут быть неприятности, но как бы ни было, я в тот мир должен уйти мусульманином". Хотя он был настоящий атеист». Ее отец умер на следующий день[45].

«Камал Ибраев», уйгур, женатый на русской, также вспоминал свою семью, в которой секуляризм и коммунизм сочетались с религиозной практикой, казалось бы, противоречивым образом: «Я никогда себя не чувствовал верующим мусульманином. Я был, не сказать, что ярым атеистом, но я никогда не верил и не поклонялся никому. Ну и отец, мама, бабушка, дедушка никогда не были такими атеистами, вроде и отец — и партийный, но всегда раньше ходил в мечеть»[46]. Это заявление снова вызывает некоторое замешательство относительно того, как именно религия сочеталась с атеизмом и коммунизмом в этой семье.

Когда дети из таких минимально религиозных или нерелигиозных семей вырастали и вступали в брак с кем-то другой веры, им было относительно легко преодолеть религиозные различия. Обычно в семье царил терпимый и экуменический подход к религии, в котором отсутствовала сильная религиозная исключительность. В семьях соблюдались различные традиции и праздники обеих религий. Зачастую следование традициям было почти лишено реального религиозного или духовного содержания, так что члены семьи из других религиозных групп не возражали против них. Религиозная практика в этом смысле была частью «национальной культуры» и не выражала глубокую приверженность определенной системе верований [Khalid 2007: chap. 4]. Отсутствие твердых убеждений и символический характер религиозности в этот период означали, что члены смешанных семей говорили о религиозных практиках почти как о хобби или

---

[45] Интервью с Дж. Рахимовой.
[46] Интервью с «Камалом Ибраевым».

увлечении, отражающем красочное разнообразие человечества. Традиции и праздники обеих сторон семьи могли соблюдаться без ощущения противоречия, наряду с советскими праздниками и советской общественной культурой, представленной школами и комсомолом.

Елена Джульчиева, русская женщина, долгое время состоящая в браке с казахом, явила этот экуменический дух. «Каждый идет к этой силе своим путем. И нельзя критиковать человека другого, который верит в другую религию. Вот это я тоже понимаю. Когда ссорятся. <…> Какая разница?» Она описала свой спокойный подход к выбору религии ее детьми. «Библия лежит там. И вот у меня сын прочитал Библию сначала, пошел в церковь. Поговорил с батюшкой, возвращается и говорит: "Мам, мне не понравилось". Я говорю: "Ну, вот Коран лежит. Читай Коран". Прочитал Коран, пошел в мечеть и выбрал ислам»[47]. Такой подход к выбору религии, как при заказе блюда из меню ресторана, подчеркивает отсутствие твердой приверженности какой-либо конкретной системе верований.

Ирина Домуладжанова, мать которой была русской и вышла замуж за узбека, описала сочетание религиозных традиций в ее родной семье так:

> Ну, например, на Пасху мама обязательно нам красила яйца, пекла пироги всегда, потом мы вместе. Сначала мама, насколько я помню, всегда с мамой это делала, наверное, вот от этого во мне русского все-таки больше. Мы всегда пекли. <…> Правда, мама моя в церковь не ходила. <…> Ну, вот все мусульманские праздники она справляла. Такие вот эти Рамазан, там, Курбан [байрам]. <…> Вот такие праздники она справляла. Также к нам часто приходили гости. Часто отец вот «домулло» [священника] приглашал. Это же все от мусульманского же идет[48].

У Ирины была несколько необычная семейная предыстория. Родившись в России в семье русских, она, поступив в первый

---

[47] Интервью с Е. Джульчиевой, Алматы, Казахстан, 15 сентября 2011 года.
[48] Интервью с И. Домуладжановой, Худжанд, Таджикистан, июль 2011 года.

класс, переехала в Таджикистан в 1967 году после того, как ее мать повторно вышла замуж за узбека. Все ее младшие братья и сестры были наполовину узбеками. В браке с таджиком Ирина придерживалась такого же экуменического подхода. Она сказала, что ее семью нельзя назвать строго мусульманской, поскольку они также соблюдают и русские православные традиции.

> Мой муж в этом отношении очень, как бы, поддерживает меня, воспитанный тоже человек, образованный. Он никогда не запрещает мне, например, исполнять свои какие-то православные, религиозные там, традиции. <…> Он считает, что Бог один, и к какому Богу ты ни молилась, главное, чтобы ты, вот, верила в Бога и, вот, как бы, не нарушала каких-то заповедей[49].

Клара Усманова (род. 1953), женщина смешанного русско-узбекского происхождения, вспоминала, что в ее родной семье отмечались не только советские праздники, но и все основные христианские и мусульманские праздники. При этом ее родители не были религиозными и не молились.

> Праздники отличались, которые существовали тогда в Советском Союзе. Вот, в «Иди Курбон» отец всегда резал барана. <…> И самый большой русский праздник это была Пасха. Вот эти два одинаковые религиозные праздники отмечались всегда. А остальные, как обычно, все отмечали: 1 мая, 7 ноября, ну, Новый год — это Новый год[50].

В советском пантеоне праздников Новый год заменил Рождество в качестве главного зимнего праздника.

Лариса Ниязова, русская женщина, вышедшая замуж за казаха в 1980-х годах, вспоминала, что в их смешанной семье присутствовали элементы обеих традиций. «Знаете, мы, наверное, вы-

---

[49] Там же.
[50] Интервью с К. Усмановой, Худжанд, Таджикистан, 15 октября 2010 года. 1 мая — День международной солидарности трудящихся; 7 ноября — годовщина большевистской революции.

работали в своей семье такое, что мы и Пасху справляем, мне муж, кстати, помогает и пироги печь и яйца красить, это вполне нормально, ему даже нравится этот праздник». Лариса продолжала описывать, как ее муж делился пасхальными яйцами со своими друзьями.

> И если ему надо уйти, он мне говорит: «Ты мне положи яиц». Я говорю: «Ты куда?» Он говорит: «Я сейчас пойду к друзьям». К казахам! То есть, он идет в семью казахов! Я говорю: «Вот, на тебе пасочку, на тебе кулич, пирожки, яички». И он спокойно идет в семью к казахам и относит эти куличи и все остальное. Точно так же мы и соседям раздаем[51].

Помимо Пасхи, семья Ларисы отмечала казахские праздники Навруз и Курбан-байрам. Она говорила: «Когда стучат в дверь, песни поют, то я прекрасно все это выслушаю и за песню отдать конфеты или мелочь детям, то я это все делаю с удовольствием». Она объяснила, что они с мужем решили еще в самом начале их брака не ограничивать себя, отдавая предпочтение или исключая какую-либо традицию. «Потому что зачем ограничивать себя, если есть такое громадное количество энергии, эмоций, которые можно испытать, участвуя в этих праздниках?»[52]

В своем браке с русской женщиной Камал Ибраев также придерживался экуменического подхода к религии. Этнический уйгур из мусульманской семьи, он сообщил, что всегда любил украшать пасхальные яйца и посещать христианские церкви, хотя он не религиозен и не верит в Бога. «Я сам их крашу, сам люблю разрисовывать. Это — мое хобби». Камал продолжил: «Я люблю в церковь ходить, хотя я неверующий и тем более не православный. Но в церкви я, например, был в Киеве во Владимирском соборе и во время какого-то кафедрального крупного праздника, и я был в первых рядах тех, кто там стоял». Камалу нравилось посещать храмы просто ради эстетического и духов-

---

[51] Интервью с Л. Ниязовой.
[52] Там же.

ного отдохновения, а не потому, что у него были какие-либо религиозные убеждения. «И что интересно, там много памятников старины, куда можно просто зайти, даже если человек неверующий. <...> Такие места есть, и там неважно, христианин ты или мусульманин, буддист, или индуист, или хоть кто. Есть такие места, куда ты приходишь и просто душой отдыхаешь»[53].

Лариса Ниязова схожим образом была открыта по отношению к исламской традиции своего супруга.

> Мне очень нравилось это, я объездила много святых мест Казахстана. Это и мой душевный порыв, наверное, был. То есть множество святых мест, точек я объездила. Естественно, там читается молитва, молитва читается на арабском языке, Коран, соблюдаются те же самые обычаи, платок надевается, руки должны быть закрытыми, то есть как положено все в религии.

Лариса, живущая на юге Казахстана, где преобладают казахи и мусульмане, не испытывала тяги к христианским церквям, несмотря на свое русское православное происхождение. «Ну, вот это <...> в церковь я, конечно, тоже ходила, но мне в церкви как-то не так было, может быть, из-за того, что я стала больше придерживаться обычаев наших казахстанских и живу в стране, где больше мусульман, больше проповедуется ислам»[54].

Религиозное поведение, о котором рассказывали многие из опрошенных мною людей в Советской Центральной Азии, напоминает то, что американский социолог Герберт Ганс называет «символической религиозностью» [Gans 1994: 577–592]. Ганс, чья работа сосредоточена на иммигрантах в США, определил это как «форму религиозности, отделенную от религиозной принадлежности и соблюдения обрядов», включающую «использование религиозных символов отдельно от регулярного участия в религиозной культуре и причастности к религиозным организациям».

---

[53] Интервью с Камалом Ибраевым.
[54] Интервью с Л. Ниязовой.

Это использование происходит «таким образом, чтобы не создавать осложнений или препятствий со стороны доминирующего секулярного образа жизни» [Gans 1994: 577, 585]. Концепция символической религиозности стала дополнением теории символической этничности Ганса, которая предполагала, что иммигранты, ассимилируясь с основной культурой США, будут действовать таким образом, который позволит им идентифицировать себя по этническому происхождению, и при этом они не будут состоять в официальных этнических организациях или активно придерживаться обычаев этой этнической культуры [Gans 1979: 1–20]. Нечто подобное происходило и в советской Центральной Азии, когда городские и образованные казахи, таджики и представители других национальностей все больше становились «советскими» в своих взглядах и образе жизни. Этнические и религиозные практики, которые были тесно связаны в Центральной Азии, становились все более оторванными от действительных систем и структур верований. По мнению Ганса, растущие показатели смешанных браков были связаны со все более символическим характером как этничности, так и религии. «Смешанные браки, — отмечает он, — иногда означают, что религия больше не имеет значения ни для одного из партнеров» и что «партнеры, состоящие в смешанных браках, могут даже прийти к символической религиозности» [Gans 1994: 583]. То же самое имело место и в Советском Союзе, где религиозная практика в смешанных семьях была способом демонстрации индивидуальной и семейной идентичности даже среди тех, кто избегал заявлять о своей вере в Бога или в конкретные догматы веры.

«Он всегда меня поддерживал»: секреты счастливых браков

Многие особенности благополучных смешанных браков не связаны с этничностью и характерны для любого успешного брака. Любовь и забота друг о друге, поддержка, терпимость к слабостям и недостаткам партнера, наличие общих целей и мировоззрения — все это важно, кем бы ни были при этом супруги. В интервью с представителями смешанных пар, чьи браки выдержали испытание временем, часто повторялись одни и те же фразы: он поддерживал меня, она защищала меня, он помогал мне, она не критиковала меня.

Вера Рахимова вскоре после Второй мировой войны вышла замуж за таджика (ныне покойного). Она вспоминала качества, которые делали его хорошим мужем:

> Характер у него хороший был. Трудолюбивый, не болтает, не занимает денег. Ну, как вам сказать, и не пьяница. <…> Он никогда не бил. Ну, по-таджикски ругал. Иногда матерился. Я говорю, ты что меня так ругаешь. Он говорил, я тебя не могу ударить; вот так и ругаюсь. А так, чтобы он меня бил или обижал, нет. Жили, он зарплату получал, не прятал, доверял мне. Вот такой[55].

Можно сказать, что Вера олицетворяет прагматичный взгляд на брак поколения военного времени с его невысокими ожиданиями в плане эмоциональной отдачи. В условиях острого экономического дефицита и нехватки мужчин любой мужчина, который приносил домой зарплату, не пил и не бил жену, ценился. В последующих поколениях от мужа ожидалось большее.

Рано Назарова (род. 1956) из смешанной таджикско-русской семьи вышла замуж за мужчину, этническое происхождение которого тоже было смешанным. Она объяснила, что его принятие ее, а также их общие взгляды сделали брак счастливым: «А мой муж вот до последнего никогда не сказал, что "ты толстая, тебе надо похудеть", что "у тебя прическа плохая". <…> Никогда не было претензий ко мне, никогда не говорил, что что-то ему не нравится, всегда все ему нравилось». Рано продолжала: «Ну, дело в том, что у нас понятия одинаковые как бы. Если, например, я справляю национальные праздники — и таджикские, и русские, — нет никакого сопротивления со стороны моего мужа»[56]. Гульмира, татарка, говорила о своем таджикском муже как о человеке, который всегда защищал ее, даже от своих родственников:

---

[55] Интервью с В. С. Рахимовой.
[56] Интервью с Р. Назаровой, Худжанд, Таджикистан, 1 октября 2010 года.

> Муж делает все, чтобы мне лучше было, хорошо. И вот до сих пор с ним живем. Счастливы. Я человек прямой: что думаю, то и говорю. Оказывается, не всегда это нужно. Потому что можно кого-то обидеть. <...> Вот муж мой сразу меня защитил, поставил так: «Не трогайте ее», — и все! А если бы молчал, больше к родителям говорил, мои родители так воспитали, ты жена только, а они родители. А он сказал, принимайте ее такой, какая она есть, если хотите, быть в хороших отношениях со мной. А нет — мы уйдем совсем, не будем общаться[57].

Ирина Домуладжанова отзывалась о своем муже в схожем духе:

> Я считаю, что это счастливый, такой крепкий, хороший брак. Я вышла замуж по любви. Полюбила своего мужа, он меня. Мы с ним 30 лет прожили. И я до сих пор его люблю. Несмотря на какие-то между нами различия. Есть, там, то, что я русская, а он таджик. Мы как-то пытались <...> не выделять тему, что «я таджик — я лучше», или «я русская — я лучше». Наоборот, пытаемся как-то найти какие-то пути, чтобы не выделять это, слиться в единое. И вот до сих пор нормально, хорошо живем со своим мужем. Счастливый брак[58].

Аналогичным образом Мадина Нахипова отметила, что национальность просто не играет никакой роли в ее браке. Она и ее муж-кореец разделяли одни и те же взгляды и никогда не чувствовали, что между ними есть какие-либо различия из-за этнической принадлежности: «Ну, наверное, все-таки то, что общий язык нашли, наверное друг друга любим, из-за этого нету у нас никакой разницы»[59]. Марина Махсумова (род. 1957), русская женщина из рабочего класса, вышедшая замуж за таджика, вспоминала, что ее муж всегда защищал ее и поддерживал ее развитие в плане карьеры и образования. Она состояла в двух смешанных браках, причем на момент интервью ее нынешний брак длился 28 лет. У них не было общих детей, но муж усыновил ее сына от первого брака. Марина отметила: «Он у меня не злой

---

[57] Интервью с Г. З. Абдусаматовой.
[58] Интервью с И. Домуладжановой.
[59] Интервью с М. Нахиповой.

человек, но если ему сделают плохо, он забудет быстро, но если мне сделают плохо, он никогда не забудет <...> поэтому я знаю, я своему мужу не жалуюсь никогда, он за меня горой. <...> В этом плане муж мой как обещал, таким стал». Она противопоставила отношение своего мужа отношению среди многих таджиков.

> Ведь часто в наших национальных семьях таджикских считают, если даже женщина с образованием: «А зачем ей работать, пусть она сидит [дома]». Даже если студентку берут в невесты с института: «Она закончит у нас, она закончит». Как только берут замуж, она родила: «Зачем нашей невестке учиться, не надо, дома будет сидеть, вот муж работает». Ну, часто так бывает. А он всегда: «Тебе надо учиться, ты у нас умница, тебе надо развиваться». Он всегда сторонник этого, он всегда гордится мной[60].

Абдулла Юсупов (род. 1937), узбек из рабочего класса, на момент нашего интервью был женат на русской женщине уже 40 лет. Это был его второй брак; в молодости Абдулла был недолго женат на узбечке. Он познакомился со своей второй женой, «чистокровной русской женщиной из Сибири», на стройке, где они оба работали: она — прораб, он — водитель. Они поженились в 1970 году после трех лет знакомства. В 1975 году у них родился сын, их единственный ребенок. Абдулла объяснил основу своего счастливого брака самыми простыми словами: «Так что я ее очень люблю, сильно. Я ее очень крепко люблю. Мне в ней все нравилось: и улыбка, и походка, и разговоры. Сошлись, вот и живем, радуемся»[61].

Разлад и развод в смешанных семьях

Как писал Лев Толстой, «каждая несчастливая семья несчастлива по-своему», так и каждая несчастливая смешанная семья имеет свою уникальную историю конфликтов и неудач[62]. В Со-

---

[60] Интервью с М. Махсумовой, Бустон, Таджикистан, 18 октября 2010 года.
[61] Интервью с А. Юсуповым, Алматы, Казахстан, 12 сентября 2011 года.
[62] «Все счастливые семьи похожи друг на друга, каждая несчастливая семья несчастлива по-своему» [Толстой 1963: 7].

ветском Союзе в целом был очень высокий уровень разводов; в конце 1970-х годов он был вторым в мире после США. Развод был впервые разрешен в рамках нового большевистского семейного кодекса в 1918 году и оставался юридически возможным, несмотря на некоторые ограничения, введенные в период «Великого отступления»[63] сталинской эпохи и Второй мировой войны. Процесс получения развода был снова упрощен в 1965 году, что привело к росту их числа в 1960-х и 1970-х годах [Moskoff 1983: 419–425; Goldman 1993: chaps. 5, 8][64]. В СССР в целом каждый третий брак заканчивался разводом, а в городах распадалось около половины всех браков. Однако уровень разводов сильно варьировался в зависимости от региона и национальности. Браки чаще распадались в городах, чем в сельской местности, и чаще в России, чем на Кавказе и в Центральной Азии [Moskoff 1983: 419; Сусоколов 1987: 109–110]. Это было связано не с советским законодательством, а с общественными нормами и общественным порицанием. В республиках Центральной Азии были одни из самых низких уровней разводов в СССР, главным образом из-за стабильности браков среди коренного населения. Мусульманки были менее склонны к подаче на развод, чем русские женщины, отчасти из-за местных норм. (Исследования, проведенные в России в эпоху Брежнева, показали, что женщины инициировали до 70 % разводов, и примерно в половине всех разводов в качестве причины указывалось злоупотребление мужем алкоголем [Shlapentokh 1984: 182, 208].)

По всему Советскому Союзу, включая Центральную Азию, среди моноэтнических русских пар был самый высокий уровень разводов. Советские социологи объясняли это распадом структуры расширенной семьи и высокой географической мобильно-

---

[63] «Великое отступление» — концепция, сформулированная русским социологом в эмиграции Н. С. Тимашевым, согласно которой события 1930-х годов трактуются как «Великое отступление» от марксистско-ленинской идеологии в сторону возврата к традиционным и национальным ценностным установкам и практикам. — *Прим. пер.*

[64] О разводах в хрущевскую эпоху см. [Field 2007: chap. 5].

стью среди русских, что означало, что пары не имели ни поддержки, ни ограничений со стороны живущих поблизости родственников. В Центральной же Азии родители, напротив, обычно жили рядом со своими детьми и были гораздо более вовлечены в принятие решений относительно брака своих детей и их жизни. У них также была возможность оказывать эмоциональную и материальную поддержку молодым парам, испытывающим трудности. К сожалению, конкретных данных по уровням разводов среди этнически смешанных пар в Центральной Азии нет. Очевидно, что такие пары не были столь тесно интегрированы в местное общество, как гомогенные мусульманские пары, особенно в последние десятилетия. По словам А. А. Сусоколова, смешанные браки находились «вне системы неформального социального контроля» [Сусоколов 1990: 51][65]. Таким образом, по своему ограниченному доступу к семейным связям, организующим социальную поддержку и контроль, они больше походили на русские пары.

Среди опрошенных мною людей причинами семейных проблем стали различия в представлениях о гендерных ролях и подходящих способах социализации, плохие отношения с родственниками, конфликты из-за обязательств перед роднёй и гостями. Те, кто не могли пойти на компромисс или адаптироваться под образ жизни партнера, часто разводились или долгое время переживали несчастье в браке. Бахринисо Абдурахманова (род. 1953), дважды выходившая замуж женщина смешанного узбекско-киргизско-таджикского происхождения, живущая в Таджикистане, столкнулась с определенными трудностями в браке с европейцем (ее первым мужем был поляк). В частности, ей было трудно выносить его злоупотребление алкоголем и постоянные вечеринки мужа с друзьями. Среди мусульман, отмечала она, «это не принято». Бахринисо также столкнулась с непреодолимыми разногласиями и со своим вторым мужем, хотя он был мусуль-

---

[65] См. также [Сусоколов 1987:113–114]. Сусоколов отмечал, что уровни разводов в России и Эстонии были в три раза выше, чем в Грузии и Узбекистане [Сусоколов 1987: 109].

манином-лезгином с Кавказа. В этом случае брак распался из-за разных взглядов на ответственность перед большой семьей. Через год после рождения их сына-первенца две ее сестры и мать умерли одна за другой, оставив Бахринисо единственной, кто мог позаботиться о детях сестры. Ее муж возражал против этого. «Ему это не понравилось: "Или я, или дети". Я говорю: "Солнце мое, как же я могу их оставить, они же мои племянники". Он говорит: "Выбирай", я выбираю их. Он говорит: "Тогда до свидания"». Для Бахринисо было немыслимо оставить детей сестры на попечение государственной социальной системы, несмотря на последствия для ее брака[66].

Брак Алии Ахметовой с русским мужчиной распался отчасти из-за того, что она выбрала мужчину, который «очень не любил казахов», несмотря на то, что он женился на женщине смешанного татарско-казахского происхождения. Он регулярно называл казахов грубыми эпитетами, но, по словам Алии, «он меня не считал почему-то казашкой». Брак с русским мужчиной, который презирал казахов, естественно, беспокоил Алию, даже несмотря на то, что она сама была довольно сильно обрусевшей; ее оскорбляли его комментарии. (Ее двойственное отношение к казахской части своей идентичности может объяснить, почему она вышла замуж за такого мужчину[67].) Некоторые члены его семьи также с самого начала были настроены враждебно по отношению к этому браку; его бабушка позволила себе расово окрашенные комментарии по поводу казахской внешности Алии во время их свадьбы. Алия развелась с мужем через семь лет, и после этого она и ее дочь практически не контактировали с ним и его семьей[68].

Различные взгляды на то, кто должен быть главным в семье, также могли вызвать непримиримые конфликты. «Людмила Давыдова», дочь от смешанного славянско-ингушского брака, вспоминала конфликты на культурной и религиозной почве между ее матерью и отцом. Ее родители познакомились в начале 1950-х

---

[66] Интервью с Б. А. Абдурахмановой.

[67] Подробнее об Алии см. главу 5.

[68] Интервью с Алией Ахметовой.

годов и поженились в 1954 году после рождения Людмилы. Отец был из ингушской семьи, депортированной в Казахстан из Северного Кавказа в рамках сталинских гонений против целых народов, которые происходили накануне и во время Второй мировой войны. Ее мать была смешанного русско-украинского происхождения. Отец Людмилы настоял на том, чтобы они поженились по мусульманской традиции с участием муллы, хотя ее мать не приняла ислам. Обе семьи изначально были против, но в итоге приняли брак. В 1957 году ситуация для семьи Людмилы изменилась: при Хрущеве депортированные ингуши были реабилитированы и получили разрешение вернуться домой на Кавказ. Отец Людмилы ожидал, что его жена и две дочери вернутся вместе с ним, но мать Людмилы категорически отказалась ехать. Между родителями разгорелся конфликт. Отец пытался силой забрать детей. Власти заставили его вернуть двух дочерей, и Людмила с сестрой не видели своего отца много лет. В результате Людмила стала ощущать себя исключительно русской. Она посетила Кавказ, когда ей было 18 лет, но к тому моменту она уже чувствовала себя отчужденной от семьи отца и ингушской культуры[69].

Яркий пример того, как личностные конфликты могут переплетаться с этническими обидами, поведал «Хён Ким» (род. 1926), известный корейский художник, живущий в Казахстане. Почти 80-летний на момент интервью, Ким сожалел о том, что в конце 1950-х годов женился на русской женщине. Его брак был глубоко несчастным, что он объяснял разницей в характерах с женой, вмешательством ее русских родственников и культурными различиями. Он описывал свою жену как громкую и агрессивную.

> Жена поступала так, как действовала когда-то ее мама, властная крикливая женщина <...> Чуть что — истерика, крики, вопли. Я боялся этих криков. Моя мама никогда не кричала на отца, она даже на нас, детей, голоса не поднимала. Дочери на этом выросли. Видели истерики матери, видели, что отец тут же убегает в свой кабинет. Поэтому никакого уважения к слабому, как они понимали, отцу.

---

[69] Интервью с «Людмилой Давыдовой», Алматы, Казахстан, 15 апреля 2010 года.

Ким считал, что смешанные браки между азиатами и русскими могут быть благополучными только в том случае, если нерусский партнер полностью уступит и приспособится к русской культуре. Вместо того чтобы рассматривать свои семейные проблемы как проявление индивидуального темперамента, он утверждал, что русские в целом не способны адаптироваться к чужим культурным нормам:

> Чтобы смешанные браки были счастливыми, нужно, чтобы партнеры росли и воспитывались в одинаковых условиях, в одинаковом обществе. Я должен был оставить все свои корейские замашки, тогда, может быть, получилась бы русская семья. Корейской семьи быть не могло, потому что русские, даже переехав в чужую страну, стремятся создать там подобие России. Они не могут интегрироваться[70].

Ким сожалел, что его дочери стали «похожими на русских», так как он не проводил с ними достаточно времени, когда они были маленькими. «Я, получается, их не воспитывал, а воспитывались они совсем не так, как мне хотелось бы. А это уже судьбоносно. Так что мы по разные стороны этики, культуры. В девочках моих нет ничего корейского, восточного. Ничего не получилось. Вот такой печальный результат». Ким добавил: «Не сумел я научить их родному языку, привить любовь к корейским корням, интерес к Корее». Хотя он и его жена официально никогда не расставались, в какой-то момент они начали спать в разных комнатах, и всякая близость между ними прекратилась.

Продолжающееся распространение в последующие десятилетия смешанных браков в советском стиле, в которых этничность и религия становились в значительной степени символическими, а русский язык и советские традиции выходили на передний план, казалось, подтверждало официальную точку зрения на смешанные браки как фактор прогресса и этнической интеграции в советском обществе. Смешанные пары и их дети были наиболее

---

[70] Интервью с «Хён Кимом», Алматы, Казахстан, 3 декабря 2011 года.

советскими семьями, идентификация которых выходила за рамки какой-либо одной национальности. Многие из этих семей отождествляли себя с коммунистами, интернационалистами и атеистами. Сдерживание религии в общественной жизни облегчило заключение браков для смешанных пар, несмотря на межэтнические и межкультурные барьеры. Это изменилось только после 1991 года, когда возрождение религии создало новые проблемы для смешанных пар и семей.

Однако, если мы присмотримся к определенной динамике среди смешанных браков в Центральной Азии, их положение в советском авангарде окажется не столь однозначным. В частности, гендерные роли среди смешанных пар не всегда соответствовали коммунистическому идеалу. Согласно официальной линии партии, смешанные семьи были более равноправными — и, следовательно, более современными — в отношениях между мужем и женой и в распределении домашних обязанностей. Как показывает следующая глава, реальность оказалась сложнее.

Глава 4
Смешанные браки и «восточная женщина»

Джамиля Рахимова, родившаяся в 1953 году в Душанбе, познакомилась со своим мужем в результате брака, устроенного родственниками. Она видела его всего дважды до того, как они поженились в 1975 году, и призналась, что поженились они не по любви. Она вспоминала: «Ну, дядя приехал, говорит: "Давайте, чтобы у нас связь [между нашими семьями] не пропадала, одну из дочек отдайте сюда"». В связи с этим Джамилю отправили в Ленинабад (ныне Худжанд), чтобы она вышла замуж за сына ее дяди[1].

Браки по договоренности между родственными или дружественными семьями были и остаются в Таджикистане отнюдь не редкостью. Необычным в случае Джамили было то, что ее мать была этнической русской, как и мать жениха. Родители Джамили познакомились в 1941 году в Киргизии в больнице города Ош, где ее мать работала медсестрой, когда ее отец привел туда раненого солдата из пограничного отряда, в котором служил. Они почти сразу поженились и отпраздновали свадьбу в офицерской столовой. В отличие от Джамили, ее родители поженились по любви, несмотря на возражения семьи отца, члены которой планировали устроить для него брак с местной девушкой. По словам Джамили, ее таджикский отец и русская мать были счастливы в браке 42 года. Почему же мать Джамили, русская женщина, достаточно независимая, чтобы в 17 лет уехать в далекую респуб-

---

[1] Интервью с Дж. Рахимовой.

лику, влюбиться и выйти замуж за таджикского мужчину, согласилась на брак по договоренности для своей дочери?

Действия матери Джамили служат примером того, что часто встречается в смешанных браках между мусульманами и европейцами; особенно это было распространено в 1940-е и 1950-е годы. По разным историческим и культурным причинам, включая коранический запрет для мусульманок на браки с немусульманами, большинство союзов между выходцами из Центральной Азии и Европы заключались между центральноазиатским мужчиной и европейской женщиной[2]. Такие женщины часто прилагали бо́льшие усилия, чтобы адаптироваться к местной культуре, носили национальную одежду, делали обрезание своим сыновьям и воспитывали дочерей скромными мусульманками. Оглядываясь на свою жизнь, эти женщины признавались, что изменились коренным образом, став «как таджички» или «наполовину казашками». Такая приверженность местным нормам никак не исключала возможности быть порядочными советскими гражданами. Отец Джамили, приверженец мусульманских традиций, настаивавший на том, чтобы его дочери носили скромную таджикскую одежду и заключали браки по договоренности, был убежденным атеистом и верным членом Коммунистической партии[3].

Схожая ситуация произошла с Аллой Туйчибаевой, которая родилась в 1938 году, выросла в России и познакомилась со своим таджикским мужем на Всемирном фестивале молодежи и студентов в Москве. Алла призналась, что смешанный брак и жизнь в Таджикистане изменили ее, особенно в контексте гендерных отношений. В России, по ее словам, «та жизнь была свободная, я, как девушки, мы ходили, гуляли, вместе с ребятами, мы все гуляли вместе, везде были». Но в Таджикистане все было

---

[2] Русские женщины так же, как и мужчины, а то и чаще вступали в смешанные браки, в то время как женщины из Центральной Азии были гораздо менее склонны к этому, чем их соотечественники-мужчины [Абрамзон 1962: 29; Борзых 1970: 87–96]. О казашках и смешанных браках см. [Калышев 1984: 73].

[3] Интервью с Дж. Рахимовой.

совершенно иначе. «Когда я приехала, вообще здесь очень тяжело было молодежи. <...> В кино их не пускали, на танцы не пускали, на танцах все русские были, очень мало таджичек было здесь.<...> Мужчины были, парни, а вот девочки нет. Девочки все дома замкнутые»[4].

В начале своего замужества Алла видела, как одна из ее золовок, медсестра, была вынуждена вступить брак по договоренности с врачом, жившим неподалеку. В ярких красках вспоминала она травмирующую сцену, когда невесту против воли тащили на свадьбу:

> И вот ее мы привели туда, рядом же наши дома, она кричит: «Не пойду!» — мы ее еле затащили. Она мне «Алла, держи меня, я не хочу, никуда не пойду!» — кричит. Я говорю: «Ты что, столько народу...» — «Не буду, не пойду замуж»[5].

Несмотря на то что она стала свидетельницей этого печального события, позже Алла настояла на браке по расчету для своей дочери Лолы. Лола Туйчибаева (род. 1964) вспоминала, что ее родители воспитывали ее как таджикскую девочку. С одной стороны, говорила она, в ее семье было «все по-европейски» по взглядам и образу жизни. Но отношения в семье были патриархальными. Дети, особенно дочери, должны были всегда уступать старшим. Отец выбрал для Лолы карьеру, а мать и другие родственники устроили ее брак с таджиком. Лола была против этого брака, но у нее не было особого выбора. (В свете этих фактов неясно, что Лола имела в виду под полностью «европейским» воспитанием.) Она вспоминает, что ее русская мать была даже «немножко построже», чем таджикский отец, который «всегда мне все позволял». Отмечая, что брак был главным образом делом ее матери, она вспоминает: «Я была против, но судьба [смеется]. 28 лет я живу с мужем»[6].

---

[4] Интервью с А. М. Туйчибаевой.

[5] Там же.

[6] Интервью с Л. Туйчибаевой, Худжанд, Таджикистан, 1 октября 2010 года.

В своей готовности лишить собственных дочерей тех же свобод, которыми они обладали в молодости как русские женщины, эти матери могут показаться показательными примерами более общей модели адаптации русских жен к культурным нормам Центральной Азии. Однако опыт этих женщин отражает и другое: неспособность советских гендерных норм полностью укорениться в Центральной Азии, даже среди смешанных семей, которые якобы были самыми советскими. Иронично, что одной из причин официальной советской поддержки смешанных браков в Центральной Азии было убеждение, что такие браки будут способствовать большему гендерному равенству, а русские женщины в смешанных браках будут бороться с отсталостью и патриархатом в самом сердце Центральной Азии. На самом деле семейные и гендерные нормы в Центральной Азии оказались удивительно стойкими, сохраняясь в позднесоветский период и позже даже в семьях, считавших себя современными, коммунистическими и советскими. Русские невесты обнаружили, что им необходимо адаптироваться к местным гендерным нормам, чтобы установить хорошие отношения со своими родственниками и наслаждаться гармоничной супружеской жизнью. Это было справедливо даже для многих семей, говоривших в основном по-русски и считавших себя добропорядочными коммунистами. Это явное противоречие нельзя полностью понять без обращения к более обширной советской истории, раскрывающей амбивалентность и замедление прогресса в области преобразования гендерных ролей и семейной жизни.

Абсолютно современные браки?

Советские чиновники и ученые приветствовали любое проявление смешанных браков как доказательство растущей дружбы народов; однако они уделяли особое внимание определенным видам межэтнических связей. Браки между азиатами и европейцами (обе категории широкие и разнообразные) в Центральной Азии считались крайне важными, особенно браки, объединяющие европейских женщин (таких как русские, украинки, белоруски или немки) и мусульманских или азиатских мужчин (таджиков, узбеков, казахов, азербайджанцев или татар). Акцент на этих браках был связан с советским дискурсом, получившим в значительной степени гендерную окраску, об отсталости Центральной Азии. Основное направление советских попыток по преобразованию Центральной Азии долгое время, начиная с массовой кампании против женской изоляции и ношения паранджи в 1920-х годах, было сосредоточено на статусе мусульманских женщин. Пока советский режим был полон решимости освободить всех женщин, коммунисты считали, что мусульманки нуждаются в эмансипации даже больше, чем русские крестьянки. Они видели в женщинах Центральной Азии жертв патриархального угнетения, которые подвергались насилию со стороны мужчин, продававших их в брак против их воли, скрывавших их за тяжелой паранджой и не позволявших им покидать дом, чтобы получить образование или участвовать в общественной жизни. Считалось также, что женщины Центральной Азии в первую очередь ответственны за сохранение религиозных традиций или «суеверий» и передачу их своим детям[7]. Таким образом, характерный советский дискурс о смешанных браках в Центральной Азии был тесно связан с этим представлением о притеснении и отсталости центральноазиатских женщин.

Советские социологи и этнографы утверждали, что смешанные браки имели ключевое значение для привнесения современности в неевропейские регионы, и важным аспектом этой современности было их предполагаемое установление более справедливых гендерных отношений. Межэтнические браки обычно основывались на любви и взаимном влечении между двумя людьми — форма брака, которую советская идеология считала идеальной[8].

---

[7] О кампании по снятию паранджи см. [Northrop 2003]. Грегори Масселл утверждал, что советские власти относились к женщинам в Центральной Азии как к «суррогатному пролетариату», поскольку настоящий пролетариат в регионе отсутствовал [Massell 1974].

[8] Социологические опросы показали, что в СССР русские высоко ценили романтическую любовь, особенно в более образованных слоях общества. См. [Shlapentokh 1984: chap. 3].

Это уже выделяло их в регионе, где родители обычно выбирали партнеров для своих детей[9]. Советские ученые также утверждали, что смешанные мусульманско-европейские пары склонны принимать решения путем совещаний, справедливо делить работу по дому и в целом пользовались бо́льшим гендерным равенством, чем моноэтнические пары. В смешанных парах, по их мнению, жена часто была не менее, а то и более образована, чем ее муж. Наконец, женщины в смешанных браках были более склонны к политической и социальной активности, чем остальные [Абрамзон 1962: 29–31][10]. В Татарстане смешанные русско-татарские семьи в 1980-х годах в два раза чаще, чем русские семьи, заявляли, что муж и жена совместно возглавляют семью. (Видимо, ни одна татарская пара не охарактеризовала себя таким образом [Бусыгин, Столярова 1988: 30–31].)

Наряду с описанием смешанных мусульманско-европейских браков как более равноправных и гармоничных, чем моноэтнические браки, советские ученые сформировали идеализированный образ женщин, преимущественно русских, вступающих в такие браки. Отчеты советских ученых о смешанных браках неизменно подчеркивали положительную роль русской женщины и ее участие в продвижении социальных изменений в местных сообществах. Например, известный советский этнограф Абрамзон в начале 1960-х годов писал, что домашняя жизнь в смешанных киргизско-русских семьях отражала сильное русское влияние. Это было связано с тем, что «русская женщина обычно оказывает большое культурное влияние на весь семейный быт» [Абрамзон 1962: 30]. В сельских домохозяйствах смешанных пар, отмечал он, влияние русских женщин можно было увидеть на цветочных клумбах, кружевных скатертях и занавесках, украшающих деревенские дома. Более того, русские жены познакомили жителей Централь-

---

[9] Более того, в Таджикистане браки по договоренности с родственниками, включая двоюродных братьев и сестер, были все еще распространены в конце советской эпохи [Harris 2004: 113–117].

[10] См. также [Бусыгин, Столярова 1988: 27–36]. Более подробно о советском дискурсе смешанных браков см. [Edgar 2007: 581–600].

ной Азии с картофелем, морковью, капустой, помидорами, редисом и другими основными продуктами русского сада и кухни [Абрамзон 1962: 30–31][11]. В Туркменистане смешанные семьи реже следовали «старомодным» обычаям и суевериям, таким как обрезание сыновей или защита детей от сглаза [Аннаклычев 1964: 32]. В целом советские ученые утверждали, что русская женщина играла цивилизующую и модернизирующую роль в обществах Центральной Азии. В то же время степень адаптации русских невест считалась высокой: они учились готовить местную еду, овладевали местным языком почти как родным и устанавливали тесные отношения с родственниками мужа [Наумова 1987: 96–97; Абрамзон 1962: 29–30]. По словам Абрамзона,

> теплые отношения русских женщин с родственниками их мужей, с соседями, прочные связи с окружающей средой подтверждают, что национальные и религиозные предубеждения постепенно изживаются, и в этом, как мы видели, немалая заслуга принадлежит самим русским женщинам [Абрамзон 1962: 27].

В этой позитивной оценке межэтнической близости между европейскими женщинами и «местными» мужчинами советская наука расходилась с крайне негативным дискурсом, преобладавшим в Северной Америке и Западной Европе на протяжении большей части XX века. В Соединенных Штатах социологи выражали особую тревогу по поводу перспективы сексуальных отношений белых женщин с афроамериканскими мужчинами. Такие межрасовые браки считались ненормальными, их дети — неуравновешенными, а женщины, вступавшие в них, — невротическими или мятежными [Romano 2003: 54–55]. Советские ученые не высказывали таких опасений по поводу русских женщин и отвергали одну из наиболее влиятельных теорий о гендере и смешанных браках, выдвинутую американскими социологами. Это была теория статусно-кастового обмена или гипогамии, которая пред-

---

[11] Многие из этих овощей не были широко распространены в Центральной Азии до советской эпохи. См. [Kamp 2019: 237–267].

полагала, что высокообразованные мужчины расовой группы низкого статуса, такие как афроамериканцы, будут жениться на женщинах белой расы из низшего класса, причем каждая из сторон получит социальный статус от этого союза[12]. Советские ученые отрицали применимость этой теории к своему обществу, где все национальности считались равными [Сусоколов 1987: 67, 97–98]. Тем не менее вера в то, что русские женщины модернизируют Центральную Азию посредством смешанных браков, подразумевала неявную иерархию, в которой русские были старшими и учителями, а русская/советская культура была чем-то, к чему должны были стремиться все жители Центральной Азии.

В Центральной Азии фундаментальное различие между смешанными и моноэтническими браками состояло в том, что смешанные браки неизменно заключались по любви. Как отметила Марина Махсумова (род. 1957), русская женщина, вышедшая замуж за таджика и прожившая в браке 28 лет, «ну, а потом, если честно так сказать, такие браки часто по любви происходили. Потому что идти против родителей, чтобы тебя осуждали, чтобы тебе говорили, надо ради кого-то это терпеть, если ради любви, то да»[13]. Это был один из важнейших факторов, благодаря которому советские власти характеризовали смешанные браки в Центральной Азии как более современные, чем моноэтнические. Согласно советской официальной точке зрения, которую разделяли большинство этнически русских, брак должен быть отношениями между личностями, а не между семьями или родами. Браку следовало основываться на свободном выборе; любовь и товарищество, а не прагматические семейные или экономические интересы, должны быть его фундаментом [Field 2007: chap. 3; Shlapentokh 1984: chap. 2]. Раннее большевистское неприятие нуклеарной семьи как буржуазного института в пользу комму-

---

[12] Создателем этой теории был Роберт Мертон. См. его работу [Merton 1941: 361–374]. Фактически эмпирические исследования показывают, что люди, вступающие в смешанные браки, склонны искать супругов схожего класса и уровня образования. Критику модели Мертона см. в [Spickard 1989: 365–366].

[13] Интервью с М. Махсумовой, Бустон, Таджикистан, 18 октября 2010 года.

нальной модели уступило место в середине 1930-х годов возобновленному акценту на традиционную семью. Однако речь шла не о патриархальном традиционализме, при котором женщины находятся в подчиненном положении, а просто о вновь признанной важности стабильных семей и продолжения рода [Shlapentokh 1984: 24–32; Timasheff 1946][14].

В Таджикистане брачные обычаи особенно затрудняли смешанные браки. Родители устраивали большинство браков, а иногда семьи обменивались невестами, чтобы укрепить тесные отношения между собой. Пары могли быть помолвлены в детстве, и брак между двоюродными братьями и сестрами являлся предпочтительной формой союза. Многие семьи также рассчитывали и на то, что браки их детей будут заключаться в том же порядке, в котором они рождались [Моногарова, Мухиддинов 1992: 113–116][15]. Все это препятствовало свободному выбору у дочерей и сыновей. Проведенное в 1982 году исследование показало, что почти 60 % молодых таджиков полагались на своих родителей в выборе супруга [Моногарова, Мухиддинов 1992: 117]. В Казахстане молодые люди пользовались большей свободой при общении с будущими супругами, поскольку женщины исторически не были изолированы от контактов с мужчинами. Существовали и некоторые другие аспекты казахских традиций, которые также могли упростить смешанные браки. В отличие от Таджикистана, где брак с близкими родственниками считался желательным, казахи практиковали экзогамию; другими словами, они должны были найти партнера за пределами своего рода [Наумова 1991: 111]. В этнографических отчетах о сельском Казахстане позднего советского периода описываются два основных способа заключения брака: сватовство и тайный побег, при этом самым распространенным видом побега было «фиктивное похищение», когда невеста заранее соглашалась быть похищенной женихом, которому она отдавала предпочтение. После того как молодой человек

---

[14] См. также [Hoffmann 2004: 651–674].

[15] См. также [Harris 2004: 100–106]. О значении брака в таджикском обществе см. [Roche 2010: chap. 10].

«похищал» девушку и увозил ее к себе домой, обе пары родителей встречались и договаривались о дате свадьбы [Наумова 1991: 111]. «Тайные встречи» молодых людей также были общепринятой традицией ухаживания [Наумова 1991: 115]. В Казахстане все это позволяло обеспечить гораздо более высокую степень контактов между мужчинами и женщинами до вступления в брак, чем в Таджикистане[16]. Тем не менее молодые люди в Казахстане — как мужчины, так и женщины, — должны были подчиняться старшим, если дело касалось важных вопросов, уважая как возрастные, так и гендерные иерархии. Для большинства молодых людей жениться без одобрения родителей было немыслимо [Наумова 1991: 115–117].

Некоторые русские женщины, состоящие в смешанных браках, со временем убеждались в достоинствах местных брачных обычаев. М. Махсумова объяснила, почему она пришла к одобрению идеи брака по договоренности:

> Приходит время, найдут невесту, найдут жениха. И даже очень современные семьи, где я вижу и образование высокое, и всё. Но приходит время, это нормально, в менталитете это сидит, никто не удивляется, что, например, вроде мальчик такой активный, он ждет, пока ему не подберут невесту. Это нормально. У нас тоже когда-то так было, это утрачено в России. И конечно, чтобы пойти против, это надо ради чего-то пойти против. Это должна быть любовь. Но браки по любви не всегда прочные, браки на чувствах, они не всегда прочные. Чувства могут пройти, и оголяются все недостатки человека. Поэтому, с одной стороны, когда родители подбирают, бывает, что этот брак прочнее, потому что они знают корни, знают с какой семьи, знают, кто такой человек, вот если от трудолюбивого, чаще бывает хороший человек, это редко когда исключение[17].

---

[16] Более тесная связь между мужчинами и женщинами была характерна для исторически кочевых народов, таких как казахи и туркмены, среди которых женщины не были изолированы или скрыты. См. [Edgar 2004: chap. 5]. См. также [Kudaibergenova 2018: 380–381].

[17] Интервью с М. Махсумовой.

Такие настроения, как у Марины, помогают объяснить, почему некоторые русские женщины могли соглашаться на браки по договоренности для своих наполовину таджикских дочерей. В европейских регионах СССР, напротив, опросы 1960-х годов показали, что большинство граждан в сельских районах приняли советское представление об идеальной семье; это была небольшая нуклеарная семья, состоящая из родителей и их детей, где брак родителей основывался на взаимной привязанности и свободном выборе. Следует отметить, что в российской сельской местности этот идеал представлял собой такой же отход от исторической практики, как и в Центральной Азии. В дореволюционной России и даже в первые десятилетия советской эпохи нормой были расширенные патриархальные семьи, и родители устраивали браки своих дочерей. Редкий сын или дочь вступали в брак, не посоветовавшись со своими родителями [Clements 1994: 110][18].

Многочисленные добродетели «восточной женщины»

Начиная с 1920-х годов среди определенного слоя общества Центральной Азии русские и русский язык соответствовали высокому статусу, который открывал путь к карьерному успеху, политической и культурной власти. Для коммунистической элиты Центральной Азии и тех, кто стремился к ней присоединиться, женитьба на русской (украинке или белоруске) могла рассматриваться как способ расширить свои возможности в жизни; это приносило лучшее знание русского языка и культуры, доступ к русским социальным сетям и предполагало современное отношение и лояльность к правящей партии в Москве. У многих высокопоставленных коммунистов были русские жены. Однако это необязательно означало принятие русских и других европейских женщин в более широком смысле как желанных

---

[18] О браках по договоренности в России см. [Denisova 2010: chap. 9]. Л. Н. Денисова, основываясь на проведенных в России исследованиях, утверждает, что браки по любви «менее стабильны и реже удовлетворяют партнеров, чем браки, совершенные ради материальной выгоды или по совету родителей» [Denisova 2010: 90].

партнеров для брака. Вполне понятно, что жители Центральной Азии необязательно разделяли идею о том, что им следует стремиться стать более похожими на русских; как и люди повсюду, они предпочитали свою собственную культуру и обычаи. Еще в 1920-х годах некоторые мусульмане Центральной Азии выражали опасения по поводу последствий браков мусульманских мужчин с русскими женщинами. (Перспектива женитьбы русских мужчин на мусульманках была в то время настолько маловероятной, что она даже не обсуждалась[19].) В дебатах, опубликованных в газетах на узбекском и туркменском языках, они утверждали, что такие браки могут подорвать зарождающееся чувство национальной идентичности, приводя к появлению детей, не знающих языка и культуры своего отца[20].

В последующие десятилетия из интервью с мусульманскими и русскими респондентами в Центральной Азии также стало ясно, что многие родители-мусульмане были обеспокоены перспективой появления в семье русской невестки. Данные опроса подтверждают, что выходцы из Центральной Азии были гораздо менее воодушевлены смешанными браками, чем русские[21]. Эти взгляды основываются на местных стереотипах о русских женщинах как о морально распущенных, эгоцентричных и недостаточно ориентированных на семью. Жители Центральной Азии беспокоились, что русская невестка будет создавать проблемы в семье, в которую она войдет, и что она не захочет адаптироваться к мусульманским культурным нормам и чувствам, подчиниться семейной иерархии. Русские женщины, как предполагали казахи и таджики, будут стремиться доминировать в семье, не зная своего места по отношению к мужчинам и старшим. В Казахстане семьи были особенно обеспокоены тем, что русские женщины не смогут соответствовать местным представлениям о гостеприимстве. В Таджикистане выражали особую тревожность по поводу умения русских женщин соблюдать местные представления

---

[19] РГАСПИ. Ф. 62. Оп. 2. Д. 757. Л. 16–18.
[20] Итоги этих дебатов были подведены в: РГАСПИ. Ф. 62. Оп. 2. Д. 757. Л. 16–18.
[21] Материалы этого опроса описываются во второй главе данной книги.

о женской скромности, целомудрии и послушании. Наконец, мусульмане и азиаты скептически относились к способностям русских женщин быть матерями и опасались, что дети от смешанных браков отдалятся от культуры своих отцов.

«Майра Ахметова» (род. 1953) объяснила, почему многие казахи не хотели, чтобы их сыновья женились на русских женщинах:

> Ну, мне кажется, русская сноха, она не так будет, она будет больше о себе. Потому что, я вот знаю у некоторых, они больше в салонах красоты времени проводят, больше на себя. Они как бы… Мужчина для них — средство, чтобы из него все вытянуть. А чтобы вот таким другом близким, и в радости, и в горести. <…> У меня такого нету, вот… уверенности[22].

Взгляды Майры основывались на опыте ее собственной семьи. Высокообразованная и обрусевшая казашка, вышедшая замуж за русского, она рассказала, как брак ее деверя с русской женщиной закончился разводом. Эта женщина, как утверждала Майра, сосредоточилась исключительно на своих потребностях, а не на потребностях мужа и семьи.

> Они развелись. И, в общем, она, как бы, она с ним в очень напряженных отношениях. <…> Она по дому ничего не делала. Вот она приходила и только своей работой… А у него в семье должен быть уют, как-то его так мама воспитала. У казахов это невозможная была бы ситуация[23].

Любопытно, что брак Майры с русским мужчиной был успешным и долгим; проблема, по всей видимости, была не в русских как таковых, а в русских женщинах в частности. В результате сближения местных центральноазиатских представлений и более широких советских взглядов на женщин возлагалась особенная ответственность за состояние домашнего хозяйства и культуру семьи [Clements 1994: 73–76].

---

[22] Интервью с Майрой Ахметовой, Алматы, Казахстан, 11 апреля 2010 года.
[23] Там же.

Женщины Центральной Азии, в отличие от русских, считались менее эгоцентричными, более скромными и более склонными уступать мужчинам и ставить нужды семьи выше собственных потребностей. Лутфия Бабаева (род. 1956), вдова смешанного таджикско-башкирского происхождения, объяснила, почему она хотела бы, чтобы ее сын женился на мусульманке: «Почему? Потому что там, в мусульманских семьях, как-то придерживается нравственность. Вот это мне нравится. Скромные женщины, они подчиняются мужчине. И в то же время, конечно, чтобы девушка была образованная»[24]. Под «нравственностью» Лутфия подразумевала сексуальную нравственность молодых женщин, которые не станут позорить свою семью свободным общением с мужчинами и повышать риск добрачного секса. Респондентки отметили, что русские женщины пользовались свободой выходить по вечерам и посещать танцы и концерты с молодыми людьми, что в большинстве таджикских семей считалось неприемлемым. От молодых женщин ожидалось, что они вплоть до брака будут сводить к минимуму общение с мужчинами, не являющимися их родственниками[25]. Однако это не означало, что семьи искали невежественных или некультурных девушек. Напротив, как следует из комментария Лутфии, многие семьи ценили хорошее образование у будущей невестки.

Талгат Акилов, родившийся в 1966 году в деревенской семье на юге Казахстана, вспоминал, что его отец и старший брат были категорически против, когда он сообщил им, что хочет жениться на русской женщине, Марине. Русские женщины, по его словам, имели репутацию слишком свободных и недостаточно скромных. Более того, его родственники считали, что русская жена не передаст казахские традиции своим детям. «Они думали, что русская, значит, мы обрусеем»[26]. Это отношение к русским женщинам в Центральной Азии было свойственно не только мусульманам, но и другим людям, которые в целом отождествляли себя скорее

---

[24] Интервью с Л. Бабаевой, Исфара, Таджикистан, июль 2011 года.
[25] См. [Harris 2004: chap. 3].
[26] Интервью с Т. Акиловым, Шымкент, Казахстан, октябрь 2012 года.

с азиатами, чем с европейцами. Хён Ким (род. 1926), этнический кореец, о несчастливом браке которого говорилось в предыдущей главе, сожалел о браке с русской женщиной. Ким утверждал, что азиаты, такие как корейцы и казахи, наслаждаются гармоничными семьями, возглавляемыми, как и положено, мужчинами, в то время как русские женщины приносят в семейную жизнь разлад и беспорядок. Он противопоставил свою супружескую жизнь культуре своей корейской семьи: «Самое основное, что в корейской семье мужчина — глава семьи, пользующийся уважением. В нашей семье такой установки никогда не было. Не получилось этого из-за русского воспитания». Ким описывал свою жену — и русских женщин в целом — как деспотичных и непочтительных. В мировоззрении Кима азиатские семьи под благотворным влиянием скромных и почтительных корейских женщин являются организованными, тихими и должным образом уважающими мужское превосходство. Русские женщины, спорящие и шумные, борются за доминирование с мужьями и не могут создать надлежащую азиатскую семейную обстановку[27].

Среди казахов одно из основных опасений относительно будущей русской невестки заключалось в том, что она не захочет участвовать в более или менее непрерывном приеме гостей, характерном для казахских семей. Многие казахские респонденты называли гостеприимство важнейшей характеристикой своей национальной культуры. Они противопоставляли свою любовь принимать гостей якобы менее приветливому характеру русских, которые оставляют посетителей стоять у двери и «не приглашают вас сесть». Майра Ахметова объяснила, как она раньше относилась к русским до того, как вышла замуж за одного из них: «Я думала, что они какие-то холодноватые, не такие эмоциональные. <...> И потом, у них стол не такой. Наши если накрывают, то богатый, да?»[28]

Приготовление пищи и сервировка, необходимые для этого знаменитого гостеприимства, в основном ложатся на плечи

---

[27] Интервью с Хён Кимом, Алматы, Казахстан, 3 декабря 2011 года.
[28] Интервью с Майрой Ахметовой.

женщин, и часто можно услышать истории о казахах, которые были «отрезаны» от своих больших семей после женитьбы на русской, не желавшей тратить свое время подобным образом. Фатима Сатыбалдинова (род. 1951), казашка, вышедшая замуж за татарина, рассказала историю о родственнике, который стал чужим для своей расширенной казахской семьи из-за русской жены. Он был профессором, учился в Ленинграде и встретил там свою будущую жену. Фатима вспоминала: «Но, так как его жена русская, он не мог своих казахов-родственников принять дома. <...> Вот, как бы, знаете, общение с родственниками прекратилось. Не было такого. Потому что мы к ним не могли в гости приходить. Он не мог нас в гости приглашать»[29]. Хён Ким аналогично вспоминал казахских друзей, чьи браки с русскими привели их к отчуждению от их казахских семей: «Многие русские жены старались оторвать мужей от их родственников, не принимали родственников мужа в своем доме, устраивали скандалы, когда они общались со своими близкими»[30].

Зная об опасениях местных жителей по поводу невест-немусульманок, русские и другие европейские женщины, надеявшиеся на успешный брак с мусульманскими мужчинами, часто прилагали большие усилия, чтобы адаптироваться к местным гендерным нормам. В рассказах этих русских жен мало свидетельств о цивилизаторской миссии или попытках навязать русскую культуру; напротив, часто они казались даже более решительными, чем их мужья, в стремлении сохранять и продвигать местные традиции. Тем, кто желал наладить хорошие отношения с родственниками мужа, рекомендовалось приноравливаться к местным представлениям о женском целомудрии и скромности, несмотря на трудности, которые это доставляло женщинам, воспитанным на европейских представлениях о гендерном равенстве и свободе выбора. Как мы видели в предыдущей главе, адаптация европейских женщин частично предопределялась центральноазиатской нормой патрилокального брака, в котором

---

[29] Интервью с Ф. Сатыбалдиновой, Алматы, Казахстан, 10 апреля 2010 года.
[30] Интервью с Хён Кимом.

дочери покидают свою родную семью, а женатые сыновья должны жить со своими родителями.

Истории жизни русских женщин, вступивших в смешанные браки, показывают, насколько поверхностным оказалось проникновение советских гендерных и семейных норм во многих частях Центральной Азии, даже в городах. Лишь в редких случаях результатом была типичная «советская» семья (т. е. семья, соответствующая русским культурным нормам). Устноисторические свидетельства также вносят существенные коррективы в порой чрезмерно радужные представления о преобразующем влиянии советской власти на гендерные нормы. По словам одной из ведущих историков, специализирующейся на проблематике советских женщин, городские женщины в Центральной Азии и на Кавказе «впитывали ценности эмансипации советской модернизации» [Clements 1994: 111]. Несмотря на некоторые сохраняющиеся культурные различия и проявления национальной гордости, по словам Барбары Клементс, «к 1970-м годам женщины в Баку, Тбилиси, Алматы и Ташкенте были образованы, работали вне дома и разделяли многие из тех же идей о семейной жизни и своей роли в обществе, что и городские женщины в других частях Советского Союза» [Clements 1994: 111]. Хоть это утверждение и не полностью ошибочно, оно слишком точно соответствует оптимистичным представлениям советских социологов. Даже если женщины Центральной Азии были образованы и работали вне дома, они необязательно разделяли русские и советские идеи о семейной жизни и своей роли в обществе, и им было нелегко претворять эти идеи в жизнь, даже если они их поддерживали. Неудивительно, что русские женщины, вышедшие замуж за мужчин из Центральной Азии в 1940-х и 1950-х годах, столкнулись с необходимостью адаптироваться под местные гендерные нормы, учитывая малочисленность русских и доминирование местных культур. Еще более неожиданным является то, что это оказалось актуальным и для многих женщин, вышедших замуж в 1970-х и 1980-х годах, когда, как предполагалось, советская культура и советские гендерные нормы уже значительно распространились в Казахстане и Таджикистане.

В своих интервью я часто слышала выражение «восточная женщина», что означало нечто вполне конкретное: женщина, подчиняющаяся своему мужу и своей семье, думающая сперва о других и только после этого о себе. Очевидной и невысказанной оппозицией была «западная женщина» (в данном случае русская), которая в первую очередь думала о себе, своей карьере и своих собственных потребностях и удовольствиях. Сажида Дмитриева, женщина смешанного русско-татарского происхождения, идентифицировала себя как восточную женщину, хотя ее мать была русской, и сама она была замужем за русским мужчиной:

> Ну, не знаю. Наверное, что-то от бабушкиного воспитания осталось. Вот у мусульман вроде как сильно перечить мужчине не положено, так у меня даже мысли не возникнет, что-то мужу резко отвечать. Несмотря на то что у меня муж русский! [смеется] <…> вот [из] такого взгляда восточной женщины, что-то отложилось на характере[31].

Надежда Констаньянц (род. 1954), русская женщина, вышедшая замуж за армянина, также подчеркивала свою готовность уступать мужу и его семье. Родившись в столице Баку и прожив долгое время в Казахстане, она призналась, что всегда считала себя восточной женщиной. В случае Надежды быть восточной — следствие проживания на протяжении всей ее жизни в мусульманских или восточных регионах, а также замужества за нерусским мужчиной (несмотря на то, что он был армянином с христианскими корнями). Она с гордостью привела имя своего сына в качестве примера ее почтения к мужчинам в своей семье.

> Когда я ходила беременная, и родился уже сын — старший у меня, разговоров не было, как его называть. Потому что свекор — Миша, деверь — Миша, и сына тоже Миша назвали! Мало того, когда у моего сына родился сын, то моего внука тоже назвали Мишей! Я не спорила и вроде как так и получилось. Потом, знаете как, я восточная женщина по воспитанию. Я не спорю ни со старшими, ни с мужем. Если

---

[31] Интервью с С. А. Дмитриевой, Оскемен, Казахстан, 7 апреля 2010 года.

он, как сказать, прав или как, я его уважаю. Конечно, у меня есть свое мнение, но, тем не менее, чтобы сделать приятное старикам, которые тоже ждут этого внимания, ну и пусть это будет как свекор — Миша[32].

Анастасия Марцевич, наполовину русская, наполовину казашка, также использовала выражение «восточная женщина», чтобы противопоставить свою казахскую мать русским женщинам, которых она знала. (Анастасия выросла в Москве в преимущественно русской культурной среде.) «Нет, наверное, только с возрастом я заметила, что мама, как восточная женщина, слушалась и "прогибалась" под папу... Я уверена, что не всякая русская женщина, будучи умной и желающей этого, настолько уступала мужчине только из-за того, что... вот она ему предана, они в браке и все такое»[33].

Для многих женщин, с которыми я беседовала, вести себя как восточная женщина было положительным качеством, это было знаком того, что они серьезно относятся к своему браку с восточным мужчиной. Лариса Ниязова (род. 1966), русская женщина, проживающая в Казахстане с мужем-казахом, вспоминала, что, когда она вышла замуж в 1987 году, она старалась вести себя как покорная казахская новобрачная.

> На тот момент я, как положено, подчинялась мужу, после свадьбы сразу, я имею в виду первые годы, когда мы жили вместе. Я полностью ему доверялась, я его слушалась, я подчинялась, как и положено казахской снохе. То есть, она полностью входит в семью и находится в подчинении родителям, подчинении мужу. А таких каких-то столкновений или вопросов, непонимания у меня не возникало. Я как-то старалась вести себя культурно[34].

Жена Талгата Акилова, русская женщина Марина, также прилагала усилия, чтобы соответствовать местным гендерным

---

[32] Интервью с Н. Константьянц, Оскемен, Казахстан, 7 апреля 2010 года.
[33] Интервью с А. Марцевич, Москва, Россия, июнь 2010 года.
[34] Интервью с Л. Ниязовой, Шымкент, Казахстан, октябрь 2012 года.

ожиданиям, столкнувшись с серьезным сопротивлением со стороны семьи ее будущего мужа. (Они поженились в конце 1980-х годов.) Семья была обеспокоена, что она отдалит Талгата от его родственников, но «просто отношение Марины к моим родственникам все решило», — вспоминал Талгат. Его старший брат, который сначала категорически возражал против брака, позже извинился, сказав: «Я Марину уважаю не только как келинку [сноху], но и за то, что она в деревню приезжает и там в платке ходит, здоровается, как казашки, и если что-то надо делать, она одевается и делает все... И такого не было, что: "Ой-бай! Я этого делать не буду!" Она все время в передовых». Талгат продолжал: «И получилось так, что мы были лучшими среди родственников, и отец все время хвалил Маринку. Потому что она все обычаи соблюдает. Мусульманкой она не стала, но обычаи уважает и соблюдает»[35].

В Таджикистане, где издавна существовало женское затворничество, а честь семьи была тесно связана с поведением женщин (в частности, с их целомудрием до брака), некоторые русские жены прилагали большие усилия, чтобы доказать, что они достойны своих мужей. Восточная женщина была скромной и непорочной, а не сексуально распущенной, в чем подозревали русских женщин. Татьяна Салибаева, русская женщина, родившаяся в Таджикистане в 1953 году, влюбилась в молодого таджика из высокопоставленной семьи, связанной с КГБ республики. Ее будущие родственники, несмотря на свои высокие позиции в советской системе, были категорически против брака их сына с русской женщиной. Татьяна прикладывала много сил, чтобы показать себя скромной и добродетельной невестой, она даже продемонстрировала родственникам мужа материальное доказательство своей девственности после первой брачной ночи.

> Ну, у нас была брачная ночь. <...> Вот мы три года встречались, но мы друг друга держали на расстоянии. Я не знала, что, чем закончится, раньше же все это было строго,

---

[35] Интервью с Т. Акиловым.

> это сейчас... И потом он позвонил и сказал: «Пусть мама придет». <...> Ну, они с сестрой пришли, и вот мы им показали, значит, простынь, что вот все было честно, настоящее. Она, конечно, очень удивилась, мои родители тоже удивились[36].

Надежда Константьянц также акцентировала внимание на своей целомудренности до брака.

> Вот, поскольку постольку было несколько поклонников, это просто поклонники. Если я вам скажу, что я в 23 года вышла замуж, и я в 23 года впервые стала женщиной, и первый мужчина у меня муж, и меня смотрели просто, что я именно девочкой была. <...> Почему я сейчас говорю поклонники? Потому что они только были поклонниками, друзья, ни с кем я не спала[37].

Некоторые женщины, состоящие в смешанном браке, также ссылались на концепцию восточной женщины, при этом они могли ее отвергать или негодовать по ее поводу. Елена Джульчиева (род. 1947), вышедшая замуж за казаха Ахмета в 1960-х годах и переехавшая в Казахстан, вспоминала, как ее тогда раздражало ожидание того, что она — современная, образованная молодая женщина — будет молча прислуживать гостям своего мужа:

> Надо было мне научиться готовить их национальное блюдо бешбармак[38]. Надо было научиться подавать чай, как они пьют, а не как я пью, соответственно. И сидеть вот так скромно, около чайника, и не разговаривать. Опустив глаза. Это мне-то, говорливой! Мало того, я еще в школе училась, в институте и на работе. Я же была рьяная комсомолка и рьяная коммунистка[39].

---

[36] Интервью с Т. Н. Салибаевой, Худжанд, Таджикистан, 9 октября 2010 года.
[37] Интервью с Н. Константьянц.
[38] Бешбармак — традиционное казахское блюдо, приготовленное из отварного мяса и лапши.
[39] Интервью с Е. Джульчиевой, Алматы, Казахстан, 15 сентября 2011 года.

«Мария Искандерова» (род. 1960), родившаяся в результате смешанного русского-азербайджанского брака и выросшая в Казахстане, также отвергала стереотип восточной женщины. Она вспоминала, что ее мать была обеспокоена отношением к женщинам, когда они посещали родственников ее отца на Кавказе. В русифицированной среде северного Казахстана, далеко от родственников отца Марии, от ее матери не ожидалось, что она должна вести себя, как восточная женщина. Однако в Азербайджане, вспоминала Мария,

> но, и тем не менее, маме как-то что-то все-таки не понравилось. <...> Но не понравилось именно в плане того, что менталитет на Кавказе в общем все-таки другой. Ну, как бы именно отношение к женщине. <...> То есть мужчина и женщина там совершенно разные понятия. Да. И женщина там в плане равноправия никаких прав не имеет [смеется]. <...> То есть «Молчи, женщина! И все. Мужчина будет говорить!» [смеется]. Она к этому совершенно не привыкла[40].

Марии также досаждало отношение к женщинам и молодежи на родине ее отца. Она вспоминала свои впечатления от посещения Кавказа, когда она побывала там вместе со своим отцом: «Я за две недели вымоталась там чисто психологически. Мне не нравилось все. Меня все раздражало [смеется]. "Это нельзя, то нельзя, говорить нельзя, со старшими так говорить нельзя!" [смеется]». Марию, искреннюю и прямолинейную, особенно раздражало, что от нее ждут почтительного и скромного поведения, просто потому что она девушка.

> И я не понимала, почему это я, собственно, должна молчать?! Я не говорю о том, чтобы вы его [мое мнение] приняли! Но вы хотя бы выслушайте его! Мне большего и не надо. Но вот даже высказывать его считалось неприличным. Надо было сидеть и молчать, скромно опустить глазки и хлопать ими, как-то вот так [демонстрирует].

---

[40] Интервью с «Марией Искандеровой», Оскемен, Казахстан, 3 апреля 2010 года.

Мария внешне походила на своего отца, и поэтому из-за ее азербайджанской фамилии и внешности о ней сложилось стереотипное представление как о восточной женщине. Когда узбекский коллега в Казахстане выразил удивление ее эмансипированным образом мыслей, Мария задала ему вопрос:

> «Тебя удивляет, что вот такая восточная женщина так рассуждает?» Он говорит: «Да». Я ему говорю: «Тебе кто сказал, что я восточная женщина?» То есть он смотрит на мое восточное лицо и считает, что я выросла в той восточной культуре и считаю, что мужчина должен быть главным. На божничку его посадить. «Мужчина — главный. Женщина должна молчать»[41].

Одежда была важным признаком восточной женщины. Для женщин в Таджикистане, хоть плотная паранджа больше и не являлась строго обязательной, как это было принято в некоторых регионах до советской эпохи (в основном в городах и среди привилегированной сельской элиты), характерный таджикский стиль одежды был важной приметой скромности и покорности местным гендерным нормам[42]. Женщины должны были прикрывать ноги эзорами (традиционными шароварами), поверх которых одевалось длиннополое таджикское платье с длинными рукавами, и покрывать голову платком. Европейская одежда считалась нескромной и неподобающей, особенно в сельской местности [Моногарова, Мухиддинов 1992: 209][43]. Даже если молодая женщина обычно носила европейскую одежду, ее муж, опасаясь вызвать осуждающие сплетни среди соседей, мог попросить ее надеть таджикскую при визите его семьи. Наталья Мирзорахимова (род. 1951), русскоговорящая женщина со смешанным русско-китайско-египетским происхождением, бывшая

---

[41] Интервью с Марией Искандеровой.

[42] О женском костюме и его трансформациях с течением времени см. [Моногарова, Мухиддинов 1992: 207–213; Harris 2004: 86–88].

[43] Этнографы отмечали, что в брюках удобно сидеть на полу и они лучше соответствуют скромности, чем юбка.

замужем за таджиком, вспоминала о спорах с мужем по поводу таджикской одежды:

> Единственное, что он хотел, чтобы я носила национальную одежду, носила штаны. И одевала платок. Когда нужно было ехать в кишлак... ради уважения, я одевала в машине, сидела и одевала. Ему это очень нравилось. Я говорю: «Я какая есть, такую ты меня взял, без рукав, без штанов. А теперь ты хочешь меня одеть, не получится». Это был у нас большой вопрос[44].

Не только жен, но и дочерей в смешанных семьях иногда раздражали ограничения их свободы одеваться по собственному усмотрению. Леся Каратаева (род. 1971) вспоминала, что ее казахский отец строго контролировал ее внешний вид, когда она была девушкой. «Мне нельзя было стричься: у меня были длинные косы. Нельзя было уши прокалывать, макияжем пользоваться, на каблуках ходить»[45]. Рано Назарова (род. 1956), наполовину таджичка и наполовину русская, вспоминала: «Отец наш был очень традиционный, он не давал мне гулять с парнями, следил за тем, как я одеваюсь. Он заставлял меня носить штаны, национальные платья и тюбетейку, а мать мне заплетала косы»[46].

Смешанные браки: больше равноправия?

Советские ученые утверждали, что смешанные браки лучше обеспечивают гендерное равенство и совместное принятие решений, чем моноэтнические союзы среди жителей Центральной Азии. Социологи указывали на якобы более справедливое распределение труда в смешанных семьях как на доказательство того, что такие семьи более современные, более «советские» — то есть более близкие к российской норме — по сравнению с тради-

---

[44] Интервью с Н. Мирзорахимовой, Гулистон, Таджикистан, 22 октября 2010 года.
[45] Интервью с Л. Каратаевой, Алматы, Казахстан, 19 апреля 2010 года.
[46] Интервью с Р. Назаровой, Худжанд, Таджикистан, 1 октября 2010 года.

ционными семьями Центральной Азии. Однако подобное домашнее равенство далеко не всегда было нормой даже в крупных городах России, где с хрущевских времен социологи утверждали, что женщины имеют формальное, но не фактическое равенство. «Двойная нагрузка», когда женщины должны были работать полный рабочий день вне дома и одновременно выполнять всю домашнюю работу, была хорошо известным фактом советской жизни [Buckley 1990: 13–15, 144–146][47]. Таким образом, Центральная Азия не была уникальна в своем гендерном разделении труда. Исследование, опубликованное в 1983 году, показало, что у женатых русских мужчин было гораздо больше времени на хобби, общение с друзьями и чтение, чем у замужних женщин [Buckley 1990: 183][48]. Домашние обязанности женщин, включая уход за детьми, приготовление пищи, покупки, уборку и стирку, занимали от трех до пяти часов в день сверх их оплачиваемой работы. Дефицит товаров в магазинах и отсутствие трудосберегающей техники, такой как стиральные машины и кухонные приборы (а в сельской местности — отсутствие водопровода и центрального отопления), делали все эти задачи невероятно трудоемкими [Buckley 1990: 144–145][49].

Эта ситуация отчасти была обусловлена амбивалентностью государства в отношении создания подлинных преобразований в повседневной жизни женщин. Идеалистические мечты о коммунальных кухнях и детских садах раннего советского периода сменились самодовольством по поводу состояния гендерных отношений. В эпоху Брежнева официальные лица, ученые и общественность в целом рассматривали гендерное разделение

---

[47] О двойной нагрузке в России см. также [Clements 1994: chaps. 6–7]. Женщины в сельской местности сталкивались с «тройной нагрузкой», работая на своих приусадебных участках в дополнение к домашним делам и оплачиваемой работе в колхозе. См. [Yusufjonova 2015]; см. также [Denisova 2010: chap. 16]. При Сталине обсуждать такие проблемы было невозможно, поскольку женский вопрос считался решенным [Buckley 1990: 13].

[48] Подобное неравенство характерно не только для России.

[49] См. также [Denisova 2010: chaps. 16–17].

труда как нечто врожденное, полагая, что женщины по своей природе должны быть домашними и заботливыми[50]. Усиление эссенциалистского подхода к вопросам национальности, начавшееся в 1960-х годах, сопровождалось все бо́льшим акцентом на укреплении традиционных гендерных ролей. Это тоже было отклонением от ранней ленинской риторики, которая подчеркивала равенство полов и необходимость трансформации женских ролей, чтобы женщины могли стать полноценными членами общества[51]. Так же как этнографы определяли якобы неизгладимые черты определенных этнических групп, социологи в эпоху Хрущева и Брежнева всё больше подчеркивали естественную заботливость и врожденную склонность женщин к домашней жизни [Clements 1994: 73–76]. Даже те исследователи, что сожалели о двойном бремени советских женщин, никогда не подвергали сомнению представление о том, что женщины несут полную ответственность за домашнее хозяйство. Они просто принимали как данность существование фундаментальных психологических различий между мужчинами и женщинами. Предполагалось, что женщины должны были быть нежными и эмоциональными, а мужчины — сильными и самодостаточными. Эксперты в области образования советовали родителям развивать у своих детей типичное для их пола поведение [Atwood 1990: 120–122, 133–139, 145, 155–156]. Усиление эссенциалистских идей о национальности и гендере также было связано с растущим вниманием к генетике и биологическим факторам поведения в позднем СССР [Atwood 1990: 60–61][52]. Тем не менее помощь женщинам в их тяжелых домашних обязанностях стала казаться жизненно важной в условиях экономического застоя и снижения рождаемости; ученые отмечали наличие «неантагонистического конфликта» между производственными и репродуктивными ролями женщин. Чтобы

---

[50] О дебатах среди российских ученых насчет стереотипов гендерных ролей см. [Atwood 1990].

[51] О ранней большевистской политике см. [Goldman 1993].

[52] Л. Этвуд утверждает, что возрождение традиционных гендерных ролей было преднамеренной попыткой повысить рождаемость в европейской части России [Atwood 1990: 13].

достичь подлинного равенства, следовало изменить поведение и взгляды людей [Buckley 1990: 161–164][53]. В своем выступлении в 1977 году Брежнев отметил, что советские мужчины в долгу перед женщинами за всю их самоотверженную работу: «Мы еще далеко не все сделали, чтобы облегчить двойную ношу»[54].

Действительно ли в жизни смешанных пар в Центральной Азии женщины несли классическую советскую двойную нагрузку, или же им в самом деле удавалось добиться более справедливого разделения труда, как утверждали советские этнографы? В этом свидетельства устной истории разнятся. Некоторые члены смешанных семей в Казахстане и Таджикистане вспоминали о строгом гендерном разделении труда в своих семьях, где отцы были кормильцами и принимали решения, а матери отвечали за домашнее хозяйство. Эти женщины не несли двойной нагрузки, поскольку они не работали вне дома; они жили в более традиционной, патриархальной семье. Такие семьи ставили под сомнение представление о том, что смешанные семьи в каком-то смысле были более современными, чем моноэтнические семьи. Другие респонденты вспоминали о более творческом и справедливом распределении домашнего труда, особенно когда жена и мать работали вне дома.

Рано Назарова вспоминала традиционное разделение труда в своей смешанной русско-таджикской семье. Ее русская мать даже не могла выходить за покупками. «Ну, родители целый день работали, мама делала всю работу по дому, а отец был кормильцем. Мама ни разу на базар не ходила, все покупки делал папа»[55]. Тимур Сергазинов (род. 1976) вспоминал подобное строгое разделение ролей между своей русской матерью и казахским отцом:

> У нас сразу были установлены очень четко границы. Отец — это хозяин вообще. Мать — хозяйка в доме. Конечно, решение было за отцом, вот и все. Основными занятиями моей мамы были кухня, готовка, стирка и уборка. Порядок

---

[53] Неантагонистический конфликт был проблемой развитого социализма, которую необходимо было решить для продвижения вперед, к коммунизму.

[54] Речь товарища Л. И. Брежнева // Правда. 22 марта, 1977. С. 1.

[55] Интервью с Р. Назаровой.

в доме, чистота и уют — вот ее заботы. Что касается ухода за детьми... мы жили с бабушкой и дедушкой, так что в целом это было их заботой[56].

Марина Абдрахманова (род. 1957), наполовину казашка, наполовину русская, также рассказала о традиционном распределении труда, при котором ее отец принимал решения, а мать была ответственной за домашнее хозяйство.

> Ну, у нас вообще принято так, что женщины этим занимаются. <...> Да, так было и у нас в семье. Всегда так было. Я очень хорошо помню, у нас, как сказать, культ мужчины был. Мама всегда... но, помимо того, что она по складу характера такая, она всегда уступала. Потому что она была не лидер. Поэтому у нас всегда все вопросы, все проблемы решал папа. <...> Да, то, что связано с «вне семьи», это его всегда проблемы были. И обеспечение семьи. И материальное, и все прочее[57].

Некоторые респонденты в Казахстане и Таджикистане сообщали о строгих культурных запретах на выполнение мужчинами домашней работы вплоть до того, что некоторые даже считали немыслимым, чтобы мужчина готовил или убирал. «Архат Исаев», молодой человек, наполовину чеченец, наполовину украинец, выросший в Казахстане, описал семейную жизнь, в которой строго соблюдалось гендерное разделение труда. «Мужскую работу выполнял отец, а женскую работу выполняли девочки. <...> Нам не дано, чтоб подойти к плите и приготовить, да? Это крайний случай, чтоб мужчины готовили. <...> Это в порядке вещей, чтоб женщина готовила еду»[58].

---

[56] Интервью с Т. Сергазиновым, Оскемен, Казахстан, 5 апреля 2010 года.

[57] Интервью с М. Абдрахмановой, Алматы, Казахстан, 15 апреля 2010 года.

[58] Интервью с «Архатом Исаевым», Шымкент, Казахстан, октябрь 2012 года. Антрополог Колетт Харрис стала свидетелем одного случая в Таджикистане, когда мужчина помогал своей жене чистить ковер в общем дворе, но почувствовал необходимость остановиться после того, как другие мужчины высмеяли его за выполнение женской работы [Harris 2004: 79–80].

Из-за культурных норм, запрещающих мужчинам выполнять «женскую работу», мужчины, помогавшие своим женам, иногда старались скрыть это от соседей и родственников. Муж Надежды обычно помогал по дому, но переставал это делать, когда его родители-армяне приезжали их навещать.

> Вот, когда приехали родители мужа и стали с нами жить, моему мужу нельзя стало убирать, готовить! <...> Да! Боже, спаси и сохрани! Это должна в доме делать только женщина! А он с папой сидел и в нарды играл! Им надо было чай принести, то-се. <...> Мне это не нравилось, и я уставала. Я работала восемь часов, после работы я приходила, надо было кушать приготовить, надо было, свекор со свекровью дома, надо было не показать, что у меня настроение плохое, что у меня голова болит, что я мужу бы сейчас нагоняй такой устроила! [смеется][59]

Майра Ахметова, родившаяся в образованной казахской семье, вспоминала, что ее отец иногда помогал с покупками, но ее мать стеснялась, когда другие видели, как муж несет домой продукты: «Перед другими нельзя, потому что это не поймут. Не принято, особенно если ты в обществе, да? В казахском. <...> Да. Я помню, когда он хлеб покупал, он звонил домой. И мне мама сказала: "Иди, возьми у папы хлеб. Нельзя, чтобы у папы в руках была буханка хлеба"»[60].

Позже, когда Майра вышла замуж за русского мужчину, ее мать была шокирована его согласием готовить и выполнять другие домашние дела.

> А знаете, когда вот только поженились, и вот мама приходит в гости. И, значит, он начинает носить тарелки. И тут она на меня: «Ты что?!» Я говорю [мужу]: «Знаешь, ты лучше сиди, а то она не поймет». И мне по-казахски: «Как тебе не стыдно! Он же мужчина, он не должен»[61].

---

[59] Интервью с Н. Констаньянц.
[60] Интервью с Майрой Ахметовой.
[61] Там же.

Ожидание от женщин, что они будут нести полную ответственность за домашние дела, было крайне обременительным не только для женщин в Центральной Азии, но и для всех советских женщин. Их нагрузка иногда облегчалась благодаря присутствию бабушек и дедушек, которые могли присматривать за детьми. Если же рядом не было родственников или других членов расширенной семьи, молодым работающим матерям приходилось очень тяжело. Надежда Константьянц красноречиво описала это. После того как ее семья переехала из Баку в Казахстан, они не могли рассчитывать на помощь родственников. Имея мужа, который регулярно уезжал по работе, Надежда часто оставалась одна с детьми.

> Мы приехали сюда, оказалось, что у нас здесь никого нет. Родились дети. <...> Здесь не те соседи, что были там. Там можно было ребенка оставить, пойти сходить в магазин, пойти в парикмахерскую, пойти к врачу. <...> А муж-то был вертолетчик, он тоже улетал по командировкам! Его могло по 15 дней не быть дома! А мне надо было с детьми... Мало того, физически мне тяжело одной было с детьми, в магазинах же ничего не было! Мне надо было за молоком стоять, а у меня грудной ребенок, мороз 40 градусов, а мне надо идти за этим молоком! [смеется][62]

В отличие от подобных рассказов о женских трудностях, некоторые женщины из смешанных семей вспоминали совсем иную супружескую жизнь. Особенно в тех случаях, когда оба супруга работали вне дома, зачастую наблюдалось более справедливое разделение домашних обязанностей. Эти семьи, вероятно, использовали свое пограничное положение для создания вариаций семейной жизни, которые не были ни типично русскими, ни полностью азиатскими. Также возможно, что мужчины и женщины, которые были достаточно оригинальны, чтобы вступить в брак с представителями другой этнической группы, были более склонны нарушать общепринятые гендерные нормы. В этом

---

[62] Интервью с Н. Константьянц.

смысле советские этнографы, возможно, были по крайней мере отчасти правы, когда называли эти семьи более «современными».

Мария Хамидова (род. 1936), русская женщина, вышедшая замуж за таджика в середине 1950-х годов, вспоминала мужа, который не разделял традиционное гендерное распределение труда. «Ну как, если я начинаю делать уборку, поможет мне и пропылесосить, на базар он ходил, и готовил тоже, все помогал. Мне доставалось, он помогал, мы оба работали»[63]. Сусанна Морозова (род. 1973), чьи армянский отец и украинская мать поженились в 1960-х годах, также описывала семью с более справедливым распределением труда.

> Ну, у нас на равноправии было как-то это, как говорили тогда в Советском Союзе: «На деле, а не на словах». Потому что я вот, допустим, помню, что купал меня папа, каши варил папа, сказки на ночь рассказывал тоже папа. И как-то в моем становлении как личности, мне кажется, папа сыграл бо́льшую роль. Он у нас экспрессивный такой, эмоциональный человек, и мне, и моему брату он уделял очень много внимания. Мне даже кажется, что он свои часы, нагрузку старался построить так, чтобы у его жены свободные часы были днем, чтобы она могла посвящать его хозяйству, походам по магазинам, а вечером она отдыхала, а папа занимался детьми, иногда ужин готовил. То есть у них с мамой было вот такое распределение. Мне даже иногда казалось, что папа делает больше. И моей маме завидовали все соседки и говорили, что «такого мужа еще поискать»: и красивый, и умный, и работящий, и еще детей воспитывает и все по дому сам делает! Даже ремонт у нас в семье всегда делал папа. <...> Идеал мужчины, можно сказать![64]

Сусанна также вспоминала, что ее родители разделяли полномочия по принятию решений в семье. «Денежные решения всегда принимала мама! А такого плана, как "куда поехать детям учиться", "какую школу выбрать", — конечно, папа» (вероятно, это

---

[63] Интервью с М. М. Хамидовой, Худжанд, Таджикистан, 10 августа 2011 года.

[64] Интервью с С. Морозовой, Оскемен, Казахстан, 10 апреля 2010 года.

«конечно» связано с тем, что ее отец был ученым и, следовательно, особенно хорошо разбирался в вопросах образования)⁶⁵.

Муборак Ошурова (род. 1953), вдова, по происхождению узбечка, также придерживалась более справедливого распределения обязанностей в своем браке. Она и ее таджикский муж воплощали советский идеал гендерного равенства: «Муж во всем помогал. У нас не было различия. <...> Кто может: если он не работает, то он готовит, если он на работе, то я. Вот такая у нас семья была». Она продолжала: «В то время вырастить детей, убраться в доме, готовить для мужа вкусное, если женщина сидела дома. А вот если как моя семья, я работала, он работал, мы делали вместе. <...> Это моя семья была такая. А другие семьи были традиционные»⁶⁶.

Некоторые члены смешанных семей вспоминали такую семейную жизнь, которая выходила за рамки равенства с перевесом в сторону, где женщина становилась главной. Такие дамы соответствовали местному стереотипу о сильной, властной русской женщине, которая доминировала над мужем и семьей. Существование таких семей, хотя и редкое, могло способствовать усилению тревожности тех выходцев из Центральной Азии, которые выступали против смешанных браков. Рустам Искандаров (род. 1955), сын русской матери и таджикского отца, вспоминал, что его мать была очень решительной и амбициозной женщиной, которая навязывала своей семье русские ценности.

> Чисто европейская, русская культура у нас была. <...> У меня мать сильная женщина. У меня мать была, слава Богу, и сейчас жива, была врачом. Она около 40 лет была главным врачом туберкулезной больницы у нас. Она его и построила. А отец у меня историк, доктор наук. <...> Ну, видно мать сильнее была, и отец в принципе никогда не настаивал и [не] внедрял национальные какие-то обычаи здесь. Поэтому у нас была исключительно европейская семья⁶⁷.

---

⁶⁵ Там же.
⁶⁶ Интервью с М. Ошуровой, Худжанд, Таджикистан, июль 2010 года.
⁶⁷ Интервью с Р. Искандаровым, Худжанд, Таджикистан, июль 2011 года.

Мария Искандерова вспоминала, что ее русская мать была главной, что, казалось, не смущало отца Марии, азербайджанца по происхождению:

> Надо сказать, что у мамы достаточно сильный характер. <...> И как-то в семье решала она, решающее право голоса было у нее. А папа был такой мягкий, и ему... В общем, как бы это сказать. Это же зависит от менталитета, от условий жизни семьи[68].

Смешанные браки мусульманок

В этой главе в основном приведены примеры браков, объединяющих мусульманина или азиата с европейской женщиной. На протяжении всего советского периода мусульманки из Центральной Азии редко выходили замуж за русских или других европейских мужчин [Борзых 1970: 87–96][69]. Исторически сложилось так, что для мусульман-мужчин было гораздо более приемлемо жениться за пределами своей веры, чем мусульманкам, и в первые десятилетия советской власти мусульманские женщины практически не вступали в браки с немусульманами [Борзых 1984: 101–112]. И мужчинам, и женщинам было трудно идти против своей семьи, но для женщин это было особенно сложно. Их семьи держали их под более строгим контролем, поэтому у женщин было мало возможностей познакомиться с посторонними мужчинами. Таким образом, казашки или таджички, выходившие замуж за русских мужчин в ранний советский период, как правило, были необычайно свободны по нормам своего общества. Некоторые из них были музыкантами, танцовщицами или актрисами — таких считали распущенными женщинами. Другие были воспитаны в детских домах или интернатах, поэтому они были оторваны от местных культурных традиций и не попадали под контроль со стороны расширенной семьи [Касымова 2010: 132–134]. Часто у этих женщин не было отцов или

---

[68] Интервью с Марией Искандеровой.
[69] О казашках и смешанных браках см. [Калышев 1984: 73].

иных авторитетных персон, которые могли бы воспрепятствовать браку. Когда такие союзы начиная с 1960-х годов получили чуть большее распространение, вступавшие в них женщины, как правило, были городскими и достаточно обрусевшими, часто до такой степени, что они чувствовали себя неспособными соответствовать ожидаемой от них гендерной роли и поэтому сомневались в своих способностях привлечь соотечественников (то есть мужчин из Центральной Азии). Тем не менее мусульманки, которые объявляли о своем намерении вступить в межэтнический брак, иногда сталкивались с яростным сопротивлением со стороны своих семей или семей женихов.

Алия Ахметова, женщина с казахско-татарскими корнями, вышла замуж за русского в 1970-х годах. Ей, студентке университета в Москве в конце 1970-х, было трудно завести друзей среди казахских соотечественников, которые не воспринимали ее как одну из них. «Ну, я знаю, что многие казахи, парни, тоже, когда начинали за мной ухаживать, в итоге все это прекращалось очень быстро, потому что они чувствовали, что я все-таки не казашка. По менталитету, по психологии». Ее мать сомневалась в разумности брака Алии: у нее самой случился неудачный межэтнический брак (обрусевшая татарка, она вышла замуж за казаха), и она предупреждала Алию о возможных проблемах. Однако, поскольку Алии во времена ее студенчества в Москве добивались кубинец и поляк, ее мать на самом деле была рада видеть ее замужем за советским русским, а не за иностранным гражданином. Самой решительной противницей этого союза была бабушка будущего мужа Алии, которая даже позволяла себе оскорбительные высказывания в адрес молодой женщины. (Она, по-видимому, принадлежала к поколению, которое еще не полностью усвоило советский интернационализм.) «В целом они среагировали хорошо. Но меня не приняла бабушка. <...> Она моей маме высказала, что "такие красивые бросаются русские девушки, ходят, на моего внука заглядываются. А ваша маленькая, черненькая..." — Там, не знаю, как еще она меня там назвала...»[70] Расист-

---

[70] Интервью с Алией Ахметовой, Оскемен, Казахстан, 14 апреля 2010 года.

ский подтекст, что красивые русские девушки будут более желанными для ее внука, чем невысокие, смуглые казашки, был очевиден для Алии. Родители ее мужа так и не приняли ее, и когда через семь лет Алия развелась с ним, ее бывшие родственники прекратили всякое общение как с Алией, так и с их единственной внучкой.

Мадина Нахипова, казашка, родившаяся в 1964 году в селе Абай на юге Казахстана, вышла замуж за корейца ближе к концу советского периода. В ее семье было шестеро девочек и один мальчик. Мадина училась в ташкентском педагогическом институте, хотя и не работала преподавателем. Она познакомилась со своим мужем через общих знакомых. Она описала реакцию своей семьи, когда они решили пожениться: «Конечно, отрицательно! Все были против! "Это что такое?", "Это как можно за корейца выйти замуж?", "Ты в своем уме или нет?" Но я сказала: "Это мой выбор", и вышла за него замуж»[71]. Позже, однако, ее семья полюбила ее мужа, особенно когда он проявил свою способность адаптации к казахским обычаям вплоть до ее символического похищения в соответствии с казахской свадебной традицией. На вопрос, как жениху-корейцу пришла в голову такая идея, Мадина объяснила, что он наблюдал за казахской культурой и научился всему самостоятельно. «А вот так решил, что раз на казашке, то надо все по-казахски сделать». Ее семья вскоре приняла мужа. «Он просто очень добродушный человек, человечный. Они видели эти положительные качества и поняли, что это "наш человек"». Между тем семья ее мужа приняла ее без всяких оговорок. Она немного волновалась: «Думала, как я буду жить в корейской семье? Как я буду там? Как они меня примут? Но ничего, они меня нормально приняли, с такой добротой. И после этого я тоже стала [с ними] прямо как со своими»[72]. Салтанат Тлеубаева, казашка, вышедшая замуж за русского в конце 1980-х, вспоминала, как была ошеломлена яростным сопротивлением

---

[71] Интервью с М. Нахиповой, Шымкент, Казахстан, октябрь 2012 года.
[72] Там же.

своего отца, который был категорически против планируемого брака. Ее отец, всю жизнь бывший активистом Коммунистической партии и имевший много друзей других национальностей, поставил точку, когда дело дошло до замужества его собственной дочери. Салтанат объяснила ранний распад своего брака отчасти разногласиями в семье[73].

Казашки и таджички, вступившие в смешанные браки, иногда говорили, что их мужья привлекали их отчасти потому, что они сильно отличались от стереотипных восточных мужчин. Следствием представлений о покорности восточной женщины стал образ восточного мужчины — сильного и властолюбивого кормильца семьи, принимающего решения по всем вопросам, чье достоинство оказалось бы подорванным, если бы его заметили выполняющим женскую работу. Майра Ахметова ценила своего русского мужа Сергея за то, что он отличался от казахского образца мужественности. Майра выросла в обрусевшей казахской семье в прежней столице советского Казахстана — Алматы. Ее родители были видными представителями советской интеллигенции. Ее отец, сирота, чьи родители умерли во время голода 1930-х годов, был редактором важного казахоязычного журнала. Как и многие образованные казахи ее поколения, Майра выросла, говоря только на русском языке. Она училась в одной из русскоязычных школ Алматы и поступила в Московский государственный университет. К сожалению, ее отец умер от разрыва аппендикса, когда она только оканчивала школу. Все эти факторы — обрусевшее окружение, поступление в университет в Москве и преждевременная смерть отца — в совокупности создали ситуацию, в которой она смогла встретить русского мужчину и выйти за него замуж. (Она призналась, что, вероятно, не решилась бы привести домой русского жениха, если бы отец был жив.)

Хотя сначала ее будущий муж показался ей заурядным и невзрачным, она была очарована его европейской манерой ухаживания.

---

[73] Интервью с Салтанат Тлеубаевой, Оскемен, Казахстан, 3 апреля 2010 года.

> И потом, все-таки, он ухаживал романтически. Он отличался от наших. Он мне мог букет сирени нарвать, полезть на дерево. Вы знаете, это меня так удивило! <...> Все как-то вот так было лирично, романтично... Потом мы слушали соловьев как-то с ним, ходили. И вот эта природа! Я его весной как-то полюбила, когда началось весеннее цветение. И тут я на него посмотрела по-другому. Он мне всегда показывал природу. Мы с ним гуляли, разговаривали[74].

Она противопоставляла этот романтический идиллический образ общения с молодыми казахскими мужчинами: «Наши ребята они, знаете, они ухаживают как-то так... У них либо дружеские... Ну, а романтики нет. Мало романтичности. <...> Потом они ходят компаниями, наши ребята... Они всегда группами приходят, и мы всегда группами. Получается, интимности никакой!» Если бы она вышла замуж за казаха, Майра думала, что знала бы, что ее ждет: «У нас же как-то немного мужчина главенствует, доминирует. Женщина как-то больше на таком, покорном... Мы должны, кто бы ни пришел в гости, надо накрывать, и даже самим не садиться. Вот так вот». Однако Сергей не только ухаживал за ней, но и знал, как управляться на кухне, в отличие от казахских мужчин, для которых запрет на приготовление пищи был практически абсолютным.

> А он мог еще вот так быстренько пойти, ужин приготовить. Так вот при свечах. Что-нибудь такое... Да. Он еще как ухаживал: он все время меня кормил хорошо. Вот какие-то купит всякие... Салат какой-нибудь вот такой приготовит. Это мне было так странно. Когда мы [казахи] встречались землячествами, мы в основном сами, девушки, готовили. <...> А он сам. Бежит, накроет, потом говорит: «Садись». И сейчас он дома у меня так может[75].

Готовность помогать по дому сохранилась и после того, как они поженились и завели детей:

---

[74] Интервью с Майрой Ахметовой.
[75] Там же.

> Он утром вставал, в молочную кухню бежал. <...> Он очень помогал мне. Это вообще! И ребенка мне подносил, когда я его кормила грудью. И пеленал, когда я уставала. Смотрю, а он встанет среди ночи, запеленает. <...> Очень он помогал ухаживать, да. Всё. И в детский садик отводил и приводил. <...> Ну, в общем, нету у нас такого, чтобы один сидел. То есть, он такой, как бы, равноправный брак. Ни один казах бы так не смог [смеется].

Даже ее мать, которая поначалу ругала Майру за то, что она позволяла мужу помогать по дому, со временем начала ценить Сергея как семейное сокровище. «А теперь разрешает. Теперь она уже понимает все. Она говорит: "Он нам как родной. Ой, Сергея береги". Она же старенькая уже. "Он нам как родной!"»[76] Примечательно, что Майра считала русских мужчин романтичными, искренними и готовыми помогать по дому, в то время как в России их критиковали как неотесанных, сильно пьющих бездельников, которые дома никогда и пальцем не пошевелили. Как в гендерных, так и в этнических стереотипах контекст решает все.

В Таджикистане сильно обрусевшие и советизированные женщины, которые могли бы вступить в межэтнический брак, встречались гораздо реже, чем в Казахстане. В конце советской эпохи 64 % казахов в Казахстане свободно говорили по-русски; многие городские казахи учились в русскоязычных школах и обладали лишь поверхностными знаниями казахского языка [Fierman 2006: 101]. Такого уровня русификации в Таджикистане не было. Бахринисо Абдурахманова (род. 1953) представляет собой пример нетипичной мусульманской женщины, которая вступила в межэтнический брак в Таджикистане. Будучи женщиной с высокой степенью независимости, смешанного узбекского, киргизского и таджикского происхождения, она дважды вступала в межэтнический брак: один раз с поляком, другой — с лезгином (представителем мусульманской национальности на

---

[76] Там же.

Кавказе). Тот факт, что она познакомилась с одним из своих будущих мужей во время занятий альпинизмом, свидетельствует о степени ее неординарности. Тем не менее она вспоминала, что ее родители были недовольны обоими браками. «Да, в обмороке лежали... Моя мама все говорила: "Слушай, пять миллионов таджиков, семь миллионов узбеков, ты что, не могла найти?"» Ее первый брак закончился разводом, хотя она поладила с семьей мужа. «Но его мать очень меня любила. Даже когда умирала, она [хотела видеть] только меня... потому что только я могла с ней ладить. Мы с ней в один день родились».

После неудачного брака с мужчиной не из Центральной Азии ее мать думала, что дочь усвоит урок. Однако Бахринисо выбрала лезгина в качестве второго мужа. Как и Майра в Казахстане, она ценила то, чем мужчины не из Центральной Азии отличались от местных. Она вспоминала: «Нет, я сказала, что не смогу с нашими. Зато с ними [не таджиками] интересно. Знаете, они романтичные, они другие и ухаживают, во-первых, красиво. Я думаю, что я была счастлива. Я даже сейчас посмотрю, наши [таджикские семьи] как живут, я говорю, у меня было лучше намного»[77].

«Мукаррам», таджичка, вышла замуж за русского в 1987 году, поскольку уже была полностью обрусевшей и оторвавшейся от основной таджикской культуры, что было типичным для женщин из Центральной Азии, вступающих в межэтнический брак. Ее брат и сестра тоже создали семьи с русскими. Оба ее родителя были сиротами, что частично объясняет отрыв семьи от таджикских социальных связей. (Дети, выросшие в советских детских домах, часто знали только русский язык и отождествляли себя однозначно с советским обществом. Как сказал мне один выпускник советского детского дома в Казахстане, «советское государство было моим отцом».) Мукаррам вспоминала: «Мы были единственной таджикской семьей в том месте, где мы жили. <...> И все наше окружение, все мое окружение было только русское».

---

[77] Интервью с Б. А. Абдурахмановой, Гулистон, Таджикистан, 2 августа 2011 года.

Мукаррам не говорила на таджикском, что, конечно, затрудняло общение с таджиками. «Родители с нами на русском разговаривали. Мы таджикским почти не владели. Не почти — вообще не владели». Мукаррам выросла, даже не представляя себе замужества с таджиком. «Потому что, если я общалась только среди русскоговорящих, как-то с националами [местными] не было, не пересекалась я. Потом, мне кажется, и понятие, и мировоззрение, взгляды какие-то такие были, я вот не представляла себя замужем за таджиком [смеется]. Вообще не представляла». Мукаррам знала, что она таджичка, но хотела бы называться русской. «Всегда себя чувствовала русской»[78].

Ее муж был русским, водителем троллейбуса, с которым она познакомилась, оказавшись пассажиркой на его маршруте. Его родители приняли этот брак, ее же — были не в восторге, но понимали, что не смогут ее принудить.

> Почти год мы встречались, а потом решили, что надо будет жениться. Папа, конечно, да и мама, ну, как-то не очень, они все-таки надеялись, что я все-таки за таджика выйду. Ну, понимали, что мы так выросли, сами так воспитали, что в таком окружении... Мне кажется, родители понимали, что отдать насильно все равно не получится. Там бы такой протест был бы [смеется][79].

Тот факт, что она сочла возможным отвергнуть советы родителей, также показывает, что Мукаррам не была типичной таджикской женщиной. В целом она отметила: «Со стороны русских абсолютно нормально реагировали, просто удивлялись, может быть. <...> А вот со стороны таджиков — ну, наверное, нет, не одобрялось».

Подобным образом Гульмира Абдусаматова (род. 1954) вспоминала, что ее родители прагматично отнеслись к браку ее сестры с русским, хотя и были недовольны. Родители Гульмиры были татарами и происходили из рабочего класса.

---

[78] Интервью с «Мукаррам», Худжанд, Таджикистан, июль 2011 года.
[79] Там же.

> Старше меня сестра за русского замуж вышла, он с армии пришел. Такой высокий, голубые глаза. У меня сестра тоже красивая такая, на осетинку похожа. Мы с ней совсем не похожи, с младшей мы похожи, а старшая совсем другая. И вот она за русского вышла замуж. А моя мама сказала еще: «Не пойдешь за русского замуж» <…> «У них же Бог другой. Они же православные», а сестра сказала «нет». Папа вроде сначала тоже был против. Она [мама] сказала: «Если вы будете против, я уйду из дома, и все равно выйду за него замуж». Вот так конкретно. Мама подумала, подумала, зачем терять с дочерью отношения. И вот сыграли свадьбу[80].

Представленные здесь истории не должны заслонять тот факт, что подавляющее большинство женщин из Центральной Азии даже не думали о замужестве с русскими мужчинами, и их родители никогда бы не приняли такие браки.

С точки зрения советского государства выбор супруга в советской Центральной Азии был не просто личным или семейным решением; это было нечто большее — ощутимый символ дружбы народов и шаг к современности и гендерному равенству. Однако для вовлеченных семей брак был глубоко личным выбором. Излишне говорить, что никто из моих респондентов не утверждал, что выбирал супруга ради продвижения гендерного равенства или модернизации Центральной Азии. Тем не менее идеи и ожидания, связанные с гендерной проблематикой, существенно влияли на многие смешанные пары.

Официальное представление о смешанных парах как современных воплощениях гендерного равенства было неточным, хотя, конечно, были пары, в которых один или оба партнера нарушали гендерные нормы. В целом советские идеи об освобождении женщин от обременительных гендерных стереотипов не смогли полностью проникнуть в Центральную Азию. Даже в советской России распространение этих идей было удручающе слабым. Женская вторая смена оставалась тяжелой, и набираю-

---

[80] Интервью с Г. Абдусаматовой, Худжанд, Таджикистан, 8 августа 2011 года.

щие популярность эссенциалистские взгляды на этничность сопровождались эссенциализмом и в области гендерных ролей. Две формы этих стереотипов объединились в представлении о восточной женщине — самоотверженной и скромной личности, которой многие русские и другие немусульманские женщины стремились соответствовать, выходя замуж в семьи Центральной Азии. В повседневных разговорах о правах и обязанностях членов семьи для многих женщин в смешанных семьях представить себя истинной восточной женщиной было наивысшей целью.

Глава 5
Дилеммы идентичности и принадлежности

> В общем-то, родители между собой были очень счастливые, счастливой парой! Они жили по любви, то есть они друг друга любили очень, а вот детям из таких браков, мне кажется, им тяжело с этим жить.
>
> *Сажида Дмитриева*[1]

Сажида Дмитриева, родившаяся в 1959 году на севере Казахстана в русско-татарской семье, неоднозначно относилась к смешанным бракам. Ее татарский отец и русская мать, полюбив друг друга и вступив в межэтнический брак в начале 1950-х годов, по ее мнению, поступили довольно легкомысленно, поскольку создали проблемы для своих будущих детей. Сажида выросла вдали от родственников с русской стороны, которые не одобряли брак ее родителей; ненавидела свое «звучащее по-иностранному» татарское имя, смущающее ее в русскоязычной школе, которую она посещала; страдала от непонимания своей этнической принадлежности; и в итоге в постсоветскую эпоху столкнулась с дилеммой по поводу того, где похоронить своих родителей, которые исповедовали разные религии, но просили похоронить их вместе[2].

Действительно ли дети от смешанных браков в Советском Союзе расплачивались за нонконформизм своих родителей?

---

[1] Интервью с С. А. Дмитриевой, Оскемен, Казахстан, 7 апреля 2010 года.
[2] Там же.

Если да, то что это означало в советском контексте, где государство официально приветствовало такие пары как живое воплощение дружбы народов и носителей советской современности? Притом что советское государство и общество в целом поддерживали смешанные браки, дети от таких союзов не сталкивались с официальной сегрегацией или широким социальным остракизмом, как это могло бы произойти в других странах. Они жили нормальной жизнью в советском многонациональном обществе и воспринимались как самые подлинно «советские» граждане. Однако проблемы, описанные Сажидой, были реальными.

В этой главе внимание сосредоточено на историях взрослых потомков от смешанных браков в советской Центральной Азии. В основном это были люди, родившиеся в период с 1950-х по 1980-е годы, чьи родители, чтобы создать семью, пересекли — или считали, что пересекли — значительные культурные границы и границы идентичности. Такие люди смешанного происхождения обладали, что неудивительно, достаточно разнородным опытом. Дети от советских смешанных браков были в несомненно лучшем положении, чем их сверстники в других частях мира. Дети афроамериканца и белой женщины в США, поженившихся в 1950-х годах, как и родители Сажиды, столкнулись бы с жесткой дискриминацией в сфере занятости, жилья и образования. (При условии, что семья жила бы в одном из штатов, где межрасовые браки не были запрещены.) В силу жесткой системы классификации по правилу «одной капли крови» ребенка считали бы афроамериканцем независимо от его собственных чувств. Белый родитель ребенка подвергся бы остракизму со стороны родственников и во многих случаях остался бы отрезанным от них на всю жизнь; действительно, межрасовый брак долгое время считался формой «социальной смерти» для белых[3]. Напротив, дети смешанного происхождения в Советском Союзе не были изолированы или стигматизированы. Они вели нормальную жизнь как обычные советские граждане и в определенных границах могли свободно выбирать свою национальность. Некоторые даже

---

[3] См., например, [Romano 2003: 109–110, 143].

считали, что обладать смешанным происхождением выгодно, поскольку перед ними открывались более широкие горизонты и бо́льшая свобода для маневров между требованиями и нормами двух (или более) национальностей. Часто такие люди гордились тем, что выступали мостом между двумя культурами и живым воплощением советского интернационализма. Им нравились хорошие отношения с друзьями и родственниками многих национальностей. Осознание того, что официальная идеология восхваляет само их существование, также служило источником удовлетворения для людей со смешанным происхождением.

Тем не менее обладать смешанным происхождением было не всегда легко или комфортно. Несмотря на широкое общественное принятие таких союзов в принципе, многие семьи в частном порядке выступали против межэтнического брака для своих детей. Даже если родители в итоге принимали пару, как это происходило в большинстве случаев, конфликт мог оставить затяжные обиды и эмоциональную дистанцию в семейных отношениях. Дети из смешанных семей иногда сталкивались с предрассудками в школе и в своем районе. Когда они вырастали, их иногда отвергали в качестве партнеров по браку в пользу «чистокровных» людей. Проблема, с которой сталкивались практически все люди со смешанным этническим происхождением, заключалась в необходимости согласовать свою множественную и сложную идентичность с советским требованием, чтобы каждый гражданин имел только одну официальную национальность. Хотя официальное советское отношение к смешанным бракам было благосклонным, советская система национальностей ставила потомков таких союзов в трудное положение. Национальность каждого советского гражданина была навсегда записана в удостоверяющем личность документе или паспорте. Диапазон возможных идентичностей определялся советской системой классификации, разработанной в первые десятилетия существования СССР советскими этнографами и бюрократами[4]. Человек смешанного происхождения при получении документов в возра-

---

[4] О разработке категорий в ранний советский период см. [Hirsch 2005].

сте 16 лет должен был выбрать национальность либо матери, либо отца. Такая декларация идентичности была формальным процессом, при котором молодой человек самостоятельно приходил в государственное учреждение, делал свой выбор и получал паспорт[5]. Не существовало официально признанной смешанной идентичности, также было невозможно заявить о более чем одной национальности. Объявить свою национальность «советской» тоже не допускалось[6].

Таким образом, люди со смешанным происхождением в советской Центральной Азии олицетворяли напряженность между национальным и советским. Живя на границе двух (а иногда и более) этнических групп, не идентифицируя себя полностью ни с одной из них, эти люди были естественными представителями более широкой «советской» идентичности и именно за счет этого чествовались как таковые многими советскими чиновниками и учеными. Тем не менее им было нелегко вырваться из тирании советской системы этнической классификации. Как вызовы, так и преимущества, с которыми сталкивались люди расово и этнически смешанного происхождения в Советском Союзе, были похожи на те, что описывали их в этом смысле сотоварищи в Северной Америке, Латинской Америке и Европе. С одной стороны, они «выпадают из доминирующих расовых

---

[5] О процессе паспортизации см. [Baiburin 2012: 91–109]. Китайская Народная Республика приняла аналогичный метод работы с идентичностью этнически смешанных граждан, согласно которому молодые люди смешанного происхождения в возрасте 18 лет должны выбрать гражданство одного из родителей [Mullaney 2010: 123].

[6] Многие государства, включая Южную Африку, Бразилию и другие страны Латинской Америки, разрешали или даже требовали от граждан причислять себя к смешанной категории. Перепись населения США в свое время включала смешанные категории, указывающие на доли африканской крови, такие как мулаты, квартероны и октороны. Надэтнические категории также были возможны; Югославия позволяла людям объявлять себя югославами, а не просто сербами или хорватами. См. [DaCosta 2007: 1–2; Nobles 2002: 49–53]. См. также [Williamson 1980]. Для сравнительного обзора расово смешанных категорий см. [Marx 1998]; см. также [Morning 2014: 1–15]. О Югославии см. [Sekulic et al. 1994: 83–97].

категорий; сталкиваются с недоверием и подозрительностью с обеих сторон своей семьи; подвергаются полному и болезненному нераспознаванию со стороны окружающих; выслушивают вопрос "кто ты?"», с другой стороны, они «пользуются возможностями множественных связей и идентичностей» [Parker, Song 2001: 7].

У людей со смешанным происхождением в Советском Союзе были разные способы решения дилемм идентичности, в зависимости от их собственного темперамента, семейной ситуации и среды, в которой они жили. Некоторые значительно отклонялись в сторону культуры одного из родителей за счет другого. В определенном смысле это решало проблему идентичности, но при этом ощущалось отречение от одного из родителей или части себя. Другие отвергали строгое отождествление с национальностью одного из родителей и идентифицировали себя с общей русской/советской культурой. Такие люди стремились к более широкой идентичности, которая бы превосходила национальность, — к советской идентичности. Однако консолидация советской идентичности в СССР на практике постоянно подрывалась приверженностью этнически определяемой национальности, и советская идентичность часто смешивалась с русской, которая все больше становилась закрытой категорией, основанной на происхождении или крови.

Хотя партнеры в смешанных парах часто вспоминали о том, как они объединяли элементы обеих культур и традиций в семейной жизни, их потомки редко предполагали, что они могут одновременно быть казахами и русскими, корейцами и украинцами, армянами и татарами[7]. Гибридная или пограничная идентичность, которую заявляют многие люди расово смешанного происхождения на Западе, в значительной степени отсутствовала. Однако некоторые советские граждане действительно заявляли о зарождающейся метисной или смешанной идентичности и предпочитали общаться и вступать в брак с такими же, как они.

---

[7] Об объединении традиций см. главу 3 этой книги.

В работе, посвященной переписи населения в СССР, Д. Абрамсон утверждает, что «людей нужно было убедить в объективной реальности национальной идентичности; однако эта суровая реальность могла быть убедительной только в том случае, если ее сформулировать в субъективных терминах — как "естественный" ответ человека на вопрос переписи» [Abramson 2001: 177]. Устноисторические интервью показывают, что советские граждане в целом воспринимали предположение о том, что у каждого человека должна быть только одна официальная национальность, как совершенно естественное. Обычные советские люди, среди которых были участники и потомки смешанных браков, усвоили этот взгляд на национальность как на единое и незыблемое явление. Однако для людей смешанного происхождения паспортная национальность была лишь отправной точкой для изучения вопроса идентификации. Была ли официальная национальность значимой для этих советских граждан? Если она не соответствовала их субъективным ощущениям идентичности, в какой степени это их беспокоило? Был ли выбор паспортной национальности как-то связан с тем, как на самом деле жил ребенок смешанного происхождения?

Выбирая национальность в советской Центральной Азии

В эпоху Брежнева советские социологи уделяли значительное внимание анализу и объяснению выбора паспортной идентичности детьми из смешанных семей[8]. Их особенно интересовало, приводят ли такие браки к ассимиляции меньших этнических групп в более крупные, как предсказывала теория этноса. Например, они отмечали, что дети смешанного происхождения чаще всего выбирали либо русскую национальность, либо титульную национальность республики, в которой они проживали, что вело к увеличению численности русского и титульного населения за счет меньших этнических групп и тех, кто жил за пределами

---

[8] См., к примеру, [Евстигнеев 1971: 80–85; Наумова 1987: 99–100; Бусыгин, Столярова 1988: 29].

своих родных республик [Kaiser 1994: 318–321]. Это рассматривалось как положительный признак национальной консолидации и интеграции. Некоторые советские ученые признавали, что национальность в паспорте не всегда соответствовала «полной этнокультурной ассимиляции» [Козлов 1974: 231; Социально-культурный облик 1986: 173]. В частности, они признавали, что потомок от межнационального брака «может иметь самосознание, не совпадающее с записью в паспорте» [Сусоколов 1987: 131]. Однако советские ученые редко ставили под сомнение принцип, согласно которому каждый человек, включая тех, кто родился в смешанной семье, должен выбрать и иметь одну-единственную национальность, чтобы стать хорошо приспособленным членом общества. Этот выбор, как и само существование национальности, воспринимался как нечто естественное и бесспорное.

На каком же основании люди смешанного происхождения, вынужденные выбирать одну официальную национальность, принимали это решение? В моих интервью с бывшими советскими гражданами в Казахстане и Таджикистане прослеживается несколько факторов. Во-первых, подростки из смешанных семей, направляясь в паспортный стол, как правило, в первую очередь заботились о том, чтобы угодить одному или обоим родителям. Для детей с отцами из Центральной Азии это часто проявлялось в том, что они чувствовали себя обязанными принять национальность отца, независимо от своих внутренних ощущений. Они опасались родительского или общественного неодобрения, если поступят иначе. Во-вторых, существовало твердое убеждение, что публично заявленная национальность должна соответствовать внешнему виду и имени. В противном случае могло возникнуть чувство стыда и смущения. Также иногда существовали и прагматичные причины для выбора конкретной национальности: желание принадлежать к титульной нации своей республики или избежать принятия стигматизированной идентичности. Родители сами иногда поощряли идентификацию по прагматическим соображениям, полагая, что действуют в интересах ребенка. В целом респонденты создавали впечатление, что официальная национальность имела для людей большое значение, хотя и необязательно по тем причинам, которые мы могли бы вообразить. Например, обеспечение соответствия субъективной идентификации с официальной национальностью, как правило, не имело первостепенного значения при принятии этого решения. В результате многие респонденты описывали болезненное несоответствие между официальной и субъективно переживаемой идентичностью. Часто люди официально принадлежали к нации, с которой они имели мало реального отношения как в языковом, так и в культурном плане, что становилось источником социальной неловкости и психологического дискомфорта на протяжении всей их жизни[9].

В обществе, где предполагалось, что у каждого человека должна быть одна национальность, дети смешанных кровей рано осознавали, что они не вписываются в норму. Восприятие этого как позитивного или негативного явления во многом зависело от отношения родителей и их собственного детского опыта. По условиям переписи дети до 16 лет записывались по национальности матери. Тем не менее родители с раннего возраста начинали объяснять своим детям, что означает их смешанное происхождение. «Руслан Исаев» (род. 1972), чей отец был наполовину русским, наполовину украинцем, а мать казашкой, вспоминал, что получил в детстве очень простое объяснение своего смешанного происхождения. Когда он спросил у матери, кто он по национальности, «она мне очень грамотно объяснила, что вот у тебя мама такая, папа такой, а ты наполовину такой, наполовину такой. Четко так и ясно. Вот так объяснила. А в 16 лет можешь там выбрать, записать себе так или так. Вот... И очень так по-научному, математически все объяснили...»[10] Оба родителя Руслана были учеными, что, вероятно, объясняет математическую точность разъяснения. Тем не менее такой дробный подсчет этнического происхождения ребенка был типичен для историй из жизни смешанных семей

---

[9] Ученые, изучающие расовую идентичность в западноевропейском и североамериканском контекстах, выделили три различных типа идентичности: внутреннюю, выраженную и внешнюю, или наблюдаемую. Когда внутренне ощущаемая или выраженная идентичность не подтверждается обществом, люди могут испытывать психологический стресс [Aspinall, Song 2013: 21, 80].

[10] Интервью с «Русланом Исаевым», Алматы, Казахстан, 20 апреля 2010 года.

в Советском Союзе. Клара Усманова (род. 1953), женщина смешанного русско-узбекского происхождения, вышедшая замуж за таджика, описывала забавные попытки своей маленькой дочери разобраться в своем сложном происхождении:

> Она, когда была маленькой, ее спросили, потому что [говорили] она у меня похожа, хотя и говорит, что на таджичку, я бы не сказала, что она прям на таджичку похожа... Ну, когда ее спросили, кто она по национальности, она сказала, наполовину русская, наполовину таджичка, наполовину узбечка, «мама, я правильно сказала?» Я говорю: «Правильно» [смеется]. Вот ей четыре или пять лет было[11].

Представление о том, что кровь человека может быть разделена на доли, конечно, не было уникальностью Советского Союза, при этом оно вытекает из понимания генеалогии и наследственности. Однако сигнал, который получает ребенок из смешанной семьи, не всегда может оказаться положительным. В США, как пишет Лори Менгел, «наиболее распространенное определение, накладываемое на людей смешанной расы, независимо от их происхождения, — это утверждение, что они являются фрагментированными личностями». Такие слова, как «мулат», «смешанная кровь» и «полукровка», отмечает она, «поддерживают представления о разделении крови, которое может быть количественно выражено в дробных единицах, а в обществе, мыслящем в расовых категориях, служат для укрепления идеологии о том, что человек смешанной расы в каком-то смысле меньший, чем целостная личность» [Mengel 2001: 100–101]. В обществе, мыслящем в категориях национальности, таком как Советский Союз, аналогичным образом человек смешанного происхождения мог без труда почувствовать нехватку качеств, присущих всем хорошо адаптированным советским гражданам.

Помня об этом, многие родители с раннего возраста начинали учить своих детей тому, что одна часть их этнического наследия важнее другой (-их). Талгат Акилов (род. 1966) был одним из

---

[11] Интервью с К. Усмановой, Худжанд, Таджикистан, 15 октября 2010 года.

13 детей, родившихся в сельской казахской семье, из которых семеро дожили до совершеннолетия. Будучи единственным членом семьи с высшим образованием, Талгат женился на русской женщине в 1980-х годах. Так как семья жила в консервативной казахской среде на юге Казахстана, их юный сын Ильяс, очевидно, больше отождествлял себя с казахской стороной. Талгат вспоминал: «В детстве там в основном казахи были соседи, и поэтому где-то издевались над русскими пацанами. И он пришел и мне рассказывает, что я вот так и вот так издевался и говорил про русских. А я ему сказал: "Ильяска, ты смотри, у тебя мать русская"». Пытаясь привить сыну уважение к этническому наследию матери, он также объяснял, что в казахской культуре ребенок, даже если он смешанного происхождения, принимает национальность отца. «У нас уклад такой, раз отец казах, то и ребенок казахом считается, вот так»[12].

В подростковом возрасте национальность становилась более актуальной проблемой — как из-за психологической потребности определиться со своей идентичностью, так и из-за бюрократической необходимости зафиксировать свою национальность официально в 16 лет. Вместо половины одного и четверти другого ребенок из смешанного брака становился — по крайней мере, в глазах государства — на 100 % казахом, русским или таджиком. Исследования выбора паспортной идентичности среди советских подростков показывают, что дети смешанного происхождения, включающего как европейскую, так и титульную национальность Центральной Азии, обычно выбирали национальность своего центральноазиатского родителя, так как большинство таких семей представляли собой союз европейской женщины и центральноазиатского мужчины. Дети, не обладающие наследием титульной нации, но имеющие одного русского родителя, обычно выбирали русскую национальность [Kaiser 1994: 318–321][13]. Для

---

[12] Интервью с Т. Акиловым, Шымкент, Казахстан, октябрь 2012 года.

[13] Титульная национальность в каждой советской республике была доминирующей группой, в честь которой республика и называлась — казахи в Казахстане, узбеки в Узбекистане и т. д.

детей смешанного происхождения, чьи родители не были ни русскими, ни выходцами из Центральной Азии, модели идентификации были более сложными и менее предсказуемыми.

Конечно, статистика по выбору идентичности ничего не говорит нам о процессе принятия решения, и здесь воспоминания людей смешанного происхождения могут быть показательными. При декларировании своей официальной или паспортной идентичности люди мультиэтнического происхождения в Советском Союзе якобы имели выбор между национальностью отца и матери. Однако для многих детей от смешанных браков в Центральной Азии не существовало настоящей свободы выбора. Они выбирали свою официальную национальность на основании ожиданий общества и внешних критериев, при этом их субъективные чувства играли незначительную роль или вообще не играли никакой роли в этом процессе.

Из-за патрилинейных норм в центральноазиатских сообществах, где национальность и статус определялись по отцу, люди со смешанным происхождением обычно выбирали национальность отца. Респонденты часто упоминали необходимость указывать национальность отца, чтобы проявить уважение и избежать его обиды. Марина Абдрахманова (род. 1957), архитектор со смешанным русско-казахским происхождением из Алматы, вспоминала, что для нее и ее сестер принятие казахской национальности по отцу произошло почти автоматически: «Ну, у нас, в общем-то, принято, что национальность идет по отцу. Поэтому даже вопросов не возникало»[14]. Аналогично в Таджикистане Джамиля Рахимова, родившаяся в 1953 году от русской матери и таджикского отца, ощущала, что у нее нет выбора, кроме как объявить себя таджичкой. «Ну, таджичка по папе, как бы уважение к отцу. Мне мама всегда говорила, папу вы должны всегда уважать, фамилию принять только его, нацию только его». Сажида Дмитриева вспоминала: «У нас этот вопрос как-то даже и не стоял. У нас и мама так нас воспитывала, что главный папа, раз папа главный — значит, и национальность по

---

[14] Интервью с М. Абдрахмановой, Алматы, Казахстан, 15 апреля 2010 года.

папе. У меня этот вопрос даже как-то и не стоял, я татарка, выбрала и всё»[15].

Часто именно русская мать убеждала своих детей не «оскорблять» отца, отказываясь принять его национальность. Лариса Мамадзохирова (род. 1958), наполовину русская и наполовину таджичка, вспоминала:

> Ну, да, в 16 лет же получают паспорт. Поэтому, когда зашел разговор о нации, мама сразу сказала: папу не обижайте и запишитесь таджичками. Поэтому старшая сестра у нас, она старше меня на два года, она, когда получила паспорт, она записалась таджичкой. И я тоже так же написала — таджичка, чтобы папа не обиделся...

Однако это проявление уважения было во многом символическим. Их отец-таджик общался в основном с русскими и даже имел русское прозвище: «А как-то вот так получалось, что мы жили среди русских, общались, и даже, я говорю, все соседи папу звали "дядя Вася" вначале, а потом уже "дядя Васик" и так пошло»[16].

Символическое (или нет) предположение, что дети мусульманских отцов должны принимать национальность отца, было настолько твердым, что люди со смешанным происхождением, которые выбирали свою национальность иначе, сталкивались с общественным неодобрением. Бахринисо Абдурахманова, родившаяся в 1953 году в таджикистанском Ленинабаде (ныне Худжанд), обладает непростым этническим происхождением. Ее отец был узбеком, а мать происходила из смешанной узбеко-киргизско-таджикской семьи. Она была твердо уверена, что должна сохранить национальность своего отца-узбека, даже если это повредит ее будущей карьере в Таджикской республике. «В 70-х годах, когда уже институт закончила, мне предлагали изменить свою нацию, написать, что я таджичка, [они говорили]

---

[15] Интервью с Дж. Рахимовой, Согдийская область, Таджикистан, 23 октября 2010 года; интервью с С. А. Дмитриевой.

[16] Интервью с Л. Мамадзохировой, Худжанд, Таджикистан, июль 2011 года.

что я продвинусь, мне бо́льшие посты предлагали. Я не пошла на это. Вы знаете, это нация моего отца, я не могу его предать»[17].

В случаях развода или отсутствия отца ребенок мог принять национальность русской матери, но не без угрызений совести. Людмила Давыдова (род. 1954), вдова, родившаяся и выросшая в Казахстане, приняла национальность русской матери, так как ее отец-ингуш отсутствовал бо́льшую часть ее детства. Она вспоминала, что часто сталкивалась с удивленными взглядами, когда называла свое имя и национальность. Поскольку ее девичья фамилия и отчество явно указывали на ингушское (или, по крайней мере, мусульманское) происхождение, люди ставили под сомнение ее официальную регистрацию в качестве русской[18].

В менее традиционных семьях стремление угодить родителям иногда означало, что братья и сестры принимали разные официальные национальности, чтобы у каждого из родителей был ребенок своей национальности. Родители Леси Каратаевой, женщины со смешанным русско-казахским происхождением, предложили ей зарегистрироваться в качестве казашки, так как ее старший брат Саша уже зарегистрировался как русский. «Вот таким образом вы, дети, не обидите ни маму, ни папу»[19]. «Айгерим Семенова» (род. 1952), государственный служащий со смешанным казахско-русским происхождением, вспоминала о подобном разделении национальностей в своей семье: «И когда я паспорт получала, я себе записала "казашка". А брат, когда паспорт получал, записал "русский". Он говорил, что вам хватит сестры… что она казашка. Ну, папа, он тоже никак на это не реагировал. Он сказал: "Ну, это твой выбор. Как ты хочешь"»[20].

---

[17] Интервью с Б. А. Абдурахмановой, Гулистон, Таджикистан, 2 августа 2011 года.

[18] Интервью с Людмилой Давыдовой, Алматы, Казахстан, 15 апреля 2010 года. Интересно, что вера в то, что национальность происходит от отца, сосуществовала с убеждением многих советских ученых, что именно мать в большей степени передает свой язык и культуру — и, следовательно, свою этническую идентичность — детям и семье в целом. (Отсюда и вера в то, что русские женщины смогут модернизировать семьи и деревни Центральной Азии.)

[19] Интервью с Л. Каратаевой, Алматы, Казахстан, 19 апреля 2010 года.

[20] Интервью с Айгерим Семеновой, Оскемен, Казахстан, 22 сентября 2011 года.

Некоторым детям со смешанным происхождением, возможно, из-за характера их отношений с родителями, был доступен более свободный выбор при принятии решения о своей национальности. Светлана Визер, родившаяся в середине 1950-х годов от татарского отца и русской матери, почти не задумываясь объявила себя русской, когда пришла в 16 лет за паспортом. Она выросла в русскоязычной культурной среде и не могла себе представить, что может претендовать на национальность, с которой не имеет ни языковой, ни культурной связи. Ее отец-татарин адаптировался к русской семье своей жены.

> И я там должна была заполнить какие-то формы. И мне говорят, что у вас же отец татарин, а мать русская. А вы какую себе возьмете национальность? Я чуть ли не впервые пришла туда, что-то заполняю, а мне: «Какую возьмете национальность!» Я говорю: «Ну, русскую, наверное». «Ну, вы подумайте!» Я говорю: «Ну, русскую, конечно!» Ну, написали «русская».

Ее отец, отнюдь не авторитарный человек, мягко предположил, что она, возможно, захочет принять его национальность, но настаивать не стал.

> А он мне: «А почему ты выбрала русскую?» Я говорю: «Ну, а какую я могла выбрать? Ну, сам подумай!» Он говорит: «Ну, татарка». Я говорю: «Ну, какая я татарка? Я даже языка не знаю. Ну, сам подумай! Ну, какая я татарка? И обычаев не знаю». В 16 лет я уже могла так дерзко разговаривать с отцом. Конечно, может быть, это малодопустимо, но вот у нас допускалось... Он: «Да? Может, все-таки подумаешь, изменишь решение?» Я мать спрашиваю: «Мама, ты как считаешь?» Она говорит: «Ты делай так, как ты считаешь нужным. Считаешь, что ты русская, значит, ты русская. Если хочешь быть татаркой, значит, пойди и напиши, что ты татарка». Я говорю: «А как я напишу, я же уже подала все документы. Уже я заполнила эту анкету. И почему мы этого раньше не обсудили?» Они как-то либо сами об этом не подумали, либо для них это был острый вопрос[21].

---

[21] Интервью с С. А. Визер, Алматы, Казахстан, апрель 2010 года.

Таким образом, Светлана — чье полное имя в то время было Светлана Ахметшакуровна Абдулганиева — официально осталась русской, несмотря на татарское отчество и фамилию. Она была одной из немногих счастливчиков среди детей со смешанным происхождением, у которых субъективные чувства идентичности и паспортная национальность более или менее совпадали. Никто из ее родителей не настаивал на выборе определенной национальности, поэтому она выбрала ее по собственным ощущениям. Тем не менее она вспоминала, что несоответствие ее имени, национальности и внешности иногда вызывало путаницу. «Меня редко идентифицировали сразу татаркой, хотя светлых татар достаточно много. У меня и сейчас-то волосы не очень-то темные, а в 17 лет они были совсем светлые... А по фамилии искали всегда такую: черноглазую, черноволосую. А потом удивлялись: "Так это вы, да? Ну, ладно"»[22].

Наряду с правилом принятия национальности отца в смешанных семьях считали само собой разумеющейся важность того, чтобы официальная национальность человека как-то соответствовала его внешним атрибутам, таким как имя и фенотип. В идеале имя, фамилия, отчество, внешность и национальность должны совпадать. Если человек, например, «выглядит азиатом», то ему было бы странно называть себя русским. (Этот акцент на совпадении имени, национальности и фенотипа был одним из способов проявления расового мышления в жизни людей со смешанным происхождением.) И аналогично — при славянском имени, отчестве и фамилии было бы странно заявлять о себе как об армянине или казахе. Так, Ержан Байбурин (род. 1959), казах, женатый на русской женщине, отметил, что у его дочерей на самом деле не было выбора, кроме как зарегистрироваться казашками: «Ну, у них, видите, фамилия моя. Имя восточное. Не было смысла, наверное, писать другое»[23].

Елена Джульчиева (род. 1947) на момент нашего интервью была замужем за казахом уже 45 лет. Она вспоминала, что ее дочь

---

[22] Интервью с С. А. Визер.
[23] Интервью с Е. Байбуриным, Оскемен, Казахстан, 19 сентября 2011 года.

Гульнара, появившаяся на свет, когда ее родители учились в Ленинграде, в 16 лет хотела зарегистрироваться русской. Но Елена отговорила ее, утверждая, что ее тройное казахское имя и отец-казах делают этот выбор неудачным:

> Ну, я ей так дала немного времени подумать, потом говорю: «Доча, вот смотри: ты придешь получать паспорт и там написано "Джульчиева Гульнара Ахмедовна". Так? Даже если ты и родилась в Ленинграде, но жить-то мы все равно здесь же будем. Может быть, когда-то ты замуж выйдешь и уедешь... в Россию. Но тем не менее тебе, вот... как-то не сочетается. Тем более папа у тебя казах». Я говорю: «Подумай!» Ну, и она «казашка» написала[24].

Однако «выглядеть азиаткой» и декларировать азиатскую национальность не обязательно означало идентифицировать себя как азиатку. «Надя Ким», женщина смешанного украинско-корейского происхождения, проживающая в Казахстане, считала себя больше украинкой, чем кореянкой, так как провела значительную часть своего детства в Украине с бабушкой. Тем не менее она указала корейскую национальность в паспорте. По словам ее матери, Надя колебалась назвать себя украинкой из-за своей внешности.

> Вот, про Надю я знаю, что она сказала, что она кореянка... потому что Надя мне говорила в том отношении, что: «Мама! Как я напишу, что я украинка, имея такую внешность?! Какая я украинка?!» Это когда я ей сказала, что ты можешь выбирать в принципе, то она мне сказала: «Мама! Да ты что, смеешься что ли?! Как я буду выбирать? Какая я украинка, если я по внешности кореянка?»[25]

На выбор официального гражданства влияли и прагматические соображения. В смешанных семьях родители иногда убеждали своих детей избегать выбора национальности, которая

---

[24] Интервью с Е. Джульчиевой, Алматы, Казахстан, 15 сентября 2011 года.
[25] Интервью с Дарьей Ким, Оскемен, Казахстан, 14 февраля 2008 года.

могла бы подвергнуть их преследованию (особенно это касалось немцев, корейцев, чеченцев и ингушей, которые подвергались депортациям в сталинскую эпоху). Сусанна Морозова, женщина смешанного украинско-армянского происхождения, вспоминала о 1970-х годах — о том, когда она была ребенком:

> Ну, тогда мне казалось, что это [национальность] важно. Даже может повлиять, там, на мою дальнейшую личную жизнь... Вот у меня была подруга — немка, но она написала, что она — русская; подруга была кореянка, она от смешанного брака, но она написала, что она русская. Тогда было свойственно, что, если есть у тебя возможность, писать, что ты — русский[26].

Рональд Суни писал об «иерархии национальностей», при которой титульные национальности в собственных республиках и русские в Советском Союзе в целом пользовались особым статусом. Национальности вне своих республик или вообще без республики находились на самом низком уровне иерархии [Suny 2001: 874]. Хотя в целом желательнее было быть русским, респонденты вспоминали, что принадлежность к титульной национальности также была полезной, так как другие группы могли оказаться в невыгодном положении при приеме на работу или получении высшего образования. Так, Айгерим Семенова с раннего возраста идентифицировала себя с казахской национальностью своего отца, несмотря на то, что родилась в России. «И когда я паспорт получала, я себе записала — "казашка"», — вспоминала она. Ее родители оставили выбор за ней. «А я всегда думала, что я буду жить и работать в Казахстане. Мне, наверное, надо быть казашкой»[27]. Фатима Сатыбалдинова (род. 1951), казашка, вышедшая замуж за татарина, настаивала, чтобы ее дети регистрировались как казахи, нарушив главное правило, что дети мусульман должны принимать национальность отца. «Мой муж хотел, конечно... чтоб дети записались татарами. А я настоя-

---

[26] Интервью с С. Морозовой, Оскемен, Казахстан, 10 апреля 2010 года.
[27] Интервью с Айгерим Семеновой.

ла: пусть будут они казахи». На вопрос, почему она так решила, она ответила: «Потому что, знаете, все равно мы живем в Казахстане. Люди другой национальности не всегда могут достичь, чего они хотят»[28]. Джамиля Рахимова и ее братья и сестры получили аналогичный совет от своего таджикского отца: «Ну и папа говорил: "Вы в Таджикистане живете, если вы хотите будущее свое предусмотреть, должны быть таджиками"»[29].

Хуже всего в иерархии национальностей было тем, кто не имел своей национальной республики. «Камал Ибраев», по национальности уйгур, всю жизнь проживший в Казахстане, женился на русской женщине в 1973 году. Он советовал своим детям не брать его национальность, потому что уйгуры не имели статуса и преимуществ территориальной национальности. «Ну, вот так вот, а вообще по национальности я уйгур. Везде я пишусь как уйгур. Дети мои пишутся уйгурами. Почему они так, я не знаю. Мать у них русская, говорю им: "Пишитесь русскими", — а они: "Нет". Я говорю им: "У вас ни Родины, ни флага"»[30]. В этом случае правило принятия национальности отца вступило в противоречие с тем, что могло бы иметь больше смысла с практической точки зрения.

Поскольку национальность часто выбиралась на основании внешних критериев — предпочтений родителей, веры в патрилинейную семейную структуру, внешнего вида, имени или практических соображений, — часто возникало несоответствие между официальной национальностью и субъективной идентичностью. Во многих случаях дети от смешанных браков не ощущали особой близости с национальностью своих центральноазиатских или мусульманских отцов. Тот факт, что в смешанных семьях с русскими и центральноазиатскими корнями часто именно русские матери — а иногда бабушки — проводили больше времени с детьми, разговаривая с ними по-русски и рассказывая русские сказки и стихи, также усиливал контраст с «официальной» национальностью отца.

---

[28] Интервью с Ф. Сатыбалдиновой, Алматы, Казахстан, 10 апреля 2010 года.

[29] Интервью с Дж. Рахимовой.

[30] Интервью с «Камалом Ибраевым», Алматы, Казахстан, 28 июня 2008 года.

Тимур Сергазинов (род. 1976), сын казахского отца и русской матери, в 16 лет официально зарегистрировался как казах. Тем не менее он и его три сестры обычно ассоциировали себя с культурным наследием по материнской линии. «Мы все себя ощущаем больше, поскольку мы русскоязычные, сложилась своя культурная особенность внутренняя. Мы все-таки больше ощущаем себя русскими, как ни говори»[31]. Татьяна Салибаева (род. 1953), русская женщина, вышедшая замуж за таджика в Таджикистане, отметила, что ее дети официально зарегистрированы как таджики. «Единственное у них таджикское — это то, что сделали им обрезание, назвали по-национальному и то, что у них папа, вот, таджик. А так у них полностью всё, всё на русском, всё по-русски у них»[32].

Для некоторых потомков межэтнических браков эти проблемы выходили за рамки несоответствия между официальной национальностью и субъективной идентичностью и приводили к чувству отчуждения от культуры одного из родителей. Людмила Давыдова ощущала себя некомфортно, когда ее семья посещала Северный Кавказ: «Ой, вы знаете, мы пожили там эти полгода, и мне не понравилось там». Ее родственники сразу приняли ее как свою, но «они почти силовым методом хотели заставить меня полюбить народ и признать полностью все традиции». Родственники ее отца, видимо, предполагали, что ее ингушская кровь автоматически вызовет привязанность ко всему ингушскому, хотя она была мало знакома с культурой отца, пока росла в Казахстане[33].

Сусанна Морозова (род. 1973), наполовину армянка, наполовину украинка, с ранних лет решила, что не хочет выходить замуж за мужчину с Кавказа, несмотря на ее любовь к своему доброму и остроумному армянскому отцу. Она открыто признала, что боялась таких мужчин, которые иногда подходили к ней из-за ее армянской внешности.

---

[31] Интервью с Т. Сергазиновым, Оскемен, Казахстан, 5 апреля 2010 года.

[32] Интервью с Т. Н. Салибаевой, Худжанд, Таджикистан, 9 октября 2010 года.

[33] Интервью с Людмилой Давыдовой.

> А вообще-то, я всегда была уверена, что я выйду замуж за русского мужчину. Я вот не хотела выходить замуж за кавказца, за представителя кавказской национальности, я их даже как-то боялась. Несмотря на то что у меня папа армянин, если я видела на улице мужчину кавказской национальности, то я переходила на другую сторону, они еще что-то долго в мою сторону кричали на своем языке, я их жутко боялась и обходила стороной. Я очень хотела выйти замуж за русского[34].

Яркое описание Сусанны того, как она «жутко боялась» и «переходила на другую сторону» улицы, когда видела мужчину армянского, как и у ее отца, происхождения, может быть крайним случаем отчуждения от своей официальной национальности, однако подобные чувства не были редкостью. Несоответствие между субъективной идентичностью и официальной национальностью было обычным явлением для потомков от смешанных браков, как и неспособность соотнести себя со своей официальной национальностью. Как же повлиял такой опыт на жизнь людей смешанного этнического происхождения в советской Центральной Азии?

Чувствуя себя маргиналом в советской Центральной Азии

Более пристальный взгляд на жизнь двух женщин со смешанным этническим происхождением в Казахстане может помочь нам ответить на этот вопрос. Одна из них, «Алия», испытывала трудности с определением своей идентичности, а другая, «Мария», страдала от нехватки признания со стороны окружающих национальности, с которой она больше всего себя ассоциировала. «Алия Ахметова» родилась в Казахстане в 1958 году в семье казаха и татарки, позже она вышла замуж за русского мужчину. Для Алии смешанное этническое происхождение принесло негативный опыт во времена ее взросления. Ей было сложно найти свое место в мире, и она открыто винит в своих проблемах от-

---

[34] Интервью с С. Морозовой.

сутствие четкой этнической идентичности. Такие типичные переживания для людей мультиэтнического происхождения, как «выпадение из доминирующих расовых категорий» и «глубокое и болезненное непризнание другими», проявляются и в истории жизни Алии [Parker, Song 2001: 7].

Мать Алии была обрусевшей татаркой родом из Поволжья, чьи родители пострадали от сталинских репрессий 1930-х годов. В конце 1950-х годов, во время учебы в Москве, мать Алии оказалась под следствием КГБ как дочь врагов народа. Она бежала в Казахстан, рассчитывая, что сможет затеряться среди потоков людей, прибывавших туда в рамках освоения целины. В деревне, где она поселилась, она стала учительницей в местной школе. В итоге она вышла замуж за своего бывшего ученика, казаха, который был моложе ее на пять лет. Алия, одна из двух дочерей, родилась в деревне Карагандинской области и провела раннее детство, живя со своей казахской бабушкой.

Взгляды Алии на этническую принадлежность и самоидентификацию формировались под влиянием ее детских переживаний и сложных отношений между ее родителями. С раннего возраста у нее появились негативные чувства к казахской стороне своего происхождения. Проведя раннее детство в казахской деревне, она совершенно не говорила по-русски, когда пошла в первый класс русскоязычной школы. Другие дети дразнили ее за то, что она говорила по-русски с казахским акцентом, что, по ее словам, породило у нее пожизненную неприязнь ко всему казахскому[35].

На нее также повлияло поведение ее матери, которая превозносила татар над казахами и часто пренебрежительно отзывалась о своем муже в присутствии дочерей.

> Ну, я помню, в общем, что она очень... очень была высокомерна. <...> Она вот приехала, как луч света там, прожектор просвещения. Подобрала этого казачонка... воспитала, отмыла, отстирала. Как вот я помню в детстве, что она это с подружками говорила.... отмыла-отстирала, научила, по-

---

[35] Интервью с Алией Ахметовой, Оскемен, Казахстан, 14 апреля 2010 года.

ставила на ноги. <...> Что она как бы помогла ему сформироваться как человеку, хотя она считала казахов очень недостойной нацией[36].

Алия считает, что пренебрежительное отношение ее матери к казахам отравило их брак и повлияло на отношение детей к казахам. Брак был нестабильным, и пара некоторое время жила раздельно; они бы развелись, если бы не давление со стороны партийных чиновников, чтобы они оставались вместе. Мать Алии была членом Коммунистической партии, занимала ответственные должности и должна была подавать хороший пример. «И в один прекрасный день ее вызвали по партийной линии и сказали, что либо кладите партбилет на стол и разводитесь, либо вы соединяйтесь и живете семьей». Алия отметила, что Коммунистическая партия в целом не одобряла разводы среди своих членов, но особенно плохо относилась к разводам в смешанных браках. «Они формировали советского человека и, конечно, им было, так сказать, наверное, не все равно, сохранится такой межэтнический брак или нет».

Отчуждение Алии от национальности ее отца осложняло ее жизнь в обществе по мере взросления. Ее мать, несмотря на свое пренебрежительное отношение к казахам и плохие отношения с мужем, воспитала ее с убеждением, что мусульмане всегда принимают идентичность своего отца, поэтому Алия в своем советском паспорте в 16 лет зарегистрировала себя как казашка. Она вспоминала: «Это даже не обсуждалось в нашей семье, кем я хочу быть: татаркой, казашкой». Однако ее официальная национальность не соответствовала ее внутренним ощущениям. Что делает человека настоящим казахом? Для Алии это означало знание определенных норм поведения, способов общения с людьми, традиций и, особенно для девушек, умение оказывать гостеприимство в казахском стиле и предлагать угощения на общественных мероприятиях. Она не научилась этому в своей семье, которая была исключительно советской и коммунистической,

---

[36] Там же.

и не отмечала мусульманские праздники. «От меня ожидают поведения казашки. А это ожидание не оправдывается. Человек либо теряет интерес, либо появляется агрессия». Алия считала, что быть казахом — это своего рода перформанс, внешняя демонстрация особенностей и поведения, присущих определенной этнической группе.

> Какая-то национальность, она имеет все-таки какие-то очертания. Мы же как-то определяем: ты казашка, ты русская, ты гречанка, ты немка и так далее. <...> Это же все связано именно с твоей личной культурой. Как ты себя показываешь, как ты себя идентифицируешь перед окружающим миром. А когда ты не можешь себя сам отделить от других национальностей, то как тебя другие отделят?[37]

Будучи русской по культуре, Алия не ассоциировала себя ни с казахами, ни с татарами, но и не могла претендовать на русскую идентичность из-за своего «азиатского» происхождения и внешности. В 1981 году, вскоре после окончания института в Москве и переезда в Алматы, она познакомилась и вышла замуж за своего мужа «Игоря», этнического русского, который родился и вырос в Алматы. Мать Алии была против этого брака, напоминая Алии о том, что она сама была несчастлива в межэтническом браке. Она убеждала Алию серьезно подумать, прежде чем повторить ту же ошибку. В ответ Алия указала на свою дилемму человека смешанного происхождения; кого бы она ни выбрала, она все равно вступит в смешанный брак. «А за кого я замуж выйду? Я не казашка, я не русская... За кого?» К сожалению, брак Алии с русским не решил ее проблем с идентичностью. Наоборот, она выбрала мужчину, который был предвзято настроен по отношению к казахам и регулярно оскорбительно о них отзывался. Несмотря на свою отчужденность от всего казахского, Алия была оскорблена его отношением.

Убедившись, что она страдала из-за своей неоднозначной идентичности, Алия была полна решимости сделать все возмож-

---

[37] Интервью с Алией Ахметовой.

ное, чтобы ее дочь «Нина» (род. 1981) избежала подобных проблем. Хотя Алия развелась и не поддерживала контакт с бывшим мужем и его родственниками, она пыталась предотвратить путаницу с самоидентификацией своей дочери, у которой были татарские, казахские и русские корни, прививая ей исключительно чувства русской принадлежности. Однако это создало дистанцию между дочерью и татарскими и казахскими родственниками Алии — единственными людьми, которые могли бы стать для девочки большой семьей. Алия вспоминала, что ее дочь представлялась людям словами: «Я — Нина. Я русская»[38]. Неудивительно, что, учитывая ее настойчивость в утверждении своей русской идентичности, юная Нина росла вдали от родственников по материнской линии. Более того, как и ее мать, Нина выработала негативное отношение к своему казахскому наследию. Воспитывая дочь исключительно как русскую — не будучи русской сама, — Алия фактически поощряла дочь к повторению ее собственного опыта неспособности приобщиться к национальной культуре, которая, как предполагалось, была ее по праву рождения. Алия решила, что у ее дочери не должно быть путаницы с национальностью. По мнению Алии, ее собственная неопределенная национальная идентичность объяснялась ее смешанным происхождением, а не прочими аспектами ее биографии, которые могли сыграть свою роль (например, ранняя потеря ее матерью родителей — а вместе с ними и ее татарской идентичности — из-за сталинских репрессий). В соответствии с усиливающимися в советском дискурсе того времени примордиальными взглядами, Алия рассматривала национальность как нечто единое, эссенциальное и присущее личности.

Если история Алии показывает трудности, с которыми сталкивается человек смешанного происхождения, не имеющий четко определенной национальности, то история «Марии» демонстрирует трудность обладания субъективной идентичностью, которая не подтверждается извне. «Мария Искандерова» (род. 1960), наполовину азербайджанка и наполовину русская, не

---

[38] Там же.

отождествляла себя с азербайджанской стороной, несмотря на свои теплые отношения с отцом. Она выросла на севере Казахстана, говорила на русском языке и ассоциировала себя с русской культурой. По ее словам, «я [больше идентифицирую себя] с русской. Я другой просто и не знаю». Попытки отца познакомить ее с азербайджанским языком и культурой при помощи непродолжительных уроков и поездок к родственникам на его родину не увенчались успехом. Она прочитала несколько произведений азербайджанской литературы — в русском переводе — но не нашла в них ничего вдохновляющего. Во времена ее детства ее семья даже прожила год в Азербайджане, но ни она, ни ее русская мать не чувствовали себя там комфортно. «Там абсолютно другая культура, и если к ней не привыкаешь, то тяжело. Для меня, например, тоже. Вот восточная музыка, с одной стороны интересна, любопытна, но с другой, мне чужая и быстро надоедает. Нет чего-то близкого, и начинаешь скучать»[39].

Тем не менее Мария внешне походила на отца, носила его фамилию и отчество. Это несоответствие между внешними национальными признаками и ее субъективными ощущениями вызывало нежеланные комментарии от незнакомцев. «Мне до того надоело это внимание, которое всегда было, обращали на меня особенно. Я похожа на папу. Я совсем не похожа на маму. И все: "Ой! Это твоя мама! Ой! А вы не похожи на русскую! А кто папа? А как? А что?" и так далее [смеется]. Вот как-то эти вопросы были не очень приятны». Помимо навязчивых вопросов, Мария сталкивалась с предположением, основанным на ее имени и внешности, что она будет говорить с акцентом или на ломаном русском языке:

> Брату было легче. Он одновременно похож и на папу, и на маму. Он темненький, конечно. Но глаза у него голубые. И он больше был похож на русского. Единственное, что он был черноволосым. Но русские тоже такие бывают. Поэтому к нему не с таким любопытством относились, как ко мне.

---

[39] Интервью с «Марией Искандеровой», Оскемен, Казахстан, 3 апреля 2010 года.

> Ко мне же... Вот я даже начинала говорить и... «Ой! А ты без акцента говоришь! А ты кто по национальности?» [смеется]. Ну, елки-палки, почему я должна с акцентом говорить?!

Детские переживания Марии — нежелательное внимание, неловкие вопросы — знакомы многим людям смешанного происхождения в различных контекстах. Болезненное для Марии ошибочное ее распознавание как не владеющей русским языком иностранки напоминает о тех представителях второго или третьего поколения американцев азиатского происхождения, которым удивленно говорят, что они хорошо говорят по-английски. Мария с горечью замечала, что она никогда не смогла бы заявить о своей русской национальности, несмотря на внутреннюю убежденность в том, что это ее истинная идентичность, потому что это сделало бы ее посмешищем: «Я сама для себя как-то уже определила и решила, что записать с моей внешностью в паспорте национальность "русская" было бы смешным. Кто поверит-то?! Что народ-то смешить? [смеется]»[40].

Почему для Марии заявить о том, что она русская, казалось нелепостью или шуткой? Действительно, фамилия и отчество были у нее азербайджанскими, и она больше походила на азербайджанку, чем на русскую. Однако подобранные Марией для этого слова говорят о сильных эмоциях, стоящих за ее заявлениями. В конце концов, она была наполовину русской и в рамках советской системы национальностей имела право претендовать на русскую идентичность. Ее боязнь насмешек говорит о том, что она не чувствовала себя вправе, несмотря на материнскую кровь, заявлять о русской идентичности — награде, которую другие сочли бы не принадлежащей ей по праву.

Распространенный в западной литературе начала XX века образ людей смешанной расы предполагал, что они испытывают сильное желание подражать европейцам и стремятся «сойти» за белых. В межвоенный период американская писательница Гертруда Марвин Уильямс с презрением писала о смешанных англо-индий-

---

[40] Там же.

цах в Южной Азии, которые носили европейскую одежду, предпочитали общаться с британцами и «говорили об Англии как о "доме", хотя при этом они могли там ни разу не быть». Она, как и многие другие, считала абсурдным и жалким то, что люди смешанного происхождения пытались «выдать себя» за белых[41]. В Советском Союзе не существовало правила «одной капли крови» или ожидания, что только кто-то с «чистым» происхождением мог претендовать на русскую идентичность. В реальности дело обстояло иначе: в полиэтничной имперской России люди разных национальностей сливались воедино, формируя русскую нацию. Известная поговорка подчеркивала конгломератную, гибридную природу русского народа: «Папа турок, мама грек — а я русский человек»[42]. Тем не менее опыт Марии показывает, что и русскость начала́ ассоциироваться с определенным фенотипом и происхождением.

Исследования показали, что в расиализированных обществах Запада на самоидентификацию людей смешанного происхождения оказывает влияние их восприятие того, какими их видят другие [Aspinall, Song 2013: 79–80]. Аналогично и в Казахстане, Марии было трудно заявить о своей идентичности, которая не находила подтверждения в обществе. Вспоминая фильм, который она когда-то видела, о чернокожем человеке, который вырос в России, она красноречиво описала дискомфорт людей смешанного происхождения, чьи имя и внешность не соответствуют их культурным предпочтениям. Мария твердо отождествляла себя с этим человеком и его дилеммой — тем, что русская культура, с которой он себя идентифицировал, не принимала его как своего. «Вот, я помню, что я почувствовала что-то родное такое, ощутила, вроде "Боже мой! Как же тяжело ему жить!" <...> И то, как я его понимаю. И как вообще ему? То есть, он принадлежит этой культуре? И он другого ничего не знает, а от него ждут, что сейчас он достанет банан из кармана, начнет его чистить и стучать в бубен»[43].

---

[41] Цит. по: [Furedi 2001: 37].

[42] Несколько иная версия этого высказывания приводится в работе Д. Лэйтина «Identity in Formation» [Laitin 1998: 191]. См. также [Dave 2007: 127].

[43] Интервью с Марией Искандеровой.

Этот яркий образ показывает, до какой степени национальная культура в позднем Советском Союзе стала восприниматься как нечто врожденное. В стране, где Александр Пушкин, на одну восьмую африканец, считается величайшим национальным поэтом, Мария полагала, что русский африканского происхождения будет восприниматься своими соотечественниками сквозь призму самых гнетущих стереотипов. (Действительно, несколько моих респондентов описывали африканцев как занимающих низшую ступень в глобальной расовой иерархии, показывая тем самым, насколько были распространены подобные взгляды в позднем СССР, несмотря на официальный дискурс антирасизма[44].) В такой системе взглядов культурная идентичность человека больше не была гибкой, приобретенной или тем более предметом выбора, на чем настаивали советские ученые и официальные лица в 1920-х и 1930-х годах.

Преодолевая национальность: советская идентичность и идентичность метисов

Советская система национальностей, разработанная для того, чтобы обеспечить каждому гражданину СССР национальность с соответствующим языком и территорией, была проблематичной для людей смешанного происхождения. Как мы уже видели, идентификация с несколькими национальностями или отсутствие таковой вовсе не были возможными вариантами. Однако не все люди смешанного происхождения страдали от путаницы и разочарований, описанных Алией и Марией. При попытках избежать навязывания единой идентичности некоторые потомки от смешанных браков стремились к надэтнической идентич-

---

[44] Несколько респондентов сказали мне, что они могут согласиться на любой смешанный брак для своих детей, кроме брака с человеком африканского происхождения. Тем не менее такие браки случались и в советское время, и после него. О русско-африканских браках см. [Крылова 2003; Крылова 2006]. О дискриминации и нападениях на африканцев в 1960-х годах и позже см. [Matusevich 2017: 239–245; Hessler 2006: 33–63]. О предубеждениях в отношении африканцев в Казахстане см. [Dave 2007: 12].

ности, которая выходила бы за рамки национальностей. Для многих из них наиболее естественным и аутентичным было бы заявить о советской идентичности. В эпоху Хрущева и Брежнева советская власть в новом духе с уверенностью и настоятельностью предсказывала появление единого советского народа[45]. Однако советским гражданам не позволялось указывать «советский» в качестве национальности в документах, удостоверяющих личность, или во время переписи населения. Тем не менее многие члены смешанных семей в Таджикистане и Казахстане утверждали, что они твердо идентифицировали себя с советским народом и искренне верили в концепцию дружбы народов. Идентификация себя в качестве советского человека ставила людей смешанного происхождения в политический и социальный авангард; вместо маргинализации и ощущения себя неполноценными из-за отсутствия национальности они чувствовали себя особенными.

Светлана Визер заявила о себе как о русской в 16 лет, вопреки общепринятому мнению, но она предпочла бы иной выбор. «Хоть мне было 16 лет, я для себя думала: вот была бы такая национальность — "советская". Нет, действительно, у меня не было такой жесткой идентификации, чтобы сказать, что я вот русская, в русской культуре была воспитана»[46]. Людмила Давыдова согласилась, что, если бы в паспорте можно было указать «советский», она и многие другие так бы и сделали[47]. Сусанна Морозова выросла, не разговаривая по-армянски, и она не ощущала особой связи с этой нацией: «Нет, конечно, по ощущениям я не армянка. Во мне, ну, ничего армянского нет, ну, может кроме внешности, черт внешности. Я себя ощущаю, вот сейчас я себя ощущаю вот действительно как "советский человек"». Леся Каратаева заявила о своем казахском отце и русской мате-

---

[45] Хрущев подробно развил эту концепцию в своей речи на XXII съезде партии в 1961 году, а десять лет спустя ее продолжил и Брежнев на XXIV съезде партии. Термин также появился в Конституции 1977 года [Simon 1991: 307–312; Whittington 2018: 206–210].

[46] Интервью с С. А. Визер.

[47] Интервью с Людмилой Давыдовой.

ри: «Сложно сказать, что это межэтнический брак... потому что они были советские люди»[48].

Конечно, не только люди смешанного происхождения идентифицировали себя как советские. Надэтническая идентификация с советским государством была широко распространена среди определенных слоев советского общества, особенно среди городских жителей с высоким уровнем образования. При этом людей смешанного происхождения можно не винить за то, что у них сложилось впечатление, будто бы они больше других были по-настоящему уникально советскими. Джамиля Рахимова вспоминала, что в юности ощущала себя именно так. «Вот именно то, что я советский человек, брак от таджика с русской, вот это для меня был советский человек. Действительно советский, вот в этом воплощение советского я, вот, действительно ощущала».[49] Рустам Искандаров (род. 1955), тоже потомок таджикско-русской пары, сказал: «Нет, абсолютно нет», когда его спросили, чувствовал ли он себя когда-нибудь не в своей тарелке как человек смешанного происхождения. Он пояснил: «Знаете, в советские времена у нас была такая тенденция, как говорили, новая общность появится, "советский человек"». Он уточнил:

> Это все было, социально-экономическая обстановка, идеология была определенным образом направлена на формирование вот такой личности, где национальность не играла роли. Главное — преданность стране, государству. <...> Ну, вот тогда четко все направлено было на то, чтобы сформировать вот такого человека, который не говорил, что я там таджик или узбек и так далее. Он просто как гражданин Советского Союза[50].

Дильбар Ходжаева (род. 1961), будучи смешанного таджикского и татарского происхождения, также понимала, что персона со смешанным происхождением является квинтэссенцией

---

[48] Интервью с С. Морозовой.
[49] Интервью с Дж. Рахимовой.
[50] Интервью с Р. Искандаровым, Худжанд, Таджикистан, июль 2011 года.

советского человека. В школе учитель выделял ее в классе из-за ее смешанного происхождения. В то время они изучали этнос на занятиях по научному коммунизму. «И меня... вот, — вспоминала Дильбар заявление инструктора: "Дильбар Ходжаева — представитель советского народа". Я поднималась, там были поточные лекции, у нас была преподаватель Литвинова Светлана. Она говорила: "Вот Дильбар у нас представитель советского народа"»[51].

Не представляется возможным выяснить, какой процент населения выбрал бы советскую национальность для переписи или паспорта, если бы им позволили это сделать[52]. Мы могли бы получить представление об этом, взглянув на Югославию, где в переписях 1961, 1971 и 1981 годов среди национальностей можно было выбрать югославскую. Лишь небольшой процент населения выбирал этот вариант: от 1,7 % в 1960 году до 5,4 % в 1981 году. Однако те, кто делали такой выбор, были сосредоточены в определенных слоях населения: дети от смешанных браков, молодые люди, городские жители, члены Коммунистической партии и представители национальных меньшинств в каждой республике[53]. В Советском Союзе, возможно, было сложнее, чем в Югославии, отделить надэтническую идентичность от идентичности доминирующей нации. Как отмечали некоторые ученые, «советская» идентичность в значительной степени совпадала с русскостью, поскольку те, кто твердо отождествлял свое происхождение с советским, также, как правило, были привязаны

---

[51] Интервью с Д. А. Ходжаевой, Худжанд, Таджикистан, июль 2011 года.

[52] Данные опросов из советского периода на эту тему отсутствуют. В письмах, написанных в комиссию, ответственную за создание новой конституции в 1960-х и 1970-х годах, советские граждане из разных республик (некоторые из них имели этнически смешанное происхождение) выступали за исключение этнической принадлежности из советских паспортов и замену ее советским гражданством. Эти письма, собранные и проанализированные А. Уиттингтон, показывают, что по крайней мере в некоторых кругах дискурс советского народа и приверженность советской идентичности имели крепкую народную поддержку [Whittington 2018: 170, 222–238].

[53] О Югославии см. [Sekulic et al. 1994: 83–97].

ко всеобщему русскому языку, его литературе, историческим традициям и популярной культуре[54]. В эпоху Брежнева учёные и партийные функционеры уделяли всё большее внимание распространению русского языка как свидетельству формирования общей советской культуры. В частности, для членов смешанных семей, которые не принадлежали ни к титульной национальности, ни к русской нации, претензия на советскую идентичность была способом приобщиться к русским при нехватке русского этнического происхождения.

Слияние советского и русского часто проявлялось в интервью с респондентами смешанного происхождения из Казахстана и Таджикистана. По словам Ирины Клименко (род. 1981), женщины смешанного русско-армянского происхождения, выросшей на юге Казахстана, «а вот в детстве... я никогда не задумывалась кто какой нации, для меня все были одинаковы... Но вот просто мне в своем детстве и юности казалось, что все вокруг русские. Хотя, я вспоминаю, какой там русский! Здесь казах, там татарин! А казалось, что все русские!»[55]

Такие «русские», которые на самом деле были казахами и татарами, являлись русскоязычными людьми, принимавшими участие в общей советской культуре. Рустам Искандаров видел в кругу своих знакомых в Таджикистане ту же природу русского мира:

> Там было совершенно другое время. Тогда полная русификация была Таджикистана. <...> У нас русская школа была № 4, если знаете. Она считалась лучшей школой в городе. Поэтому мы автоматически туда шли... У нас там была смесь. <...> В доме, где мы жили, большинство русских было. Русские, евреи там были, и часть таджиков было. Ну, эти таджики были русифицированы. Они тоже на русском языке говорили, поэтому никаких проблем не было с этим[56].

---

[54] О взаимодействии русского и советского см. [Hosking 2009: introduction, chap. 3].
[55] Интервью с И. Клименко, Шымкент, Казахстан, октябрь 2012 года.
[56] Интервью с Р. Искандаровым.

Конечно, весь Таджикистан не был полностью русифицирован, но круги, в которых вращался Рустам, могли быть таковыми. Как мы видели, когда потомки смешанных браков, такие как Рустам, официально принимали национальность своего нерусского отца, они тем не менее зачастую в большей степени отождествляли себя с культурой матери. Даже те, у кого не было русского родителя и, следовательно, не было возможности официально заявить о русской идентичности, могли ощущать тягу к русскости. Ильхом Бабаев (род. 1957), таджик, женатый на татарке, вспоминал, что культура их семьи была не татарской и не таджикской, а советской. Но, по его словам, «"советская" культура, она не могла основываться ни на какой другой культуре, кроме как на русской... А страна Советов — это русская страна»[57].

В Казахстане в смешанной армяно-украинской или корейско-немецкой семье почти всегда дома говорили по-русски. Сусанна, респондентка смешанного армяно-украинского происхождения из Казахстана, в какой-то момент своего детства сказала матери, что чувствует себя русской: «Поэтому мне мама сказала: "Ну, какая же ты русская?" Я ей говорю, что ну, я говорю на чистом русском языке, у меня по русскому языку пятерка. [смех] Она мне: "Нет, доченька, надо знать свои корни, откуда ты"». Для таких людей, как Сусанна, русскость проистекала из языка и культуры, а не из этнического происхождения. По словам Сусанны, «я себя осознавала как русская, и мне хотелось быть русской... Потому что я любила русскую литературу, я лучше всего воспринимала именно русскую культуру». Она продолжила:

> Хотя я жила в Казахстане, и меня это устраивало, но я воспринимала, что Москва — это родная столица, что русские — это родные люди. Причем под «русскими» я понимала всех, кто говорит на русском языке... не тех, у кого русские корни и которые беловолосы и голубоглазы, а именно тех, кто, как и я, говорит со мной на одном языке. Это все — русские для меня[58].

---

[57] Интервью с И. Бабаевым, Худжанд, Таджикистан, июль 2011 года.
[58] Интервью с С. Морозовой.

Однако Сусанна не смогла перейти от ощущения принадлежности к русскоязычному советскому сообществу к заявлению о русской национальности. Если даже наполовину русская Мария Искандерова, заявляя о своей русской идентичности, чувствовала себя некомфортно, то как кто-то без русского родителя мог бы назвать себя русским? Сусанна продолжила: «Назвать себя русской у меня просто не поворачивается язык. Я русскоговорящая, я себя так идентифицирую. Я русскоговорящая метиска... Какой-то национальности я не ощущаю в себе, такой ярко выраженной одной»[59]. Сусанна, как и Мария, воспринимала русскость как вопрос происхождения или «крови» и не считала, что имеет право заявлять о себе как о русской.

Для тех, кто стремился избежать тирании советской классификации национальностей, попытки выйти за рамки национальностей, заявляя о советской идентичности, были лишь одним из способов решения проблемы идентичности. Некоторые люди смешанного происхождения искали другой выход из ловушки национальности, заявляя о зарождающейся «смешанной» идентичности и гордясь ею. Сусанна была одной из тех, кто был доволен разнообразием своего происхождения: «В детстве я воспринимала себя как такую трехъязычную, трехнациональную девушку. Мне это очень нравилось, потому что я такая одна была. И армянка, и украинка, и русская, и в то же время живет в Казахстане!»[60]

Те, чье происхождение сочетало в себе национальности Центральной Азии и Европы, утверждали, что у них было больше личной свободы, чем у тех, кто был выходцем исключительно из Центральной Азии. Особенно это было верно для женщин смешанного происхождения, которые были менее подвержены ограничениям патриархального общества. Наргиза Назарова (род. 1979), женщина этнически смешанного происхождения из Таджикистана, разделяла эту точку зрения. «Может быть, какое-то преимущество чувствовалось. Я вот отличаюсь, я такая смешан-

---

[59] О категории русскоязычных см. [Laitin 1998].
[60] Интервью с С. Морозовой.

ная, мне нравилось». Она считает, что была довольна своим смешанным узбекско-татарско-таджикско-русским происхождением: «Не знаю, в связи с тем, что, может, свободы у меня больше было»[61]. Она вспоминала, что ее мать поощряла ее встречаться с парнями и самой выбирать себе мужа. Чистокровные таджикские девушки, напротив, должны были оставаться дома и доверять родителям выбор для них супруга; встречаться с молодыми людьми считалось недопустимым поведением. Рустам Искандаров подчеркивал относительную свободу людей смешанного происхождения в выборе партнера для брака, в то время как традиции таджиков, по его словам, обязывали их повиноваться воле своих родственников и часто должны были жениться внутри своего клана, иногда даже на близком родственнике: «А мы были более свободными. Вот такие люди, как я, мы были более свободными в выборе партнера своего по жизни. У нас не было таких жестких ограничений». Он объяснил: «Ну, здесь может быть еще то, что у нас дома в семье все всегда было на русском языке, русская культура и так далее». Также он отметил, что его внешность была не совсем таджикской, «поэтому не было такого давления на меня, что вот женись из нашего [народа]»[62].

Еще одним преимуществом смешанного происхождения была возможность выступать связующим звеном между различными этническими сообществами. Некоторые респонденты утверждали, что люди смешанного происхождения были более терпимы, менее националистичны и лучше понимали различные точки зрения. Характерный комментарий Дильбар Ходжаевой: «Когда обижают таджиков, я за таджиков. Когда что-то про русских говорят, я могу сказать за русских»[63]. Однако это чувство принадлежности к двум мирам одновременно могло восприниматься и в негативном ключе. Были и те, кто видел в смешанном происхождении главным образом недостатки: предубеждения со стороны чистокровок и отсутствие чувства принадлежности

---

[61] Интервью с Н. Назаровой, Худжанд, Таджикистан, июль 2011 года.
[62] Интервью с Р. Искандаровым.
[63] Интервью с Д. А. Ходжаевой.

к какому-либо сообществу. Как сказала Джамиля Рахимова, «вот знаете, вот чувствуешь себя среди таджиков не таджик, а среди русских не русский»[64]. Рано Назарова (род. 1956) вспоминала: «Да, конечно, по паспорту я таджичка, но я всегда чувствовала себя метиской, потому что среди таджиков я чувствовала себя русской, а среди русских — таджичкой»[65]. Людмила Давыдова шутила, что смешанный человек — это «предатель» для обеих сторон.

> Я могу смеяться над русскими. Мне простительно — у меня мама русская, я долго жила среди русских. Когда их начинают обижать другие национальности, я за них заступаюсь. Потому что я знаю тоже, что есть положительные черты. То же самое про кавказцев. <...> Мы сами подсмеиваемся, бывает, анекдоты рассказываем. Когда начинают плохо совсем говорить, я тоже начинаю заступаться. Вот, однажды мне сказали: «Вот такие, как вы, полукровки, вас убивать надо, вы предатели!» [смеется][66]

Обоюдоострый меч принадлежности к нескольким культурам, описанный респондентами из Центральной Азии, знаком людям смешанного расового и этнического происхождения повсюду. Некоторые наслаждаются возможностью перемещаться между двумя культурами, в то время как другие сетуют на то, что они не являются полноправными членами этнических сообществ ни одного из своих родителей. Интервью с людьми смешанной расы в Соединенных Штатах и Великобритании показывают аналогичную двойственность. Как и их сотоварищи из советской Центральной Азии, они не могут почувствовать себя полностью принятыми ни одним из этнических сообществ своих родителей. Как сказала одна американка корейско-шотландского происхождения: «Я чувствую, что обе стороны семьи рассматривают меня как представителя противоположной расы». Один ученый

---

[64] Интервью с Дж. Рахимовой.
[65] Интервью с Р. Назаровой, Худжанд, Таджикистан, 1 октября 2010 года.
[66] Интервью с Людмилой Давыдовой.

назвал это «двойным замалчиванием» людей смешанного расового и этнического происхождения [Mengel 2001: 107–110].

Особенно болезненным аспектом социального отторжения в Центральной Азии были трудности, с которыми сталкивались некоторые люди смешанного происхождения при поиске супруга. Особенно в Таджикистане, где «этническая чистота» высоко ценилась (в чем есть некоторая ирония, поскольку до создания советских национальных республик в 1925 году таджикская идея не была четко определена), некоторые «чистокровные» таджики не хотели, чтобы их дети вступали в брак с человеком смешанного происхождения[67]. Рано Назарова пережила это отторжение на личном опыте:

> Я помню, как я встречалась с таджиком, мы нравились друг другу и он хотел на мне жениться, но его мать категорически была против, она сказала: «Ман аз шири додагиам рози не» (Я никогда не дам согласие жениться на ней). И я сказала: «Тогда иди, найди себе таджичку». После этого я поняла, что мне нужно встретить такого же как и я, метиса[68].

В результате таких предубеждений, а также в надежде найти спутника жизни со схожим жизненным опытом и мировоззрением некоторые люди смешанного происхождения в советской Центральной Азии решали искать себе в супруги таких же представителей смешанной национальности. Лариса Мамадзохирова (род. 1958), наполовину русская, наполовину таджичка, вспоминала, что ее будущий муж ухаживал за ней именно потому, что он тоже был смешанного происхождения — в его случае наполовину татарин, наполовину таджик.

> Мы встретились... Мы вместе на заводе «Торгмаш» работали. Он узнал, что я метиска, и стал ухаживать за мной. Потому что я на метиску не похожа была, все считали, что я русская. Когда он узнал, что я Усманова [таджикская фа-

---

[67] О отличиях узбеков от таджиков см. [Schoeberlein-Engel 1994: chap. 6].
[68] Интервью с Р. Назаровой.

милия], потом стал ухаживать за мной. Ну, зовут же меня Лариса, и все считали, что я русская. Но мы с сестрой, как-то получилось так, что мы не похожи на сторону папы, и как-то все считали, что мы русские. Хотя в паспорте мы обе таджички[69].

Здесь мы возвращаемся к вопросу, заданному Сажидой Дмитриевой в начале этой главы. Расплачивались ли дети из смешанных семей за решение своих родителей вступить в межэтнический брак? Сажида не единственная, кто так думал. Лола Туйчибаева (род. 1964), дочь таджикско-русской пары, считает, что ее родители ошиблись, вступив в брак, пересекающий этнические границы:

> Но я как-то не одобряла этот брак [смеется]. Но это не мое дело, я вот и не чисто таджичка и не русская. Для меня это неприятно было, что я метиска. Всегда я, как говорят, «бульдог с носорогом» [смеется]. Даже вот когда с мужем конфликты бывают: «Вот тебя не поймешь, бульдог с носорогом, не то ты таджичка, не то ты русская». Ну, сейчас я как-то смирилась с этим, а вот в молодости... Или быть русской, или таджичкой[70].

Аналогичным образои Алия Ахметова оказалась настроенной «категорически против межнациональных браков». Она пришла к выводу, что «межнациональный брак сам по себе, он очень деструктивный. Потому что когда две энергии, две плюсовые энергии, они сталкиваются, они обязательно что-то разрушат»[71]. Даже Сусанна Морозова, которая в детстве гордилась тем, что она «девочка трех национальностей», теперь считает, что смешанные браки проблематичны. По мнению Сусанны, смешанное происхождение может обогатить маленького ребенка. «Но когда

---

[69] Интервью с Л. Мамадзохировой.
[70] Интервью с Л. Туйчибаевой, Худжанд, Таджикистан, 1 октября 2010 года.
[71] Интервью с Алией Ахметовой. В этом высказывании Алии есть что-то гумилевское, что неудивительно, учитывая, что идеи Гумилева стали популярны в постсоветском Казахстане.

он выходит из дома и идет в садик, школу, ему приходится решать вот этот вопрос "Кто он? Кто он по национальности? Кто он по вероисповеданию?" Вот тогда он начинает мучиться и сталкиваться с этим». Сама Сусанна долгое время с большим трудом пыталась определить свою идентичность. «Я до сих пор мучаюсь и задаюсь вопросом "Кто я на самом деле? Армянка или украинка? Русская или казашка?"»[72]

Джин Тумер, писатель смешанного расового происхождения из США, часто ассоциируемый с Гарлемским ренессансом, был известен своим откровенным неприятием расовых категорий; он часто говорил о зарождении новой расы в Соединенных Штатах и называл себя «американцем, ни белым, ни черным». Однако ученые выяснили, что автор был в конфликте с собственной идентичностью и на протяжении значительной части своей жизни стремился выдать себя за белого. Несмотря на свое неприятие бинарных расовых категорий в сегрегированных Соединенных Штатах, Тумер убедился, что на практике невозможно быть просто американцем: ни белым, ни черным [Byrd, Gates 2011: B5–B8].

В отличие от Соединенных Штатов, советское государство в целом поддерживало этническое смешение и межнациональные браки. Однако людям со смешанным происхождением в СССР все еще было трудно быть просто советскими, не принадлежа к какой-либо определенной национальности. Национальные категории были глубоко укоренены и со временем только укреплялись. Идея о том, что каждый советский гражданин должен иметь одну национальную идентичность, оставалась неоспоримой. «Советский народ», о скором появлении которого так много говорилось на теоретическом уровне и во что верили многие обычные советские граждане, не существовал в качестве официальной категории идентичности.

Свидетельства устной истории показывают, что люди смешанного происхождения в Советском Союзе сталкивались со многими из тех же проблем, что и их «коллеги» в других частях мира. Подобно людям смешанного расового и этнического происхо-

---

[72] Интервью с С. Морозовой.

ждения повсюду, они наслаждались «множественными принадлежностями и идентичностями», но были вынуждены выбирать одну «официальную» национальность, а также сталкивались с глубоко укоренившимся акцентом на важности национальности в советской системе. Находясь вне или между принятыми категориями идентичности, советские дети смешанных пар не всегда были уверены в том, как следует определить себя. Исследования опыта людей смешанного происхождения в Соединенных Штатах показали, что они, как и их советские сотоварищи, описанные в этой главе, пытались разными способами решить свои дилеммы идентичности. Некоторые идентифицировали себя с расой только одного из родителей; некоторые заявляли о гибридной идентичности, не принадлежащей ни одной из рас или принадлежащей обеим; некоторые утверждали надрасовую или «трансцендентную» идентичность, отказываясь принимать какую-либо расовую принадлежность [Aspinall, Song 2013: 20].

Люди, вступившие в смешанный брак, и люди смешанного происхождения многое потеряли из-за провала в создании осмысленной советской идентичности, поскольку они наиболее тесно идентифицировали себя с СССР и были менее привязаны — почти по определению — к какой-либо одной национальной идентичности, чем другие советские граждане. В некоторых случаях люди смешанного происхождения желали бы идентифицировать себя как русских из-за их привязанности к русскому языку и культуре, даже если они не были русскими по крови. Однако русская, как и другие национальности, стала этнической или основанной на происхождении категорией; только те, у кого был хотя бы один официальный русский родитель, могли указывать русскую национальность в паспорте, и даже при этом они не всегда чувствовали себя комфортно. Даже если национальность не превратилась в расу, советское мышление о национальности стало расиализированным.

Глава 6
Выбор имени для детей смешанного происхождения

Когда у Рустама Искандарова в 1984 году родился сын, Рустам, человек смешанного таджикско-русского происхождения, живущий в Таджикистане, тщательно обдумал, как его назвать. Важно было, чтобы имя ребенка сочеталось с другими частями его полного имени, объяснил Рустам. Русское имя не подходило бы к таджикскому отчеству и фамилии, и неправильное имя могло бы стать причиной социальных проблем на всю жизнь для мальчика. В итоге Рустам и его жена (женщина смешанного таджикско-татарского происхождения) выбрали имя Тимур для своего сына. Рустам объяснил их решение:

> Я думал о том, чтобы… как сказать, ну, попроще жилось. Потому что отчество у него Рустамович, фамилия — Искандаров. Ну, хорошо, дам ему Вася, например, как будет звучать Василий Рустамович[1]? Поэтому я выбрал нейтральное, как бы, Тимур. Тимур он и здесь и в России. Ну, вот Тимур Рустамович синтез и сложение нормальное[2].

История Рустама иллюстрирует трудности, с которыми сталкивались этнически смешанные пары в советской Центральной Азии при выборе имен для своих детей. В любом обществе

---

[1] Рустам — персидское имя, а Искандар — арабский вариант имени Александр, означающего «защитник народа». Василий — распространенное русское имя греческого происхождения (Βασίλειος).

[2] Интервью с Р. Искандаровым, Худжанд, Таджикистан, июль 2011 года.

личные имена указывают на индивидуальную идентичность и отражают ценности сообщества, а также служат «мощными факторами включения и исключения» [Names and Naming 2016: xiii]. В мультиэтнических обществах имя может быть важным признаком будущей идентичности ребенка, а также того сообщества, которое родители предполагают для него. Кроме того, присвоение имени — это доступный и ясный способ заявить о желаемой этнической принадлежности. В отличие от изучения нового языка или принятия новых обычаев, что требует определенных затрат времени и энергии, присвоение имени — это просто и бесплатно [Gerhards, Hans 2009: 1103–1104]. Однако для смешанных семей это решение было далеко не всегда однозначным: должно ли имя ребенка происходить из культуры матери или отца? Или из обеих, или ни из одной? А что, если сами родители были этнически смешанными, как в случае с Рустамом?

Среди смешанных семей в Центральной Азии, независимо от того, давали ли ребенку тюркское или персидское имя, мусульманское имя арабского происхождения, русское имя или какое-либо иное имя, это раскрывало некоторые предпочтения и привязанности родителей. Однако имена, которые давали детям в смешанных семьях, выражали нечто большее, чем просто этническую и религиозную принадлежность. В этой главе я исследую процесс выбора имен для детей в смешанных семьях советского периода, чтобы получить представление о мотивах присвоения тех или иных имен и опыте людей, носящих эти имена. Устная история — практически единственный доступный источник для понимания того, как происходил процесс присвоения имен в прошлом, поскольку мало кто документирует свои причины для этого решения. Процесс выбора имени для ребенка, кроме того, настолько важен, что он неизгладимо запечатлевается в памяти родителей, делая его особенно плодотворной областью исследования для устного историка[3].

---

[3] Бо́льшая часть социологической литературы, посвященной именам, фокусируется на результатах (т. е. на совокупных данных об именах, их распространенности и на том, как это меняется со временем), а не на процессе присвоения имен.

В каждом обществе существует набор предположений, связанных с именами и их присвоением, которые обычно воспринимаются как нечто само собой разумеющееся, что не подвергается сомнению не осознаются. Эти предположения могут включать в себя убеждение, что у каждого человека должна быть фамилия (все еще не всеобщая и относительно недавняя практика во многих местах); что личное имя должно иметь очевидное значение (Монголия, Южная Африка); что имя должно быть уникальным для каждого человека (Монголия); что имя должно обозначать пол человека (Германия); что часть имени должна указывать на личность отца (Исландия, Россия); или что фамилии не могут использоваться в качестве имен (Польша) [Walkowiak 2016: 208][4]. В Советском Союзе, где преобладали русскоязычные традиции именования, основополагающим предположением было, что у каждого человека будет полное имя, состоящее из трех частей: имя, отчества и фамилии. Семьям в Казахстане и Таджикистане следовало соответствовать этому общему требованию, как и всем советским гражданам, но они также выработали собственные представления и убеждения относительно имянаречения.

В Центральной Азии, где расширенная семья сохраняла свое значение в жизни большинства молодых семей, имя новорожденного ребенка считалось делом не только родителей, но также бабушек и дедушек и других родственников. Для смешанных пар, даже в большей степени, чем для обычных моноэтнических, задачей было выбрать такое имя, какое было бы одобрено — или, по крайней мере, не вызвало бы нареканий — с обеих сторон семьи, которые могли иметь совершенно разные представления о приемлемых именах. Второе убеждение в советской Центральной Азии состояло в том, что все части имени должны гармонировать друг с другом и с внешностью ребенка — убеждение, которое я называю «соответствием имен». Многие родители считали, что ребенок с «азиатскими» чертами внешности не должен носить русское имя, такое как Светлана или Никита, тогда как светловолосому голубоглазому ребенку не следует откликаться

---

[4] См. также [Herbert 1997: 6; Humphrey 2006: 159].

на имя Талгат или Шухрат. Все мои респонденты также считали важным, чтобы имя ребенка соответствовало его отчеству и фамилии. Это убеждение, по-видимому, было практически всеобщим, но на практике оно намного чаще касалось смешанных семей, чем моноэтнических, среди которых этнически гармоничные имена возникали естественным образом. Родители считали нежелательным иметь несоответствующую комбинацию имени и отчества, такую как Николай Мурадович или Сухроб Александрович (русско-тюркское в первом случае, таджикско-русское во втором), или иметь имя и отчество, которые не соответствуют фамилии. Последнее предположение, появившееся в поздние десятилетия СССР, особенно в Казахстане, заключалось в том, что у детей смешанного происхождения должны быть имена, которые звучали бы «нейтрально» или «интернационально» — другими словами, имена, которые не указывали бы на очевидную этническую принадлежность. Это позволило бы детям избегать проблем, связанных с наличием неподходящего имени, и облегчило бы их вхождение в различные социальные контексты. (В Таджикистане, где смешанные семьи были менее распространены, родители чаще выбирали имена определенной этнической группы, чтобы их дети вписывались в эту часть общества.) Таким образом, данные из Казахстана и Таджикистана свидетельствуют о том, что имена, которые в смешанных семьях давали детям, могли свидетельствовать о множестве факторов: о принадлежности к определенной этнической или религиозной группе, о желании сохранить гармонию в семье, о стремлении к тому, чтобы внешность ребенка, его идентичность и имя соответствовали друг другу, а в некоторых случаях — о стремлении преодолеть этническую принадлежность и связать своего ребенка с надэтнической или универсальной идентичностью.

Имена и именование в Казахстане и Таджикистане

Имена в советской Центральной Азии обладали смесью местных и русскоязычных традиций. Различные этнические группы, проживающие в Казахстане и Таджикистане, имели разные своды имен и обычаи именования. Границы между европейцами и коренными жителями Центральной Азии были очерчены достаточно четко; будь то Владимир или Жумабай, Оксана или Замира, имя мгновенно указывало на широкую группу, к которой принадлежал человек. Даже среди культурно и религиозно близких групп (русские и украинцы, казахи и узбеки) дети могли носить разные варианты одного и того же имени (Михаил и Михайло, Темир и Тимур), что тем самым точно указывало на этническую принадлежность ребенка. Исторически многие имена были тесно связаны с религиозной идентичностью. Большинство европейских имен, включая те, что обычно использовались русскими, были производными от имен христианских святых и других религиозных фигур (Иван, Петр, Павел, Мария, Татьяна, Ольга). Среди народов Центральной Азии многие популярные имена имели религиозное значение, связанное с именами важных исторических фигур ислама (Мухаммад, Хусейн, Фатима) или от атрибутов Бога, таких как Рашид (благородный), Халида (вечная) или Абдулкарим (слуга Великодушного)[5]. Однако среди традиций именования существовали значительные региональные и этнические различия.

Среди этнических казахов имя младенцу традиционно давал дедушка или другой уважаемый старейшина. У казахов был очень большой выбор имен, включающий мусульманские имена арабского происхождения, а также ряд имен, имеющих особое значение в казахском языке. Такие имена могли указывать на определенную черту внешности ребенка, желаемые качества или на исторический или литературного персонажа. Имя могло также основываться на событии или месте, связанном с моментом рождения ребенка (Жумабай — для ребенка, родившегося в пятницу), или на животном или природном явлении (Арыстан — лев, Шолпан — утренняя звезда). Девочек часто называли в честь красивых вещей, таких как шелк (Жибек), драгоценные металлы или камни (Алтын — золото, Маржан — жемчуг), или цветы

---

[5] Большинство из этих классических мусульманских имен имеют арабское происхождение.

(Раушан — роза). Некоторые имена выражали пожелания родителей, дедушек или бабушек; например, если семья желала сына после рождения нескольких дочерей, последнюю дочь могли назвать Улболсын — пусть будет мальчик. Иногда ребенку давали непривлекательное имя, чтобы не привлекать к нему злых духов — Елеусиз (неприметный),Ултарак (одиночка), Иткул (раб собаки) [Калыбекова 2015: 390–392]. Казахские имена почти всегда имели буквальное значение, в отличие от европейских имен, которые, как правило, являются «произвольными означающими»[6].

В Таджикистане ответственность за выбор имени ребенка нес отец и (иногда) его родители. Мусульманские имена арабского происхождения были популярны, как и имена, происходящие от персидских или арабских этнолингвистических корней, при этом они необязательно были религиозными: Хабиба (возлюбленная), Фарход (счастье), Зарина (золотая), Шухрат (слава). Хотя буквальное значение имени, вероятно, не было основным фактором при выборе имени среди этнических таджиков, в некоторых случаях имя могло выражать пожелание родителей. Например, после смерти нескольких детей в семье новорожденного могли назвать Истад (пусть останется) [Кисляков 1962: 620–621][7].

В XIX и XX веках жители Центральной Азии, находившиеся под российской властью, переняли некоторые элементы русской системы личных имен. В России у каждого человека было трехчастное имя, состоящее из имени, отчества и фамилии. В Российской империи и позже в Советском Союзе эта трехчастная система именования распространилась и на другие народы, которые изначально ее не использовали, так что в итоге в удостоверении

---

[6] Исследования именования в Монголии и в различных африканских обществах показали, что личные имена всегда имеют конкретное и ясное значение и, как правило, уникальны для каждого человека. См. [Humphrey 2006: 159], см. также [Herbert 1997: 6].

[7] Интервьюируемые из Таджикистана упоминали значение имен гораздо реже, чем из Казахстана. Антрополог Дж. Датчер аналогичным образом описывает использование имен, выражающих пожелания (например, Турсун — пусть он останется) среди уйгуров [Dautcher 2009: 76].

личности каждого советского гражданина были указаны имя, отчество и фамилия. В Центральной Азии концепция отчества была известна еще до российского правления. Во многих частях Центральной Азии (как и в Европе до того, как фамилии стали общепринятыми) вторым именем человека традиционно было имя его отца. Среди тюркских народов иногда к имени добавлялся суффикс -оглы (сын) или -кызы (дочь), что, по сути, эквивалентно русскому отчеству. Советская система требовала русификации отчества и добавления третьего элемента — фамилии. Это могло быть имя более дальнего предка или основателя рода, часто с добавлением русского суффикса -ов или -ев (например, Алиев, Бабаджанов, Назарбаев). Обязательное использование отчеств означало, что у советских граждан не было возможности выбрать среднее или второе личное имя, так как наличие и фамилии, и отчества было предопределено. Таким образом, смешанные пары не могли пойти на компромисс, выбрав первое имя на языке отца, а среднее имя на языке матери (или наоборот), в знак уважения каждой стороны происхождения ребенка[8]. В русскоязычном мире имя было единственной возможностью для родителей выразить свой взгляд на идентичность ребенка.

Еще одним важным аспектом культуры именования в России было использование уменьшительно-ласкательных форм имени. Друзья и родственники редко называли друг друга полными именами (Анна, Александр), вместо этого использовались устоявшиеся уменьшительные формы имени (Аня, Анечка или Анюта для Анны; Саша, Сашенька или Шура для Александра). Выбор уменьшительной формы зависел от близости отношений, возраста человека и других факторов. Аналогично, и в других культурах существуют прозвища — например, в английском языке Боб используется вместо Роберта, Кейт или Кэти для Кэтрин — но они не настолько развиты и не так необходимы в повседневной жизни, как в России. В советский период эта

---

[8] Исследование смешанных пар в Великобритании показало, что родители обычно дают ребенку несколько личных имен, отражающих различные стороны его или ее наследия [Edwards, Caballero 2008: 55].

практика распространилась на русскоязычных в Центральной Азии, так что русские уменьшительные формы создавались и для казахских, узбекских и таджикских имен: Гульнара становилась Гулей, а Тимур — Тимурчиком. Привлекательное уменьшительное имя, таким образом, становилось одним из факторов при выборе имени в русскоязычной культурной среде.

Хотя трехчастная структура имен была предписана в рамках бюрократической стандартизации, советское государство, несмотря на вмешательство в другие области жизни, не пыталось насильно навязывать своим гражданам конкретные имена или типы имен. Коренных жителей Центральной Азии никто не принуждал и даже не поощрял брать русские имена. Это резко контрастирует со многими модернизированными государствами, которые требовали от своих граждан брать определенные имена (или отказываться от них), будь то попытки европеизировать или «цивилизовать» колонизированные народы, ассимилировать меньшинства в основной массе населения или исключить стигматизированные группы из национальной политики. Турецкое государство, например, заставляло курдов брать турецкие имена в рамках политики отрицания их отдельной курдской этнической идентичности. В наиболее печально известном примере использования имен для клеймения конкретной группы нацистская Германия вынудила немецких евреев добавить к своим именам определенные еврейские имена — Израиль и Сара, чтобы отличать их от «арийских» немцев. Даже демократические государства, такие как послевоенная Западная Германия и Франция, сохранили списки допустимых имен, из которых родителям предлагалось выбирать [Gerhards, Hans 2009: 1103][9].

Имена также могут служить средством добровольной ассимиляции или самосегрегации как для этнических меньшинств, так и для большинства [Gerhards, Hans 2009: 1103–1104]. В начале

---

[9] Другие кампании по принудительному переименованию по политическим мотивам включали финнизацию шведских фамилий в 1906–1907 годах, испанизацию филиппинских фамилий в 1849 году и полонизацию немецких фамилий в Польше после Второй мировой войны [Walkowiak 2016: 199–202; Gerhards, Hans 2009: 1103]. См. также [Walsh 2016: 34–36].

XX века в Соединенных Штатах белые южане выбирали имена, которые не использовались среди афроамериканцев, чтобы отделить себя от них; позже, под влиянием движения «Власть черных» (Black Power) в 1960-х годах, афроамериканцы начали выбирать характерные имена, которые отличали их от белых [London, Morgan 1994: 261–284; Lieberson 2000: 200–207][10]. В этих случаях имена символизировали стремление к расовой самобытности и социальному разделению. В Соединенных Штатах, несмотря на пессимистические прогнозы правых политиков о неспособности к ассимиляции иммигрантов из Азии и Латинской Америки, как азиатские, так и латиноамериканские иммигранты перешли на английские имена для своих детей удивительно быстрыми темпами [Lieberson 2000: 185–200; Sue, Telles 2007: 1410–1411][11]. Так, исследование 1995 года показало, что среди иммигрантов-испанцев в Лос-Анджелесе имена Стефани, Джессика, Дженнифер и Кимберли были более распространенными для новорожденных дочерей, чем имя Мария, что свидетельствует о «сильной и ранней тенденции к ассимиляции» [Sue, Telles 2007: 1396].

Исследования, проведенные в Европе и Северной Америке, показали, что люди гораздо реже пересекают религиозные границы при выборе имен, чем другие барьеры. Так, практически не наблюдается совпадений между именами, которые дают своим детям турецкие иммигранты в Германии, и именами, которые дают коренные немцы, тогда как иммигранты из христианских стран, таких как Югославия или Россия, с большей вероятностью дают своим детям имена, которые также знакомы и немцам (иноязычные вариации имен Иван, Павел, Михаил, Мария и т. д.) [Gerhards, Hans 2009: 1116–1117]. Такая же ситуация была в России и Центральной Азии. В советский период имена в большинстве случаев продол-

---

[10] См. также [Lieberson, Mikelson 1995: 928–946].

[11] Сью и Теллес обнаружили, что дочери мексиканских иммигрантов с большей вероятностью получали англоязычные или общепринятые имена, чем сыновья. Причина этого гендерного различия не совсем ясна. Возможно, родители-иммигранты могут больше беспокоиться за дискриминацию девочек, или они могут рассматривать мальчиков как продолжателей рода, для чего требуются испанские имена.

жали оставаться мощными индикаторами этнической принадлежности в Центральной Азии. Как правило, при именовании своих детей люди не пересекали значительные этнические и религиозные границы. Независимо от степени лингвистической русификации, этнически однородные казахские или таджикские пары редко давали своим детям русские имена. (Для культурно обрусевшей семьи из Центральной Азии выбор имени ребенка был одним из немногих способов продемонстрировать приверженность своей этнической идентичности.) Также русская семья не стала бы давать своему ребенку казахское или таджикское имя, независимо от того, как долго они прожили в Центральной Азии.

Тем не менее строгие культурные границы в практике присвоения имен в советскую эпоху начали размываться. Семьи в Центральной Азии иногда называли ребенка в честь любимого родственника или друга, любимого певца или актрисы, врача или акушерки, принявших роды, или даже политического деятеля. Например, таджикская журналистка Дильбар Ходжаева носила отчество Аркадьевна не потому, что ее отец был русским, а потому, что у ее таджикского деда, убежденного коммуниста, был близкий друг по имени Аркадий, и они договорились назвать своих детей в честь друг друга[12]. Начиная с 1920-х годов идеалистически настроенные коммунисты всех национальностей давали своим детям имена с революционным смыслом, такие как Владлен (сокращение от Владимир Ленин), Нинель (Ленин наоборот), Сталина (*имя*) и Октябрина (в честь Октябрьской революции). Отца Сажиды Дмитриевой, татарина по национальности, звали Аврор — в честь знаменитого крейсера Аврора, сыгравшего важную роль в Октябрьской революции в Петрограде. Таким образом, Сажида получила интригующее сочетание имени и отчества — Сажида Авроровна[13]. Детям различных национальностей давали имена популярных зарубежных персон, таких как Индира (Ганди) и Роза (Люксембург). Тамара Новикова (род. в 1943 году в Таджикистане), женщина смешанного татаро-украинского

---

[12] Интервью с Д. А. Ходжаевой, Худжанд, Таджикистан, июль 2011 года.
[13] Интервью с С. Дмитриевой, Оскемен, Казахстан, 7 апреля 2010 года.

происхождения, и ее муж-осетин имели трех дочерей: Мадину, названную в честь матери Тамары; Фатиму, названную в честь другой бабушки; и Анджелу, названную в честь Анджелы Дэвис, афроамериканской радикалки, которая была почитаемой фигурой в Советском Союзе в конце 1960-х и начале 1970-х годов[14].

Казахи иногда давали своему ребенку иностранное имя, чтобы защитить его от сглаза[15]. Сглаз — это проклятие, которое, как считается, возникает из-за недоброжелательного взгляда, часто коренящегося в зависти. Человеку, ставшему жертвой сглаза, может не везти, он может заболеть или даже погибнуть. Вера в сглаз была широко распространена в Центральной Азии, как и во многих культурах Ближнего Востока и Средиземноморья. Считалось, что обращение внимания на красоту или другие привлекательные качества ребенка может привлечь дурной глаз. «Ирина Абдулаева», которая вышла замуж за казаха в 1987 году, вспоминала, что ее свекрови дали русское имя Катя в качестве формы сверхъестественной защиты. Ирина объяснила:

> Почему? Потому что она, как сказать, последний ребенок в семье. И все дети умирали у них. И помнишь, такой обычай есть — назовите чужим именем. Чужого народа. И как бы отвернутся болезни от нее, от ребенка. И действительно, она одна осталась, кто выжил. Но она просто Катя, не Катерина. Катя Жумакановна.

Когда Ирина забеременела, ее муж «Кайрат» сказал ей, что если родится девочка, он хочет дать ей имя своей матери. В 1988 году Ирина родила дочь, которую должным образом назвали Катей; однако, в отличие от матери мужа, ей дали не просто уменьшительное, а полное имя Екатерина[16].

---

[14] Интервью с Т. Новиковой, Худжанд, Таджикистан, 25 октября 2010 года.

[15] В Египте и других мусульманских странах этнографы сообщали о том, что детям намеренно давали уродливые или бессмысленные имена, чтобы сбить с толку дурной глаз и отвести его от ребенка [Gregg 2005: 161]. О вере в дурной глаз среди уйгуров см. [Dautcher 2009: 87].

[16] Интервью с «Ириной Абдулаевой», Оскемен, Казахстан, 21 сентября 2011 года.

Имена и смешанные семьи в Казахстане и Таджикистане

Для смешанных семей социальный контекст в советской Центральной Азии со временем менялся, и способы, которыми они справлялись с соперничающими требованиями нескольких культур, также менялись. Практики присвоения имен также претерпели изменения. В первые послевоенные годы для русских и других европейских женщин, вышедших замуж за представителей народов Центральной Азии, выбор имени для детей был частью адаптации к местным культурным нормам. Если отец был мусульманином, детям чаще всего давали мусульманские или центральноазиатские имена в сочетании с фамилией и отчеством отца. Русские жены часто безоговорочно соглашались на таджикские, узбекские, казахские или татарские имена, предлагаемые их мужьями или родственниками со стороны мужа. В некоторых случаях они сами предлагали такие имена. Мария Салиева (род. 1934) вспоминала, что она никогда не оспаривала выбор мужа, когда он давал их детям таджикские имена. «Сейчас скажу. Сын — Руслан, 56-го года рождения. В 55-м я вышла замуж, в 56-м я родила. Дочь — Дильбар 59-го года рождения, дочь Гуландом — Гуля — 61-го года рождения и Зульфия 66-го года. Имена все таджикские он дал. Я в роддоме, он уже метрики взял»[17].

История Марии не дает нам точной информации, кто именно придумал эти имена (был ли это ее муж или родители мужа?), но она свидетельствует явно не о российском способе выбора имени; мать, родившая ребенка, даже не участвовала в обсуждениях. Руслан, что интересно, не совсем таджикское имя; оно стало популярным в России благодаря эпической поэме Пушкина «Руслан и Людмила», хотя на самом деле имеет тюркское происхождение (русская версия тюркского имени Арслан, что означает «лев»). Оно широко используется в России, на Кавказе и в Центральной Азии. Мария шутила, что хотела назвать свою первую дочь Людмилой, также в честь пушкинской поэмы, но это имя было, очевидно, слишком русским для ее свекрови.

---

[17] Интервью с М. А. Салиевой, Худжанд, Таджикистан, 16 октября 2010 года.

Дети Марии Хамидовой (род. 1936), на данный момент уже взрослые люди среднего возраста, носят имена Рано, Карим и Мавлуда. Хотя она и ее таджикский муж разговаривали дома на русском языке, они согласились, что таджикские имена более подходят для их семьи. Похоже, что в этом случае решающим фактором стало стремление к гармоничности имен. Мария объяснила: «А зачем русское имя, когда фамилия и отчество таджикское? По-моему, так удобнее. И сейчас у меня и внуки, и внучки — у всех таджикские имена. Вот старшая внучка Тахмина, младшая — Нигина»[18]. В Казахстане мать Сажиды Дмитриевой, русская женщина, вышедшая замуж за татарина в 1950-х годах, настояла на татарском имени для своей дочери. Сажида (род. 1959) получила имя в честь татарской акушерки, принимавшей ее роды. «И вот, когда я родилась, конечно, первый вопрос в такой семье — это было имя. То ли русское, то ли татарское? И мама, конечно, она всегда была сторонником, ну, как это было у женщин тех лет, раз она вышла замуж за татарина, то всё — она была на его стороне»[19].

Ирина Домуладжанова, русская женщина, выросшая в Таджикистане с узбекским отчимом, вспоминала, что ее родители давали узбекские и таджикские имена всем ее младшим братьям и сестрам. В 1967 году, когда Ирина училась в первом классе, ее мать вышла замуж за узбека, и они переехали в Таджикистан. «Все мои братишки, сестренки названы были таджикскими именами. Ну, поэтому к этому я спокойно отнеслась». Ее братьев и сестер зовут Рустам, Нодира, Алишер, Рано, Матлюба, Хадия и Акмал[20].

---

[18] Интервью с М. М. Хамидовой, Худжанд, Таджикистан, 10 августа 2011 года.

[19] Интервью с С. Дмитриевой. Аналогичным образом русский этнограф О. Б. Наумова отметила, что в первые послевоенные десятилетия смешанные немецко-казахские семьи получали казахские имена [Наумова 1987: 98].

[20] Интервью с И. Домулоджановой, Худжанд, Таджикистан, июль 2011 года. Ирина использовала слова «узбек» и «таджик» как взаимозаменяемые для обозначения имен своих братьев и сестер, отражая тот факт, что это необязательно узбекские имена, а имена, распространенные как среди узбеков, так и среди таджиков.

Татьяна Салибаева (род. 1953) согласилась на таджикское имя, предложенное ее мужем, для их первого ребенка в начале 1970-х годов. После этого ее четверо других детей также получили таджикские имена. Ее неспособность даже выразить мнение по поводу имени ребенка, которого она только что родила, может показаться необычной для большинства русских женщин:

> Но, естественно, у меня ребенок уже, я без него родила, он тогда учился. Он мне звонит: «Как назовем?» Я говорю: «Ну, не знаю, как скажете». И назвали Шухрат. <…> Потом у меня второй ребенок родился, ее назвали Зариной. Ну, думаю, раз первого назвали по-таджикски, пускай и остальные будут тоже на таджикском. <…> И вот мы с ним ровно 20 лет, прижили пятеро детей: Шухрат, Зарина, Алишер, Замира и Шерзод[21].

Наряду с характером имени возникал важный вопрос о том, кто имел право его давать. Среди казахов и таджиков предполагалось, что бабушки, дедушки и другие старшие родственники смогут поучаствовать в выборе имени для детей. Эти обычаи иногда вступали в противоречие с представлениями русских супругов о том, что имя ребенку должны выбирать родители и что матери, родившей ребенка, следует иметь возможность высказаться по этому поводу. К середине XX века русские в значительно большей степени, чем выходцы из Центральной Азии, отошли от патриархальной семьи и от чувства долга перед расширенной семьей. Нуклеарная семья оказалась более автономной. Однако родственники из Центральной Азии с большой вероятностью высказывали свое мнение, если не одобряли то или иное имя. Если молодая пара не обращала внимания на пожелания родителей, родственники могли обидеться или отдалиться из-за выбранного имени.

Когда казашка Салтанат Тлеубаева (род. 1970) родила сына, ее мать предложила для него мусульманское имя Адиль (честный, справедливый). Салтанат вспоминала, что ее русский муж, Саша, не возражал против этого вмешательства со стороны ее семьи:

---

[21] Интервью с Т. Н. Салибаевой, Худжанд, Таджикистан, 9 октября 2010 года.

> Саша и я думали о имени, пока я еще была в больнице, и тогда моя мама узнала об этом. И когда она узнала, что мы обсуждаем возможные имена, она сказала, что назовем ребенка Адиль. Это казахское имя — справедливость. «Назовем его Адиль, он будет справедливым человеком», — сказала она. То есть Саша и я даже не смогли возразить. Я даже забыла, какое имя мы с Сашей предложили, потому что за все отвечали мои родители. Мне тогда был 21 год, хотя Саше было 25. Но последнее слово было за мамой; она за все отвечала. И всё.

Салтанат вспоминает, что была благодарна за то, что Саша не возражал, хотя, будучи взрослым мужчиной, он мог бы настоять на своих правах как глава новой семьи. «Да, вы знаете, особенно в нашей среде, в казахской среде, первого ребенка называют, как правило, родители. Это такая традиция, и Саша даже не сопротивлялся. Он был очень такой, он мог примиряться»[22].

Талгат Акилов (род. 1966), женившийся на своей русской жене Марине вопреки возражениям отца и старшего брата, вспоминал, что рождение их сына стало возможностью показать отцу, что он все еще уважает пожелания своих родителей. Его отец не стал предлагать имя, как это обычно делает дедушка, указав на то, что Талгат женился без его одобрения и в каком-то смысле был предоставлен самому себе. Однако Талгат выбрал мусульманское имя Ильяс, зная, что это понравится его родителям[23].

> Сыну я [дал имя] с разрешения отца. У нас, вы же знаете, имя первенцу дают родители, мать с отцом. Но мне кажется, что в глубине души отец не был согласен с тем, что я женился на женщине другой национальности. <...> Поэтому я сам выбрал имя. Может, они думали, что раз жена русская, а многие же считают, что русские жены командуют в семьях, поэтому, когда я назвал Ильясом, то они были рады[24].

---

[22] Имя Адиль арабского происхождения. Интервью с Салтанат Тлеубаевой, Оскемен, Казахстан, 3 апреля 2010 года.

[23] Ильяс — арабская форма имени Илия.

[24] Интервью с Т. Акиловым, Шымкент, Казахстан, октябрь 2012 года.

Если бы они с Мариной выбрали для своего сына русское имя, это подлило бы масла в огонь существующего конфликта и подтвердило бы убеждение его родителей, что русские женщины слишком доминируют в семье.

Если молодые родители не прислушивались к пожеланиям родственников, это могло вызвать обиды. Лариса Мамадзохирова (род. 1958), женщина русско-таджикского происхождения, назвала своего первого ребенка Наташей. Ее свекровь и свекор, таджикско-татарская пара, были расстроены.

> Я ему [мужу] сразу сказала, если я названа по-русски — и мои дети будут названы по-русски, пусть он не обижается, и его родители не обижаются. Но когда Наташа родилась, мы ее назвали по-русски — Наташа. Родители мужа обиделись на меня. Они хотели назвать девочку по-татарски. Потому что у них дети все названы по-татарски: Динара, Гульнара, Диловер, Ибраам. Они хотели. <...> оказывается, обиделись[25].

Лариса Ниязова (род. 1966), русская женщина, которая в 1987 году вышла замуж за казаха в городе Шымкент на юге Казахстана, поссорилась с родственниками мужа по поводу того, кому следует дать имя ее первому ребенку. Лариса настояла на классическом русском имени Татьяна для своей дочери, хотя ее свекровь предложила казахское имя, которое пришло ей во сне. Позже Лариса глубже поняла культурные традиции мужа и научилась находить компромиссы. Она вспоминала:

> Дочь мою зовут Татьяной. Она родилась у меня первой. <...> На тот момент [когда я была беременна] маме моего мужа приснился сон. Будто к ней приходит ее дед и приносит маленького верблюжонка, белого верблюжонка. А у казахов есть обычай, что если во сне тебе приносят верблюжонка, ягненка, то значит, женщина или беременна, или должна получить какой-то подарок[26].

---

[25] Интервью с Л. Мамадзохировой, Худжанд, Таджикистан, июль 2011 года.
[26] Интервью с Л. Ниязовой, Шымкент, Казахстан, октябрь 2012 года.

Когда свекровь рассказала Ларисе об этом сне, Лариса призналась, что беременна. Взволнованная тем, что ее сон оказался вещим, свекровь Ларисы предложила назвать девочку Акботой, что в переводе с казахского означает «белый верблюжонок»[27]. Она, без сомнения, предполагала, что Лариса и ее муж последуют традиции, позволив бабушкам и дедушкам дать имя первому внуку или внучке.

> А когда я родила, она пришла ко мне в роддом и говорит: «Назовете Акботой». <...> Я молодая, горячая говорю: «Как это?! Акбота?! Нет! Мы с мужем уже договорились, и мы ей даем имя Татьяна». Потому что Татьяна, она родилась у меня в январе как раз перед Татьяниным днем[28]. Я говорю: «Чтобы святые защищали, назовем Татьяной». Собственно, даже муж выбрал ей это имя, а не я. Я сказала: «Ладно, Татьяна».

Лариса призвала своего мужа действовать быстро, чтобы помешать планам его матери:

> «Ты метрику на Татьяну сделай, пока родители не сделали ее на Акботу». А у меня как-то даже все закипело, как это так! Это мой ребенок! [смеется] Это эгоистические чувства какие-то, материнские. Как раз это все всплывает, все нахлынуло. <...> Я говорю: «Это мой ребенок! Они своих детей могли называть так, как они хотели! Почему я должна разрешить назвать своего ребенка, назвать так, как они хотят?!»

Немного успокоившись и выслушав объяснения родственников мужа о том, почему они выбрали имя Акбота, Лариса пошла на компромисс, по которому девочку решили называть двумя именами.

---

[27] Из-за важности верблюдов в кочевой истории казахов существует несколько популярных имен, связанных с верблюдом: Акбота, Ботакёз (глаз верблюжонка) и т. д.

[28] Татьянин день — русский православный праздник, традиционно отмечаемый 25 января.

> Я сказала, что «я не против, называйте ее Акботой, а в метрике пусть останется Татьяна. То есть, она приезжает к вам, зовите ее "Акбота", и она со временем сопротивляться не будет, и я не буду. Я буду знать, что у нее два имени. Имя, которое ей дали ваши святые и имя, которое ей дали наши святые». То есть, вот здесь и получается столкновение двух культур, религий, святые одних и святые других.

К моменту рождения сына Лариса уже научилась быть более обходительной. «По прошествии нескольких лет я поняла, что, может быть, была где-то неправа». Она и ее муж снова выбирали имя ребенка сами, но на этот раз старались подобрать такое, которое устроило бы всех. Поэтому выбрали имя Тимур.

> Я старалась избежать конфликта двух культур. <...> Я думала, что если я так поступлю, как поступила с дочерью, что настояла на своем, то чтобы так не было с сыном. Потому что имя Тимур есть и в казахской среде, и среди русских также встречается. Поэтому я и предложила: «Давай подберем имя, которое бы не оскорбляло ни ту, ни другую сторону». То есть, чтобы это было что-то нейтральное. Мы и сошлись на этом имени[29].

Опыт Ларисы говорит о важности имени ребенка как символа отношений в смешанной семье. По мере того как Лариса стала лучше понимать ценности и традиции своих родственников, она почувствовала готовность пойти им навстречу при выборе имени для своего второго ребенка.

Решение с двумя именами

Как показывает история Ларисы, дети из смешанных браков иногда носили два имени — русское и тюркское или таджикское, — чтобы отразить их двойное наследие и удовлетворить обе стороны семьи. Обычно одно имя было официальным, а другое использовалось неформально. В Таджикистане имя дочери Веры

---

[29] Интервью с Л. Ниязовой.

Рахимовой (род. 1924) по свидетельству о рождении было Людмилой, но в семье ее называли таджикским именем Мархамат[30]. У Лидии Евдакимовой (род. 1927) дочь официально носила имя Зоя (русское имя греческого происхождения, означающее «жизнь»). Однако ее таджикские друзья называли ее Рано — распространенным таджикским именем. «Мы ее записали Зоя. Она у нас была Зоя. А потом это уже она сама, когда стала паспорт получать, у нее друзья все были таджики, они все — Рано, Рано, а я записала Зоя». Когда Зоя сама вышла замуж за мусульманина, она официально сменила имя на Рано. «Махмудова Зоя Абдурахимовна как-то не подходит... Она сама пошла в ЗАГС и себе переделала имя свое»[31]. Воспоминания Лидии вновь отражают озабоченность вопросом соответствия имен, поскольку Зоя — русское имя, а отчество и фамилия — таджикские.

Чтобы облегчить социализацию в многонациональной среде, где русский язык был «лингва франка», даже выходцы из Центральной Азии несмешанного происхождения иногда принимали русские имена[32]. По мнению Майры Ахметовой (р. 1953), казашки, вышедшей замуж за русского, использование русских имен было проявлением «комплекса неполноценности», который испытывали казахи в советский период. «Тогда русские имена давали. Вот у меня, значит, родственницы две. Из села. Боже мой, такие две казашки, которые по-русски-то не говорят. И им дали русские имена: Роза, Люба»[33].

---

[30] Интервью с В. С. Рахимовой, Согдийская область, Таджикистан, 23 октября 2010 года.

[31] Интервью с Л. В. Евдакимовой, Согдийская область, Таджикистан, 4 августа 2011 года.

[32] Система дионимии, или двойного именования, при которой люди имеют одно официальное имя, а другое — для личного использования, распространена во многих культурах [Walkowiak 2016: 207]. Русские, напротив, редко принимали центральноазиатские псевдонимы.

[33] Интервью с Майрой Ахметовой, Алматы, Казахстан, 11 апреля 2010 года. Принятие неформальных имен, происходящих из доминирующей культуры, для облегчения социального взаимодействия вовсе не редкость в мультиэтнических обществах. См. [Kim 2008: 117–133].

Муборак Ошурова (р. 1953), этническая узбечка, долгое время проживающая в Таджикистане, объяснила, что всегда использовала русское имя:

> Меня в школе называли Любой; русские Муборак сказать не могут. Соседи меня называли, и даже мама так называла. До такой степени я привыкла, что все меня называют Люба, так и пошло. В классе меня называли Любой, не знаю почему. Видимо, в то время это тяжелое было имя Муборак. <...>. Я уже 40 лет Люба. Некоторые, кто меня знает, называют Муборак[34].

Алия Ахметова (р. 1958), женщина казахско-татарского происхождения, долгие годы носила русское имя Алла вместо своего настоящего и более мелодичного арабского/мусульманского имени[35]. «Мне дали имя от рождения Алия. Но от рождения меня никто Алией не звал. <...> Вот, очень долго я была Аллой. Не помню, когда, я все-таки себя назвала Алией. Наверное, это уже ближе к институту». Многие годы Алия даже не знала своего настоящего имени. Она вспоминала: «Я удивилась, когда мы пошли за паспортом. Мне мама вытащила вот это вот свидетельство о рождении. Я открываю, там написано: "Алия"! Я даже не знала, что меня зовут Алия».

Отец Светланы Визер, татарин, женившийся на русской женщине в Казахстане, пытался адаптировать свое очень длинное татарское имя, чтобы оно оказалось более благозвучным для русского уха. Его полное имя, Ахметшакур Абдулганиевич Абдулганиев, признаться, не было легким для произношения. По словам Светланы,

> он очень любил сокращать свое имя. Ему казалось, что Ахметшакур Абдулганиевич — это очень длинно. Не знаю, может быть, он его стеснялся, что ли? <...> Поэтому он

---

[34] Интервью с М. Ошуровой, Худжанд, Таджикистан, июль 2010 года. Муборак — мусульманское имя арабского происхождения (по-арабски — Мубарак), означающее «благословенный» или «благоприятный».

[35] Интервью с Алией Ахметовой, Оскемен, Казахстан, 14 апреля 2010 года. Алия — арабское имя, означающее «высокая или возвышенная».

всегда представлялся «Шакур Ганиевич», и даже в очередную смену паспорта... ему удалось поменять свое имя. Вот «Ахметшакур Абдулганиевич» на «Шакур Ганиевич»[36].

Среди русских его называли Шурой или Сашей, оба варианта — уменьшительные от имени Александр. Семья матери и их друзья никогда не называли его по-татарски; все они звали его Сашей. Только его татарские родственники называли его Шакуром[37]. Как и Алия, Светлана не знала своего настоящего полного имени, пока в подростковом возрасте не увидела свое свидетельство о рождении.

> Я вообще в школе абсолютно уверена была, что я Александровна, мама папу Сашей называет. Потом уже, когда выросла и стала паспорт получать, увидела свое свидетельство о рождении. До этого оно мне было как-то неинтересно. Я вообще страшно изумилась, что я вообще, оказывается, не Александровна, а Ахметшакуровна.

Для детей из смешанных семей, которым приходилось ориентироваться в двух культурных и языковых мирах, использование разных имен в различных контекстах было разумным решением.

Нуклеарная семья и «интернациональные» имена

К началу 1960-х годов ситуация для смешанных семей и их детей начала меняться. По мере того как городская русскоязычная местная элита становилась все многочисленнее, уже не подразумевалось, что смешанная семья в Казахстане или Таджикистане автоматически будет принадлежать к культурному контексту Центральной Азии. В то же время в смешанных семьях изменялся подход к выбору имен для детей. В советской Центральной Азии, как и в других модернизирующихся обществах, родители начали отходить от традиционных моделей

---

[36] Интервью с С. А. Визер, Алматы, Казахстан, апрель 2010 года.
[37] Там же.

присвоения имен, подчеркивающих родственные связи и принадлежность к общине, в пользу индивидуального выбора, сосредоточенного на нуклеарной семье[38]. Поскольку родители стремились наиболее полно отразить сложные идентичности своих детей, менялись не только процессы выбора имен, но и категории выбираемых имен.

Вместо того чтобы выбирать явно мусульманское имя или имя, тесно связанное с определенной этнической принадлежностью, некоторые смешанные пары в последние десятилетия советской эпохи выбирали «нейтральные» или «интернациональные» имена. Это явление особенно проявлялось в Казахстане, где многие города были полиэтническими и имели высокий уровень этнического взаимодействия. Что же такое интернациональное имя в контексте советской Центральной Азии? Из бесед со смешанными парами становится ясно, что под такими именами они не подразумевали имена, связанные с революционным коммунистическим интернационализмом, которые, быть может, могли бы понравится их родителям или бабушкам и дедушкам. Вместо этого они выбирали имена, имеющие различное происхождение — западноевропейское, тюркское, арабское, греческое, — которые не были бы тесно связаны с этнической принадлежностью ни одного из родителей. Наиболее подходящими именами для детей из смешанных браков, по мнению этих семей, были те, что позволяли ребенку чувствовать себя комфортно в двух или более культурах. Лучше было иметь такое имя, чем этническое, которое не соответствовало бы внешности или указывало на принадлежность только к одной этнической группе. Интернациональные имена также помогали избежать конфликтов с родственниками, которые могли бы возражать против

---

[38] О тенденциях в практиках именования в Соединенных Штатах см. [Lieberson 2000: 34–42, 66–68]. По крайней мере один ученый считает, что корни этого более «индивидуализированного, ориентированного на ребенка именования» в западных обществах уходят в гораздо более ранние времена — к середине XVIII века. См.: Main G. L. Naming Children in Early New England // *Journal of Interdisciplinary History*. 1996. Vol. 27. № 1. P. 1–27, цит. по: [Edwards, Caballero 2008: 42].

строго этнического имени, относящегося к культуре другой стороны семьи[39].

Тимур Сергазинов, родившийся в 1976 году в смешанной русско-казахской семье, вспоминал, что его родители, которые поженились в 1964 году, старались избегать типичных казахских и русских имен. «Старшую [сестру] зовут Элина, это не казахское имя и не русское, это международное. Вторую зовут — Аида, это египетское имя, кажется. Восточное какое-то, но не казахское»[40]. В целом, отметил он, было бы лучше, чтобы родители давали имя ребенку, «потому что бабушки и дедушки давали такие имена, что жуть». (Под «ужасными» он имел в виду старомодные и слишком явно казахские имена.) Это также относилось и к расширенной семье, которая могла предложить имена, не подходящие для ребенка смешанного происхождения. Например, Тимур привел случай, когда возникла спорная ситуация при выборе имени для его третьей сестры. Когда родилась эта маленькая девочка, отец Тимура попросил свою старшую сестру — тетю ребенка — выбрать для нее имя. Но тетя предложила имя, которое было откровенно тюркским и типично казахским. После того как первые две девочки в семье получили интернациональные имена, она явно решила, что пришло время для перемен. «Давайте дадим чисто казахское имя — Гульбаршин», — сказала она. Русская мать Тимура была шокирована этим предложением. «"Вы что, какая Гульбаршин!" Она [старшая сестра] говорит: "Как ты хочешь, ну давайте хотя бы Анара назовем" [смеется]. Мы ей дали имя казахское, всё. Вот такая вот история». Хотя имя Анара распространено среди казахов, оно легче воспринимается для русского уха и его проще произносить неказахам; таким образом, оно звучит более интернационально[41]. Другими словами, это имя не имеет

---

[39] О. Б. Наумова обнаружила схожую тенденцию, которая заключалась в избегании именования детей смешанного казахско-немецкого происхождения казахскими именами в 1980-х годах. Она отметила, что им давали русские, интернациональные или восточно звучащие имена [Наумова 1991: 186–188].

[40] Интервью с Т. Сергазиновым, Оскемен, Казахстан, 5 апреля 2010 года.

[41] Интервью с Т. Сергазиновым. Анара — персидское слово, означающее «гранат».

ярко выраженной этнической окраски, хотя казахи признали бы в нем подлинное казахское имя.

Имя Тимур относится к той же категории, что и Анара, и заслуживает более подробного внимания, поскольку оно является одним из самых распространенных мужских имен среди смешанных семей Казахстана. Тимур — это тюркское имя (Тимур на узбекском, Темир на казахском), которое также получило широкое распространение среди русских со времен Второй мировой войны. Оно означает «железо» на тюркских языках и также было именем великого средневекового монгольского правителя и завоевателя Тимура, известного как Тамерлан (Тимурленг, или «Тимур Хромой»)[42]. Распространение имени среди русских, вероятно, связано с невероятной популярностью повести писателя Аркадия Гайдара «Тимур и его команда», которая была опубликована в 1940 году и по которой также был снят фильм [Гайдар 1940]. Эта история рассказывает о группе молодых советских подростков, возглавляемых Тимуром, которые тайно совершают добрые дела в своем поселке. Книга и фильм привели к массовому движению советских детей, стремящихся подражать Тимуру, и эта история изучалась в русских школах даже в постсоветский период. Имя Тимур, популярное в Центральной Азии и России и легко произносимое на обоих языках, стало очень распространенным среди смешанных семей советского Казахстана. Имена Руслан и Рустам также были популярны в таких семьях по схожим причинам; они легко произносятся в тюркском, персидском и русском языковых контекстах, имя Руслан, в частности, имеет литературные ассоциации в русской культуре. (Тот факт, что имя Рустам созвучно популярному имени Руслан, может помочь объяснить его популярность в русскоязычных смешанных семьях[43].)

---

[42] Тимур получил прозвище «хромой» (в основном среди своих врагов) из-за ранения, полученного в бою.

[43] Либерсон отметил, что взлет и спад моды можно проследить для определенных звуков в британских и американских именах, таких как окончание на «и» для девочек (Эмили, Кэти), окончание на «н» (Меган, Кевин, Кэтрин) или начальный «дж» (Джессика, Джошуа, Джейсон, Джастин) [Lieberson

Тимур — это пример имени, которому в разных семьях придают различное значение. Майра Ахметова назвала своего сына Тимуром по совету своей матери. Ее мать выбрала такое имя из-за его ассоциации с силой. Майра вспоминала:

> Она сказала, что вот Тимур — хорошее [имя]. Он сильным будет. Железный — «темир» по-казахски. По-казахски — Темир, а Тимур — это больше по-узбекски. <...> Вот, «железный», вот он такой мальчик... И мы назвали его Тимурчик. Короче говоря, ну, имя такое, хорошее, я думаю. Даже моя сестра хотела своего сына назвать Тимуром[44].

Другая семья выбрала имя Тимур из-за его ассоциации с хромотой. Лариса Ниязова вспоминала, что их сын родился с косолапостью; и когда они подбирали имя, то обнаружили эту ассоциацию и решили, что имя Тимур будет подходящим. Для этих смешанных семей, как и для многих в Казахстане, было важно найти имя со значением, подходящим для ребенка.

Для девочек тоже существовали определенные имена, которые звучали интернационально и были популярны в смешанных семьях. Майра Ахметова и ее русский муж дали своей дочери имя Камилла, которое подходило для различных контекстов. Камилла — это мусульманское имя арабского происхождения (обычно транслитерируется как Камила, что означает «идеальная» или «совершенная»), которое хорошо известно казахам и по случайности созвучно европейским именам латинского происхождения Камилл и Камилла. На вопрос, специально ли они с мужем выбрали имя, которое могло бы быть как европейским, так и казахским, Майра ответила утвердительно. «Ну да. Специально. Но мне просто имя Камилла нравится. Не знаю, вот нравится и все! Поэтому я ей выбрала имя такое. Камилла. И она довольна, что не казахское это, а такое — больше европейское где-то». Майра

2000: 99–100]. Хотя в бывшем Советском Союзе не проводилось подобного исследования, вполне вероятно, что популярность определенных звуков и слогов в именах колебалась в зависимости от моды и там.

[44] Интервью с Майрой Ахметовой.

добавила, что они записали имя с двойной «л», чтобы оно было ближе к французскому и отличалось от арабской и русской версий.

Леся Каратаева (р. 1971), женщина смешанного русско-казахского происхождения, вышедшая замуж за русского, также выбрала имя для своей дочери, которое подходило как для казахской, так и для русской культур. Первоначально Леся хотела назвать ребенка Марией в честь своей русской бабушки. Популярное русское женское имя Мария также распространено и в мусульманских культурах (как Марьям[45]). Однако Леся передумала по причинам, которые можно посчитать суеверными.

> Ну, Мария, оно такое, интернациональное. У всех. У казахов имя Мариям тоже есть. Но я вдруг подумала, что среди моих родственниц или знакомых редко какая Мария прожила действительно легкую жизнь. Что это имя все-таки накладывает какой-то вот такой вот отпечаток. Не знаю, я побоялась просто![46]

Леся решила вместо этого назвать свою дочь Дарьей. (Тот факт, что Даша рифмуется с Машей, мог повысить привлекательность этого имени для нее.) Изначально Леся воспринимала это имя как чисто русское — она с улыбкой вспоминала, как думала, что Даша звучит как имя простой русской крестьянской девушки в платке. Но позже Леся также обнаружила, что это имя обладает знатным происхождением в Центральной Азии. «И только когда я ее уже назвала, я прочитала, что Дарья — это персидское имя, это производное от имени царя Дария. И что это "воительница"!» Как и сын Майры Тимур оказался «железным мальчиком», дочь Леси тоже оправдала свое имя. «Да, если имя и накладывает отпечаток, то моя дочь действительно настоящая воительница. Она такая, очень боевая, гордая такая»[47].

---

[45] Марьям — арабский вариант имени Мария, матери Иисуса, которое также встречается в Коране.

[46] Интервью с Л. Каратаевой, Алматы, Казахстан, 19 апреля 2010 года.

[47] Там же.

В дополнение к убеждению, что дети из смешанных браков должны иметь нейтральные или интернациональные имена, во многих семьях считалось, что имя должно соответствовать и остальным внешним признакам личности человека. В идеале имя ребенка должно соответствовать его внешнему виду, официальной национальности, отчеству и фамилии. Майра объяснила, что ребенку с казахской внешностью было бы странно носить классическое русское имя: «Ну, потому что дети не похожи на русских. У них такая вот... кровь все-таки казахская доминирует так же, как негритянская кровь. Они никак не будут смотреться, если его назовешь как-нибудь». Марина Абдрахманова, женщина смешанного казахско-русского происхождения, вышедшая замуж за казаха, старалась давать своим дочерям имена, отчасти основываясь на том, как они выглядели в младенчестве. Ее старшая дочь носит казахское имя Асель, что означает «мед». «Мы старались выбрать имя на основе внешности. Вот у меня старшая родилась, она, конечно, была больше похожа на казашку. И нам просто предложили, вот, список имен, и мы смотрели по справочнику, какое больше подойдет. Вот и остановились на этом»[48]. Марина отметила, что имя Асель, хоть и распространено среди казахов, не является чисто казахским именем — его также используют и другие тюркские народы. Она продолжила: «А младшая, она родилась непохожей на казашку. И мы подбирали имя такое, нейтральное, чтобы оно не было ни чисто русским, ни чисто казахским. И ее назвали Айей»[49].

Между прочим, в родной семье Марины первые две дочери получили казахские имена, а третья и четвертая — русские. Марина объяснила, что ее родители договорились, что ее мать даст имена девочкам, а отец — мальчикам. Но затем родились четыре дочери подряд и ни одного сына. Мать назвала первого ребенка, отец — второго, и они пришли к взаимному согласию по поводу имен третьей и четвертой дочерей. Это был творческий

---

[48] Интервью с М. Абдрахмановой, Алматы, Казахстан, 15 апреля 2010 года.

[49] Имя Айя — поистине международное: оно известно в арабском, иврите, японском, монгольском и языке йоруба.

и в то же время современный способ решения задачи с выбором имен. Мать и отец имели равные права при выборе имени, а расширенная семья не участвовала в этом процессе[50].

Ержан Байбурин (род. 1959), казах, женатый на русской женщине, вспоминал, что они с женой также старались подобрать интернациональные имена для своих трех дочерей. Его рассказ описывает процесс именования, который может показаться знакомым современным родителям повсюду. «Все решалось на уровне обсуждения. Было имя, которое я выбрал, она выбрала, и немножко мы спрашивали мнение родителей. Но после того, как сами решили». Ержан объяснил логику при выборе имен.

> И, в принципе, имена были международные, я бы сказал. Потому что у старшей имя — Дария. Можно по-русски сказать «Дарья». <...> Дария — это иранское имя. Ну, больше восточное, конечно. У второй девочки — Сания, тут тоже, видите, получилось как бы и то и то. То есть, можно, наверное, называть Александрой, Сашей. А третья тоже — Малика, то есть, тоже. Все имена такие[51].

Ержан и его жена старались выбрать имена, которые не были бы исключительно казахскими или русскими, но были бы легко понятны в обоих культурных контекстах. Все три имени тяготели к восточной (казахской или мусульманской) стороне семьи, но были легко понятны и произносимы для русских. В первых двух случаях имена также допускали производные русские уменьшительные формы — Даша, Саша, Саня — что могло быть важно для русских бабушек и дедушек[52].

«Катя Николаева» (род. 1971), русская женщина, вышедшая замуж за мужчину русско-казахского происхождения, согласи-

---

[50] Интервью с М. Абдрахмановой.
[51] Имя Дарья, как отмечалось ранее, изначально персидское, но может принять и русскую уменьшительную форму Даша. Сания и Малика — оба имени происходят из арабского языка; Сания означает «блестящий, великолепный», а Малика означает «королева». Имя Сания по звучанию также близко к уменьшительной форме русских имен Александр и Александра.
[52] Интервью с Е. Байбуриным, Оскемен, Казахстан, 19 сентября 2011 года.

лась, что все части имени ребенка должны соответствовать друг другу. Из-за этого соображения они с мужем Тимуром избегали давать двум своим дочерям чисто русские имена, хотя ей эти имена нравились.

> У меня имена были: Настя, Маша, Аня. То есть имена русские мне нравятся, но они не сочетаются с фамилией и отчеством. Думали, надо так, чтобы звучало хорошо. Очень долго выбирали. Мы брали книгу «Справочник имен девичьих», все это читали, листали, перебрали очень много вариантов. Потом остановились на том, что красиво звучит «Милана Тимуровна», «Бэла Тимуровна». То есть получилось, что Милана в принципе славянское какое-то имя, а Бэла от «Belle» — это уже латынь...

Катя призналась, что они с мужем старались избежать создания непреднамеренно смехотворного контраста между именем и фамилией. «Чтобы не была у нас Маша, допустим, Серикбаева, как это бывает в жизни. До смешного доходит!»[53]

Забота родителей о правильном выборе имени была понятна, учитывая, что имя могло сыграть важную роль в жизни человека. Детей смешанного происхождения категорически не устраивало, если их имена не соответствовали их внутренним ощущениям идентичности и этнической принадлежности. Если у ребенка было неподходящее имя — такое, что не соответствовало внешности или чувству субъективной идентичности, над ним или ней иногда насмехались, или они просто чувствовали себя неловко и стеснялись. Это мог быть ребенок, который «выглядел азиатом», но имел русское имя, или ребенок, который прекрасно говорил по-русски, но имел казахское или таджикское имя, и поэтому считался чужаком среди других русскоговорящих. Неправильное имя также могло подвергнуть ребенка дискриминации или неадекватным требованиям к нему.

---

[53] Маша — уменьшительная форма популярного русского имени Мария, а Серикбаева — распространенная казахская фамилия. Интервью с «Катей Николаевой», Оскемен, Казахстан, 20 сентября 2011 года.

Несколько респондентов сообщили, что стыдились своих явно нерусских имен в русскоязычной городской среде позднесоветского периода. Сусанна, наполовину украинка, наполовину армянка, не любила ни свое имя (Сусанна), ни свою армянскую фамилию (Айвазян). И имя, и фамилия были необычны в русскоязычном контексте Северного Казахстана, где она жила. Она вспоминала:

> Айвазян у меня была фамилия, а как только не называли: и Айвазов, и Авасян, по-всякому меня называли, и Аванесян. То есть вот это, конечно, меня всякий раз коробило, мою детскую ранимую душу, и я стеснялась, зажималась всякий раз, как страус втягивала голову и думала: «Господи, почему я не Оля? Почему я не Лена? Зачем вы меня так назвали?»[54]

Сусанна назвала обычные русские имена — Лена и Ольга, — как те имена, которые она хотела бы иметь вместо своего. Ее беспокоило то, что она не соответствовала русским нормам. Она продолжила: «Да, проблема была в том, что я не очень хорошо относилась к своему имени и к своей фамилии. Потому что они не очень легко произносимы, и у меня очень часто, когда перекличку в классе делали, учителя, одноклассники неправильно называли мою фамилию, имя». В детстве Сусанна мечтала сменить свое имя на какое-нибудь более типично русское.

> И то, что я армянка, меня, с одной стороны, вроде как бы и радовало, что я такая необычная, и я такая в классе одна, и во дворе нас там всего двое было. А с другой стороны, мне хотелось, ну, наверное, чисто подростковый такой случай социализации, хотелось быть как все, чтобы я была там Юлией или Леной Ивановой, то есть было у меня такое стремление. Когда я родителям заикнулась о том, что я при получении паспорта хочу написать, что я русская, и, может быть, даже поменять имя свое необычное, папа мой возмутился[55].

---

[54] Интервью с С. Морозовой, Оскемен, Казахстан, 10 апреля 2010 года.
[55] Там же.

Опять же, взятая ею фамилия Иванова, эквивалент Смита или Джонсона в русском языке, показывает, насколько отчаянно Сусанна хотела быть такой же, как все.

Сажида Дмитриева, дочь татарского отца и русской матери, также испытывала трудности с принятием своего необычного имени. Она вспоминала: «В глубине души мне тяжело было с моим именем жить. Вокруг все были Лены, Кати, там Светы, Оли, а я вот с таким именем. Я даже, ну как, стеснялась своего имени, честно скажу, очень долго. Уже когда потом с годами ты понимаешь, что лучше ты один, чем много с таким именем». Имя Сажида было не только татарским именем, но и редким даже среди татар.

> Это имя всегда, что если что-то, то я нигде... Вообще это имя! Если другие мусульманские имена Камила, Гульсум — они кругом были, а моего не было, и вообще я здесь не встречала, кроме как у акушерки, которая меня принимала. Это мамина знакомая была, когда мама рожала, она принимала меня, мама в честь нее и назвала, по-татарски[56].

Русскоязычным людям было трудно произносить и даже запоминать имя Сажида.

> Единственное, это мое имя, потому что, когда с человеком знакомишься, сразу никто запомнить не может как-то. У меня муж запомнил мое имя не знаю с какого раза! С первого раза не мог запомнить! [смеется] <...> Мне бабушка все время говорила: «Да у тебя очень красивое имя! Вот ты поедешь, там, к родственникам на Урал, ты посмотришь, какое оно там распространенное!» И после восьмого класса меня на все каникулы туда к родственникам папы отправили, ну, туда — в Башкирию. Там много всяких сел, я везде гостила. Когда я оттуда приехала, я бабушке говорила: «Одна-единственная мне Сажида встретилась, и то этой бабушке было лет 80!»[57]

Неловкость из-за имени могла возникнуть с обратной стороны. Анастасия Марцевич, молодая женщина смешанного этническо-

---

[56] Интервью с С. Дмитриевой.
[57] Там же.

го происхождения, выросшая в Москве, утверждала, что у человека, в котором явно присутствует казахская кровь, не должно быть классического русского имени, как у нее самой. Наполовину казашка и наполовину русская, она чувствовала себя некомфортно с именем Анастасия (к тому же это одно из имен дочерей последнего царя), в том числе и с уменьшительной формой имени Настя, так как она явно не была полностью русской. Ее русский отец настоял на этом имени, поскольку оно принадлежало его бабушке, хотя ее казахская мать предпочла бы более интернациональное имя. Анастасия мечтала, чтобы ее звали как-то нейтрально, например, Диной или Даной — «более простые для слуха и для, там, международного общения». Такое имя также лучше бы соответствовало ее внешности. «Настя, Настя, — комментировала она: Из-за моей внешности в Казахстане все спрашивают: "Ты придумываешь, наверное?"»[58]

Чувства людей смешанного происхождения в советской Центральной Азии по поводу своих имен во многом схожи с чувствами их сотоварищей из других стран. Исследование смешанных семей в Великобритании показало, что дети иногда сталкивались с насмешками или расизмом, если их имена сильно отличались от английской нормы. Один марокканец, отец детей марокканско-английского происхождения, вспоминал, что его детям не нравились их мусульманские имена. «Они говорили мне только одно: "О, люди не могут произнести наши имена", или: "Почему меня назвали Иньяей, никто не знает такое имя Иньяя". Вот что они говорили». Как и в Центральной Азии, некоторые дети использовали разные имена в зависимости от контекста: например, юноша назывался Кевином среди своих английских родственников и Каримом — среди южноазиатских [Edwards, Caballero 2008: 53–54].

Семьи в мультиэтнических обществах выражают свои ценности и идентичность в том числе с помощью имен, которые они дают своим детям. В Советском Казахстане и Таджикистане имя новорожденного ребенка должно было соответствовать несколь-

---

[58] Интервью с А. Марцевич, Москва, Россия, июнь 2010 года.

ким ключевым критериям: оно должно было удовлетворять родственников обеих сторон семьи (или по крайней мере не раздосадовать их), соответствовать внешнему виду ребенка, быть благозвучным и хорошо сочетаться с отчеством и фамилией ребенка. Найти имя, соответствующее всем этим критериям, для смешанных семей было сложнее, чем для обычных моноэтнических. Смешанные семьи в Центральной Азии подобрали несколько способов решения задачи по выбору имени. Они могли дать ребенку имя от одной стороны родителей, предполагая, что он вырастет, идентифицируя себя с этой этнической культурой. Они могли позволить ребенку использовать разные имена в различных социальных и этнических контекстах, предложив отзываться на имя Татьяна среди русских бабушек и дедушек и на имя Акбота среди казахской расширенной семьи. Или они могли выбрать нейтральное или интернациональное имя, позволяющее ребенку легко перемещаться между культурами, не испытывая трудностей из-за неподходящего имени. Многие смешанные семьи, особенно в Казахстане, тяготели к таким интернациональным именам, которые, по их мнению, выходили за рамки этнической принадлежности и лучше отражали многогранную идентичность их детей. В области присвоения имен, как и в других аспектах советской жизни, смешанные семьи, казалось, играли свою предначертанную им роль авангарда советской дружбы народов. Так же, как этническое имя было простым способом заявить о своей этнической принадлежности, выбор нейтрального, интернационального и не связанного с определенной этнической группой имени отражал веру в будущее, в котором их дети смогут выйти за рамки этничности и быть просто «советскими».

Глава 7
Смешанные семьи и русский язык

> Из собственного опыта я уже поняла, что дети разговаривают на языке матери. Поскольку у нас и бабушка, и мама, которые нас воспитывали, говорят на русском... говорили на русском, потом, в общем-то, это было время как раз, когда, ну, как сказать, проходила... поскольку был принят язык общий, национального общения — русский, то в основном, конечно, старались говорить на русском.
>
> *Марина Абдрахманова*[1]

Лингвистическая ситуация, описанная Мариной, одной из четырех дочерей казахского отца и русской матери, стала типичной для смешанных семей начиная с 1960-х годов. Склонность таких семей использовать русский язык в качестве основного была одной из характеристик, из-за которой их изображали в самых положительных тонах как наиболее советских из всех советских семей [Винников 1980: 25–26, 34–36; Арутюнян, Бромлей 1986: 166]. В позднесоветский период распространение русского языка среди нерусских было признаком того, что долгожданное сближение и слияние советских наций начало происходить. В языковой сфере, как и во многих других, смешанные семьи считались авангардом советского общества.

Советский режим никогда явно не проводил политику лингвистической русификации. Политика коренизации, впервые

---

[1] Интервью с М. Абдрахмановой, Алматы, Казахстан, 15 апреля 2010 года.

сформулированная в 1920-х годах, подчеркивала важность сохранения коренных языков для всех советских национальностей [Martin 2001; Slezkine 1994b]. Тем не менее у людей в нерусских республиках были серьезные стимулы к овладению русским языком, и со временем продвижение русского как языка межнационального общения только усиливалось. Заявленная цель заключалась не в том, чтобы вынудить советских граждан использовать исключительно русский язык; вместо этого советское государство официально поощряло двуязычие в нерусских республиках, что подразумевало, что люди будут говорить как на своем родном языке, так и на русском. Билингвы считались более образованными, культурными и менее религиозными, чем те, кто говорил только на своем родном языке (если этот язык не был русским) [Dave 2007: 53; Губогло 1972: 27–28]. Другими словами, билингвы были идеальными советскими гражданами, как и люди этнически смешанного происхождения, и между этими двумя группами было много общего.

Нет ничего особенно необычного в продвижении русского языка в качестве общего многонациональным советским государством. В колониальных империях или иммигрантских обществах язык метрополии часто становился «лингва франка» для модернизированных мультиэтнических государств. В колониальных контекстах амбициозные элиты часто изучали столичный язык добровольно — английский в Индии, французский в Северной Африке и Леванте. В иммигрантских обществах, таких как Соединенные Штаты, языковая ассимиляция в течение трех поколений была практически универсальной. Необычным в советском случае было одновременное продвижение титульных языков в нерусских республиках, что создавало противоречивые лингвистические императивы для нерусских и смешанных семей.

Изучение использования языков в смешанных семьях представляет интерес, поскольку такие семьи часто были вынуждены делать выбор, с которым большинство этнически однородных семей не сталкивались. На каком языке будут разговаривать муж и жена? Как они будут общаться с родственниками с обеих сторон? И возможно, самое важное: на каких языках будут говорить дети дома и в школе? Беседы с членами смешанных семей дают представление о семейной и общественной динамике, стоящей за выбором языка, а также о субъективных чувствах и ценностях, отвечающих за эти решения[2]. Истории жизни этих людей помогают понять, как и почему многие смешанные и элитные семьи меняли свой язык и становились преимущественно русскоязычными, а также почему некоторые этого не делали.

Из приведенных выше воспоминаний Марины становится ясно, что в использовании языка в смешанных семьях присутствовал гендерный аспект. Использование русского языка было особенно распространено среди тех смешанных семей, где один из родителей был русскоязычным, а в Казахстане и Таджикистане, на протяжении всего советского периода, этим родителем почти всегда являлась женщина. Русскоязычные матери играли бо́льшую роль, как основные воспитатели, в передаче своего языка и идентичности своим детям. Как это ни парадоксально, но интервью показывают, что часто именно центральноазиатские и другие нерусские отцы активнее всего продвигали русификацию, в то время как русскоязычные жены иногда были самыми ярыми защитницами коренного языка. Возможно, это происходило потому, что отцы знали — часто по собственному опыту, — что отличное владение русским языком было жизненно необходимо для профессионального успеха их детей в будущем. Матери, напротив, могли больше заботиться о поддержании отношений с бабушками, дедушками и другими родственниками. По рассказам детей, центральноазиатские (а также татарские, азербайджанские и армянские) отцы часто терпели неудачу при попытках научить детей своему родному языку. Даже если они заявляли, что хотят, чтобы их дети говорили на этом языке, их усилия были минимальными и безрезультатными. Большинство ясно давали понять, что отличное знание русского языка было чрезвычайно важно. Таким образом, возникал парадокс: отцы ожидали, что их дети укажут их официальную национальность

---

[2] Во многих смешанных семьях не было реального выбора, поскольку единственным общим языком был русский.

в своих паспортах, при этом им было не особенно важно, знают ли дети их «родной язык». Результатом становилось частое несоответствие между официальной и субъективной национальностью среди людей смешанного происхождения, а также разрыв между родным языком и национальной идентичностью. Дети принимали официальную национальность своих отцов, но ассоциировали себя скорее с культурой и языком своих матерей.

Эволюция советской языковой политики

Языковой выбор смешанных семей следует рассматривать в контексте эволюционирующей советской языковой политики и меняющейся лингвистической среды на протяжении многих лет. В 1920-х и начале 1930-х годов предполагалось, что все советские языки, как бы малочисленно ни было население, говорящее на них, должны развиваться на равных. Советские лингвисты помогли местным элитам стандартизировать их языки и, в некоторых случаях, разработать для них систему письменности. Школы с обучением на родном языке были обязательны везде, где насчитывалось не менее 25 детей этой национальности. Учебники, газеты и другие книги издавались на десятках различных языков [Slezkine 1994b; Smith 1998: 42–58; Smith 2013: 90–93]. В 1937– 1938 годах в советских школах использовалось более 70 языков в качестве средств обучения [Landau, Kellner-Heinkele 2001: 53].

Однако, начиная с периода «высокого сталинизма», государство все больше внимания уделяло русскому языку. 13 марта 1938 года был издан указ, обязывающий преподавать русский язык во всех советских школах. Этот указ устанавливал строгие стандарты, предназначенные обеспечить, чтобы все учащиеся владели русским языком к моменту поступления в среднюю школу. Преподавание «второстепенных» языков, особенно в автономных республиках и регионах, начало постепенно сокращаться [Blitstein 2001; Landau, Kellner-Heinkele 2001: 54; Smith 1998: 159]. Все языки оставались равными, но русский язык был официально объявлен языком «межнационального общения» и после Второй мировой войны продвигался как «лингва франка» в образовании и административной сфере. Заодно возникло требование о переводе языков Центральной Азии с недавно принятого латинского алфавита на кириллицу к 1940 году [Smith 1998: 157–158; Martin 2001: chap. 5; Landau, Kellner-Heinkele 2001: 54–55].

В 1958–1959 годах хрущевские реформы системы образования еще больше стимулировали изучение русского языка, переведя в русскоязычных школах за пределами России обучение на титульном языке на добровольную основу и позволив нерусским родителям выбирать язык, на котором будет обучаться их ребенок. (Ранее все дети должны были получать образование на родном языке.) Многие нерусские родители выбирали русские школы, стремясь расширить возможности для своих детей. Школы с обучением на местном языке считались менее эффективными, и их выпускники были ограничены в выборе высших учебных заведений для поступления и направлений обучения [Landau, Kellner-Heinkele 2001: 55; Smagulova 2008: 170; Blitstein 2001]. В конце 1960-х и 1970-х годов режим Брежнева еще больше стал выделять русский язык в качестве основы наднациональной идентичности в СССР. Русский язык называли «национальным достоянием» и «языком социализма». Указ от октября 1978 года призывал к улучшению преподавания русского языка, включая увеличение времени, отведенного на преподавание различных предметов в нерусских школах на русском языке [Smith 2013: 221–222; Landau, Kellner-Heinkele 2001: 56–57][3].

В некоторых республиках, особенно на Кавказе и в странах Балтийского региона, случались протесты против растущего акцента на русском языке, но в Центральной Азии до эпохи Горбачева таких настроений почти не наблюдалось [Баграмов 2003: 59; Landau, Kellner-Heinkele 2001: 58][4]. Согласно официальным данным переписи населения, знание и использование русского языка в Центральной Азии быстро распространялись в 1960,

---

[3] А. Уиттингтон утверждает, что советское государство поощряло взгляд на русский как на «второй родной язык» для нерусских [Whittington 2018: 319].

[4] См. также [Smith 2013: 236].

1970 и 1980-х годах[5]. В Казахстане преобладание русского языка было особенно заметным, отчасти из-за более давнего присутствия русских в Казахстане и большей численности этнического русского населения. В 1989 году этнические казахи составляли лишь 39,7 % населения Казахстана, в то время как русские — 37,8 %, менее многочисленными были меньшинства украинцев, белорусов и немцев [Landau, Kellner-Heinkele 2001: 21, 22; Smagulova 2008: 170]. В городах Казахстана доля коренных казахов была еще ниже: русские в 1989 году составляли 50,8 % городского населения, а казахи — всего 27 % [Fierman 2006: 100]. Города были преимущественно русскоязычными пространствами[6].

Согласно переписи 1989 года, 64,2 % казахов свободно владели русским языком [Fierman 2006: 101]. 40 % казахов не говорили по-казахски, хотя подавляющее большинство заявило, что казахский язык был их родным [Наумова 1991: 150, 160]. (Следует с осторожностью относиться к трактовке заявлений о «родном языке» в СССР. Для многих респондентов этот термин мог показаться означающим что-то вроде «языка моих предков», а не «языка, на котором я фактически разговариваю» [Dave 2007: 52–54].) Менее 1 % русских, живущих в Казахстане, когда-либо осваивали казахский язык [Dave 2007: 61]. Русскоязычные казахи составляли городскую элиту — высокообразованные и космополитичные, они занимали престижные должности, при этом казахский язык все больше ассоциировался с сельскими, консервативными и набожными людьми [Smagulova 2008: 171]. Многие казахи говорили на казахском, но не могли ни читать, ни писать на нем; менее половины городских казахов обладали грамотой казахского языка. Население Казахстана разделилось на «настоящих казахов», иногда известных как нагыз-казахи (тех, кто жил в сельской местности, говорил на казахском как на основном

---

[5] См. таблицу в [Landau, Kellner-Heinkele 2001: 56]. Статистика по языковой компетентности несколько сомнительна, поскольку самооценка языковых способностей респондентов может выражать желаемое за действительное, а не реальность.

[6] Отличный обзор русификации и демографических изменений в Казахстане см. [Dave 2007: 50–70].

языке и следовал тому, что они считали традиционным образом жизни), и городских казахов, которые в основном использовали русский и вели более советский образ жизни. Уничижительный термин «шала-казах», что означает «полуказах», стал применяться в отношении любого казаха, обрусевшего лингвистически и культурно. По словам казахского писателя Жумабая Жакупова, «быстрой русификации шала-казахов способствовала эффективная советская система всеобщего образования. <...> казахский язык оказался для шала-казах невостребованным — шала-казахи либо знают родной язык на ограниченно бытовом уровне, либо не знают вообще» [Жакупов 2009: 9–10].

Ситуация в Таджикистане была несколько иной. В Таджикской республике было гораздо меньше русского населения, а крупнейшим этническим меньшинством были узбеки, а не русские. (В 1989 году таджики составляли 62,3 % населения, узбеки — около 25 %, а русские — только 3,2 %.) Русский язык в Таджикистане был не настолько доминирующим, как в Казахстане. В Таджикистане перепись 1989 года показала, что 66,6 % от общего населения знали таджикский язык и только 36,3 % знали русский — что довольно мало по сравнению с 83 % населения Казахстана, знающим русский язык [Landau, Kellner-Heinkele 2001: 59]. Тем не менее и в Таджикистане советское правление привело к появлению русскоязычной местной элиты. Так, 30,5 % таджиков сообщили, что они свободно владеют русским языком [Fierman 2006: 101]. В Таджикистане, как и в Казахстане, языковая ассимиляция редко шла в обратном направлении; только 3 % русских в Таджикистане утверждали, что знают титульный язык республики [Landau, Kellner-Heinkele 2001: 27].

Использование языка в Казахстане и Таджикистане различалось как качественно, так и количественно. В Таджикистане, как и в большинстве нерусских регионов СССР, люди обычно изучали русский как второй язык для практических и профессиональных целей, сохраняя свой родной язык — будь то таджикский или узбекский — в качестве основного. (Это то, что Д. Лэйтин, опираясь на работы Б. Сильвера, назвал «неассимилированным билингвизмом».) В Казахстане большое количество этнических казахов приняли русский как свой основной язык, сохраняя лишь ограниченный уровень владения казахского («ассимилированный билингвизм» в терминах социальных наук). Быстрая урбанизация, демографические изменения и высокий уровень межэтнических контактов были ключевыми факторами в росте ассимилированного билингвизма в Казахстане[7].

Взаимосвязь между языком и этнической идентичностью в Центральной Азии отличалась от той, что преобладала в России, и варьировалась в зависимости от республики и этнической группы. Язык исторически не был ключевым компонентом идентичности в регионе, для которой этнолингвистическая концепция национальности была европейской идеей, привнесенной большевиками[8]. Сама советская политика превратила язык в неотъемлемую часть национальности, в которой территория, язык и этническое происхождение должны были совпадать. Более того, значение языка не было одинаковым во всех частях Центральной Азии. Среди бывших кочевых народов, таких как казахи и туркмены, идентичность которых основывалась на генеалогическом происхождении и образе жизни, уходящих корнями в кочевые традиции, язык был менее важен. Таким образом, в советском Казахстане многие этнические казахи, говорившие только на русском, тем не менее всецело считали себя казахами из-за своего происхождения. Для них советский контекст создал разрыв между языком и национальной идентичностью — «национальность без языка». До 1917 года в оседлых регионах, которые затем стали Таджикистаном и Узбекистаном, население в значительной степени было смешанным и двуязычным, говорящим на тюркском и персидском языках. Большинство людей

---

[7] Эти термины были впервые введены Б. Сильвером и использовались Д. Лэйтином в его работе о языке и идентичности в постсоветских государствах [Laitin 1998: 44]. Четыре стадии: парохиальность — знание только родного языка; неассимилированный билингвизм; ассимилированный билингвизм; полная ассимиляция. Из-за все большего внимания к этничности при определении русскости последняя стадия была невозможна для этнических казахов, независимо от того, насколько хорошо они владели русским языком.

[8] См. [Edgar 2004: introduction].

определяли свою идентичность с точки зрения религии, родства или региона, а не по этнолингвистическим критериям. Именно советские власти использовали «родной язык» в качестве основного способа для различения среди тех, кого они считали различными этническими группами или национальностями. Считалось, что таджики являются носителями таджикского языка, похожего на персидский или фарси, а узбеки — носителями узбекского, тюркского языка. По мере того как такое понимание этнической принадлежности усваивалось местными жителями, язык среди них становился важным аспектом самоидентификации как таджика или узбека[9].

Смешанные семьи и русский язык

В первые послевоенные годы лингвистическая русификация в Центральной Азии еще не достигла значительных масштабов. Советские этнографы отмечали, что многие русские и другие европейские женщины, вышедшие замуж за мужчин из Центральной Азии в 1940-х и 1950-х годах, селились в родных деревнях своих мужей и хорошо осваивали местный язык. По словам Абрамзона, некоторые из них настолько адаптировались к местной культуре, что «забыли, как говорить по-русски». «Большинство русских женщин хорошо осваивается с местным языком и не только свободно разговаривает на нем, но употребляет даже специфические для данного языка интонации, междометия, пользуется местными поговорками и т. п. Часто по языку русскую женщину уже почти невозможно отличить от женщины местной национальности» [Брусина 2001: 165; Абрамзон 1962: 29–30].

У советских ученых были свои взгляды на смешанные браки, заключенные в последующие десятилетия. Этнографы, работавшие в эпоху Брежнева, отмечали, что в смешанных семьях выходцев из Центральной Азии и Европы повседневным языком чаще всего был русский [Наумова 1987: 96–97]. Основываясь на интервью, можно проследить характерную для смешанных семей

---

[9] См. [Schoeberlein-Engel 1994; Khalid 1999: chaps. 6 and 7].

в Казахстане и Таджикистане закономерность смены языка через три поколения. В общих чертах: центральноазиатские (или татарские, или азербайджанские) бабушки и дедушки говорили в основном или даже исключительно на родном языке; их дети говорили как на русском языке, так и на родном; а их внуки — третье поколение — говорили только на русском. Смешанные семьи были ведущими представителями этой трехпоколенческой модели, но не единственными. Элитные и образованные семьи коренных национальностей также ее демонстрировали, особенно в Казахстане и в городских районах обеих республик[10]. Между лингвистической русификацией и этническим смешением существовала тесная взаимосвязь. Смешанные семьи с большей вероятностью говорили на русском как на основном языке, и те, кто рос, говоря только на русском, в свою очередь, с большей вероятностью вступали в смешанные браки. Как выразился один специалист по национальностям, распространение русского языка «способствует усилению межэтнических взаимодействий в культурно-бытовой сфере, росту числа национально-смешанных браков» [Винников 1980: 36]. Таким образом, смешанные браки были как причиной, так и следствием распространения двуязычия.

Школы и образовательная политика сыграли ключевую роль в этих изменениях в области использования языка, которые касались главным образом городских жителей и образованных элит. Дети второго поколения (после образовательных реформ конца 1930-х годов) и тем более третьего (после реформ конца 1950-х годов) говорили по-русски в школе и со своими сверстниками по

---

[10] Эта модель из трех поколений напоминает известную теорию языковой ассимиляции иммигрантов в Соединенных Штатах, согласно которой поколение иммигрантов «достигает некоторого прогресса, но основным для них остается родной язык, второе поколение двуязычно, а третье поколение говорит только по-английски» [Waters, Jiménez 2005]. Более подробную информацию о ранних теориях ассимиляции иммигрантов см. у [Gordon 1964]. Советские выходцы из Центральной Азии в своих родных республиках, очевидно, не были иммигрантами, но в той степени, в какой некоторые из них жили в полностью русскоязычной городской среде, это, возможно, было функциональным эквивалентом миграции в другую страну.

соседству[11]. Таким образом, местный язык деградировал до бытового языка, который использовался только в определенных ограниченных ситуациях, например, для общения с бабушками и дедушками. Казахский и таджикский языки стали ассоциироваться со сферой семейно-близких отношений, в то время как русский был языком обучения и профессионального развития. Грамотность на родном языке стала неважной. Наблюдатели отмечали, что родители обычно обращались к детям на родном языке, а дети отвечали по-русски — модель, аналогичная той, что наблюдается в семьях иммигрантов в США и Франции [Alba 2005: 36].

Семья Тимура Сергазинова являет хороший пример этой модели изменений в трех поколениях. Тимур родился в 1976 году в семье русской женщины и казаха. Казахские бабушка и дедушка Тимура, жившие в деревне недалеко от Оскемена, говорили главным образом на казахском. Его дедушка воевал в Красной армии во время Второй мировой войны и немного говорил по-русски; его бабушка, которая меньше общалась с русскими, почти не говорила на этом языке. Отец Тимура, родившийся в 1940-х годах, рос, разговаривая по-казахски со своими родителями; однако он учился в русскоязычной школе и стал школьным учителем. В 1964 году он познакомился с Галиной, русской женщиной, которая также училась на преподавателя по программе образования в Целинограде (тогда центре движения за освоение целины, сегодня это столица страны — Астана). Они влюбились и поженились всего через три месяца. У пары было четверо детей, из которых Тимур был самым младшим и единственным сыном.

Тимур отметил, что на его родителей оказывалось общественное давление, чтобы они разговаривали только по-русски в публичной сфере. Хотя его отец хорошо говорил по-казахски, Тимур сказал:

> Но в силу того, что это время такого Советского Союза, где доминирующую роль играл русский язык, казахский язык вообще просто нигде не приветствовался. В то время, ви-

---

[11] О школах и русификации в Казахстане см. [Dave 2007: 62–68].

дите, как было все, мне даже отец рассказывал, когда он в партии работал, там работало несколько казахов, и казахи собираются и начинают общаться на своем языке, все говорили: «О, почему вы не общаетесь на русском, общайтесь на русском, мы не понимаем». Поэтому даже не могли отдельно как-то собраться пообщаться на казахском. Было как-то зажато[12].

Дома семья также говорила на русском. Тимур и его сестры не только учились в русских школах, но и говорили исключительно на русском с родителями и друг с другом. Это затрудняло общение с его бабушкой и дедушкой, когда они приезжали в свою деревню. «Даже апашка (бабушка) русский язык плохо знала. Вот так, как я знаю казахский, она знала так русский». Тимур не придавал большого значения возможности общения с бабушкой и дедушкой на общем языке. «Знаете, я вам так скажу. Я понимал только одно: что они говорят слова любви, что они просто любят, а чтó они говорят, мне было уже неважно». Тимур отметил, что языковой опыт его семьи был типичным для его города на северо-востоке Казахстана. «Здесь, видите ли, все казахи, живущие в городе, все отлично знают русский язык. Русский язык тогда был язык международного общения. Вот советская власть поставили такую задачу. И она выполнила эту задачу, особенно в Казахстане»[13].

Светлана Визер, жительница Алматы и дочь смешанной татаро-русской пары, также описала трехпоколенческую модель изменений языковых предпочтений. Ее отец, Ахметшакур Абдулганиев (род. 1926), вырос в Семипалатинске на востоке Казахстана, говоря на татарском, и также научился говорить на казахском (родственный тюркский язык) и на русском. Его родители почти не говорили по-русски, что затрудняло общение Светланы с ними.

---

[12] Интервью с Т. Сергазиновым, Оскемен, Казахстан, 5 апреля 2010 года. Аналогичным образом Б. Дейв обнаружила, что, когда казахи говорили по-казахски на публике, русские считали это невежливым или еще хуже — признаком «трайбализма», или «национализма» [Dave 2007: 67–68].

[13] Интервью с Т. Сергазиновым.

> Моя бабушка русский язык знала, но очень плохо. Она не могла писать по-русски и говорила с очень большим акцентом. Когда я приезжала, мы как-то так односложно общались, не особенно разговаривая. Отец с ней всегда разговаривал по-татарски. Тети тоже по-татарски с ней общались.

Ее отец свободно владел татарским в зрелом возрасте. «А как он мог плохо говорить, если он с матерью родной все время говорил по-татарски дома. Она, может быть, над ним потом подтрунивала, вроде нет. В том роде, что "ты стал забывать язык", и тому подобное»[14].

Тем не менее после женитьбы на Наташе в 1951 году — женщине, чьи родители были родом из Украинской республики, но считали себя русскими, — Шакур стал в основном говорить на русском. Семья Наташи была раскулачена в 1931 году и сослана в Сибирь. После реабилитации в 1935 году они переехали на юг — в столицу Казахстана Алматы. Наташа, родившаяся в 1927 году, встретила Шакура в Алматы после того, как его отправили туда на работу в 1947 году. После свадьбы пара жила с семьей Наташи, и дома они всегда говорили по-русски. Светлана, родившаяся в середине 1950-х годов, выросла, разговаривая только по-русски[15].

Марина Абдрахманова (род. 1957) рассказала похожую историю о смене поколений. Наполовину казашка и наполовину русская, Марина вспоминала, что ее казахские бабушка и дедушка общались со своими детьми исключительно на казахском. Ее отец выучил русский язык относительно поздно, когда он поехал учиться в Москву после Второй мировой войны. «Мой папа, когда в Москву приехал, он русского вообще не знал. То есть он учился русскому языку именно в Москве». Марина отметила, что он сначала говорил по-русски с акцентом, но в итоге хорошо освоил язык. «Но вот, сколько я помню моей жизни, он говорил очень хорошо на русском. Практически без акцента. И очень

---

[14] Интервью с С. А. Визер, Алматы, Казахстан, апрель 2010 года.
[15] Там же.

грамотно писал. Писал грамотнее многих своих коллег русских». Ее родители поженились в 1953 году, и Марина и ее сестры — третье поколение — выросли, практически не зная казахского языка. Русский был их первым и единственным языком[16].

Конечно, не только смешанные семьи не смогли сохранить родной язык. В Казахстане даже многие этнические казахи из поколения, получившего образование после 1950-х годов, говорили исключительно по-русски. Их родители тоже подталкивали их к языку метрополии. Майра Ахметова, казашка из Алматы, вспоминала:

> Обучение было целиком на русском языке. <...> Уроки казахского были необязательными. То есть, это было, вот, по желанию, и практически казахский язык мы очень слабо изучали. То есть к окончанию школы мы практически не владели. Хотя в семье родители владеют казахским, и общались между собой родители на казахском. А с нами старались говорить на русском языке.

Семья Майры, хотя и не была смешанной, также претерпела трехпоколенческий переход от преимущественно казахского к преимущественно русскому языку. Ее бабушки и дедушки говорили только по-казахски, хотя немного понимали русский. Ее родители говорили на обоих языках, но считали казахский своим первым языком. Майра и ее сестра выучили русский язык в качестве первого, а она в итоге вышла замуж за русского. Майра сказала, что у нее есть некоторое представление о разговорном казахском, но она не может читать и писать. По иронии оба ее родителя были видными культурными деятелями, которые зарабатывали на жизнь с помощью казахского языка. Ее отец был главным редактором казахоязычной газеты. Тем не менее они мало сделали для того, чтобы их дети также знали казахский[17].

В Таджикистане Камолиддин Урумбаев (родился в 1964 году, узбек, женившийся на женщине с частично украинским проис-

---

[16] Интервью с М. Абдрахмановой.
[17] Интервью с Майрой Ахметовой, Алматы, Казахстан, 11 апреля 2010 года.

хождением) вырос в мультиэтнической среде со сложной языковой ситуацией. Тем не менее русский язык в его семье также начал доминировать через три поколения. Его родители говорили в основном по-узбекски, но в их районе жило много русских и немцев, поэтому преобладал русский язык. Хотя Камолиддин и его братья говорили с родителями на узбекском, они стали русскоговорящими. Их образование было полностью на русском языке, и он и его братья говорили между собой только на русском.

> С ними по-узбекски. Мы так хорошо узбекский и не знали. <...> Я сейчас узбекский процентов на 30 знаю. Ну, Бахриддин, Джамол примерно на моем уровне знают узбекский. Мы так понимаем все основные, вот на базаре купить-продать — можем сказать, а так разговаривать...

Камолиддин женился на русскоязычной женщине, и они говорят с детьми только на русском[18].

Семьи, описанные здесь, отражают не только смену поколений, но и изменяющийся социальный и культурный контекст в Советском Союзе на протяжении десятилетий. В период с 1930-х по 1980-е годы русский становился все более важным языком международного общения, и в каждой республике появилась мультиэтническая, в основном городская прослойка русскоязычных людей.

Матери, отцы и родной язык

Если смешанные семьи способствовали лингвистической русификации, то во многом это было связано с русскими матерями. Как объяснил Тимур Сергазинов, из-за того, что его мать была русской, он и его сестры так и не выучили казахский язык. «И кроме всего прочего, мама у меня русская. От матери как-то все идет. Если было бы у меня наоборот — отец русский, а мама казашка,

---

[18] Интервью с К. Урунбаевым, Худжанд, Таджикистан, июль 2010 года.

то, вероятнее всего, мы казахский язык знали бы больше. Все-таки с младенчества воспитывает тебя мама, с тобой говорит мама»[19].

Дети из смешанных семей часто сожалели, что не знают язык своего отца или знают его плохо. Мария Искандерова, чей отец был азербайджанцем, сказала:

> Сейчас я даже чувствую небольшую вину за то, что не знаю язык моего папы. Но, с другой стороны, я как-то оправдываю себя, потому что тогда действительно не было возможности изучать язык. Мой отец был единственным, кто говорил на этом языке. То есть никто другой не мог на нем говорить, кроме него. Ему самому не с кем было разговаривать[20].

Людмила Давыдова (род. 1954) также несколько сожалела о том, что не выучила язык своего ингушского отца, хотя в ее случае было действительно мало возможностей для этого. Ее отец оставил семью и вернулся на Кавказ, когда она была маленьким ребенком, и ее воспитывала в Казахстане ее русская мать. «Язык не знаю... Я там полгода прожила и [усвоила несколько слов] на бытовом уровне, конечно... Хлеб, нож, там... что-то... <...> Бабушка потому что вообще не разговаривала по-русски. Та, со стороны отца. Я, естественно, по-ингушски»[21].

Таджикистан был гораздо менее русифицирован, чем Казахстан, однако таджикские отцы в смешанных браках также были склонны говорить со своими детьми по-русски. Примером может послужить опыт Натальи Волковой, женщины русско-таджикского происхождения, которая родилась в 1956 году в Ленинабаде (ныне Худжанд). Ее отец отлично говорил по-таджикски; он знал узбекский и немного киргизский; «Вообще, он у нас полиглот был, человек удивительный». Но с двумя дочерьми он говорил исключительно по-русски.

---

[19] Интервью с Т. Сергазиновым.
[20] Интервью с М. Абдрахмановой.
[21] Интервью с Людмилой Давыдовой, Алматы, Казахстан, 15 апреля 2010 года.

> Вот мы жалеем с Ларисой, что язык таджикский плохо знаем. Забыла то, что знала, за 20 лет. <...> Вот у нас Галя, троюродная сестра, есть, она жила там, в том районе, таджикском районе в Разаки, и она так хорошо по-таджикски говорила, мы с сестрой завидовали. А у нас было русское окружение, на улице все жили русские, в школе все русские.

Отцам в смешанных семьях как в Казахстане, так и в Таджикистане обычно не удавалось обучить своих детей родному языку. В некоторых случаях было очевидно, что они не заинтересованы в передаче языка; в других случаях отцы хотели бы, чтобы их дети знали язык, но не знали, как этого добиться. Несколько респондентов вспоминали слабые попытки своих отцов передать нерусские языки своим детям, главным образом через не слишком усердные уроки языка, когда дети подрастали и сами проявляли интерес. Похоже, большинству отцов не приходило в голову, что самый простой способ научить детей языку — это просто разговаривать с ними на этом языке с самого раннего возраста.

Мария Искандерова, дочь русской матери и азербайджанского отца, выросшая на севере Казахстана, вспоминала, что ее воспитание проходило в основном на русском языке. «Они [мои родители] разговаривали по-русски и мы, соответственно. Мы ходили в детский сад с года, [в] школу, мы читали русские книги, поэтому мы разговаривали только по-русски». Мария вспоминала, что просила отца научить ее азербайджанскому языку, когда была постарше:

> Но как-то у нас так и не продвинулось обучение в таком плане. Папа не настолько хорошо говорил по-русски, не настолько хорошо обладал какими-то педагогическими знаниями, чтобы он мог мне какие-то такие вещи объяснить. <...> Ну вот, допустим, я у него что-то спрашиваю, какие-то там слова, какой падеж или что-то еще. <...> Он мне говорит, а я не могу закономерность понять, как это и что. <...> Я так попыталась, несколько слов выучила, а потом мы как-то забросили это всё[22].

---

[22] Интервью с Марией Искандеровой, Оскемен, Казахстан, 3 апреля 2010 года.

Леся Каратаева (род. 1971), наполовину русская и наполовину казашка, также выросла, разговаривая дома по-русски. Как и во многих случаях, ее отец тоже хорошо говорил на своем родном языке, но в семье предпочитал говорить по-русски. Раннее детство Леся провела в России, что также повлияло на ее неудачу в освоении казахского языка. Она отметила, что ее отец был полностью двуязычным — говорил по-русски и по-казахски. «У меня папа — обоюдоязычный. Он великолепно владеет обоими языками... но дома всегда говорили по-русски... в силу того, что дома говорили по-русски и в силу того, что мы не жили в Казахстане... я не владею языком». Ее казахские двоюродные братья и сестры, даже несмотря на то, что выросли в Казахстане, тоже «больше на русском. Более такое, вот, русскоязычное пространство»[23].

Отец Марины Абдрахмановой, казах, женатый на русской женщине, не проявлял особого интереса к тому, чтобы его дети знали казахский язык.

> Ну, в принципе, он сам отдавал нас в русскую школу. <...> То есть тогда не было такой необходимости знания казахского языка. Поскольку вся документация была на русском. Мы все ходили в русскую школу, он не был против. А потом, видимо, еще сказывалось то, что он все время был занят на работе, детьми поскольку занималась в основном мама[24].

Светлана Визер вспоминала, что ее татарский отец, хотя и хорошо говорил по-татарски, никогда не пытался учить ее этому языку. «Несколько раз я его просила, чтобы он меня научил, все-таки я же татарка. И он начинал что-то там. Запишет мне на листик слова. Но обычно это были разовые попытки, они ничем не кончались. "Вот написал слова" [смеется]». В конце концов, заметила она, он не был педагогом, и действительно нельзя было ожидать, что он сможет ее чему-то научить[25].

---

[23] Интервью с Л. Каратаевой, Алматы, Казахстан, 19 апреля 2010 года.
[24] Интервью с М. Абдрахмановой.
[25] Интервью с С. А. Визер.

Лариса Мамадзохирова, родившаяся в 1958 году в Худжанде в смешанной русско-таджикской семье, вспоминала, что дома говорили только по-русски. «Потому что соседи у нас были русские, среди русских общались. Школу мы посещали русскую». Ситуация усугублялась тем, что таджикские родственники не признавали Ларису и ее семью, когда дети были маленькими, выступив против брака ее отца с русской невестой. Поэтому, как вспоминает Лариса, «[мы с ними] не общались, поэтому языку как-то не получилось научиться». Ее отец, однако, не придавал этому значения. «Мой папа, когда ему мама говорила, учи их таджикскому языку, папа всегда говорил: "Сами научатся". Мама говорила: "Где они научатся, у них общения нет, соседи у нас все русские..." До, допустим, 1974–1975 года жили одни только русские. И потому не с кем было разговаривать по-таджикски». Отец иногда говорил детям несколько слов на таджикском, но этого было недостаточно. «Ну, папа нам говорил, принеси ножик, там, по-таджикски, принеси арбуз, там, это... Ну, мы понимали, а так, такого разговора не было. В основном говорили на русском»[26]. Бахринисо Абдурахманова, родившаяся в 1953 году в смешанной таджикско-киргизско-узбекской семье, вспоминает, что ее отец также настаивал на том, чтобы семья говорила дома на русском, а не на узбекском или таджикском. Причина, по ее словам, была связана с системой образования. Ее отец понимал важность русского образования, хотя сам, будучи сиротой, окончил только четыре класса узбекской школы. Он принял радикальные меры, чтобы дети выучили русский язык, фактически запретив использование таджикского и узбекского. «Потому что тогда стоял вопрос — в какую школу идти? Оказалось, что мы очень плохо владеем русским языком. И отец запретил разговаривать на других языках, кроме русского. И вот так мы научились русскому языку»[27].

Как же сложилась такая ситуация? Почему дети казахских, узбекских, таджикских, татарских и азербайджанских отцов не

---

[26] Интервью с Л. Мамадзохировой, Худжанд, Таджикистан, июль 2011 года.
[27] Интервью с Б. А. Абдурахмановой, Гулистон, Таджикистан, 2 августа 2011 года.

смогли выучить их родные языки, даже если это был титульный язык республики, в которой они жили? Почему отцы были больше заинтересованы в том, чтобы их дети хорошо знали русский? Родительские амбиции в отношении своих детей играли большу́ю роль в таких решениях. Несколько респондентов сообщили, что их родители боялись, что дети позже будут страдать в советском обществе, если не станут говорить на идеальном русском языке без акцента. Это было гораздо важнее для их будущего, чем знание родного языка. На вопрос, почему родители всегда говорили с детьми на русском, Майра Ахметова ответила:

> Потому что они сами слабо владели русским языком. И в то время было престижно знать русский язык. И их мечтой было, чтобы мы хорошо владели русским. А казахский язык они считали, что мы и так будем знать. Но этого не получилось, к сожалению. Получилось так, что мы хорошо стали говорить по-русски. Русский стал как бы родным языком. А казахским мы практически не владеем[28].

Майра вспоминала, что ее родители стыдились своего невысокого уровня владения русским языком и не хотели, чтобы у их детей была та же проблема. Она говорила об отце: «Он очень хорошо владел казахским. Но он всегда хотел, чтобы дети знали русский язык, потому что у него русский был немного с акцентом». «Руслан Исаев» (род. 1972), сын казахского отца и матери украинско-русского происхождения, вспоминал похожие настроения со стороны своих родителей: «Всегда только по-русски общались. Я, конечно, удивился и спросил, почему со мной никогда на нем [казахском] не разговаривали, но он сказал, что "мы считали, что это не нужно, мы боялись, что ты бы говорил по-русски с акцентом" и так далее»[29].

---

[28] Интервью с Майрой Ахметовой. Мнение о том, что родной язык не может быть забыт или на нем будут говорить хорошо, несмотря ни на что, было распространено в позднем Советском Союзе. О письмах советских учителей, высказывающих эту точку зрения, см. [Whittington 2018: 340–341].

[29] Интервью с «Русланом Исаевым», Алматы, Казахстан, 20 апреля 2010 года.

Как следует из комментариев Руслана и других респондентов, было недостаточно функционального или даже отличного знания русского языка; родители хотели, чтобы их дети говорили на нем идеально, без акцента. Очевидно, они верили, что у их детей будет больше перспектив в советском обществе, если их будут воспринимать как носителей русского языка, а не как выходцев из Центральной Азии, выучивших русский в качестве второго языка. Исследования в других контекстах подтверждают, что эти родители были правы в своих предположениях. Например, в США исследования показали, что людей, говорящих на английском с иностранным акцентом, считают менее надежными, и они с меньшей вероятностью будут приняты на работу или повышены в должности [Lev-Ari, Boaz 2010: 1093–1096; Carlson, McHenry 2006: 70–83][30].

Предпочтение русского языка со стороны отцов объяснялось ошеломляющим престижем и практической важностью общесоюзного «языка межнационального общения». Несмотря на официальную риторику о важности национального языка в Казахстане и Таджикистане, в действительности родной язык часто считался второсортным или «отсталым» среди русскоязычных. Продвижение билингвизма, ориентированного на русский язык, привело к деградации и маргинализации коренных языков, особенно среди образованных людей. Школы с обучением на местном языке находились в основном в сельских районах и ассоциировались с отсталостью и низким качеством образования. Любой, кто стремился к успеху в учебе или карьере, убеждал своих детей изучать русский язык. В результате часто формировался асимметричный билингвизм, при котором выходцы из Центральной Азии изучали русский, но мало кто из русских или других «нецентральноазиатов» утруждал себя изучением казахского или таджикского [Landau, Kellner-Heinkele 2001: 52–53].

---

[30] Уиттингтон отмечает, что для нерусских людей надлежащее владение русским языком считалось признаком патриотизма и преданности советскому государству [Whittington 2018: 335].

Русские школы и городская среда

Даже без давления со стороны отцов многие дети из смешанных семей в итоге становились русскоязычными. Первоначальная идея ленинской национальной политики заключалась в том, чтобы каждый ребенок обучался на своем родном языке. Однако со временем, особенно после хрущевских образовательных реформ 1950-х годов, все больше родителей, говорящих на местных языках, стали отправлять своих детей в русские школы. Поскольку большинство высших учебных заведений и престижных карьерных возможностей требовали хорошего знания русского языка, амбициозные родители были готовы отказаться от своего родного языка. При этом даже те родители, что ценили родной язык, часто не имели другого выбора, кроме как отправить детей в русские школы.

В Казахстане после 1950-х годов наблюдалась острая нехватка школ с обучением на казахском языке, особенно в городах. По данным 1988 года, большинство школ как в городских, так и в сельских районах были русскоязычными (52,4 % против 31,9 % казахских). В городах эта пропорция составляла 72,7 % русских школ против 11,3 % казахских. Остальные школы были смешанными, где обучение велось на обоих языках [Fierman 2006: 105][31]. В Алматы, столице советского Казахстана, в 1960-х годах было четыре школы-интерната для казахских детей из сельской местности, но не было ни одной обычной школы с преподаванием на казахском языке для городских учеников [Smagulova 2008: 170]. К 1982 году 70 % учащихся в Казахстане всех национальностей учились в русскоязычных школах [Landau, Kellner-Heinkele 2001: 57]. Это оказало разрушительное воздействие на общий уровень владения казахским языком среди поколения, родившегося в 1950-х годах и позже.

Ержан Байбурин (род. 1959), казах, женатый на русской женщине, описал, как школьное образование повлияло на его языковые практики. Из ребенка, полностью говорившего по-казах-

---

[31] Об упадке школ с казахским языком обучения и росте числа русских школ в период с 1950-х по 1980-е годы см. [Dave 2007: 62–68].

ски, он превратился во взрослого, говорящего исключительно по-русски, — эта трансформация завершилась за одно поколение. Он вырос, разговаривая дома с родителями на казахском, но учился он в русских школах, потому что в его родном городе Оскемене, на северо-востоке Казахстана, не было казахских школ. «Ну, поначалу я слышал в основном казахскую речь. А уже в детском саду и школе переучился на русский язык, потому что и детский сад, и школа были русскоязычными. И с тех пор я уже, как бы, все время на русском общаюсь».

Ержан вспоминает, что сначала он потерял способность активно использовать казахский, а затем даже способность понимать свой родной язык:

> Язык [казахский] у меня, получается, стерся с уровня детского сада. Потому что на уровне подсознания еще оставался долгое время, потому что я, учась в школе, легко понимал, о чем говорили родители, родственники. А потом, конечно, язык ушел на второй план, потому что и учился, и работал в основном в русскоязычной среде.

То, что он и его братья и сестры в основном говорили по-русски, заставило всю семью изменить языковые привычки. «Ну, поначалу [в нашей семье говорили] было больше на казахском, а потом стало смешанно. И так как дети в основном на русском говорили, то, соответственно, уже больше на русском»[32].

Леся Каратаева, родившаяся в 1971 году в смешанной русско-казахской семье, выросла, разговаривая дома по-русски. До того как она пошла в школу, ее семья успела пожить в нескольких республиках, так как ее отец был профессиональным военным. После того как они обосновались в Казахстане, когда ей было семь или восемь лет, Леся училась исключительно в русских школах.

> Ну, я даже не могу вспомнить, чтобы были казахскоязычные школы вот на тот период. То есть, это же... это вторая половина 70-х. Может быть, они и были, но я даже не задумыва-

---

[32] Интервью с Е. Байбуриным, Оскемен, Казахстан, 19 сентября 2011 года.

лась над этим, во-первых, а во-вторых, никому бы и в голову не пришло отдать меня в казахскую школу, потому что я совершенно никак не говорила на языке[33].

Фатима Сатыбалдинова (род. 1951), казашка, вышедшая замуж за татарина, в детстве разговаривала дома в основном на казахском. Ее образование также проходило в основном на казахском языке. Фатима оказалась одной из немногих опрошенных мною членов смешанных семей, которые не посещали русские школы. Она привела примеры образовательных и профессиональных издержек, которые это могло повлечь. Родители Фатимы отправили ее в казахскую школу в основном по практическим соображениям.

> По второй класс я ходила в русскую школу. <...> У нас в Семипалатинске такие морозы были. И отец взял меня и в казахскую школу отдал. Потому что далеко было идти в школу. Я вот третий класс уже в казахскую школу ходила[34].

Хоть Фатима и хорошо говорила по-русски, ей было сложно учиться в русскоязычном вузе из-за ее казахского образования. У нее просто не получалось читать и усваивать материалы на русском языке так, как это делали другие студенты. «Проблемы были... знаете, например, вот, политэкономию, философию, я могла [все] два раза читать. Первый раз я так прочитаю, второй раз я должна была понимать смысл. Это для меня было тяжело!» Позже, когда она вышла замуж за татарина, они в основном общались на «официальном языке межнационального общения». «Ну, мы с ним по-русски говорили, как бы. Знаете, когда по-русски, когда по-казахски немножко. Он хорошо говорил по-казахски. А со свекровкой, вот, мамой, я не могла, долгое время не понимала некоторые слова ее». Хотя казахский и татарский являются родственными тюркскими языками, Фатиме было сложно понимать татарский. «Понимать можно, но некоторые слова

---

[33] Интервью с Л. Каратаевой.
[34] Интервью с Ф. Сатыбалдиновой, Алматы, Казахстан, 10 апреля 2010 года.

чисто татарские, вот эти вот, его понять тяжело». Стремясь избавить своих детей от образовательных проблем, с которыми она столкнулась из-за плохого русского, Фатима и ее муж решили отправить свою дочь и сына, родившихся в 1974 и 1982 годах, в русские школы. «Дети-то по-русски говорят все. Они же русскую школу закончили»[35].

В Таджикистане русский язык не получил такого широкого распространения, как в Казахстане. Тем не менее переход на русский язык в качестве основного произошел в смешанных и элитных таджикских семьях, которые общались и учились в полиэтнической среде. И здесь ключевую роль сыграла школа. Мукаррам, таджичку, вышедшую замуж за русского в конце 1980-х годов, русскоязычная среда и школа сделали русскоязычной. Она училась в русском классе и жила в среде, где преобладали русскоязычные. «У нас вообще, вот, в окружении были русские. Мы были единственной таджикской семьей в том месте, где мы жили... и все наше окружение, все мое окружение было только русское». В результате дома они говорили только по-русски. «Родители с нами на русском разговаривали. Мы таджикским почти не владели». Она поправила себя: «Не "почти" — вообще не владели»[36].

Масуда Satторова (род. 1938), узбечка, и ее муж-таджик в итоге перешли на русский язык дома, потому что вели полукочевой образ жизни семьи военного офицера. Она сама училась в таджикской школе в Душанбе вместе со своими восемью братьями и сестрами. Дома они говорили на узбекском и таджикском, а также на русском. Но с мужем и ее детьми русский язык стал преобладающим. «Так получилось, что с детьми я больше всего общалась на русском языке. Потому что... ну, как сказать? Самый старший родился в Душанбе, третья родилась в Алматы». Она объяснила: «Муж у меня военнослужащий, вот так и ездили по всем городам. Так что все дети в разных городах родились». Из-за их переездов ее трое детей вынуждены были учиться в русских школах. «Сын шестой класс закончил, школу при посольстве

---

[35] Там же.
[36] Интервью с Мукаррам, Худжанд, Таджикистан, июль 2011 года.

в Кабуле, в Афганистане. Дочка после третьего класса приехала уже в русский класс, а младший... здесь [в Таджикистане] отдали тоже в русскую»[37].

Ильхом Бабаев (род. 1957) и его жена Эльмира, смешанная таджикско-татарская пара, говорили дома друг с другом и со своими детьми только по-русски. Они отправили своих детей в русские школы. Они приняли это в качестве реалий Советского Союза. По словам Ильхома, никаких сомнений относительно образования детей, куда их отправлять, не было: «Однозначно было, в русскую [школу]. Для меня такой вопрос не стоял. Само собой разумеющееся было. Мы даже не заморачивали себя, мы и не задумывались никогда»[38].

Лутфия Бабаева, родившаяся в 1956 году в Исфаре в Таджикистане, наполовину таджичка, наполовину башкирка, — вдова мужчины смешанного азербайджано-русского происхождения. Она училась в русских школах и объяснила, как русский язык стал преобладать в ее жизни. Ее отец вырос в Самарканде, где население было смешанным — узбекским и таджикским, поэтому он выучил узбекский наряду со своим родным таджикским. Ее родители говорили друг с другом на узбекском (башкирский язык относится к тюркской группе языков и, таким образом, относительно близок к узбекскому). Несмотря на преобладание таджикского и тюркских языков в семье ее родителей, Лутфия пошла в русский детский сад и школу. «На русском языке общались, росли среди русских детей. В основном были дети русской национальности. Потом я в русскую школу пошла». У нее была интернациональная группа друзей, для которых общим языком был русский. «Рядом с нами жили и татары, и таджики, и русские. Вот мы дружно жили. Общались. У меня были подруги: и татарка была Роза Гафурова, и Ира Бакурова — русская, Тужилкины были... русских было очень много семей, которые приехали с России сюда в Исфару»[39]. Она объяснила, как ее родители приняли реше-

---

[37] Интервью с М. Сатторовой, Худжанд, Таджикистан, июль 2011 года.

[38] Интервью с И. Бабаевым, Худжанд, Таджикистан, июль 2011 года.

[39] Интервью с Л. Бабаевой, Исфара, Таджикистан, июль 2011 года.

ние отправить детей в русскую школу: «Русский считался престижным тогда, учиться в русской школе. И дети высокопоставленных лиц заканчивали русские школы». Она не жалеет о своем образовании. «Жизнь я познала через русский язык. Я рада этому». Она считает, что это дало ей более широкий взгляд на мир и доступ к большему кругу литературы и культуры[40].

Смена поколений, аналогичная той, что произошла в Казахстане, наблюдалась и у респондентов, которые сообщали, что со своими родителями они говорили на таджикском или узбекском, а с друзьями, братьями и сестрами — на русском. Мирзошариф Рузиев (род. 1971), таджик, женатый на русской, вспоминал: «Мы с родителями на таджикском, а с братьями на русском общались. Потому что мы учились в русской школе. Здесь была одна школа русская. Из-за этого у нас все владеют русским языком чисто. <...> Не было таджикских школ, ну, были уроки таджикского языка». Это перешло и в его собственный брак, где «мы до сих пор и с самого начала только на русском разговаривали»[41].

Рано Назарова (род. 1956), дочь таджикского отца и русской матери, вышла замуж за мужчину, в чьем происхождении смешались татарские и узбекские корни. Рано и ее муж выросли в двуязычных или многоязычных семьях. Она говорила на русском с матерью и на таджикском с отцом и бабушкой. Она и ее братья и сестры ходили в русскую школу. В семье ее мужа в основном говорили на узбекском, а также немного на таджикском и русском. Ее муж и четверо его братьев и сестер учились в разных школах: двое в русской школе, двое в узбекской и один в таджикской школе. Несмотря на все это языковое разнообразие, Рано вспоминала, что тяга к русскому была очень сильной.

> Вот в то время, в советское время естественно все общались на русском языке: и таджики, и русские. Русские не изучали таджикский язык. Как бы им это не было интересно, почему? Потому что таджики хотели владеть этим русским языком.

---

[40] Там же.
[41] Интервью с М. Рузиевым, Согдийская область, Таджикистан, 11 октября 2010 года.

> И поэтому как бы они даже просили, чтобы больше общались с ними на русском языке, чтобы изучить этот русский язык, в советское время, насколько я знаю[42].

Рано продолжала: «Все стремились изучать русский язык... цивилизация, все было на русском языке». Живя в такой среде, она и ее муж в итоге дома стали говорить в основном на русском и отправили своих детей в русские школы. «И наши дети, мы с детьми разговаривали и на таджикском, и на русском, но в основном на русском языке». В результате, по воспоминаниям Рано, «у меня дети были обрусевшие. У меня сын вообще не знал таджикский язык, он учился в русской школе. Когда мы начинаем говорить на таджикском языке, он так отрывками отвечал, но в основном говорил и говорит на русском языке». По ее словам, опыт их семьи был далеко не уникальным среди образованных людей в советском Таджикистане. «Все было на русском языке, и в основном в школах были классы русские, таджикских мало было. <...> Когда СССР был, многие даже стали забывать таджикский язык. Есть такие профессора, например: фамилия таджикская, а он не знает таджикский, свой язык, он не знает»[43]. Сам факт того, что Рано выражает удивление по этому поводу, показывает различия между Таджикистаном и Казахстаном; в Казахстане было много профессоров с казахскими фамилиями, которые не знали казахского.

Дочь Рано, Наргиза Назарова (род. 1979), вспоминала, что ее родители старались говорить с детьми на таджикском. Но они говорили друг с другом на русском и отправили детей в русские школы, поэтому русский стал доминирующим языком. «Родители со мной и братом разговаривали, обращались к нам на таджикском. Но они сами почему-то говорили на русском. Если какие-то серьезные темы для разговора — это только на русском языке. На таджикском языке только бытовые такие вот разговоры»[44].

---

[42] Интервью с Р. Назаровой, Худжанд, Таджикистан, 1 октября 2010 года.

[43] Там же.

[44] Интервью с Н. Назаровой, Худжанд, Таджикистан, июль 2011 года.

Это естественным образом привело детей к выводу, что русский язык является более важным. Другие аспекты их семейной жизни также подтолкнули Наргизу и ее брата к тому, чтобы стать исключительно русскоязычными. «Но больше времени в детстве мы проводили с русской бабушкой. Поэтому мы постоянно на русском разговаривали. Таджикский был для меня немножко сложным. Я все понимала, но не разговаривала»[45].

В смешанных семьях, принадлежащих к малочисленным этническим меньшинствам, в которых родители не были ни русскими, ни представителями титульной национальности республики, использование русского языка считалось само собой разумеющимся. Представители армянских, татарских, корейских и немецких меньшинств в Центральной Азии, как правило, говорили на русском языке как на основном. Например, в Казахстане 99,3 % этнических немцев, 97,7 % корейцев, 96,9 % татар, 94,1 % чеченцев и 86 % азербайджанцев сообщали, что говорят по-русски [Zharkynbekova, Bokayev 2013: 250]. Смешанные семьи, в которых присутствовали представители этих национальностей, закономерно также использовали русский язык. Сусанна Морозова, чья мать была украинкой, а отец армянином, выросла на севере Казахстана, говоря преимущественно на русском. Ее история ярко иллюстрирует то, как смешанные семьи приходили к использованию исключительно русского языка, особенно если они жили в республике, которая не являлась родиной ни одного из родителей. Мать Сусанны хорошо знала украинский, но семья ее отца говорила в основном по-русски.

> Ну, мама, конечно, очень хорошо знала украинский. Где-то еще лет десять когда мы уже здесь жили, мы ездили на Украину, практически каждое лето. То есть год мы ездили на Кавказ, год на Украину. Родители возили детей, чтобы мы, как говорится, знали свои корни. На армянском я не заговорила, так, несколько слов знала. Поскольку папины родственники все говорили на русском, поскольку жили на Алтае, братья и сестры, они забыли свой язык, по-

---

[45] Там же.

> армянски говорят очень плохо, писать не умеют. А вот на Украине я вполне свободно разговаривала в детстве на украинском.

Несмотря на то что после переезда в Казахстан родители старались поддерживать контакты со своими родными республиками, русский язык стал доминирующим в семье Сусанны.

> А потом мы перестали выезжать. Это стало экономически очень сложно. И всё! У нас мама сейчас по-украински не читает, хотя книжки хранит на украинском языке, папа по-армянски, когда ему братья звонят из Армении, он не может ничего, кроме «здравствуйте», сказать. Русский язык у нас стал родным языком в семье[46].

Валентина Гейгер (род. 1955), этническая немка, живущая на юге Казахстана, говорила, что ее семья стала преимущественно русскоязычной отчасти из-за стигматизации немецкого языка в послевоенные годы. В ее детстве

> на русском языке говорили. Родители очень редко говорили дома на немецком языке, очень редко, потому что в то время это считалось... боялись, можно так сказать. Боялись говорить. Когда приезжала бабушка, тогда уже все говорили на немецком языке. Мы тоже, пока бабушка находилась у нас, говорили на немецком языке, а потом, когда она уехала, то удачно это всё забыли.

Валентина училась в русской школе. «А там и не было других школ, только русская, ни казахской, ни немецкой школы не было». Как и многие люди в Казахстане, Валентина нашла способ выстроить этническую идентичность без языка. «Большей частью говорили на русском языке, но придерживались немецких традиций. Вот так все у нас и было. И конечно, всю жизнь считали себя немцами». С 1977 года она замужем за татарином[47].

---

[46] Интервью с С. Морозовой, Оскемен, Казахстан, 10 апреля 2010 года.
[47] Интервью с В. Гейгер, Шымкент, Казахстан, октябрь 2012 года.

«Камал Ибраев», этнический уйгур, проживающий в Алматы, сообщил, что он вырос, владея уйгурским языком только на разговорном уровне. В его семье говорили на русском языке. Он женат на русской женщине. «Я даже думаю на русском языке, хотя я уйгур, я знаю уйгурский язык, я разговариваю. Я и по-казахски могу несколько слов сказать. То есть на бытовом уровне я знаю свои языки, на бытовом уровне. Литературный язык я, естественно, не знаю. Да и, думаю, многие не знают»[48]. Истории таких людей, как Валентина и Камал, поднимают вопрос: что именно означает национальность для людей, которые не живут в сообществе с другими представителями своей национальности и не говорят на своем родном языке? Является ли это исключительно вопросом происхождения? Означает ли это умение готовить яблочный штрудель, если человек немец, или петь уйгурские народные песни, если он уйгур? Относится ли это только к официальной национальности, указанной в паспорте? В некотором смысле национальность для этих советских граждан предстает в первую очередь символической, оторванной от более широкой этнической культуры или сообщества[49].

Как в Казахстане, так и в Таджикистане предполагалось, что в русских школах титульный язык должен преподаваться в качестве второго языка. Однако мои собеседники единогласно сообщили, что местный язык имел низкий статус как учебный предмет, не всегда предлагался, а если и преподавался, то плохо и не воспринимался всерьез учениками[50]. Айгерим Семенова (род. 1952) объяснила, почему она, наполовину казашка, наполовину русская, живущая в Казахстане, так и не выучила казахский язык. «Не знаю вообще. Ну, вот такое было воспитание. В школе учили очень плохо. Не было методики изучения языка, и потом, сами казахи очень гордились тем, что они знают русский язык»[51]. Хотя

---

[48] Интервью с Камалом Ибраевым, Алматы, Казахстан, 28 июня 2008 года.

[49] Это напоминает то, что Г. Ганс описал как «символическую этничность» в контексте США [Gans 1994: 577–592]. См. также третью главу этой книги.

[50] Файерман высказывает ту же точку зрения в своей работе [Fierman 2006: 105].

[51] Интервью с Айгерим Семеновой, Оскемен, Казахстан, 22 сентября 2011 года.

казахский язык в 1960-х и начале 1970-х годов предлагался как второй язык в школе, где училась Марина Абдрахманова, она не изучала его. «В нашей школе проводились занятия казахского языка только для казахов, которые не изучали английский», — пояснила она[52]. По воспоминаниям Сажиды Дмитриевой, преподавание казахского языка в ее школе было никуда не годным. Алия Ахметова вспоминала: «У нас не было преподавания в вузах на казахском языке, вообще»[53].

Когда дети все-таки учили местный (или любой другой нерусский) язык, это обычно происходило благодаря тому, что один или оба родителя были очень привержены ему, несмотря на преобладающие тенденции. Иногда именно русская мать настаивала на изучении коренного языка. Мать Сажиды была главным инициатором сохранения татарского языка и культуры в их семье.

> Дома у нас, ну как сказать, с мамой я говорила на русском, с дедушкой с бабушкой — на татарском, кстати, сторонником этого всегда была мама. Она всегда строго наказывала, ну не наказывала, а говорила: «Не смей к бабушке и дедушке обращаться по-русски! Говори на их языке!» Ну, то есть мама, русская мама — требовала, чтобы я с ними говорила на татарском[54].

Сажида была исключением, так как хорошо говорила по-татарски; многие татары в Казахстане говорили только по-русски. «Ну, еще моя бабушка татарка всегда гордилась, что даже в тех семьях, где муж и жена оба татары, дети не знали татарского языка, а я вот, я и моя сестра знали татарский язык! Бабушка этим очень гордилась. Особенно когда приезжали откуда-нибудь гости, с Урала того же или еще откуда». Несмотря на гордость бабушки и особое внимание матери к татарскому языку, Сажида и ее сестра говорили друг с другом по-русски. «Всегда. И с друзьями на русском, потому что окружение. Вот даже наши родители, вот

---

[52] Интервью с М. Абдрахмановой.
[53] Интервью с Алией Ахметовой, Оскемен, Казахстан, 14 апреля 2010 года.
[54] Интервью с С. Дмитриевой.

татарские семьи, они очень дружили тесно, родители общались, говорили все время на татарском, а мы уже на русском». Опять же, решающим фактором стала школа. Даже татарские дети говорили по-русски. «Да, мы все говорили на русском, потому что школа была на русском»[55].

История жизни и образования Салтанат Тлеубаевой также демонстрирует, что решительный родитель мог, по крайней мере в некоторой степени, противостоять влиянию преобладающей русскоязычной среды и русских школ. Дети могли сохранить знание родного языка, только если один из родителей делал большой упор на том, чтобы говорить на нем. Тем не менее такие дети обычно хорошо владели разговорным языком, но были слабо знакомы с литературным. Оба родителя Салтанат были этническими казахами. Ее мать свободно владела казахским и русским языками, так как училась в интернате для казахоговорящих детей в столице республики, Алматы. «И она с детских лет говорила по-русски. Она одно время училась на русском языке, а потом дальше на казахском языке. И дальше училась в училище связи в Алматы, на русском языке уже. Для нее два языка как родные, то есть она прекрасно знает и литературный язык — русский и казахский»[56].

Отец Салтанат также был двуязычным, но для него казахский был родным, а русский он выучил как второй язык. Ее отцу было девять лет, когда его семья переехала в Оскемен, тогда преимущественно русский город. Он учился в русской школе и хорошо выучил русский язык. «Для папы, получается, русский язык как литературный язык — то, что он знает со школы, с образования был русский язык». В их семье дома говорили по-казахски, отчасти потому, что с ними жила одна из бабушек, которая не говорила по-русски. Тем не менее Салтанат, родившаяся в 1970 году, вспоминала, что ее официальное образование, начиная с детского сада, было полностью на русском языке. У ее родителей было мало выбора:

---

[55] Там же.
[56] Интервью с Салтанат Тлеубаевой, Оскемен, Казахстан, 3 апреля 2010 года.

> Просто в нашем городе тогда садиков не было по-казахски. А школ было всего две на казахском языке. Поэтому, начиная с садика, поскольку не было на казахском языке, меня отдали в русский садик. И тогда я научилась первым русским словам, ну то есть заговорила по-русски... И уже школу, высшее образование, университет, институт, все я заканчивала на русском языке[57].

Она вспоминала, что единственные две казахоязычные школы в Оскемене были интернатами для детей из сельских районов, чьи родители не могли отправить их в местные школы. «Поэтому образование у меня полностью русское и, скажем так, русский язык — это родной мой язык. В плане культуры, в плане образования». Тем не менее Салтанат и ее две сестры сохранили свои навыки казахского языка, поскольку это ценил хотя бы один из их родителей. «Всегда в семье, когда мы росли, нас папа призывал дома, когда мы говорили по-русски, он призывал говорить по-казахски, чтобы бабушка понимала. И в семье он требовал говорить по-казахски. Чтобы мы помнили свой язык, чтобы не забывали его». Благодаря усилиям отца Салтанат до сих пор хорошо говорит по-казахски. «Хоть это был бытовой уровень, не уровень культурный языка, но это было заложено с самого детства, и я в этом плане благодарна своему отцу, так, таким образом язык изучался»[58].

В Таджикистане Мавжуда Рахимова (род. 1949) вспоминала, что ее отец требовал, чтобы дома его дети говорили на родном языке. В результате они знали таджикский язык лучше, чем многие их сверстники. Она родилась в элитной таджикской семье, ее отец был видным чиновником, а брат стал ведущим кардиологом. Она и ее два брата и сестры учились в престижной русскоязычной школе. Многие ее выпускники продолжили учебу в Москве и Ленинграде, что было священной мечтой в плане образования того времени. На вопрос, почему они пошли в русскую школу, Мавжуда ответила: «Ну, не знаю, тогда [детей] отда-

---

[57] Интервью с Салтанат Тлеубаевой.
[58] Там же.

вали в русские школы». «Более престижно было в те годы», — объяснила она. Тем не менее ее отец, высокопоставленный чиновник и занятой человек, старался, чтобы они не забывали таджикский язык.

> Когда мы приходили со школы, даже после института, все, естественно, на русском между собой общались, мама нам как-то разрешала, а папа нет. <...> Ну, папа, знаете, сейчас я вам расскажу, он очень уважаемый человек, в республике его все знали, и руководящие посты он занимал, очень много оставил после себя. И он говорил: «Вот вы сейчас говорили на русском, были в институте, в школе с друзьями, с подругами, а теперь, пожалуйста, говорите дома на своем родном языке, чтобы не забывать свой язык». И таким образом мы все хорошо говорим на таджикском[59].

Такие отцы, как отцы Салтанат и Мавжуды, которые прилагали значительные усилия для сохранения родного языка у своих детей, были скорее исключением. Как мы видели, большинство отцов в образованных семьях были довольны тем, что их дети используют русский в качестве основного языка. У таких семей явно были веские причины настоять на изучении русского языка. Однако очевидным минусом этого перехода было обесценивание коренных языков и культур, что приводило к чувству неполноценности у тех, кто говорил по-русски, но не был этническим русским. Родной язык оказался маргинализирован; он стал «кухонным языком», языком бабушек и дедушек, языком для повседневного общения, но не для серьезных тем. Поскольку язык считался важным элементом идентичности в Советском Союзе, это вызывало внутренний конфликт для некоторых русскоязычных, которые этнически не были русскими.

Алия Ахметова, наполовину казашка и наполовину татарка, всегда испытывала смешанные чувства по отношению к казахскому языку, что она связывала с разногласиями по поводу языка между ее родителями. Она вспоминала, что ее отец хотел,

---

[59] Интервью с М. Рахимовой, Душанбе, Таджикистан, 1 октября 2010 года.

чтобы она знала казахский, в то время как ее сильно обрусевшая мать-татарка не считала это важным. «Вы знаете, папа первое время хотел. Он очень обижался. Он меня пытался ругать, воспитывать там... ну, что я там понимала, господи! А мама, она упрямо упорствовала»[60]. Несмотря на то что Алия до пяти лет отлично говорила на казахском, прожив в деревне с бабушкой, затем она быстро забыла этот язык, когда начала учиться в русскоязычной школе. С возрастом она начала чувствовать себя некомфортно среди людей, говорящих на казахском, опасаясь, что они смеются над ней.

> Потом, где-то когда мы в Кызылорду переехали, а там больше требовалось знание казахского языка... И родственники стали приходить. Всякие домашние праздники папа устраивал. Я вот плохо их понимаю... ну, посидишь-поговоришь <...> что-то они, видимо, говорили про меня, смеялись. Я помню хорошо, что они смеялись.

Позже Алия несколько пожалела о том, что не знает казахский язык. «Я, в принципе, могла и выучить этот казахский язык. Потому что вокруг все говорили. Но я не могла его выучить — у меня был какой-то барьер психологический». Когда она стала подростком, было уже слишком поздно. По ее словам, в русских школах не было достойного преподавания казахского языка. «И были только русские школы, практически, была там одна маленькая-маленькая школа, по-моему, или половина какой-то большой русской школы, которая преподавала на казахском языке». (Это было между 1965 и 1975 годами, когда Алия училась в школе.) Даже в Кызылорде, на западе Казахстана, где население было преимущественно казахским и все говорили на казахском, мало что публиковалось на казахском языке и практически не было казахских школ. Она вспоминала, как ее отец сердился из-за этого пренебрежительного отношения к казахскому языку. По иронии судьбы она отметила: «Когда я уже подросла, лет в 14,

---

[60] Интервью с Алией Ахметовой.

мама вдруг стала говорить: "Вот как жалко, что ты не знаешь казахского языка" [смеется]»[61].

Эта маргинализация родного языка вызвала у некоторых детей и подростков ярко выраженные негативные чувства. Слово «стыд» часто упоминалось, когда респонденты обсуждали свои чувства по отношению к собственному нерусскому языку и культуре. Майра Ахметова вспоминала, как в детстве, в 1960-е годы, испытывала стыд за казахский язык и культуру. «Казахские песни мы не могли распевать. <…> Однажды к нам пришел какой-то композитор. А он пришел из казахской школы. Казахских школ было мало. И вот он нам предложил выучить [песню] на казахском языке. И вы знаете, [было] столько смеха. <…> Мы эту песню пели, но всем было стыдно. Русские вообще не хотели [ее петь]». Теперь Майра видит в этом национальный комплекс неполноценности, который охватил многих этнических казахов. Она добавила: «Некоторые даже хотели свою бы нацию, вот, как-то нивелировать. Русскими себя считали»[62].

Тем не менее идеальное знание русского языка, которое обычно являлось источником гордости, в некоторых случаях могло стать и источником стыда. Хотя язык и национальность до некоторой степени были разделены в сознании людей, особенно в Казахстане, все же оставались ожидания, что, заявляя о своей казахской национальности, человек должен идеально знать язык. Более того, все понимали, что знание русского языка в совершенстве не делает человека русским. Салтанат вспоминала случай в поезде, когда она, будучи подростком, путешествовала с младшей сестрой между Минском и Москвой. Они делили купе с двумя военными, что было обычным делом в те времена, когда в советских железнодорожных купе могли ехать незнакомые друг с другом люди.

> Один старше, полковник или майор, второй помоложе. Мы с ними познакомились, купе тогда не было только женское или только мужское. И мы вместе ехали и погово-

---

[61] Там же.
[62] Интервью с Майрой Ахметовой.

> рили. И когда вечером уже стелились, располагались уже на сон, мы вышли, и я услышала. Молодой сказал: «Они так говорят по-русски хорошо, без акцента. Откуда они, интересно?» И старший, вот этот вот полковник, старший по званию, сказал: «Они могут быть только из Казахстана, только казахи говорят так, без акцента по-русски»[63].

Салтанат была шокирована этими словами. Ей никогда не приходило в голову, что она и ее сестра говорят по-русски без акцента — это был ее родной язык.

> Это наблюдение на всю жизнь осталось, для меня тогда это был шок. Как это, только мы можем говорить по-русски без акцента? То есть они сравнивали нас с таджиками, с узбеками, с кыргызами, все они говорили с акцентом. Мы хоть выглядим по лицу монголоидки, но мы говорим чисто по-русски, без акцента. Ну, я вам говорю, у нас образование, начиная с детского сада, школа, вуз, было на русском языке. Конечно, я говорю без акцента по-русски. Если я говорю по телефону, меня никогда не определят, что я казашка. Я грамотно, литературно изъясняюсь по-русски.

Салтанат была расстроена не только тем, что ее приняли за иностранку, чье знание русского языка оказалось удивительным, но и тем, что это подразумевало, что казахи сменили свой родной язык на русский, в чем заключалась своего рода фальшь или неаутентичность.

> Честно сказать, несколько отрицательное, в том плане, что мы, казахи не можем на своем родном языке так изъясняться, что мы так хорошо знаем русский язык, без акцента. Действительно, была русификация. Мы говорили по-русски лучше, мы говорили по-казахски даже с акцентом. Мы говорили очень хорошо по-русски, и это было... честно говоря, несколько негативный оттенок оставило[64].

---

[63] Интервью с Салтанат Тлеубаевой.
[64] Там же.

Проблема казаха, говорящего на идеальном русском языке, заключалась в том, что его никогда не могли спутать с этническим русским или полностью принять за такового; из-за своего казахского имени и фенотипа Салтанат понимала, что она навсегда останется чужой для русских. Как писал Д. Лэйтин: «Украинец, говорящий по-русски, мог не считаться полностью посторонним, но казах, говорящий на идеальном русском, все равно сталкивался с остаточными предрассудками и подозрениями как потенциальный представитель пятой колонны» [Laitin 1998: 57]. Таким образом, безупречный русский язык и возможность «сойти за русского» по телефону для Салтанат были чем-то вроде умения «говорить как белый» для некоторых афроамериканцев; это не меняло ее фундаментальной идентичности и вызывало сомнения — даже в ее собственном сознании — относительно ее аутентичности как казашки[65]. И вновь попытка сделать русский язык общесоветским «лингва франка», не ассоциирующимся с какой-либо конкретной этнической принадлежностью, натолкнулась на усиливающиеся примордиальные взгляды на национальность в СССР, где русская национальность также связывалась с происхождением.

Переход на русский язык в качестве основного среди смешанных семей в Центральной Азии, будь то в течение трех поколений или в пределах одной жизни, часто приводил к несоответствию между официальной или паспортной идентичностью и субъективной самоидентификацией у потомков от таких браков. Детям из смешанных семей с нерусскими отцами настоятельно рекомендовалось принимать национальность своего отца, но чаще они отождествляли себя с языком и культурой семьи своей матери. Центральная Азия была наполнена детьми смешанного происхождения, которые «по паспорту» являлись таджиками, казахами, узбеками, азербайджанцами или татарами, но чувство-

---

[65] О «говорить как белый», черном английском и идентичности среди афроамериканцев см. [Carbado, Galati 2013: chap. 2]; см. также [Rickford, Rickford 2000: chap. 12].

вали себя скорее русскими. Побочным результатом этого было странное явление, когда некоторые советские граждане называли своим родным языком тот язык, на котором они на самом деле не говорили.

Для семей, в которых ни один из родителей не был русским, проблема становилась еще более острой. В иммигрантском обществе, таком как Соединенные Штаты, языковая ассимиляция является важным шагом на пути к приобщению к основной части общества и часто сопровождается утратой этнической идентичности. Человек, который говорит на американском английском без акцента, обычно принимается за американца, даже если его имя корейское, пакистанское или русское. Английский не является исключительно — и даже не в первую очередь — языком людей, чьи предки происходят из Англии. (Это верно в целом, хотя, конечно, существуют расисты и ксенофобы, которые не примут таких людей в качестве полноправных американцев.) В Советском Союзе эта формула не работала; русский язык был не только «языком межнационального общения», но и языком определенного этноса, и даже те, кто говорил на идеальном русском без акцента, необязательно считались русскими. Было невозможно ассимилироваться в русскую среду, если ваши родители были казахами, татарами, корейцами, немцами, армянами или ингушами, но не русскими.

В советском понимании язык был важнейшим компонентом национальности. Советские этнографы и лингвисты приложили немало усилий в 1920-х и 1930-х годах для классификации людей по этнической принадлежности, в основном по лингвистическим признакам, а также для стандартизации и продвижения коренных языков и школ. Однако к концу советского периода возрастающее значение русского языка привело к разрыву связи между национальностью и языком для многих советских граждан. Пока советское государство, продвигая билингвизм, надеялось дать возможность своим гражданам одновременно быть советскими и сохранять национальную идентичность, примордиалистское восприятие национальности все более это затрудняло.

Глава 8
Смешанные браки после распада СССР

В 1991 году Советский Союз распался, и все республики Центральной Азии стали независимыми государствами. В каждой из бывших советских республик пролетарский интернационализм уступил место этническому национализму. В Казахстане и Таджикистане с отказом от коммунистической идеологии и продвижением национальной идентичности как основы государственной власти контекст этнического смешения значительно изменился. Казалось, что крушение коммунизма устранило множество противоречий, сложившихся в рамках советского проекта. С появлением новых национальных государств напряженность между этническим национализмом и надэтнической советской идентичностью разрешилась в пользу первого. Увлеченность генетикой, которая начала проявляться в поздний советский период, во многих постсоветских республиках переросла в полную одержимость генетической чистотой и сохранением национального «генофонда». Государственный феминизм потерпел поражение в противостоянии с гендерным эссенциализмом, с его новым акцентом на традиции в супружеских и семейных отношениях. Особенно это коснулось Центральной Азии, где предписанные советскими нормами роли для женщин никогда в полной мере не принимались. В совокупности эти изменения усложнили жизнь существующим смешанным семьям и молодым парам, задумывающимся о межэтническом браке.

Поскольку в Таджикистане произошел более радикальный разрыв с советским прошлым, чем в Казахстане, траектории развития двух республик в постсоветскую эпоху резко разошлись. Казахстан пережил всплеск этнического казахского самосознания, так как население стало в большей степени казахским: произошел демографический сдвиг, связанный с эмиграцией многих этнических русских и представителей других меньшинств, высоким уровнем рождаемости среди этнических казахов и государственной политикой, поощряющей этнических казахов «возвращаться» из других стран в Казахстан[1]. Тем не менее страна остается этнически разнообразной: казахи составляют 68 % населения, а русские — 19,3 %. Остальное население представляют узбеки, украинцы, татары, уйгуры, немцы и другие. Постсоветское правительство стремилось продвигать «казахстанскую» гражданскую идентичность для обеспечения мирного сосуществования многонационального населения [Diener 2016: 132]. («Казахстанец» — это гражданская идентичность, относящаяся к государству, в то время как термин «казах» отсылает к этнической группе; таким образом, можно быть казахстанцем, не будучи этническим казахом.) Таджикистан принял политику, в большей степени ориентированную на этнический национализм, чем Казахстан, отчасти из-за другой демографической ситуации. Жестокая гражданская война, происходившая с 1992 по 1997 год, привела к бегству значительной части нетаджикского населения (в основном русских и других русскоязычных), оставив государство, которое стало значительно более этнически однородным (84,3 % таджиков), чем современный Казахстан. Крупнейшее меньшинство — узбеки (почти 14 %), а русские и другие национальности составляют всего около 2 % населения[2].

---

[1] Эти «возвращенцы» из Монголии, Китая и других мест известны как оралманы. См. [Diener 2009]; об эмиграции меньшинств из Казахстана см. [Diener 2009: 217–218; Dave 2007: 132–133]. О сокращении русского населения по сравнению с казахским населением см. [Diener 2016: 135].

[2] Казахстан, люди и общество // CIA World Factbook. URL: https://www.cia.gov/the-world-factbook/countries/kazakhstan/#people-and-society (дата обращения: 24.08.2024); Таджикистан: люди и общество // CIA World Factbook. URL: https://www.cia.gov/the-world-factbook/countries/tajikistan/#people-and-society (дата обращения: 24.08.2024). Данные по Казахстану — оценки 2019 года; данные по Таджикистану — оценки 2014 года.

В Казахстане и Таджикистане, помимо демографических изменений, на контекст для смешанных пар и семей также повлияли и другие факторы. С возрождением религиозных верований и практик в постсоветскую эпоху религиозная идентичность играет все бо́льшую роль в принятии решений о браке, даже среди бывших атеистов и коммунистических элит. Язык также стал более серьезным препятствием для межнациональных браков; оба государства теперь продвигают соответственно казахский и таджикский языки в качестве своих национальных. Использование русского как «лингва франка» в Казахстане несколько сократилось, хотя он все еще широко используется, тогда как уровень владения русским языком в Таджикистане резко снизился.

В обеих странах новый акцент на традиционализме в браке и семейных отношениях в рамках этнонационалистического и религиозного возрождения (тенденция, которую некоторые ученые называют «ретрадиционализацией») усложнил смешанные браки. Это особенно верно для Таджикистана, в котором вновь ценятся не только браки по договоренности, но и браки в пределах расширенной семьи или рода и даже браки между двоюродными братьями и сестрами. Супружеская эндогамия и браки между родственниками являются особенно острыми темами в постсоветском Таджикистане, где, по данным на 2010 год, каждый третий брак заключался между родственниками [Фасхутдинов 2010][3]. Семьи часто женят своих детей на родственниках, чтобы укрепить благосостояние клана, сохраняя имущество и отношения внутри расширенной семьи. Хотя такие браки популярны, они остаются спорными: одно исследование утверждает, что более 20 % врожденных дефектов обусловлены «инбридингом»[4].

---

[3] Это предпочтение не ново. Исследование, проведенное в Душанбе в начале 1980-х годов, показало, что треть таджикских женщин были замужем за двоюродными братьями и сестрами [Harris 2004: 105].

[4] Другие утверждают, что эта статистика преувеличена. Запрет на кровнородственные браки в Таджикистане ужесточат // *Tengri News*. 27 марта 2013. URL: https://tengrinews.kz/sng/zapret-na-krovnorodstvennyie-braki-v-tadjikistane-ujestochat-230866/ (дата обращения: 24.08.2024). См. также [Najibullah, Karim 2015].

Более того, в обеих странах внутренние особенности, такие как субэтнические идентичности, региональные различия и различия между сельскими и городскими районами, стали более заметными. В казахском обществе наблюдается возрождение генеалогической осведомленности, казахи с возобновленной гордостью отслеживают свое происхождение и акцентируют внимание на своей племенной принадлежности. К негенеалогическим различиям относятся расхождения между сельскими и городскими казахами, часто описываемые как различия между «нагыз», или «настоящими» казахами, и «шала», или «асфальтовыми» казахами (теми, кто утратил казахский язык и образ жизни) [Жакупов 2009: 9–10]. Ситуация в Казахстане усложняется прибытием в страну ряда этнических казахов из других государств, в основном из Китая и Монголии[5]. Таджикистан также пережил резкий рост значимости субэтнических идентичностей, включая региональные идентичности и статусные иерархии, основанные на происхождении[6]. Антрополог Софи Рош описала сохраняющуюся значимость социальных статусных групп при принятии решений о браке в таджикистанском городе Худжанд, где элитные группы, известные как «тура», не желают вступать в браки с таджиками более низкого статуса [Roche 2020]. Эти субэтнические идентичности никогда не исчезали, но в советское время они мало себя проявляли. Несколько респондентов в Таджикистане отметили, что «смешанный брак» теперь чаще всего относится к бракам между людьми из разных статусных и социальных групп, а не разных национальностей.

В то же время появились и новые формы смешанных браков, поскольку страны Центральной Азии стали более открытыми для внешнего мира. Один из признаков глобализации последних двух десятилетий заключается в том, что граждане Казахстана и Таджикистана могут вступать в браки не только с представи-

---

[5] Об оралманах и их влиянии на культурный и языковой ландшафт Казахстана см. [Zharkynbekova, Bokayev 2013: 247–278]. О казахской миграции из Монголии см. [Diener 2009].

[6] О роли региональных идентичностей в гражданской войне в Таджикистане 1990-х годов см. [Nourzhanov, Bleuer 2013: chap. 9, epilogue].

телями других бывших советских национальностей, но и с гражданами иностранных государств, такими как турки, афганцы, иранцы, китайцы, американцы и западные европейцы — и иногда действительно это делают. (Русские также теперь считаются иностранцами, если они не являются гражданами одной из республик Центральной Азии.) Еще одно изменение заключается в том, что все больше мусульманок вступают не только в межэтнические, но и в межнациональные браки, так как число браков с гражданами иностранных государств продолжает расти. В этом заключается разительное отличие как от досоветского, так и от советского периодов, когда выходцы из Центральной Азии, вступавшие в смешанные браки, в подавляющем большинстве были мужчинами, а браки с иностранными гражданами были крайне редки. Советское представление о смешанном браке как союзе между людьми двух определенных советским законодательством национальностей больше не является исчерпывающим, если вообще когда-либо было таковым.

Новые подходы к этническому смешению

Наряду с этими социальными и политическими изменениями в обеих странах появились и новые взгляды на этническое смешение. В Казахстане сохраняется больше черт советского прошлого по отношению к полиэтничности, и государство и научное сообщество официально поддерживают смешанные браки. Однако общественное мнение не всегда совпадает с приоритетами государства, и некоторые националистически настроенные этнические казахи в настоящее время открыто выражают негативное отношение к этническому смешению. В Таджикистане враждебное отношение к этническому смешению получило широкое распространение среди государственных чиновников, ученых и широких слоев населения, для которых «этническая чистота» стала ценным качеством.

В Казахстане государство стремится примирить казахский этнический национализм с казахстанской гражданской идентичностью, с которой могут идентифицировать себя все граждане.

Недавно вышедший в отставку президент Нурсултан Назарбаев, столкнувшись со смешанным населением, включающим значительное русское меньшинство, сделал все возможное, чтобы предотвратить этнические конфликты, заявив о Казахстане как о евразийской нации с гармоничным мультиэтническим населением, которая может выступать в качестве моста между Россией и Азией. Он предложил построить единую казахстанскую культуру, которая объединит представителей разных этносов и религий [Mustafa 2013: 160–170; Diener 2016: 131–136]. Для некоторых респондентов из смешанных семей эта казахстанская идентичность заменила советскую как надэтническую. Как выразилась Леся Каратаева, женщина из смешанной русско-казахской семьи,

> мне сложно сказать, что этническая идентичность является для меня преобладающей... Я не думаю о себе как о казашке, проживая здесь, в Казахстане. И когда я выезжаю за рубеж, я ощущаю себя, я даже не могу сказать, казашкой ли, да?.. Но казахстанкой. Вот казахстанка — это моя идентичность. Да. В большей степени может даже алмаатинка. Я больше себя идентифицирую с жителями этого города, нежели с этнической принадлежностью[7].

Для смешанных семей и людей смешанного происхождения, а также для тех, кто не является ни русским, ни казахом, казахстанцы — практически единственная надэтническая категория, с которой они могут полностью идентифицировать себя теперь, когда советская идентичность больше не является доступным вариантом для этого.

Тем не менее в некоторых кругах Казахстана присутствует скептицизм и даже оппозиция этой казахстанской гражданской идентичности. Руслан Исаев (р. 1972), мужчина из смешанной казахско-украинской семьи, утверждает, что казахстанская идентичность все еще находится на ранней стадии формирования. Советская идентичность в свое время была гораздо сильнее, чем казахстанская сегодня.

---

[7] Интервью с Л. Каратаевой, Алматы, Казахстан, 19 апреля 2010 года.

> Я бы не сказал, что она совсем не существует, но она слабая. <...> Ну, например, когда на футболе казахстанская команда играет, то казахи, русские — все кричат: «Казахстан! Казахстан!» Но, в принципе, это, конечно, хорошо, но я, если честно, я не очень верю, потому что я... Помню Советский Союз, я помню, что советская идентичность была гораздо сильнее[8].

По мнению Руслана, «казахстанец — это, скорее, абстракция». Хотя государственная пропаганда активно продвигает эту казахстанскую гражданскую идентичность, «дело в том, что две трети казахов... это... отторгают очень. Однозначно отторгают. Не хотят, потому что вот все, что казахстанское, — это значит русский язык. А "казахское" — это только казахское»[9]. Как надэтническая категория, тесно связанная с русским языком, казахстанская идентичность является преемником советской идентичности[10].

Николай Хон, этнический кореец, женатый на женщине из смешанной русско-корейской семьи, подытожил проблемы идентичности, с которыми сталкиваются многие неказахи в постсоветском Казахстане: «В 70-е годы я чувствовал себя советским народом. Сейчас я все-таки ближе к России... Хотя я чувствую, что я боюсь, что меня там не примут»[11]. Комментарий Хона отражает печальную ситуацию человека, который лингвистически и культурно относится к русским (как и большинство советских корейцев), но вряд ли будет принят как русский в России из-за внешности и имени. После распада Советского Союза процесс преобразования «русских» в закрытую категорию, основанную на этническом происхождении, ускорился.

---

[8] Интервью с Русланом Исаевым, Алматы, Казахстан, 20 апреля 2010 года.

[9] Там же. О противостоянии казахских националистов «казахстанской» идентичности см. [Laruelle 2016: 166].

[10] Аналогично некоторые русские негативно относятся к концепции «Россия» или «российский», подразумевающей российское государство, которое они рассматривают как продолжение внеэтнической советской идентичности [Zakharov 2013: 12].

[11] Интервью с Н. Хоном, Оскемен, Казахстан, 5 апреля 2010 года.

Скептицизм Руслана по поводу казахстанской идентичности подтверждается событиями в Казахстане, а также данными опросов общественного мнения. Попытка президента Казахстана в 2009 году провести «Доктрину Национального единства» посредством Ассамблеи народа Казахстана (орган, состоящий из делегатов, назначаемых президентом, представляющих различные этнические группы) вызвала сопротивление со стороны казахских националистов и других оппозиционных групп. Документ представлял Казахстан в качестве полиэтничного государства, в котором все граждане будут в первую очередь обладать гражданской идентичностью казахстанцев. Казахские националистические группы расценили это как посягательство на главенство этнических казахов в их собственной стране и как доказательство того, что меньшинства в Казахстане пользуются преференциями. Они предложили внести поправки, которые признали бы казахов основной или государствообразующей нацией Казахстана. Националисты также предложили сделать казахский язык де-факто государственным языком и «лингва франка» для всех этнических групп в Казахстане. Документ, который был окончательно принят в 2010 году, стал компромиссом и учел некоторые критические замечания националистов, утверждая, что казахи должны стать «консолидирующим центром объединения Нации» [Diener 2016: 137–141; Laruelle 2016: 160–163; Lillis 2010][12].

Опрос, проведенный в мае 2011 года, показал, что казахстанцы в целом положительно воспринимают межэтнические отношения в своей стране, хотя и не с таким энтузиазмом, как их президент. Так, 56 % респондентов заявили, что межэтнические отношения в их районе дружелюбные, в то время как 20 % отметили, что взаимодействие между этническими группами не наблюдается, а 11 % указали на скрытую напряженность. Только 8 % опрошен-

---

[12] Ассамблея народов Казахстана была образована указом президента Казахстана Нурсултаном Назарбаевым в 1995 году как консультативный орган, призванный осуществлять государственную национальную политику [Diener 2016: 137–138]. См. также [Dave 2007: 131–132].

ных поддержали идею, что Казахстан должен быть государством только для этнических казахов, в то время как 28 % заявили, что казахи должны быть центральной или «государствообразующей этнической группой». 58 % согласились с президентом, что Казахстан должен быть единым государством всех своих граждан, то есть гражданской нацией [Lillis 2011].

Эти меняющиеся представления о государстве и нации находят отражение во взглядах на этническое смешение. Несмотря на изменения в политическом и социальном контексте, этническое смешение по-прежнему публично приветствуется в независимом Казахстане приемами, напоминающими советскую эпоху. Официальные лица и ученые все так же утверждают, что смешение является культурным благом для общества, а также, что оно биологически полезно. На рекламных щитах и в журналах, а также на сайтах социальных сетей часто изображают улыбающиеся межэтнические пары и семьи[13]. Тем не менее точно так же, как до 1991 года существовали противоречия между советской идентичностью и этническим примордиализмом, нынешнее продвижение гражданской идентичности казахстанским государством с трудом уживается с современным казахским национализмом. Смешанные браки являются предметом ожесточенных споров в общественном дискурсе. Негативные взгляды на этническое смешение высказываются как в частном, так и в публичном порядке, особенно в казахоязычных кругах. Прославление мультиэтничности конкурирует с примордиальным взглядом на этнос, который также восходит к советской эпохе. Смешанные пары и семьи особенно страдают от этих противоречий.

Позитивное отношение к смешанным бракам, восходящее к советской эпохе, можно найти в различных публикациях независимого Казахстана. Например, в интервью 2011 года педиатр

---

[13] 20 марта 2013 года казахстанский интернет-журнал Vox Populi опубликовал фоторепортаж под названием «Любовь без границ», в котором представлены интервью с этнически смешанными парами, URL: https://web.archive.org/web/20181109012606/http://www.voxpopuli.kz/main/983-lyubov-bez-granits.html (дата обращения: 22.08.2024). Для просмотра репродукции рекламного щита с изображением смешанной пары см. [Ualiyeva, Edgar 2014: 68].

Татьяна Троегубова высказала решительную поддержку в пользу преимуществ смешанных браков. Она заявила, что дети от межрасовых браков являются самыми здоровыми и сильными: «Дело в том, что у родственных народов генетический фон в общем тоже схож, а для получения качественного генотипа нужны как можно более разнящиеся исходные. Поэтому в идеале самые здоровые дети получаются даже не от межнациональных, а и вовсе от межрасовых браков». Опровергая ценность «генетической чистоты», Троегубова указала на различных голливудских звезд смешанного этнического происхождения, которых она посчитала идеальными представителями человеческого вида: Харрисон Форд (ирландско-еврейское происхождение), Холли Берри (афро-британское) и Киану Ривз (всего понемногу). Даже у Элвиса Пресли, как она отметила, в венах текла и кровь чероки. Психологически, утверждала доктор, такие дети абсолютно нормальны. Проблемы во время взросления одновременно в нескольких культурных контекстах возникают у детей только в тех случаях, когда семья оторвана от культуры одного из родителей или если статус родителей неравноценен. Подобные проблемы редки в Казахстане, заявила она, где существует взаимное уважение между этническими группами[14].

Пока что это звучит очень похоже на советский дискурс о смешанных браках, где все этносы были равны, а люди со смешанным происхождением считались авангардом общества. Акцент на генах и биологических преимуществах этнического смешения также выглядит знакомым. Однако основное отличие от советской эпохи заключается в том, что сегодня в Казахстане могут высказываться — и действительно высказываются — более негативные оценки этнического смешения. Такие взгляды могли существовать и раньше, но в советские времена они не могли открыто выражаться, по крайней мере, в печати. Негативное отношение к смешанным бракам особенно распространено в казахскоязычной прессе. Например, в статье 2018 года под на-

---

[14] Шпаков В. Объявляю вас мужем и токал // *Экспресс К*. № 151 (17266). 19 августа 2011 года, URL: https://online.zakon.kz/Document/?doc_id=31043556 (дата обращения: 22.08.2024).

званием «Чем опасны смешанные браки?» казахский обозреватель А. Касенгали утверждает, что смешанные браки в Казахстане изначально были наследием российского колониализма, когда русские мужчины брали казахских женщин силой, а позже такие браки пропагандировались советскими властями как способ насильственной ассимиляции малых народов. «Человек в здравом уме», написал Касенгали, не может любить человека другой национальности. Он также затронул извечную проблему, которую высказывают противники смешанных браков во всем мире — дети будут расти в замешательстве.

> Давайте ответим на эти вопросы: если казахская девушка (или парень) создаст семью с русским, корейцем или кем-то еще, то кем будут их дети — христианами или мусульманами? Будут ли они ходить в мечеть и совершать намаз пять раз в день, или же они будут ходить в церковь и молиться? Предпочтут ли они язык Абая или больше полюбят Пушкина? Будут ли они прославлять Петра или уважать Абылай-хана? Это очень трудно сказать [Қасенғали 2015].

Другой казахский обозреватель, Умит Жумадилова, выразила схожие взгляды. В своем эссе 2017 года под названием «Будет ли смешанный брак удачным?» она заявила, что высокие показатели смешанных браков — это не повод для гордости. Казахские девушки, по ее словам, считают казахских парней ленивыми и эгоистичными и мечтают выйти замуж за иностранца, однако в этом случае их дети вырастут, не зная казахской культуры. Она также подчеркнула неизбежную путаницу у детей из смешанных семей. «Как вырастет ребенок двух национальностей? На каком языке он будет говорить? Какую религию он примет?» Жумадилова утверждает, что родителям следует объяснять своим сыновьям и дочерям опасности смешанных браков, подытоживая свою статью поговоркой: "Жениться легко, а создать семью трудно". Создать семью с человеком другой национальности еще труднее» [Жұмаділова 2017].

Положительное изображение смешанных пар и семей в средствах массовой информации вызвало сопротивление в некоторых частях казахстанского общества, особенно когда речь касалась казахских женщин. Несколько казахских депутатов осудили рекламные ролики и фильмы, в которых казахские женщины изображены в романтических отношениях с неказахами. Один из депутатов, Бекболат Тлеухан, выразил отвращение к рекламе, где казахские женщины «находятся в объятиях мужчин европейской национальности». Романтическая комедия «Ирония любви» совместного российско-казахстанского производства подверглась нападкам со стороны казахских националистов вскоре после ее выхода в 2010 году. В этом фильме молодая казашка Асель бросает своего казахского жениха, нефтяного магната, ради обедневшего русского ботаника Ивана. Депутат парламента Нуртай Сабильянов заявил, что фильм «издевается над национальными чувствами», и потребовал, чтобы правительство Казахстана прекратило финансирование подобных проектов[15].

В ходе интервью члены смешанных пар и семей с тревогой отмечали распространенность такого негативного отношения к смешанным бракам в постсоветском Казахстане. Марина Абдрахманова (р. 1957), дочь казаха и русской, рассказала о новом акценте на этнической чистоте среди некоторых слоев общества, ссылаясь особенно на «общественные организации национальные». Она прокомментировала: «Ну, насчет брака не говорили, но о том, что, вот, о чистоте нации — да. Есть такое. Особенно если читать какие-то негосударственные газеты и издания, там вопрос этот часто поднимается»[16]. Руслан Исаев отметил, что многие этнические казахи выступают против смешанных браков. «Если женщина-казашка, [то казахи] только против. Категорически против. Если мужчина — то по большому счету тоже, потому что в нашей реальности дети — они все равно не казахи. Как правило»[17]. Руслан

---

[15] Бекеева А. Парламентарии недовольны моральным обликом казахской женщины в кино и рекламе // *Zakon.kz*. 31 марта 2010. URL: https://web.archive.org/web/20140222095705/http://www.zakon.kz/page,1,5,167788-parlamentarii-nedovolny-moralnym.html (дата обращения: 22.08.2024).

[16] Интервью с М. Абдрахмановой, Алматы, Казахстан, 15 апреля 2010 года.

[17] Интервью с Русланом Исаевым.

имел в виду убеждение, что дети русской матери вырастут русскими по языку, культуре и чувствам, даже если официально будут зарегистрированы как казахи по национальности отца.

Валентина Гейгер, немка, вышедшая замуж за татарина, отметила, что противодействие смешанным бракам связано с повышенным вниманием к национальности в постсоветский период. «Сейчас, во-первых, в семьях не хотят смешанных браков, во многих семьях, ни в русских, ни в казахских. Ни в немецких». На вопрос о причинах она объяснила:

> Ну, потому что разделение идет вот такое — национальное. Раньше, я же говорю, что не было у нас такого, не было границы какой-то, что ты — казах, ты — русский, ты — узбек! Мы все были дети Союза! А сейчас каждый так, почему-то национальность стои́т в переднем углу, если так можно выразиться[18].

Майра Ахметова (р. 1953) согласилась, что отношение к этническому смешению изменилось. «Мне кажется... ну, она немножечко изменилась, конечно. Сейчас все-таки... Ну, дружба как дружба, она существует все-таки. Но каждый тяготеет к своему. Все-таки приоритет, преимущество каждая нация дает своим»[19]. Николай Хон отметил, что отношения между разными этническими группами стали более отдаленными. «Чисто мое мнение: идет самоизоляция». В то время как его студенты раньше были «более интернациональны», теперь он замечает, что они кучкуются по национальному признаку[20].

«Куралай Жемсекбаева» (р. 1973), казашка, вышедшая замуж за корейца, согласилась с тем, что в постсоветский период положение смешанных семей стало сложнее. «Тогда это было проще, мне кажется. Тогда был язык, четко на национальности не делились, не определялись четко религиозные праздники, все было унифицировано, так сказать. <...> Это сейчас все хотят вернуть-

---

[18] Интервью с В. Гейгер, Шымкент, Казахстан, октябрь 2012 года.
[19] Интервью с Майрой Ахметовой, Алматы, Казахстан, 11 апреля 2010 года.
[20] Интервью с Н. Хоном.

ся к корням своим, возрождают свои традиции, это усложняет, мне кажется, взаимоотношения в межэтнических семьях»[21].

Некоторые респонденты также отметили, что молодое поколение в постсоветском Казахстане гораздо лучше осознает свою этническую принадлежность и свободнее выражает предвзятость по отношению к другим. Куралай, педагог по профессии, наблюдает разницу в отношениях среди своих учеников по сравнению с тем опытом, который она испытывала, будучи ребенком в Советском Союзе. Хотя она училась в школе с детьми различных национальностей, никто не придавал этому значения. «И мы никогда, я не помню, чтобы мне кто-нибудь сказал, что "ты — казашка". А сейчас я это часто слышу в школе!. <...> Не мне говорят, а дети друг другу, между собой когда: "Ты — узкоглазый", "ты — кореец", "ты — казах"!»[22]

Ирина Клименко (род. 1981), женщина русско-армянского происхождения, тоже учительница, рассказала о социальном остракизме, которому подвергся этнически смешанный ребенок в школе, в которой она работала на юге Казахстана. Ее школа была этнически разнообразной: «Даже в русском классе в основном узбеки, курды, казахи». И все же, сказала она, «мальчишка у меня в классе, у него мама русская, а отец казах. <...> У него внешность 100 % — казах, там не скажешь, что в нем есть что-то русское». Тем не менее этого мальчика называли «полукровка», и ни казахи, ни русские не хотели с ним общаться[23].

Если в Казахстане картина неоднозначна, то в Таджикистане наблюдается более открытая враждебность по отношению к смешанным бракам как на государственном, так и на общественном уровне. Постсоветское таджикское государство стремилось объединить разделенное население, подчеркивая якобы древние корни и культурное превосходство таджикской нации [Nourzhanov, Bleuer 2013: 6, 335–336]. Националисты возражают против смешанных браков, поскольку таковые якобы оскверняют чисто-

---

[21] Интервью с «Куралай Жексембаевой», Шымкент, Казахстан, октябрь 2012 года.
[22] Там же.
[23] Интервью с И. Клименко, Шымкент, Казахстан, октябрь 2012 года.

ту этой нации, а семьи часто не одобряют их, поскольку они могут ослабить родственные связи. Более того, браки по любви, инициированные молодыми людьми, нарушают принцип браков, устраиваемых семьей [Касымова 2010: 126–127].

Изменения в характере смешанных браков способствовали возникновению подобных негативных настроений. Смешанные браки между представителями различных национальностей, которые были определены советской властью, в пределах Таджикистана стали менее распространены, поскольку население стало более гомогенным, в то время как число браков с иностранными гражданами увеличилось. Смешанные браки таджикских женщин, особенно с немусульманами, вызвали то, что одним ученым было названо «моральной паникой» в таджикском обществе [Касымова 2010: 129]. В 2011 году парламент Таджикистана утвердил изменения в семейном законодательстве, затрудняющие браки таджиков с иностранцами. Заместитель министра юстиции заявил, что причиной принятия нового закона стали частые случаи плохого обращения с таджикскими гражданами в таких браках. Теперь иностранцы, желающие вступить в брак с гражданами Таджикистана, должны подписать официальный брачный договор, прожить на территории Таджикистана не менее одного года (даже если они познакомились со своим будущим супругом за пределами страны) и обеспечить своего супруга жильем, зарегистрированным на ее или его имя [Фасхутдинов 2011].

Критики этой меры утверждали, что браки с иностранцами частично происходят из-за гендерного дисбаланса в обществе, связанного с трудовой миграцией. (От 600 тысяч до миллиона таджиков, в основном мужчины, работают за пределами страны, и почти все они находятся в России [Boboyorov 2018: 227].) Эти критики отмечали, что требование для иностранцев прожить в Таджикистане год и купить там жилье перед заключением брака с таджикским гражданином является неоправданным [Фасхутдинов 2011][24]. Связанное с этим изменение в брачных практиках —

---

[24] См. также: Tajikistan Complicates Marriages Between Foreigners, Tajik Women // Radio Free Europe/Radio Liberty. January 26, 2011. URL: https://www.rferl.org/a/tajikistanmarriageforeignerswomen/2288545.html (дата обращения: 23.08.2024).

это рост полигамии в Таджикистане с 1991 года. Хотя она по-прежнему официально запрещена, как и при советской власти, вступающие в такие отношения люди обходят закон, просто не регистрируя вторую (или третью) жену официально. Недавний опрос показал, что каждый десятый таджикский мужчина имеет более одной жены [Commercio 2015: 179]. Среди трудовых мигрантов распространена практика иметь жену в России и таджикскую жену дома в Таджикистане [Cleuziou 2016: 76–90][25].

Некоторые таджикские политические и культурные лидеры открыто объявляли о своем несогласии со смешанными браками. Депутат нижней палаты таджикского парламента Саодат Амиршоева заявила в интервью, что она выступает против браков таджикских женщин с «неверующими» — то есть с гражданами других стран, такими как русские, китайцы и другие. Такие браки, по ее словам, разрушают генофонд нации[26]. В ее заявлении присутствует интересное сочетание генетики и религии, что напоминает советскую связь между религией, культурой и национальностью. Президент Таджикистана Эмомали Рахмон, встречаясь с молодежью, также призвал девушек выходить замуж за таджиков. Известный таджикский историк Рахим Масов тоже выразил желание видеть ограничения на международные смешанные браки[27].

Из-за насилия гражданской войны, произошедшей в недавнем прошлом Таджикистана, члены смешанных семей, оставшихся

---

[25] Русская жена открывает путь к российскому гражданству для многих таджикских мигрантов. См. [Boboyorov 2018: 236–237]. Многоженство также вернулось и в постсоветский Казахстан. Эта практика была декриминализована в 1998 году. См. [Commercio 2018: 177–178].

[26] Умарзода Ф. Особенности «таджикского национализма» // ASIA-Plus. 9 июля 2013. URL: https://asiaplustj.info/ru/news/tajikistan/society/20130709/osobennosti-tadzhikskogo-natsionalizma (дата обращения: 23.08.2024). Некоторые ученые утверждают, что рост многоженства связан с гендерным дисбалансом, вызванным трудовой миграцией и гражданской войной 1990-х годов. Коммерсио утверждает, что многоженство также незаконно практиковалось и в советское время, но стало более явным в независимом Таджикистане [Commercio 2018: 179, 181]. См. также [Harris 2004: 111–112].

[27] Умарзода Ф. Особенности «таджикского национализма».

там, выражают обеспокоенность по поводу не только возможных предубеждений и дискриминации, как в Казахстане, но и физической безопасности своих семей. Екатерина Рузиева, русская женщина, вышедшая замуж за таджика, сказала: «А вдруг, если сейчас отсюда русских погонят, а что я буду делать? Говорю, у меня дети метисы. Вот это меня затрагивает. Иногда лежу ночью и думаю, а вдруг, если что-то случится»[28]. «Дильбар», татарка, с 1959 года состоящая в браке с таджиком, высказала аналогичные опасения за будущее. Во время гражданской войны она видела лозунги, призывающие русских и татар покинуть страну. «А мой муж сказал: "Дуся, ты не волнуйся. Я тоже, столько у меня детей, меня выгонят, оставить моих детей". — "Здесь меня выгонят", — говорю. "Нет, нет, этого не должно быть, куда же ты уедешь, я туда с тобой уеду". Так и сказал»[29].

Некоторые смешанные пары и отдельные лица выступают против нападок на этническое смешение, подчеркивая преимущества смешанного происхождения. Бахринисо Абдурахманова, женщина смешанного таджикско-кыргызско-узбекского происхождения, дважды состоявшая в межэтнических браках, ценит разнообразие своего происхождения, которое она передала своему единственному сыну Фархаду:

> И когда сын у меня спрашивает: «Мама, кто я по нации?» Я говорю, знаешь, Фархад, во-первых, ты житель Земли, во-вторых, знаешь, ни у кого такой нации нет, какая у тебя. Я его каспийцем называю. Такой нации нет, я тебе новую нацию... [смеется] У него четыре бабушки, дедушки, все разной национальности[30].

Дильбар Ходжаева, журналистка смешанного таджикского и татарского происхождения, вспоминала, что всегда гордилась своим смешанным наследием и продолжает гордиться:

---

[28] Интервью с Е. Рузиевой, Согдийская область, Таджикистан, 11 октября 2010 года.
[29] Интервью с «Дильбар», Худжанд, Таджикистан, июль 2010 года.
[30] Интервью с Б. А. Абдурахмановой, Гулистон, Таджикистан, 2 августа 2011 года.

> И вот в институте я тоже всегда выигрывала от того, что у меня слияние двух культур. И сейчас я живу в Москве, я иду, и я чувствую, слышу разговор узбекский, таджикский и думаю, боже мой, как же хорошо, я все понимаю. Я намного богаче этих людей, которые рядом со мной. Ты понимаешь, хоть они, допустим, так довольны, самодовольны, но я кайфую от того, что я знаю вот это [русскую культуру] и могу сравнить, вот, восточное. <...> У меня есть проблема выбора. Я счастливый человек, я так рада, что у меня много национальностей, много кровей[31].

В социальных медиа Таджикистана стихийно возникло общественное сопротивление демонизации смешанных семей. В группе «Фейсбук»[32] «Я люблю Худжанд» дискуссия от 15 ноября 2018 года носит заголовок: «Красота смешанных кровей. Фотографии детей от родителей разных национальностей». Люди оставили около сотни сообщений на таджикском и русском языках, в которых они демонстрировали фотографии своих этнически смешанных детей и хвалили чужих смешанных детей. В одном посте, подписанном «Моя милая маленькая метиска», мать отметила, что в ее юной дочери течет смесь четырех разных кровей: таджикской, узбекской, арабской и иранской. Когда вторгшийся в группу человек позволил себе оставить негативные комментарии о смешанных браках и выдвинул возмутительное утверждение, что 80 % всех преступлений совершаются людьми смешанной этнической принадлежности, он был решительно осужден участниками группы за «средневековые» и «нелепые» взгляды[33].

В Казахстане и Таджикистане негативные настроения также выражаются в неприятии людей смешанного происхождения как потенциальных брачных партнеров; некоторые люди предпочи-

---

[31] Интервью с Д. Ходжаевой, Худжанд, Таджикистан, июль 2011 года.

[32] Принадлежит Meta, на 2025 год компания признана в России экстремистской и запрещена.

[33] Название дискуссии «Красота смешанных кровей. Фотографии детей от родителей разных национальностей» в группе «Фейсбук» «Я люблю Худжанд», 15 ноября 2018 года.

тают «чистокровных» казахов и таджиков в качестве супругов. «Ирина Абдулаева» (род. 1966), русская женщина, вышедшая замуж за казаха, отметила, что ее дочь Катя столкнулась с предубеждением как потенциальная невеста.

> Вот моя близкая подруга, моя сокурсница, она Катю, можно сказать, вместе со мной вырастила. Казашка. Она Катю воспринимает, заботится о ней тоже. Ну, близкая моя подруга. Она принимает нашу межнациональную семью. Но когда у ее ребенка началась какая-то заинтересованность Катей... Я не от нее это услышала, от кого-то еще. Она сказала: «Нет, Тимур. Катя хорошая девочка, но тебе жена нужна казашка»[34].

Эти друзья, отметила Ирина, считают Катю русской, несмотря на ее полуказахское происхождение. Дарья Ким, украинка, вышедшая замуж за корейца, рассказала похожую историю. Она отметила, что ее две дочери всегда дружили с людьми разных национальностей, не проводя каких-либо различий между ними. Лучшая подруга ее дочери Ани была казашкой по имени Сауле. Тем не менее, продолжила она,

> а вот Аня — моя младшая дочь — встречается с мальчиком, он к ней очень хорошо относится. Мальчик русский, а по Анне же видно, что она не русская. И вот этот Паша, то у них такая любовь была, а теперь... Наверное, родители не хотят, чтобы он на ней женился, потому что она нерусская. И я думаю, что тут у нас еще будут проблемы. Все идет к тому, что если бы она была русской девушкой, то его родители ему бы разрешили жениться на ней[35].

Из-за роста открытого неприятия смешанных браков в Казахстане и Таджикистане некоторые дети от смешанных браков высказывали мнение, что их родители, вероятно, не поженились бы, если бы встретились сегодня. «Архат Исаев», мужчина сме-

---

[34] Интервью с «Ириной Абдулаевой», Оскемен, Казахстан, 21 сентября 2011 года.
[35] Интервью с Дарьей Ким, Оскемен, Казахстан, 14 февраля 2008 года.

шанного чечено-русского происхождения, заявил: «Да, я думаю, что они не поженились бы. Потому что сейчас уже как-то придерживаются: чеченец — чеченки, русский — русской. Ну, я говорю, что так и должно быть, мне кажется»[36]. Будучи молодым человеком, который вырос после распада Советского Союза, Архат выразил чувства, более характерные для его поколения. Тимур Сергазинов, отец которого казах, а мать русская, сказал, что его отец призывал его жениться на казашке, несмотря на то, что сам Тимур наполовину русский. «Сейчас время такое. Я говорю: "Ты женился на русской, тогда время было такое, тогда у тебя расчет, что ли, был?" Он говорит: "Тогда просто казашек не было"»[37].

Отец Тимура, конечно, не имел этого в виду буквально, но мог подразумевать, что раньше не было такого множества образованных, современных, городских казахских женщин, из которых можно было бы выбирать, как сегодня. Причины, по которым его отец поменял свое мнение, отчасти связаны с изменившейся языковой ситуацией в Казахстане. Тимур объяснил: «Все-таки всё про язык. Если жена будет казашкой, то ребенок будет познавать первые слова от матери. Если мать будет говорить на казахском, то ребенок будет говорить на казахском, и ему будет легко выжить в этом обществе»[38]. Отец Тимура, несмотря на то, что женился на русской женщине, также стал приверженцем казахской этнической чистоты. Тимур вспоминал: «Да и потом, он сказал, что нужно кровь хранить казахскую. <...> в те времена, в советские в нем не было такого. Вот после 90-х годов в нем такая этническая черта казахская стала доминировать — нужно знать свою кровь». В этом отец Тимура идет в ногу с преобладающими настроениями.

Парадоксально, но, несмотря на национальное возрождение и ужесточение этнических настроений, некоторые респонденты в Казахстане считают, что ситуация для смешанных пар сегодня

---

[36] Интервью с «Архатом Исаевым», Шымкент, Казахстан, октябрь 2012 года.
[37] Интервью с Т. Сергазиновым, Оскемен, Казахстан, 5 апреля 2010 года.
[38] Там же.

более благоприятна. В постсоветскую эпоху молодежь получила бо́льшую свободу для путешествий и больше доступа к информации. Они подвержены влиянию самых различных идей. Многие из них имеют широкие взгляды на то, с кем им следует вступать в брак. Сусанна Морозова частично связывает это с официальной политикой Казахстана относительно мультиэтничности.

> Я опрашивала студентов, все-таки для них на первом месте, слава Богу, какой человек попался, а не какой он национальности. И потом, наш президент провозгласил, что скоро нас ждет формирование новой нации — евразийской. Что это будут люди именно смешанные, из двух этносов основных казахстанских, и что будет два-три языка в любой семье, в любом социуме[39].

Люди смешанного происхождения, такие как Сусанна, особенно ценят евразийскую политику казахстанского государства. Тимур Сергазинов (род. 1976), у которого казахско-русское происхождение, согласился с этим, отметив, что большее равенство между нациями в постсоветский период сделало смешанные браки менее проблематичными, чем фактическое господство русских в советское время. «Наоборот, сейчас смешанных браков гораздо больше», — сказал он (по ошибке), и дела идут легче, «потому что, во-первых, нет идеологий. Нет понятия старшего, младшего брата. <...> Вот сейчас больше равенства»[40]. Ержан Байбурин, казах, женатый на русской женщине, отметил парадокс, что, несмотря на рост этнической и национальной исключительности, бо́льшая открытость и мобильность казахстанского общества сегодня делают смешанные браки возможными даже для тех, кто, казалось бы, меньше всего это приветствует.

> А сейчас, вот взять моих родственников, например, которые в те времена, наверное, очень сильно были бы против браков между людьми разных национальностей. <...> Вот они в то время немножко тоже, может быть, неадекватно реагиро-

---

[39] Интервью с С. Морозовой, Оскемен, Казахстан, 10 апреля 2010 года.
[40] Интервью с Т. Сергазиновым.

вали. А сейчас, вот, смотрю: их дети тоже, знаете, в разных браках [смеется]. Могу сказать, что моя двоюродная сестра сейчас в Голландии…замужем, да… [за голландцем] И дядя, который приверженец традиций… Можно сказать, ближе к нагыз-казахам, а у него дочь замужем за русским[41].

Как объяснить этот явный парадокс, когда кажется, что в Центральной Азии усилилось открытое противостояние смешанным бракам, но при этом некоторые респонденты, особенно в Казахстане, считают, что межнациональные браки в каком-то смысле стали проще? В основе этих мнений лежат сложные тенденции.

Новые тенденции в смешанных браках

Хотя уровень межнациональных браков в целом, по-видимому, снизился как в Казахстане, так и в Таджикистане, характер смешанных пар изменился. Теперь женщины из Центральной Азии стали чаще стали вступать в смешанные браки по сравнению с советским периодом, когда это делали в основном мужчины, а также стало больше браков с иностранцами или негражданами. Оба этих тренда вызвали споры и привели к активным обсуждениям в обществе.

Достоверных данных о смешанных браках в советскую эпоху было немного. В постсоветском Казахстане, в отличие от советского периода, ведется статистика браков по национальностям. Доступная информация о межэтнических браках в постсоветском Казахстане свидетельствует о непрерывном снижении доли таких браков с момента распада СССР. С высокого уровня в 23,9 % в 1989 году доля межэтнических семей в Казахстане снизилась до 16,2 %[42]. В значительной степени это связано со снижением

---

[41] Интервью с Е. Байбуриным, Оскемен, Казахстан, 19 сентября 2011 года.

[42] Притчин П. Эксперты подсчитали количество межэтнических браков в Казахстане // *NUR.KZ*. 24 марта 2014. URL: https://www.nur.kz/307228-eksperty-podschitali-kolichestvo-mezhetnicheskih-brkov-v-kazahstane.html (дата обращения: 23.08.2024). Такие цифры приводит казахстанский социолог и демограф С. А. Уалиева.

процентного соотношения русских и увеличения доли казахов в общей численности населения, поскольку русские вступают в смешанные браки чаще, чем казахи. С 1989 по 2016 год доля русских в населении Казахстана уменьшилась с 37,4 до 21,5 %, в то время как доля казахов выросла с 40,1 до 65,5 % [Fierman 2006: 110]. Национальности, наиболее склонные к смешанным бракам в постсоветском Казахстане, — русские, украинцы, белорусы, немцы и татары[43].

Тем не менее казахстанское государство, похоже, продолжает советскую практику завышения показателей межнациональных браков по политическим причинам. (Это может объяснить, почему многие люди убеждены, что число смешанных браков растет.) В 2014 году Ассамблея народа Казахстана инициировала исследование смешанных семей. Результаты, опубликованные в 2015 году, были представлены в духе, напоминающем советские времена [Инджиголян 2014: 96–114]. Целью исследования было показать, что снижение числа смешанных браков после распада СССР было временным, и что в 2000-х годах оно вновь начало расти. Однако эти данные несколько вводят в заблуждение. Например, в исследовании отмечалось увеличение абсолютного числа смешанных браков с 25 552 до 26 647 между 2009 и 2012 годами как доказательство того, что их количество снова растет. Однако, в зависимости от общего числа браков за эти годы, это может свидетельствовать как раз о снижении доли межнациональных браков [Инджиголян 2014: 98–100]. В исследовании также отмечалось, что казахи и русские представляют группы с наибольшим абсолютным числом смешанных браков. Поскольку казахи и русские являются крупнейшими этническими группами в Казахстане, это мало что говорит об уровне смешанных браков. Карагандинский социолог А. А. Инджиголян в статье, посвященной результатам этого исследования, объяснила заявленные высокие показатели смешанных браков в независимом

---

[43] Притчин П. Эксперты подсчитали количество межэтнических браков. В период с 1989 по 1995 год Казахстан покинули в общей сложности 712 000 русских, украинцев и белорусов [Landau, Kellner-Heinkele 2001: 42].

Казахстане сохраняющимся влиянием советского прошлого на сознание людей, этническим многообразием страны, низким уровнем религиозности и высокой степенью этнической толерантности среди основных этнических групп государства. В этом исследовании Ассамблея народа стремилась создать впечатление, что смешанные браки вновь набирают популярность в Казахстане, противопоставляя это аргументам тех людей, которые подчеркивают проблемы, риски и трудности, связанные с межэтническими браками [Инджиголян 2014: 100–101, 114].

Одно из хорошо документированных изменений заключается в том, что казахские женщины стали вступать в межэтнические браки чаще, чем раньше. В советское время казахские мужчины, как и все мусульмане Центральной Азии, вступали в смешанные браки гораздо чаще, чем их соотечественницы. В постсоветский период ситуация начала быстро меняться. В 1999 году 8,4 % казахских женщин вступали в брак с представителем другой национальности, а через десять лет эта доля почти удвоилась — до 16,4 %[44]. Возможными причинами этих изменений могут быть высокий уровень образования и мобильности среди казахских женщин, а также растущий интерес русских мужчин к браку с казашками для налаживания казахских социальных связей[45].

Еще одной примечательной тенденцией выступает рост числа казахов, включая женщин, которые вступают в брак с иностранными гражданами. К ним относятся граждане других бывших советских республик, а также несоветских стран. В отделе регистрации актов гражданского состояния Алматинского района отмечается, что наиболее распространенными иностранными партнерами для казахов являются граждане Турции и Узбекистана[46]. Казахи также вступают в брак с афганцами, африканцами,

---

[44] Притчин П. Эксперты подсчитали количество межэтнических браков. См. также [Бекбосунова 2009].

[45] Бекбосунова Д. Межнациональные браки: pro et contra (за и против) // *zakon.kz*. 24 августа 2006. URL: https://online.zakon.kz/Document/?doc_id=30066936 (дата обращения: 23.08.2024).

[46] Притчин П. Эксперты подсчитали количество межэтнических браков.

индийцами, европейцами, китайцами и американцами. Некоторые казахстанцы смотрят на эти браки скептически, считая их основанными на прагматической стратегии, а не на любви. Руслан Исаев отметил, что некоторые казахские женщины намеренно хотят выйти замуж только за русского или иностранца. Для этих женщин русские мужчины кажутся «культурнее, интеллигентнее, более демократичней в домашней жизни, семейной жизни, вот… Я лично знаю некоторых молодых казашек, которые говорят: "За казаха замуж не выйду"»[47].

Мария Искандерова рассматривает браки с иностранцами как прагматичный выбор, который необязательно основывается на любви или взаимных чувствах, как это могло быть в советское время. По ее словам, многие женщины просто ищут более комфортную жизнь за границей. «Именно, как какой-то договор. Не эмоциональный, а чисто деловой какой-то договор, я бы так сказала. Ты — мне, я — тебе…» Она добавила: «И то, каким стало отношение к этому, мне оно тоже совершенно не нравится. Какое-то практичное, скажем так. Какое-то стало, как коммерческий проект. Скажем так. Да. Именно чтобы вырваться за границу. Обеспечить себе будущее или еще что»[48].

Получить достоверные данные о смешанных браках в постсоветском Таджикистане практически невозможно, так как статистические органы Таджикистана не отслеживают межэтнические браки на общенациональном уровне. Имеющиеся ограниченные данные свидетельствуют о том, что Таджикистан, при всех его отличиях от Казахстана в постсоветскую эпоху, столкнулся с рядом схожих новых тенденций. Между 1989 и 1995 годами около 340 тысяч русских и других славян покинули Таджикистан [Landau, Kellner-Heinkele 2001: 42, 49]. К 2000 году русские составляли всего около 1 % населения, в то время как этнические таджики — 79,9 % [Abdullaev, Akbarzadeh 2010: 7, 309]. Узбеки по-прежнему оставались крупнейшим меньшинством, хотя их доля уменьшилась с 23,5 до 15,3 %

---

[47] Интервью с Русланом Исаевым.
[48] Интервью с Марией Искандеровой, Оскемен, Казахстан, 3 апреля 2010 года.

[Nagzibekova 2008: 228][49]. Многие смешанные семьи также покинули страну в 1990-х годах, особенно те, кто уже был значительно обрусевшим, спасаясь от гражданской войны или просто опасаясь дискриминации и плохого обращения [Касымова 2010: 131].

Учитывая фактическое исчезновение русского населения, вероятно, общее количество смешанных браков также сократилось. В Таджикистане, как и в Казахстане, браки с иностранцами обсуждаются теперь гораздо чаще, чем браки с представителями других бывших советских этносов, оставшихся в пределах Таджикистана (хотя русские, живущие в России, теперь тоже считаются иностранцами, в отличие от советских времен). Такие браки вызывают особые споры, когда речь идет о таджикских женщинах [Фасхутдинов 2011]. Иногда иностранными партнерами по браку становятся немусульмане, такие как европейцы и американцы, хотя чаще таджикские женщины выходят замуж за мусульман из Турции, Афганистана и Ирана. Несмотря на то что число таджичек, вступающих в смешанные браки, остается небольшим, по словам одного исследователя, «географическая и культурная территория потенциальных женихов расширяется». Для современных таджикских женщин, стремящихся выйти замуж за иностранца-немусульманина, противодействие со стороны семьи является нормой. Одна женщина, вышедшая замуж за иностранного гражданина, сообщила: «Мне пришлось солгать, сказав маме, что отец моего жениха мусульманин, хотя он на 100 % европеец» [Касымова 2010: 127, 140].

Сегодня таджикские женщины, особенно те, кто живет в городах, более социально и физически мобильны, чем их предшественницы 1960, 1970 и 1980-х годов. У них больше свободы выбора, частично благодаря процессам глобализации и трансформации политических и экономических структур. Они чаще

---

[49] Сокращение численности узбеков, по крайней мере, отчасти связано с тем, что узбеки в прагматических целях переопределяют себя в качестве таджиков. Распространенность узбекско-таджикского двуязычия и смешанных таджикско-узбекских браков облегчает такие изменения идентичности. О текучести границ идентичности в постсоветском Узбекистане см. [Finke 2014: 51, 89, 93].

контактируют с людьми других национальностей и культур через международные неправительственные и другие организации. Некоторые таджикские женщины отучились за границей по различным официальным программам обмена. Трудовая миграция также изменила жизнь как мужчин, так и женщин. Массовая миграция таджикских мужчин уменьшила шансы многих таджикских женщин найти достойного брачного партнера общего с ними этнического происхождения [Касымова 2010: 135–141].

Интервью, проведенные С. Р. Касымовой, социологом из Душанбе и специалистом по гендерным вопросам, показывают, что некоторые таджикские женщины сознательно ищут иностранного супруга; другими словами, это часть прагматической стратегии в условиях экономических трудностей. Современные таджикские родители часто смиряются со смешанным браком, потому что видят мало других возможностей для брака своих дочерей. (Это особенно верно, если дочери «слишком старые» по таджикским меркам — то есть им под 30 лет или они разведенные матери-одиночки.) Брак с иностранцем может быть средством экономического выживания, особенно для женщин из бедных семей, вдов и разведенных. Эти браки предполагают своего рода статусный обмен, когда невеста меняет свою красоту и молодость на богатство и/или гражданство жениха. (Хотя эти женщины могут считаться старыми по таджикским меркам, они часто соблазнительно молоды по западным стандартам и выходят замуж за мужчин, которые старше них.) Прагматическая основа этих браков очевидна из того, что многие таджикские женщины предпочитают отправиться в Европу, а не в «нецивилизованную» страну. Одна женщина заметила: «Конечно, тот факт, что он из Европы, сыграл роль, я бы точно не поехала в Африку. Но в цивилизованную страну, почему бы там не жить, если меня приглашают?» [Касымова 2010: 135–143][50]

---

[50] Захаров утверждает, что «цивилизованный» было кодовым словом для обозначения расовой «белизны» в Советском Союзе и продолжает иметь это значение в постсоветской России [Zakharov 2013].

Новая роль языка и религии

В постсоветский период значение языка и религии для смешанных семей в Казахстане и Таджикистане изменилось. Как мы видели, в советское время это являлось областью разногласий и обсуждений между членами смешанных семей. Однако, благодаря существованию русского языка в качестве «лингва франка» и ограничений на религиозное самовыражение, потенциал этих вопросов как источников конфликтов был ограничен. Большинство смешанных семей говорили на русском, а религию исповедовали в основном символически, если вообще это делали. В постсоветских государствах, стремящихся к национализации, как язык, так и религия стали острыми темами, и смешанные семьи, как обычно, оказались на передовой.

В советском Казахстане русский язык был более престижным и открывал больше возможностей, чем казахский, поэтому родители беспокоились о том, что их дети не смогут добиться успеха в обществе без идеального знания русского. Как мы выяснили в предыдущей главе, многие казахские родители не особенно заботились о том, чтобы их дети говорили по-казахски[51]. В постсоветский период ситуация изменилась в противоположную сторону, и теперь у русскоязычных казахов появилось больше стимулов для изучения казахского языка. Доля учеников, обучающихся в казахских школах, почти удвоилась с 1988 по 2007 год: с примерно 30 до почти 60 %. Все больше казахских родителей стали отправлять своих детей в школы с казахским языком обучения, осознавая, что знание казахского может дать им больше карьерных возможностей [Smagulova 2016: 96; Fierman 2006: 106, 111–112]. Однако нехватка качественных образовательных курсов, финансирования и времени делает практически невозможным для многих взрослых, говорящих на русском языке, выучить казах-

---

[51] Ж. С. Смагулова утверждает, что между 1960-ми и 1980-ми годами многие родители-казахи «приняли русский язык в качестве языка воспитания детей». См. [Smagulova 2016: 94]. О доминировании русского языка в советском Казахстане см. также [Dave 2007: ch. 3].

ский. Как заметила Марина Абдрахманова, «то есть мне, например, английский выучить легче, чем казахский». Она, ее муж и дочери говорят дома на русском, и она беспокоится, что ее дочери могут оказаться в невыгодном положении из-за недостаточного знания казахского языка в новом Казахстане[52]. Майра Ахметова согласилась, что русскоязычным людям стало гораздо сложнее. «Мне кажется, что труднее, потому что сейчас приоритет во всем и везде тем людям, которые знают казахский язык. И на государственную службу попадают со знанием казахского языка. И везде востребовано, вот, именно знание казахского языка. А если ты его не знаешь, то ты уже ущербный»[53].

Для Тимура Сергазинова недостаточное знание казахского языка затрудняет его идентификацию как казаха. Тимур объяснил: «Если бы я мог говорить [по-казахски], я бы ощущал свою принадлежность и здесь, и там. <...> Казахского языка не зная, среди казахов я уже не свой... Называли меня "шала-казах"... Но тем не менее я все равно себя считаю казахом». Говоря о себе и трех своих старших сестрах, Тимур продолжил: «И вообще, я думаю так: как бы я ни любил свою родину, если вопрос языка будет навязан очень жестко, то придется, наверное, куда-то мигрировать в сторону России. Там, где, допустим, Омск, такие вот города, где живут казахи тоже [смеется]».

Комментарии Тимура раскрывают несколько неловкое положение, в котором оказались обрусевшие казахи, в том числе из смешанных семей, в постсоветском Казахстане. Лингвистическая стратегия, направленная на обеспечение их профессионального и социального успеха в Советском Союзе, обернулась против них, усложняя их жизнь в новой эпохе. Несмотря на это давление со стороны государства и общества, русский язык по-прежнему широко используется казахами и в смешанных семьях. Майра Ахметова отметила, что хотя многие казахи сегодня предпочитают эндогамные браки, они не придают соответствующего значения казахскому языку. «Сейчас престижно быть в монона-

---

[52] Интервью с М. Абдрахмановой.
[53] Интервью с Майрой Ахметовой.

циональном браке. А говорят на русском! [смеются обе] И дети на русском говорят. Таких сколько угодно. Знакомых. Только по-русски говорят. Но в то же время себя считают казахами. То есть не по языку идентификация происходит, а по-другому»[54].

Заявление Майры подтверждает, что в Казахстане по-прежнему существует разделение языка и национальной идентичности, несмотря на недавние усилия по возрождению казахского языка. «Устойчивость» русского языка в Казахстане согласуется с общей тенденцией медленных изменений в языковой среде, даже при смене культурного контекста. Как писал С. Либерсон, «Как только язык становится международным языком общения <...> он не исчезает автоматически, когда первоначальные условия, которые привели к его доминированию, перестают действовать» [Lieberson 2000: 268]. Он имел в виду латынь, французский и английский языки, но его аргументация может быть применена и к русскому в качестве «лингва франка» на постсоветском пространстве. Либерсон также отмечает, что культурные элементы (такие как язык), связанные с иностранным завоеванием или колониализмом, могут оставаться на месте даже после окончания иностранного правления, если их престиж остается сильнее, чем негативные чувства, вызванные ассоциацией с иностранным доминированием [Lieberson 2000: 271][55].

Майра Ахметова, которая в советское время иногда стыдилась того, что она казашка, не считает возрождение казахской национальной гордости чем-то плохим. «Не так, как раньше говорили: "Единый советский народ". Тогда же уже потеряли себя. А сейчас каждый хочет найти себя. Но не в плане того, что вражда усилилась. Нет. Дают существовать другим народам, но все тянутся к своим корням. <...> Сейчас уже "казах" произносится с гордостью»[56]. Однако для этнических русских и других неказахов эти

---

[54] Интервью с Майрой Ахметовой.

[55] Это может помочь объяснить, почему люди на всей территории бывшего Советского Союза до сих пор используют русский язык для общения друг с другом.

[56] Интервью с Майрой Ахметовой.

изменения выглядят менее положительно. Валентина Гейгер, женщина немецкого этнического происхождения, говорящая в основном по-русски, посетовала на изменения, произошедшие в социальном ландшафте и межэтнических отношениях в постсоветском Казахстане. В качестве примера она упомянула, что казахи в смешанной компании теперь продолжают говорить на казахском в ее присутствии, тогда как в советское время они всегда переходили на русский из вежливости. «А раньше такого не было. Если знали, что ты не понимаешь, то говорили, по крайней мере, старались говорить по-русски, на русском языке, чтоб ты понимал, чтоб ты не обиделся, чтоб ты не думал, что о тебе плохое говорят»[57].

Надежда Константьянц (род. 1954), русская женщина, которая прожила более 30 лет в Казахстане, считает, что официальное внимание к казахскому языку создает некоторые трудности:

> Вы знаете, я сейчас не могу сказать, что меня там сильно притесняют в национальном плане, но все равно где-то в быту, где-то еще слышишь об этом. <...> Вот сегодня мне только рассказали: пошли взять справку, дали на казахском языке и теперь нужно искать переводчика, чтобы перевести и так далее, и так далее. Ну, то есть какие-то проблемы[58].

Так же, как и русскоязычным казахам, русскоязычным представителям других национальностей оказалось трудно адаптироваться, особенно во взрослом возрасте. Надежда воскликнула: «Скажите, пожалуйста, а как вы хотите, чтобы мое поколение знало казахский язык?! Уже поздно! <...> Тем более [взрослый человек] обременен работой, семьей, еще чем-то, и вдруг надо знать казахский язык!» Тем не менее Надежда выразила согласие с базовым принципом повышения важности казахского языка и считает, что русские должны пытаться его выучить. «Ну, так сказать, стремиться к этому надо, и русские виноваты в том, что

---

[57] Интервью с В. Гейгер.
[58] Интервью с Н. Константьянц, Оскемен, Казахстан, 7 апреля 2010 года.

они категоричны в этом вопросе, что "мне это не надо". Господа, надо! Если вы хотите жить в Казахстане, это — надо! Это надо — уважать тот народ, с которым ты живешь»[59].

Лингвистическая ситуация в постсоветском Таджикистане складывалась иначе. Таджикские и смешанные семьи, которые в языковом плане являлись обрусевшими, оказались в значительной изоляции по сравнению со своими казахстанскими коллегами. До 1991 года среди таджиков уровень владения русским языком был одним из самых низких по сравнению с другими советскими национальностями. Русский язык был распространен среди городской интеллигенции, а также среди «белых» и «синих воротничков» на полиэтнических фабриках и в офисах, но не среди сельского населения [Fouse 2000: 314; Nagzibekova 2008: 231]. После массового бегства некоренного населения во время гражданской войны в 1990-х годах знание русского языка среди молодого поколения начало угасать. Ярко выраженная этнонационалистическая политика постсоветского таджикского государства еще больше снизила уровень владения русским языком. Правительство продвигало таджикский язык, начиная с закона 1989 года, провозгласившего таджикский государственным языком. В постсоветском Таджикистане большинство русскоязычных школ были закрыты в первые годы после обретения независимости. К 2004–2005 учебному году лишь 2,2 % школьников учились на русском языке, в то время как 73,7 % обучались на таджикском и 25,5 % — на узбекском. По состоянию на 2008 год в стране функционировали только три русскоязычные школы, две из которых находились в Душанбе [Nagzibekova 2008: 229–230]. Несмотря на то что узбеки оставались крупнейшим меньшинством в Таджикистане, количество школ с узбекским языком обучения также сократилось после обретения независимости[60].

---

[59] Там же.

[60] Dustmurod M. Uzbek-Language Education Declines in Tajikistan // *Institute for War & Peace Reporting*. 12 June 2014. URL: https://iwpr.net/global-voices/uzbek-language-education-declines-tajikistan (дата обращения: 24.08.2024); Рахмонов Д. 77 школ на всю страну. Как учатся в Таджикистане на узбекском

Процесс дерусификации в Таджикистане зашел настолько далеко, что это начало вызывать беспокойство у некоторых людей. Как и другие постсоветские народы, таджики осознали важность русского языка для общения с внешним миром, включая соседние республики Центральной Азии. Более того, многочисленные таджикские мигранты, ежегодно уезжающие в Россию, создают потребность в расширении знаний русского языка среди населения [Nagzibekova 2008: 232]. Усилия, направленные на популяризацию изучения английского и других мировых языков, имеют слабый эффект. Как отмечает Лариса Мамагахирова, русскоязычная женщина из смешанной семьи,

> сейчас многие жалеют, что русские уехали. <...> Сейчас общения нет, дети русский не знают. Вот раньше наше поколение знало русский язык, а сейчас новое поколение... Они не знают русского языка. А раньше как-то изучали, общение было русское, русских много было, а сейчас того нет, и дети совершенно стали забывать русский язык[61].

По мере того как все большее количество таджиков осознают экономические и трудовые преимущества владения русским языком, предпринимаются попытки возродить в Таджикистане русскоязычное образование. В январе 2020 года парламент Таджикистана утвердил соглашение о строительстве пяти новых русских школ, финансирование которых в основном предоставлено российским правительством. Россия, стремясь удержать Таджикистан в своей сфере влияния, также направила в Таджикистан учителей и учебники на русском языке[62].

Наряду с возрождением коренных языков религия также стала более проблемной темой для смешанных семей и людей

языке? // ASIA-Plus. 13 июня 2018. URL: https://asiaplustj.info/news/tajikistan/society/20180613/77--shkola-na-vsyu-stranu-kak-uchatsya-v-tadjikistane-na-uzbekskom-yazike (дата обращения: 24.08.2024).

[61] Интервью с Л. Мамадзохировой, Худжанд, Таджикистан, июль 2011 года.

[62] Najibullah F. No Shortage Of Students As Tajikistan Builds New Russian Schools // Radio Free Europe/Radio Liberty, January 18, 2020. URL: https://www.rferl.org/a/tajikistan-new-russian-schools/30384557.html (дата обращения: 24.08.2024).

смешанного происхождения в постсоветской Центральной Азии. В официально атеистическом Советском Союзе подавление религии и, как следствие, неспособность семей и общин открыто исповедовать свою веру привели к тому, что религиозная идентичность играла меньшую роль во время принятия решений о браке или при воспитании детей. Как мы выяснили в третьей главе, члены многих смешанных семей гордились своей приверженностью коммунизму и атеизму; другие придерживались экуменического подхода, выбирая лучшее из каждой религии. В этом отношении постсоветский опыт Казахстана также отличался от таджикского.

С возрождением религии в постсоветскую эпоху вопрос о вере для смешанных пар и семей в Казахстане приобрел новое значение. Поскольку религиозное возрождение все еще относительно ново и многие люди в основном сохраняют светский образ жизни, у детей от смешанных браков все еще остается возможность экспериментировать с различными религиозными практиками — или вообще не принимать никаких. Тем не менее люди смешанного происхождения иногда сообщают, что испытывают путаницу в своей религиозной идентичности или вынуждены выбирать между религиозными традициями своих родителей. Тимур Сергазинов описал конфликт с отцом-казахом по поводу религии в постсоветский период. В детстве он узнал о христианстве от своей бабушки по материнской линии, русской православной старообрядки. Однако в 1991 году, когда Тимуру было 15 лет, его отец попытался познакомить его с исламом:

> Но я уже был познакомлен с христианством со стороны бабушки. <...> Когда я рассказывал что-то о христианстве, он говорил: «Что ты все про христианство?» Вот такие конфликты возникали с отцом. Я ему говорил, что Бог един, что любая религия — это просто метод, средство обращения к нему. По сути, нет никакой разницы. Он говорит: «Как нет никакой разницы, есть разница! Или ты мусульманин, или нет». У него вот такие жесткие установки были в этом смысле[63].

---

[63] Интервью с Т. Сергазиновым.

Любопытно, что его отец, который настаивал на мусульманской идентичности своего сына, был убежденным коммунистом, никогда ранее не проявлявшим каких-либо внешних признаков религиозной веры (например, молитвы, поста или посещения мечети) в советскую эпоху.

Для Сажиды Дмитриевой (род. 1959), которая имеет смешанное русское и татарское (а следовательно, христианское и мусульманское) происхождение, постсоветское религиозное возрождение также оказалось проблематичным. «Я себя считаю все-таки ребенком Советского Союза, у нас как-то национальность такой роли не играла, и религия вообще тоже не играла никакой роли. А сейчас, мне кажется, сложнее, именно в том плане, что люди стали более религиозными», — объяснила Сажида.

> Бабушка верила. Ну, вот они, бабульки-татарки, собирались, молились, праздники все мусульманские отмечали. Это — было, но нас детей к религии как-то не привлекали, не воспитывали. Ну, как-то тогда это было не принято. Это теперь стало модным, а вот теперь мне определиться очень трудно. Я... прямо раздвоение личности идет по этому поводу! [смеется]

Теперь из-за собственного смятения Сажида считает, что межрелигиозных браков следует избегать[64].

Сусанна Морозова (род. 1973), крестившая своих детей по русской православной вере, также сказала, что постараться удержать их от межрелигиозных браков. Она считает, что такие союзы слишком трудны для всех участников:

> Муж — казах, жена — русская, и каждому приходится идти на какие-то компромиссы, уступки. Детей воспитывают: либо на том языке больше говорят, либо на этом, часто бывают конфликты у родственников мужа, жены: «Почему вы больше говорите на русском в семье? Почему не говорите на казахском? Почему детей окрестили? Почему не отвели их в мечеть?» Вот мне кажется, хотя я большого значения

---

[64] Интервью с С. Дмитриевой, Оскемен, Казахстан, 7 апреля 2010 года.

религиозности не придаю, но что все-таки для будущего важно. Чтобы будущие муж и жена говорили на одном языке и были в одной вере воспитаны. Если, конечно, они религиозные верующие люди[65].

Взгляды Сусанны, настолько популярные сегодня, не стали бы выражаться в подобном духе в советское время. Куралай Жемсекбаева согласилась, что религиозное возрождение значительно усложнило жизнь смешанных семей. В советский период, отметила она, «и действительно не возникало конфликтов, потому что все были атеистами, наверное, так. Я так думаю. Потому что как раз религиозные праздники как раз какую-то грань ставят между нациями». Поскольку она замужем за немусульманином, заметила Куралай, некоторые казахи считают ее перебежчицей и даже ставят под сомнение ее право продолжать исповедовать ислам. «Или, вот как мне сказал один человек: "Ушла — и не смей теперь соблюдать!"» Она объяснила: «Ну, вот ушла, вышла замуж за представителя другой национальности, религии, и делай так, как он делает. Мол, в его доме это осквернение моих традиций: "Дома тебе не надо Коран читать! Не делай этого!" — мне кажется, что сейчас сложнее стало»[66].

Лариса Ниязова (род. 1966), русская женщина, вышедшая замуж за казаха, не хотела бы, чтобы ее заставляли выбирать религию, учитывая, что по происхождению она христианка: «Я до сих пор некрещеная, но мне как-то объяснили, что обязательно нужно покреститься. Но я говорю, что у меня муж казах, он мусульманин, как я сейчас пойду и приму крещение? Я окажусь между двумя верами». Она и ее семья предпочитают продолжать следовать обрядам и обычаям обеих вер[67]. Айгерим Семенова (род. 1952), наполовину русская, наполовину казашка, не смогла определиться с выбором конкретной веры. По ее словам, выбор одной из них был бы равносилен предательству по отношению

---

[65] Интервью с С. Морозовой.
[66] Интервью с Куралай Жемсекбаевой.
[67] Интервью с Л. Ниязовой, Шымкент, Казахстан, октябрь 2012 года.

к одной из частей ее семьи. «Папа мой похоронен по мусульманским обрядам. И мама так захотела, чтоб ее так похоронили — по мусульманскому обряду, потому что она очень любила папу, и еще будучи живой она сказала, чтобы их похоронили рядом». Однако ее родители не были религиозными в каком-либо значимом смысле, и она сама остается не приверженной никакой определенной вере.

> Они вообще были глубоко политическими людьми. То есть они оба находятся на мусульманском кладбище. А сын старший принял христианство. Он лежит здесь, захоронен на христианском кладбище. И поэтому я, соответственно, каждой религии должна воздать должное. Мои близкие люди так решили. А сама вот еще размышляю. Потому что я некрещеная и не мусульманка[68].

Религиозная ситуация в Таджикистане существенно отличается. Численное преобладание мусульман там значительно возросло, особенно после эмиграции многих немусульман после 1991 года. Большинство населения идентифицируют себя как мусульмане (около 90 % — сунниты и 5–6 % — шииты, включая небольшую общину исмаилитов в горах Памира[69]). В настоящее время среди таджикского и узбекского населения наблюдается исламский ренессанс. В то время как ислам во многих отношениях вернулся на свое важное место в общественной жизни, в Таджикистане, как и в других постсоветских государствах Центральной Азии, опасаются религиозных проявлений, которые могут выйти из-под государственного контроля [Nourzhanov, Bleuer 2013: chap. 8]. Правительство пытается предотвратить распространение фундаментализма такими мерами, как запрет на ношение хиджаба и паранджи, а также отказ от мусульманских имен арабского происхождения в пользу этнически таджикских

---

[68] Интервью с Айгерим Семеновой, Оскемен, Казахстан, 22 сентября 2011 года.
[69] World Population Review. Tajikistan population as of August 2024. URL: http://worldpopulationreview.com/countries/tajikistan-population/ (дата обращения: 25.08.2024).

имен [Trilling 2015]. Тем не менее Таджикистан остается преимущественно мусульманским, и семьям там сложнее придерживаться двух религий в равной степени, а детям из смешанных семей сложнее выбрать для себя религию. Для тех, кто остается, проще жить как мусульманин. Однако некоторые смешанные семьи пытаются продолжать выражать свою сложную идентичность посредством религиозных практик.

Ирина Домуладжанова — русская женщина, которая выросла в смешанной русско-узбекской семье в Таджикистане и вышла замуж за таджика. С таким сложным наследством ее семья в постсоветский период лавировала между двумя вероисповеданиями, при этом разные члены семьи шли различными путями. «Старший сын — это точно, таджик стопроцентный, а младший... У младшего же выражен интерес к русской культуре, религии». Этот сын получил Библию от своего инструктора по боевым искусствам и продолжает ее читать. «И когда у него какие-то неприятности, я иногда замечаю, что он может сидеть и читать. И даже мне предлагает: "Мама, когда тебе трудно, ты прочитай вот это, вот там, — и показывает, — и тебе легче станет"»[70]. Дети Дильбар Ходжаевой (род. 1961), напротив, больше склоняются к исламу. «У меня дочка и сын. Чувствуют себя мусульманами. Я помню, моя свекровь приехала, [когда] 15 лет дочке моей было, они поехали в Россию». Ее свекровь, бывшая коммунистка, обратилась к религии после 1991 года. Она пыталась отвести внучку, дочь Дильбар, в русскую православную церковь, но девочка сочла неуместным, будучи мусульманкой, даже просто переступить порог христианской церкви. Дильбар вспоминала, что она так и не пошла в церковь[71].

Лола Туйчибаева (род. 1964), чья русская мать выдала ее замуж по таджикским традициям, сказала, что ее собственная семья и дети — «мусульмане, но европейцы». Ее отношение к религии изменилось после распада Советского Союза.

---

[70] Интервью с И. Домуладжановой, Худжанд, Таджикистан, июль 2011 года.
[71] Интервью с Д. Ходжаевой.

> Раньше я даже и не думала, я к этому скептически относилась, сейчас уже захотела намаз читать. Я как-то это читаю, мне легче. <…> Я читаю — мне хорошо, не читаю — мне плохо. Не знаю, или самовнушение. Старший сын у меня пять раз читает в день. Он у меня очень религиозный, но все равно понятия у него европейские. <…> Ну, наверное, я, глядя на него, что ли, стала читать [смеется]. Но у нас все равно всё по-европейски, хоть мы и намаз читаем.

Лола нашла собственный способ сочетать свое частично русское происхождение с жизнью в мусульманском Таджикистане[72].

Двое детей Татьяны Салибаевой, наполовину таджикского происхождения, приняли христианство, взяли христианские имена и переехали в Россию. Ее младшая дочь поначалу испытывала трудности после переселения в Россию, но теперь довольна своим решением.

> Она в Москве, она получила гражданство, уже шестой год. Ей было очень тяжело, она там одна, никого родственников нет; снимала квартиры, одну работу поменяла, вторую. Видимо, Господь Бог есть, помог ей, она получила хорошую работу, сейчас уже сделала себе гражданство. И знаете, вот она приняла русскую веру, она покрестилась. Она была Замира, стала Злата. Сейчас она все посты, праздники религиозные соблюдает, ходит в храмы, там ставит свечки, она полностью отдала себя Богу, она очень верующая. Она говорит: «Все же мне Бог помог»[73].

Старший сын Татьяны, Шухрат, трагически погибший в юности, также принял русское православие перед смертью.

> А вот старший сын, покойный, он тоже встречался с русской девушкой. Был праздник Пасха, и под Пасху он тоже принял русскую веру, и представляете, мне сказали, он изменил своей вере, своей судьбе, такие люди долго не живут. Это

---

[72] Интервью с Л. Туйчибаевой, Худжанд, Таджикистан, 1 октября 2010 года.
[73] Интервью с Т. Солибоевой, Худжанд, Таджикистан, 9 октября 2010 года.

кто-то мне в церкви сказал. Он был Шухрат, его ребята Шуриком звали, его покрестили как Александр. И это было в апреле, он покрестился, а в июне умер[74].

Джамиля Рахимова, родившаяся в 1953 году в смешанной таджикско-русской семье, нашла другое решение этой проблемы. Она всегда считала себя «советским» человеком, интернационалисткой и хотела сохранить это чувство после распада Советского Союза. Таким образом, она приняла веру бахаи в 1998 году.

> И вот развал Советского Союза пошел, и я пришла к выводу, что человек должен быть все равно интернационалистом, и вот тогда я решила поменять веру. Для меня, например, как для бывшего коммуниста, я среди мусульман никогда не смогу быть мусульманкой, среди православных... православную веру я вообще не понимаю.

Она продолжила: «Хотя я читала Коран, Библию — все это интересовало просто по образованию, может быть, а вот приняла веру в 98-м году — бахаи. Эта такая вера, которая ну, как бы проповедует единство расы, единство нации и вообще весь земной шар, независимо, где ты, кто ты». Джамиля нашла уникальный способ сохранить советский интернационализм в своей жизни[75].

С 1991 года и Казахстан, и Таджикистан испытывают центростремительные тенденции, которые часто обобщают термином «ретрадиционализация». В постсоветской Центральной Азии практики, связанные с гендером, браком и семьей, привлекают внимание ученых и политиков как области, в которых возрождается «традиция». Международные и феминистские организации критикуют возрождение таких практик, как многоженство и ранние браки, которые, по их мнению, возвращают женщин

---

[74] Интервью с Т. Солибоевой.
[75] Интервью с Д. Рахимовой, Согдийская область, Таджикистан, 23 октября 2010 года.

к эпохе досоветской эмансипации. Ученые писали о росте числа похищений невест в Казахстане и Кыргызстане, конкурсах лучших невесток в Узбекистане и других, казалось бы, ретроградных практиках. В Таджикистане к этому также можно отнести популяризацию браков по договоренности, браков с кузенами и другими родственниками, а также брачную эндогамию в целом[76].

Некоторые ученые критически относятся к идее ретрадиционализации, отмечая, что она предполагает, будто бы традиция — это что-то фиксированное и неизменное, принадлежащее воображаемому золотому веку до прихода колониализма и модернизации. Как отмечали Э. Хобсбаум и Т. Рейнджер, традиции постоянно изобретаются и переизобретаются [The Invention 1992]. Некритическое принятие идеи ретрадиционализации поддерживает националистическое понимание традиции, в котором нации воображают себя носителями славного прошлого. Д. Кандиоти убедительно отвергает идею ретрадиционализации в отношении мусульманских женщин в Центральной Азии, утверждая, что советское правление само по себе поддерживало традицию в важных аспектах. Советская «модернизация» в регионе была парадоксальной, поощряющей высокий уровень рождаемости и сохранение строгого гендерного разделения домашнего труда, несмотря на образование женщин и их вовлечение в общественную сферу [Kandiyoti 2007: 601–623].

Являются ли новые негативные взгляды на смешанные браки в Центральной Азии проявлением ретрадиционализации? Я бы сказала, что нет. На самом деле эти взгляды в определенном смысле являются продолжением и логическим завершением идеологии и политики советской эпохи. Сама идея о таджиках, узбеках, туркменах и казахах как об отдельных этнолингвистических и территориально обусловленных нациях, которые естественным образом должны стремиться к эндогамии, была в значительной степени продуктом советской национальной политики, так же как и институционализация советских нацио-

---

[76] См. [Werner 2009: 314–331; Commercio 2015: 529–556; Kudaibergenova 2018: 379–390].

нальностей в рамках отдельных республик была, возможно, одним из самых успешных советских проектов. Ю. В. Бромлей, декан советских этнографов, был ведущим сторонником идеи, что самым важным признаком этноса является его эндогамия [Бромлей 1969: 84–91][77]. Идеи Льва Гумилева, который в брежневскую эпоху продвигал свое мистическое ви́дение этноса и выступал против смешанных браков, имели много сторонников в Советском Союзе и стали еще более популярными в постсоветских республиках, особенно в Казахстане [Laruelle 2008a: 178][78]. Как мы видели в предыдущих главах, этнос, который, как предполагалось, должен был иметь исторические и культурные корни, в позднесоветскую эпоху стал рассматриваться все более примордиально и даже биологически [Laruelle 2008b: 178]. Таким образом, использование терминов вроде «чистокровный» и «генофонд» при обсуждении смешанных браков является не артефактом досоветской традиции в регионе, а, скорее, продолжением и расширением советского дискурса об этничности и национальности. Парадоксально, но государство, которое приветствовало смешанные браки, также взращивало идеи, которые в итоге станут их отвергать.

---

[77] См. также: Бромлей Ю. В. Очерки теории этноса. С. 338–382.
[78] В Казахстане даже есть университет имени Гумилева.

Заключение
Памятуя советский интернационализм

Смешанные пары в Советском Союзе верили в будущее, в котором их дети смогут преодолеть этнические различия. К сожалению, такое будущее так и не наступило для людей смешанного происхождения из советской Центральной Азии. Теперь они живут в постсоветских государствах, где в различной степени господствует этнический национализм, и где, как правило, этническое смешение приветствуется слабее, чем могли бы себе представить их советские родители и бабушки с дедушками. Укрепление биологического и расового понимания идентичности в позднесоветский период, связанное с возрождением интереса к генетике после смерти Сталина, значительно способствовало этой трансформации. В советское время раса не являлась частью официального дискурса, и люди не использовали это слово в повседневных разговорах. Однако под поверхностным спокойствием эта тема закипала под влиянием идей неофициальных мыслителей, таких как Л. Н. Гумилев, что даже нашло отражение в работах ведущих советских этнографов. Представления о расе присутствовали в ранний советский период и, вероятно, в скрытом виде циркулировали и после. Заявления советского режима о своей антирасистской природе и табуирование темы расы не означали, что идеи о наследуемых признаках и этнических иерархиях волшебным образом исчезли, так же как и объявление Советского Союза атеистическим государством не означало, что вера во всевышнее существо испарилась.

На массовом уровне расовое мышление можно было обнаружить в широко распространенных эссенциалистских представлениях о национальности, основанных на якобы врожденных характеристиках. Даже самые вдумчивые из моих советских собеседников иногда удивляли меня высказываниями стереотипов с расовым оттенком, и многие рассказывали о случаях, которые можно расценить как расовую дискриминацию, хотя они необязательно понимали их именно так. Идеи о расе также присутствовали в популярных представлениях об этнической иерархии; безусловное уважение ко всему русскому, неудобство от принадлежности к «менее значимой» национальности, когда на самом деле предпочтительнее было бы быть русскими, и откровенная насмешка, с которой относились к некоторым сообществам, особенно к африканцам. То, что это не постсоветские идеи, наложенные на воспоминания о прошлом, подтверждается свидетельствами советской эпохи, такими как письма советских граждан и воспоминания гостей Советского Союза. В моих беседах со смешанными парами и их детьми неоднократно затрагивались ограничения и соображения, налагаемые расистским пониманием национальности. Эти представления проникали во многие аспекты их жизни: от выбора имен для детей и национальности в паспорте до выбора партнера для брака. Советские граждане, с которыми я беседовала, редко использовали термин «раса» и были бы шокированы, услышав, что советское общество описывается как расистское[1]. Более того, эссенциалистские идеи о врожденных характеристиках, основанных на происхождении, сосуществовали, как мы убедились, с твердой верой в дружбу народов и советское интернациональное братство; по словам моих респондентов, «тогда мы не думали о национальности», «мы все были интернационалистами». В позднем Советском Союзе эссенциалистские представления о гендере также были на подъеме, подрывая давний официальный акцент на гендерном равенстве и образе смешанных пар как олицетворения этого равенства. Как стало ясно из четвертой главы, официальные советские

---

[1] Дж. Сахадео обнаружил, что в России мигранты из Центральной Азии также неохотно используют термин «раса» или признают существование расизма в советском обществе. См. [Sahadeo 2019: chap. 4].

представления о гендере за все время так и не укоренились в Центральной Азии, даже среди смешанных пар, которые должны были стать авангардом советской современности.

В свете этих настроений неудивительно, что с 1991 года во многих бывших советских республиках появились, казалось бы, ретроспективные взгляды, связанные с ксенофобским национализмом, неприятием феминизма и противостоянием смешанным бракам. Эти идеи, формировавшиеся в течение десятилетий до распада СССР, были связаны с поддержкой националистических проектов государств-преемников Советского Союза. В конце концов, возвращение к воображаемой национальной традиции часто означает возрождение — или создание — обычаев и практик, укорененных в патриархальных семейных отношениях и идеях о национальной чистоте. Ни смешанные семьи, ни эмансипированные женщины не вписываются в такую картину.

Что же произошло с «советским народом»? Оглядываясь назад, некоторые сомневаются, что он вообще когда-либо существовал. Когда я в 2010 году выступала с докладом в Институте этнологии и антропологии Российской академии наук в Москве, я упомянула о важности этнически смешанных семей в формировании советского народа. Некоторые из моих российских коллег отнеслись к этому скептически. Один из них прокомментировал это так: «Никто по-настоящему не верил в советский народ — это был просто лозунг». Это отрицание ключевого принципа советской идеологии, по-видимому, подтверждает слова антрополога А. В. Юрчака, который писал о механической заученности и повторяемости советских идеологических формул в эпоху Брежнева[2]. Западные ученые также склонны недооценивать значимость советской гражданской идентичности, даже ссылаясь при этом на неспособность Советского Союза создать жизнеспособную идентичность как на один из факторов его распада [Whittington 2018: 4, 8; Martin 2001: 461]. Цинизм в брежневскую эпоху мог

---

[2] Юрчак утверждает, что советские граждане не принимали официальный дискурс за чистую монету, а относились к высказываниям из него как к своего рода перформансу [Yurchak 2005: 75–76].

быть нормой для элит в Москве и Ленинграде даже среди ученых и партийных чиновников, которые сознательно закрывали глаза (или поступали так в ретроспективе) на идеологию, которую сами же продвигали. И все же многие простые люди верили, часто горячо, в «советский народ». Как показывают мои интервью, это особенно было характерно для членов смешанных семей из Центральной Азии. Они не только выражали разочарование по поводу исчезновения общей советской идентичности и чувства отчужденности на своей новой, национально ориентированной родине, но и во многих случаях продолжали упорно отождествлять себя с ныне несуществующим советским интернационалистским проектом.

Попытка создать гражданскую, надэтническую идентичность в Советском Союзе нашла отклик у многих граждан, не только среди членов смешанных семей. Как показывает А. Уиттингтон, в письмах, написанных в эпоху Брежнева, часто выражалась приверженность идее «советского народа» и даже требование убрать графу с этнической национальностью из советских паспортов [Whittington 2018: 225–238]. Однако советская идентичность в итоге была подорвана особым вниманием к национальности как к врожденной, постоянной и единственной национальности в качестве основной категории идентичности для всех граждан. Для людей смешанного происхождения требование обладать только одной национальностью было особенно трудным. Действительно, можно было одновременно быть советским и ощущать принадлежность к национальности, при этом необязательно испытывая противоречивые чувства[3]. Что было трудно, если вообще возможно, — так это быть просто советским. В этой книге показаны как сильные, так и слабые стороны советской идентичности на примере жизни тех, кто желал бы назвать ее своей основной идентичностью, но не мог. Имело бы какое-либо значение для конечного результата советского многонационального эксперимента, если бы людям было разрешено обозначать

---

[3] Об одновременной национальной и советской идентификации в Центральной Азии см. [Florin 2013; Tasar 2017].

свою идентичность в паспорте как «советский»? Вероятно, нет; в конце концов, наличие категории «югослав» в переписи не спасло Югославию. Тем не менее неспособность позволить советским гражданам, даже со смешанным происхождением, преодолеть узкие рамки официальной национальности в ретроспективе следует рассматривать как упущенную возможность.

Когда я впервые начала свое исследование для этой книги, президентом Соединенных Штатов был человек смешанной расы. Частично моей первоначальной мотивацией для изучения советских смешанных браков было ощущение, что мое собственное общество постепенно становится более терпимым к расовому и этническому смешению. (Будучи членом смешанного брака, я испытываю личный интерес к этому вопросу.) Меня заинтриговал тот факт, что в Советском Союзе прославлялись смешанные браки в то время, когда большинство западных стран их отвергали или в лучшем случае неохотно терпели. Я задавалась вопросом, действительно ли интернационализм Советского Союза и его явная терпимость к разнообразию и этническому смешению были реальными? Соответствовал ли опыт смешанных семей счастливым образам, изображаемым в официальных публикациях и фильмах? В этой книге я показала, что реальность действительно соответствовала идеалу, по крайней мере в некоторой степени. Несмотря на все более эссенциалистские взгляды на этничность, многие смешанные пары и дети от смешанных браков чувствовали себя комфортно в Советском Союзе и идентифицировали себя согласно его широкой идеологии интернационализма. Тем не менее, когда я пишу это заключение, некоторые постсоветские государства и их граждане отказались от антирасизма в пользу национальной исключительности. Смешанные семьи и даже члены этнических меньшинств больше не ощущают такой же приветливости к себе, не говоря уже о том, чтобы их чествовали, как в советскую эпоху. История не является линейной, и прогресс по направлению к равенству и инклюзии никогда не может быть гарантирован. В мультиэтнических странах глобализированного мира крах советской идентичности в пользу примордиального национализма может служить предостережением для всех нас.

Приложение I
Методология устной истории

Эта книга представляет собой прежде всего исследование в области устной истории, основанное на более чем 80 интервью, взятых в Казахстане, Таджикистане и России. Моими респондентами были супруги из смешанных браков или их взрослые дети, а в некоторых случаях — и те и другие. Интервью являлись полуструктурированными и были направлены на раскрытие всей жизни каждого человека и его семейной истории настолько полно, насколько это представлялось возможным. Я использовала ряд вопросов, предназначенных для направления дискуссии, вместе с тем я оставляла для интервьюируемых достаточно пространства для самовыражения, чтобы они могли свободно рассказывать о своей жизни и о том, что их особенно волновало. Продолжительность интервью варьировалась от 20 минут до 4 часов. Бо́льшую часть интервью в Казахстане я проводила лично, иногда в сотрудничестве с моей казахстанской коллегой — доктором С. А. Уалиевой — специалистом по смешанным бракам в современном Казахстане. Несколько казахстанских интервью, включая все интервью с респондентами из южного Казахстана, были проведены казахстанскими коллегами. Все интервью в Таджикистане проводила научный сотрудник З. Ю. Абман, бывшая на тот момент моей аспиранткой. Мы использовали различные способы для поиска потенциальных респондентов, включая размещение объявлений в газетах и расклейку листовок в университетах. В итоге лучше всего сработало сарафанное радио, а также эффект «снежного кома», так что первоначальная группа респондентов, рекомендованные друзьями и коллегами, направляли нас к следующим потенциальным респондентам.

Как в Казахстане, так и в Таджикистане мы выявили респондентов разного возраста, пола, национальности, а также уровня образования и профессиональной подготовки. Они были (на момент интервью или в прошлом, если вышли на пенсию) рабочими на заводе, учителями, водителями автобусов, профессорами, художниками, государственными служащими, библиотекарями и парикмахерами. Годы их рождения варьировались от 1920-х до начала 1990-х годов, причем наибольшее число респондентов составляли представители послевоенного поколения, рожденного в 1950-х годах. В Казахстане мы проводили интервью в трех основных регионах: русифицированный северо-восток (Оскемен), бывшая столица советского Казахстана — Алматы и более густонаселенный казахами и казахоязычный юг (Шымкент). В Таджикистане бо́льшая часть интервью были взяты в Худжанде и его окрестностях. Мы проводили интервью в различных местах, отталкиваясь от пожеланий и графика людей, с которыми мы беседовали: на рабочих местах и в домах респондентов, в кафе и ресторанах, а однажды даже сидя на качелях на детской площадке.

Хотя количество участников интервью нельзя считать статистически репрезентативными, полученная от них информация определенно представляет собой разнообразие точек зрения, взглядов и опыта. Интервью очень разнородны по рассказанным в них жизненным историям, но они также выявляют ряд общих проблем и переживаний, характерных для смешанных пар и семей в советской и постсоветской Центральной Азии. Большинство опрошенных согласились на указание их настоящих имен. Меньшая часть респондентов попросили, чтобы я использовала псевдонимы, если буду писать о них (я поместила псевдонимы в кавычки при первом упоминании этих людей). Все интервью в Казахстане проводились на русском языке, тогда как интервью в Таджикистане проводились на русском, таджикском или узбекском языках. Все интервью записывались на цифровое аудиоустройство и были расшифрованы, а те, что были на таджикском и узбекском языках, были переведены на русский.

Теоретики устной истории писали о соотношении позициях интервьюера и интервьюируемого и о том, как взаимоотношения между ними влияют на интервью — явление, часто называемое «интерсубъективностью» [Abrams 2016: 58–63]. Например, имеет значение, является ли интервьюер приглашенным иностранным ученым или местным жителем, хотя не всегда очевидно, какое именно это имеет значение. Респонденты могут уделять больше времени объяснению местных культурных практик иностранному ученому, предполагая, что местный ученый и так знает контекст, поэтому меньше нуждается в объяснениях. Некоторые люди могут неохотно говорить с иностранным ученым о личных семейных вопросах, в то время как другие могут чувствовать себя свободнее, делясь своими переживаниями с посторонним человеком, который не связан с местной социальной и этнической структурой. Также имеет значение, принадлежат ли интервьюер и интервьюируемый примерно к одному поколению и одного ли они пола (в некоторых местах Центральной Азии было бы трудно даже организовать интервью между двумя людьми разного пола).

Стоит отметить, что, несмотря на наши усилия найти равное количество мужчин и женщин для интервью, большинство (около трех четвертей) наших респондентов составили женщины. Я не уверена, почему так получилось. Вся моя исследовательская группа состояла из женщин, и, вероятно, женщины охотнее разговаривали с женщиной-исследователем, чем мужчины. Возможно, женщинам в целом было легче говорить с незнакомкой о браке и семейной жизни. Теоретики устной истории утверждают, что женщины помнят и рассказывают о своих воспоминаниях иначе, чем мужчины, в целом используя больше прямых цитат и ярких деталей при воспоминании личных событий [Leydesdorff et al. 1996: 3][1].

---

[1] Редакторы отмечают, что эти исследования в основном были посвящены Северной Америке и не могут быть распространены на другие части мира. См. также [Sherbakova 1993: 113–114].

В дополнение к интервью с членами смешанных семей я также взяла интервью у небольшого числа ученых в Москве и Санкт-Петербурге. В основном это были этнографы и социологи, писавшие о смешанных браках в советское время и обладающие бо́льшим опытом в этом вопросе, которым они любезно поделились со мной. Эти интервью послужили важным контекстом для понимания характера научных исследований о межнациональных браках, которые были проведены в СССР в период с 1960-х по 1980-е годы. Некоторые из этих ученых поделились документами и заметками из своих личных архивов, за что я им искренне благодарна.

Приложение II
Список интервью

Члены смешанных семей

Взятые в кавычки имена обозначают псевдонимы.

Имя	Дата интервью	Место интервью
Марина Абдрахманова	15 апреля 2010 года	Алматы (Алма-Ата), Казахстан
Бахринисо Абдувалиевна Абдурахманова	2 августа 2011 года	Гулистон (Кайраккум), Таджикистан
«Ирина Абдулаева»	21 сентября 2011 года	Оскемен (Усть-Каменогорск, Казахстан
Гульмира Закировна Абдусаматова	8 августа 2011 года	Худжанд, Таджикистан
Алла Азизова	июль 2011 года	Худжанд, Таджикистан
«Алия Ахметова»	14 апреля 2010 года	Алматы, Казахстан
«Майра Ахметова»	11 апреля 2010 года	Алматы, Казахстан
Талгат Акилов	октябрь 2012 года	Шымкент (Чимкент), Казахстан
Солехамох Астанкулова	июль 2011 года	Худжанд, Таджикистан
Ержан Байбурин	19 сентября 2011 года	Оскемен, Казахстан
«Фатима Бельгибаева»	10 сентября 2011 года	Алматы, Казахстан
Мария Бендер	20 сентября 2011 года	Оскемен, Казахстан
Светлана Березовская	22 сентября 2011 года	Оскемен, Казахстан
Ильхом Бабаев	июль 2011 года	Худжанд, Таджикистан

Имя	Дата интервью	Место интервью
Эльмира Бабаева	июль 2011 года	Худжанд, Таджикистан
Лутфия Бабаева	июль 2011 года	Исфара, Таджикистан
«Людмила Давыдова»	15 апреля 2010 года	Алматы, Казахстан
«Дильбар»	июль 2011 года	Худжанд, Таджикистан
Сажида Авроровна Дмитриева	7 апреля 2010 года	Оскемен, Казахстан
Ирина Домуладжанова	июль 2011 года	Худжанд, Таджикистан
Лидия Васильевна Евдакимова	4 августа 2011 года	Согдийская область, Таджикистан
Валентина Гейгер	октябрь 2012 года	Шымкент, Казахстан
Мария Михайловна Хамидова	10 августа 2011 года	Худжанд, Таджикистан
Николай Хон	5 апреля 2010 года	Оскемен, Казахстан
«Камал Ибраев»	28 июня 2008 года	Алматы, Казахстан
«Архат Исаев»	октябрь 2012 года	Шымкент, Казахстан
«Руслан Исаев»	20 апреля 2010 года	Алматы, Казахстан
Рустам Искандаров	июль 2011 года	Худжанд, Таджикистан
«Мария Искандерова»	3 апреля 2010 года	Оскемен, Казахстан
Елена Джульчиева	15 сентября 2011 года	Алматы, Казахстан
Марина Камушева	23 октября 2010 года	Согдийская область, Таджикистан
Леся Каратаева	19 апреля 2010 года	Алматы, Казахстан
Дильбар Аркадьевна Ходжаева	июль 2011 года	Худжанд, Таджикистан
«Дарья Ким»	14 февраля 2008 года	Оскемен, Казахстан
«Хён Ким»	3 декабря 2011 года	Алматы, Казахстан
Ирина Клименко	октябрь 2012 года	Шымкент, Казахстан
Надежда Константьянц	7 апреля 2010 года	Оскемен, Казахстан
Исмаил Курбанов	октябрь 2012 года	Шымкент, Казахстан
Марина Махсумова	18 октября 2010 года	Бустон, Таджикистан

Имя	Дата интервью	Место интервью
Лариса Мамаджохирова	июль 2011 года	Худжанд, Таджикистан
Анастасия Марцевич	июнь 2010 года	Москва, Россия
Наталья Мирзорахимова	22 октября 2010 года	Гулистон, Таджикистан
Сусанна Морозова	5 апреля 2010 года	Оскемен, Казахстан
«Мукаррам»	июль 2011 года	Худжанд, Таджикистан
Мадина Нахипова	октябрь 2012 года	Шымкент, Казахстан
«Наташа»	июль 2011 года	Бустон, Таджикистан
Наргиза Назарова	июль 2011 года	Худжанд, Таджикистан
Рано Назарова	1 октября 2010 года	Худжанд, Таджикистан
«Катя Николаева»	20 сентября 2011 года	Оскемен, Казахстан
Лариса Ниязова	октябрь 2012 года	Шымкент, Казахстан
Тамара Новикова	25 октября 2010 года	Худжанд, Таджикистан
Муборак Ошурова	июль 2010 года	Худжанд, Таджикистан
Ада Павловна	8 сентября 2011 года	Алматы, Казахстан
Джамиля Рахимова	23 октября 2010 года	Согдийская область, Таджикистан
Мавжуда Рахимова	1 октября 2010 года	Душанбе, Таджикистан
Вера Сергеевна Рахимова	23 октября 2010 года	Согдийская область, Таджикистан
Мирзошариф Рузиев	11 октября 2010 года	Согдийская область, Таджикистан
Екатерина Рузиева	11 октября 2010 года	Согдийская область, Таджикистан
Мария Арсентьевна Салиева	16 октября 2010 года	Худжанд, Таджикистан
«Азат Саркенов»	20 сентября 2011 года	Оскемен, Казахстан
Фируза Satтторова	июль 2011 года	Худжанд, Таджикистан

Имя	Дата интервью	Место интервью
Масуда Саттарова	июль 2011 года	Худжанд, Таджикистан
Фатима Сатыбалдинова	10 апреля 2010 года	Алматы, Казахстан
«Айгерим Семенова»	22 сентября 2011 года	Оскемен, Казахстан
Тимур Сергазинов	5 апреля 2010 года	Оскемен, Казахстан
Татьяна Николаевна Салибаева	9 октября 2010 года	Худжанд, Таджикистан
Владимир Соловьев	13 апреля 2010 года	Алматы, Казахстан
«Замира Светлова»	октябрь 2012 года	Шымкент, Казахстан
«Салтанат Тлеубаева»	10 апреля 2010 года	Оскемен, Казахстан
Алла Михайловна Туйчибаева	6 октября 2010 года	Худжанд, Таджикистан
Лола Туйчибаева	1 октября 2010 года	Худжанд, Таджикистан
Сергей Цоберг	19 сентября 2011 года	Оскемен, Казахстан
Иномжон Умаров	1 октября 2010 года	Худжанд, Таджикистан
Светлана Умарова	1 октября 2010 года	Худжанд, Таджикистан
Камолиддин Урунбаев	июль 2010 года	Худжанд, Таджикистан
Клара Усманова	15 октября 2010 года	Худжанд, Таджикистан
Светлана Ахметшакуровна Визер	апрель 2010 года	Алматы, Казахстан
Наталья Волкова	8 октября 2010 года	Худжанд, Таджикистан
Абдалла Юсупов	12 сентября 2011 года	Алматы, Казахстан
«Куралай Жемсекбаева»	октябрь 2012 года	Шымкент, Казахстан
Хадиджа Зоидова	июль 2011 года	Худжанд, Таджикистан

Этнографы и социологи

Имя	Дата интервью	Место интервью
О. И. Брусина	9 июня 2010 года	Москва, Россия
Ю. А. Евстигнеев	11 июня 2010 года	Санкт-Петербург, Россия
М. Н. Губогло	8 июня 2010 года	Москва, Россия
О. Б. Наумова	7 июня 2010 года	Москва, Россия
В. А. Шнирельман	8 июня 2010 года	Москва, Россия
А. А. Сусоколов	14 июня 2010 года	Москва, Россия

Библиография

Архивы

Научный архив Института этнологии и антропологии Российской академии наук (ИЭА РАН), Москва, Россия
Российский государственный архив социально-политической истории (РГАСПИ), Москва, Россия

Советская и постсоветская периодика

Антропологический журнал
Диаспоры
Этнографическое обозрение
История СССР
Известия Академии наук Казахской ССР
Известия Академии наук Киргизской ССР
Laboratorium
Научный коммунизм
Общественные науки в Узбекистане
Природа
Русский антропологический журнал
Социологические исследования
Советская этнография
Вестник Российской академии наук
Вестник статистики
Вопросы философии

Публикации первичных источников

Абрамзон 1962 — Абрамзон С. М. Отражение процесса сближения наций на семейно-бытовом укладе народов Средней Азии и Казахстана // *Советская этнография*. М.: Издательство Академии наук СССР, 1962. № 3. С. 18–34.

Аннаклычев 1964 — Аннаклычев Ш. Роль промышленных центров в процессе сближения национальностей (на примере Туркменской ССР) // *Советская этнография*. М: Наука, 1964. № 6. С. 25–36.

Арутюнян 1972 — Арутюнян Ю. В. Социально-культурные аспекты развития и сближения наций в СССР (программа, методика и перспективы исследования) // *Советская этнография*. 1972. № 3. С.3–19.

Арутюнян, Бромлей 1986 — Арутюнян Ю. В., Бромлей Ю. В. Социально-культурный облик советских наций. По материалам этносоциологического исследования. М.: Наука, 1986.

Арутюнян, Дробижева 2003 — Арутюнян Ю. В., Дробижева Л. М. Этносоциология: Некоторые итоги и перспективы // Академик Ю. В. Бромлей и отечественная этнология. 1960–1990-е годы / Ред. С. Я. Козлов М.: Наука, 2003. С. 87–103.

Ачылова 1966 — Ачылова Р. А. Из истории развития межнациональных браков // Проблемы сближения социалистических наций в период строительства коммунизма. Фрунзе: Университет, кафедра философии, 1966.

Баграмов 2003 — Баграмов Э. А. Национальная проблематика прежде и теперь (субъективные заметки) // Академик Ю. В. Бромлей и отечественная этнология. 1960–1990-е годы / Ред. С. Я. Козлов. М.: Наука, 2003. С. 47–86.

Бикжанова 1973 — Бикжанова М. А. Семья в колхозах Узбекистана: на материалах колхозах Наманганской области. Ташкент: Издательство Академии наук Узбекской ССР, 1959.

Борзых 1970 — Борзых Н. П. Распространенность межнациональных браков в республиках Средней Азии и Казахстане в 1930-х годах // *Советская этнография*. 1970. № 4. С. 87–96.

Борзых 1984 — Борзых Н. П. Межнациональные браки в СССР в середине 1930-х годов // *Советская этнография*. 1984. № 3. С. 101–112.

Бромлей 1969 — Бромлей Ю. В. Этнос и эндогамия // *Советская этнография*. М: Наука, 1969. № 6. С. 84–90.

Бромлей 1973 — Бромлей Ю. В. Этнос и этнография. М.: Наука, 1973.

Бромлей 1983 — Бромлей Ю. В. Этнографическое изучение современных национальных процессов в СССР // *Советская этнография*. Март-апрель, 1983. № 2. С. 4–14.

Бромлей, Гурвич 1987 — Бромлей Ю. В., Гурвич И. С. Современные этнокультурные процессы у народностей Крайнего Севера // Проблемы современного социального развития народностей Севера / Ред. В. И. Бойко и др. Новосибирск: Наука, 1987. С. 159–168.

Бусыгин, Столярова 1988 — Бусыгин Е. П., Столярова Г. Р. Культурно-бытовые процессы в национально-смешанных семьях (По материалам исследований в сельских районах Татарской АССР) // *Советская этнография*. 1988. № 3. С. 27–36.

Винников 1980 — Винников Я. Р. Национальные и этнографические группы Средней Азии по данным этнической статистики // Этнические процессы у национальных групп Средней Азии и Казахстана / Ред. Р. Ш. Джарылгасинова и Л. С. Толстова. М.: Наука, 1980. С. 22–39.

Гайдар 1940 — Гайдар А. П. Тимур и его команда. М.: Детская Литература, 1940.

Ганцкая, Терентьева 1965 — Ганцкая О. А., Терентьева Л. Н. Этнографические исследования национальных процессов в Прибалтике // *Советская этнография*. 1965. № 3. С. 5–19.

Ганцкая, Терентьева 1977 — Ганцкая О. А., Терентьева Л. Н. Межнациональные браки и их роль в этнических процессах // Современные этнические процессы в СССР. М.: Наука, 1977.

Губогло 1972 — Губогло М. Н. Социально-этнические последствия двуязычия // *Советская этнография*. 1972. № 2. С. 26–36.

Далекая невеста 1948 — Далекая невеста // Реж. Е. А. Иванов-Барков. Ашхабад, СССР: Ашхабадская киностудия, 1948.

Дикая собака Динго 1962 — Дикая собака Динго // Реж. Ю. Ю. Карасик. Ленинград, СССР: Студия Ленфильм, 1962.

Дробижева 1971 — Дробижева Л. М. Социально-культурные особенности личности и национальные установки (по материалам исследования в Татарской АССР) // *Советская этнография*. 1971. № 3. С. 3–15.

Евстигнеев 1971 — Евстигнеев Ю. А. Национально-смешанные браки в Махачкале // *Советская этнография*. 1971. № 4. С. 80–85.

Егурнев 1973 — Егурнев А. П. Межнациональные браки и их роль в сближении наций и народностей СССР. Научные доклады высшей школы // *Научный коммунизм*. 1973. № 4. С. 28–34.

Ирония любви 2010 — Ирония любви / Реж А. И. Черняев. Алматы, Казахстан: Студия Казахфильм, 2010.

Исмаилов 1972 — Исмаилов А. И. Некоторые аспекты развития межнациональных браков в СССР // *Известия Академии наук Киргизской ССР*. 1972. № 4. С. 86–89.

Калтахчян 1976 — Калтахчян С. Т. Советский народ // Собаки — Струна. Большая советская энциклопедия [в 30 т.] / Ред. А. М. Прохоров и др. М.: Издательство «Советская энциклопедия», 1976. Т. 24. Кн. 1. С. 25.

Калышев 1984 — Калышев А. Б. Межнациональные браки в сельских районах Казахстана // *Советская этнография*. 1984. № 3. С. 71–77.

Кербабаев 1969 — Кербабаев Б. М. Чудом рожденный: роман-хроника // *Роман-газета*. 1969. № 2 (624).

Кисляков 1962 — Кисляков Н. А. Таджики // Народы Средней Азии и Казахстана / Ред. С. П. Толстов и др. М.: Издательство АН СССР, 1962. Т. 1. С. 620–621.

Козенко, Моногарова 1971 — Козенко А. В., Моногарова Л. Ф. Статистическое изучение показателей однонациональной и смешанной брачности в Душанбе // *Советская этнография*. 1971. № 6. С. 112–118.

Козлов 1974 — Козлов В. И. О биолого-географической концепции этнической истории // *Вопросы истории*. 1974. № 12. С. 72–85.

Кривоногов 1980 — Кривоногов В. П. Межэтнические браки у Хакасов в современный период // *Советская этнография*. 1980. № 3. С. 73–86.

Наумова 1987 — Наумова О. Б. Национально-смешанные семьи у немцев Казахстана (по материалам экспедиции 1986 г.) // *Советская этнография*. 1987. №6. С. 91–100.

Нитобург 1989 — Нитобург Э. Л. «Черно-белые» смешанные браки в США // *Советская этнография*. 1989. № 1. С. 100–110.

Обсуждение статьи 1970 — Обсуждение статьи Ю. В. Бромлея «Этнос и эндогамия» // *Советская этнография*. 1970. № 3. С. 86–103.

Ресков, Седов 1976 — Ресков Б., Седов Г. Усман Юсупов. М.: «Молодая гвардия», 1976.

Свинарка и пастух 1941 — Свинарка и пастух / Реж. И. А. Пырьев. М.: Мосфильм, 1941.

Социально-культурный облик 1986 — Социально-культурный облик советских наций: По результатам этносоциологического исследования / Ред. Ю. В. Арутюнян и Ю. В. Бромлей. М.: Наука, 1986.

Социальное и национальное 1973 — Социальное и национальное: опыт этносоциологических исследований по материалам Татарской АССР / Ред. Ю. В. Арутюнян и др. М.: Наука, 1973.

Социология в России 1998 — Социология в России / Ред. В. А. Ядов. М.: Издательство Института социологии РАН, 1998.

Станюкович 1963 — Станюкович Т. В. Русское, украинское и белорусское население Средней Азии и Казахстана // Народы Средней Азии и Казахстана / Ред. С. П. Толстов и др. М.: Издательство АН СССР, 1963. Т. 2. С. 662–696.

Сусоколов 1987 — Сусоколов А. А. Межнациональные браки в СССР. М.: Мысль, 1987.

Сусоколов 1988 — Сусоколов А. А. Этносы перед выбором // *Социологические исследования*. 1988. № 6. С. 32–40.

Сусоколов 1990 — Сусоколов А. А. Национально-смешанные браки и семьи в СССР. Ч. 1. М.: АН СССР, 1990.

Терентьева 1969 — Терентьева Л. Н. Определение своей национальной принадлежности подростками в национально-смешанных семьях // *Советская этнография*. 1969. № 3. С. 20–30.

Терентьева 1972 — Терентьева Л. Н. Некоторые стороны этнических процессов в Поволжье, Приуралье и на Европейском Севере СССР // *Советская этнография*. 1972. № 6. С. 38–51.

Тер-Саркисянц 1973 — Тер-Саркисянц А. Е. О национальном аспекте браков в Армянской ССР (по материалам ЗАГСов) // *Советская этнография*. 1973. № 4. С. 89–95.

Фраерман 1939 — Фраерман Р. Дикая собака Динго, или повесть о первой любви. М.: Детиздат, 1939.

Чуйко 1975 — Чуйко Л. В. Браки и разводы. Монография: Демографическое исследование на примере Украинской ССР. М.: «Статистика», 1975.

Ярхо 1932 — Ярхо А. И. Против идеалистических течений в расоведении СССР // *Антропологический журнал*. 1932. № 1. С. 9–23.

Ярхо 1934 — Ярхо А. И. Основные проблемы советской антропологии: очередные задачи советского расоведения // *Антропологический журнал*. 1934. № 3. С. 3–20.

Жұмаділова 2017 — Жұмаділова Y. рала снеке баянды бола ма? // Қазақ *газеттері*. 27 декабря 2017. URL: https://kazgazeta.kz/news/63332 (дата обращения: 22.08.2024). (казахский язык)

Қасенғали 2015 — Қасенғали А. рала снеке неге қауіпті? // *Абай.kz*. 12 февраля 2018. URL: https://web.archive.org/web/20180214174221/http://abai.kz/post/65949 (дата обращения: 22.08.2024). (казахский язык)

Brezhnev 1971 — Brezhnev L. I. Report of the CPSU Central Committee to the 24th Congress of the Communist Party of the Soviet Union / Delivered by Leonid Brezhnev, March 30, 1971. Moscow: Novosti Press Agency, 1971.

Bromlei, Kozlov 1989 — Bromlei J., Kozlov V. The Theory of Ethnos and Ethnic Processes in Soviet Social Science // *Comparative Studies in Society and History*. July 1989. Vol. 31. № 3. P. 425–438.

Khrushchev 1961 — Khrushchev N. S. Report on the Program of the Communist Party of the Soviet Union // Documents of the 22nd Congress of the CPSU. Vol. 2. New York: Crosscurrents Press, 1961.

Stalin 1936 — Stalin I. V. Marxism and the National Question. London: Lawrence and Wishart, 1936.

Вторичные источники

Абашин 2007 — Абашин С. Н. Национализмы в Средней Азии: В поисках идентичности. СПб.: Алетея, 2007.

Бекбосунова 2009 — Бекбосунова Д. Особенности межнациональных браков в Казахстане // *Диалог*. 2 августа 2009. URL: https://dialog.kz/articles/kultura/2009-08-02/dariga-bekbosunova-osobennosti-mezhnacionalnyh-brakov-v-kazahstane (дата обращения: 02.06.2024).

Брусина 2001 — Брусина О. И. Славяне в Средней Азии. Этнические и социальные процессы. Конец XIX — конец XX века. М.: Издательская фирма «Восточная литература» РАН, 2001.

Голоса 2002 — Голоса уходящих поколений. Анализ женских биографий / Ред. С. Шакирова. Алматы: Центр гендерных исследований, 2002.

Жакупов 2009 — Жакупов Ж. Шала казах. Прошлое, настоящее, будущее. Алматы: Фонд «Аспандау», 2009.

Инджиголян 2014 — Инджиголян А. А. Межэтнические браки в Казахстане (по материалам социологического исследования) // *Диаспоры: Независимый научный журнал*. М., 2014. № 2. С. 97–114.

Кадыров 1996 — Кадыров Ш. Туркменистан в XX веке: Пробелы и проблемы. Берген, 1996.

Калыбекова 2015 — Калыбекова А. Народная мудрость казахов о воспитании. Алматы: БАУР, 2015.

Касымова 2010 — Касымова С. Расширяя границы: Межэтнические и межконфессиональные браки в постсоветском Таджикистане (на пример браков таджикских женщин с иностранцами) // *Laboratorium*. 2010. № 3. С. 126–149.

Крылова 2003 — Крылова Н. Л. Родители и дети в смешанных русско-африканских браках // Гендерные проблемы переходных обществ / Ред. Н. Л. Крылова и др. М.: Институт Африки РАН, 2003.

Крылова 2006 — Крылова Н. Л. Афророссияне: брак, семья, судьба. М.: РОССПЭН, 2006.

Моногарова, Мухиддинов 1992 — Моногарова Л. Ф., Мухиддинов И. Таджики Современная сельская семья таджиков. Ч. 1. М.: Институт этнологии и антропологии РАН, 1992.

Наумова 1991 — Наумова О. Б. Современные этнокультурные процессы у казахов в многонациональных районах Казахстана. Кандидатская дисс. Институт этнологии и антропологии АН СССР. М., 1991.

Тишков 2003 — Тишков В. А. Реквием по этносу: Исследования по социально-культурной антропологии. М.: Наука, 2003.

Толстой 1963 — Толстой Л. Н. Собрание сочинений в 20 томах. М.: Государственное издательство художественной литературы, 1963. Т. 8.

Фасхутдинов 2010 — Фасхутдинов Г. Каждый третий брак в Таджикистане заключается между родственниками // *Deutsche Welle*. 15 ноября 2010. URL: http://www.dw.com/ru/kazhdyi-tretii-brak-v-Tadzhikistane-zakliuchaetsia-mezhdu-rodstvennikami/a-6225549 (дата обращения: 24.08.2024).

Фасхутдинов 2011 — Фасхутдинов Г. Зачем в Таджикистане вводят новые правила, касающиеся браков с иностранцами // *Deutsche Welle*. 2 февраля 2011. URL: https://www.dw.com/ru/zachem-v-Tadzhikistane-vvodiat-novye-pravila-kasaiushchiesia-brakov-s-inostrantsami/a-14811658-0 (дата обращения: 23.08.2024).

Abashin 2011 — Abashin S. Ethnographic Views of Socialist Reforms in Soviet Central Asia: Collective Farm Monographs // Exploring the Edge of Empire: Soviet Era Anthropology in the Caucasus and Central Asia / Ed. by F. Mühlfried and S. Sokolovskiy. Berlin: Lit Verlag, 2011. P. 83–97.

Abdullaev, Akbarzadeh 2010 — Abdullaev K., Akbarzadeh S. Historical Dictionary of Tajikistan. 2nd ed. Plymouth, UK: Scarecrow Press, 2010.

Abrams 2016 — Abrams L. Oral History Theory. 2nd ed. London: Routledge, 2016.

Abramson 2001 — Abramson D. Identity counts: the Soviet legacy and the census in Uzbekistan // Census and Identity: The Politics of Race, Ethnicity, and Language in National Censuses / Ed. by Kertzer D. I. and Arel D. Cambridge: Cambridge University Press. 2001. P. 176–201.

Adams 1990 — Adams M. B. The Soviet Nature-Nurture Debate // Science and the Soviet Social Order / Ed. by L. R. Graham. Cambridge: Harvard University Press, 1990. P. 94–138.

Alba 2005 — Alba R. Bright vs. Blurred Boundaries: Second Generation Assimilation and Exclusion in France, Germany, and the United States // *Ethnic and Racial Studies*. 2005. Vol. 28. № 1. P. 20–49.

Argynbaev 1984 — Argynbaev Kh. A. The Kinship System and Customs Connected with the Ban on Pronouncing Personal Names of Elder Relatives among the Kazakhs // Kinship and Marriage in the Soviet Union / Ed. by T. Dragadze. London: Routledge, 1984. P. 40–59.

Aspinall, Song 2013 — Aspinall P. J., Song M. Mixed Race Identities. London: Palgrave Macmillan, 2013.

Atwood 1990 — Atwood L. The New Soviet Man and Woman: Sex Role Socialization in the USSR. London: Macmillan, 1990.

Babkov 2013 — Babkov V. V. The Dawn of Human Genetics. Cold Spring Harbor: Cold Spring Harbor Laboratory Press, 2013.

Baiburin 2012 — Baiburin A. Rituals of Identity: The Soviet Passport // Soviet and Post-Soviet Identities // Ed. by M. Bassin and C. Kelly. Cambridge: Cambridge University Press, 2012. P. 91–109.

Barrett 1999 — Barrett T. At the Edge of Empire: The Terek Cossacks and the North Caucasus Frontier, 1700–1860. Boulder, CO: Westview Press, 1999.

Bassin 2016 — Bassin M. The Gumilev Mystique: Biopolitics, Eurasianism, and the Construction of Community in Modern Russia. Ithaca, NY: Cornell University Press, 2016.

Bergne 2007 — Bergne P. The Birth of Tajikistan: National Identity and the Origins of the Republic. London: I. B. Tauris, 2007.

Blitstein 2001 — Blitstein P. Nation-Building or Russification? Obligatory Russian Instruction in the Soviet Non-Russian School, 1938–1953 // A State of Nations: The Soviet State and Its Peoples in the Age of Lenin and Stalin / Ed. by R. G. Suny and T. D. Martin. New York: Oxford University Press, 2001. P. 253–274.

Boboyorov 2018 — Boboyorov H. Translocal Securityscapes of Tajik Labor Migrants and the Families and Communities They Left Behind // Tajikistan on the Move: Statebuilding and Societal Transformations / Ed. by M. Laruelle. Lanham, MD: Lexington Books, 2018. P. 223–245.

Botev 2002 — Botev N. The Ethnic Composition of Families in Russia in 1989: Insights into the Soviet 'Nationalities Policy' // *Population and Development Review*. 2002. Vol. 28. № 4. P. 682–683, 685.

Buckley 1990 — Buckley M. Women and Ideology in the Soviet Union. Ann Arbor: University of Michigan Press, 1990.

Byrd, Gates 2011 — Byrd, R. P., Gates, Jr. H. L. Jean Toomer's Conflicted Racial Identity // *Chronicle Review*. February 11, 2011. Vol. 57. № 23. P. B5.

Carbado, Galati 2013 — Carbado D. W., Galati M. Acting White: Rethinking Race in "Post-Racial" America. Oxford: Oxford University Press, 2013.

Cameron 2018 — Cameron S. The Hungry Steppe: Famine, Violence, and the Making of Soviet Kazakhstan. Ithaca, NY: Cornell University Press, 2018.

Carlson, McHenry 2006 — Carlson H. K., McHenry M. A. Effect of Accent and Dialect on Employability // *Journal of Employment Counseling*. 2006. Vol. 43. № 4. P. 70–83.

Carmack 2019 — Carmack R. Kazakhstan in World War II. Lawrence: University Press of Kansas, 2019.

Cavanaugh 2001 — Cavanaugh C. Backwardness and Biology: Medicine and Power in Russian and Soviet Central Asia, 1868–1934. PhD diss., Columbia University, 2001.

Clements 1994 — Clements B. Daughters of Revolution: A History of Women in the USSR. Arlington Heights, IL: Harlan Davidson, 1994.

Cleuziou 2016 — Cleuziou J. 'A Second Wife Is Not Really a Wife': Polygyny, Gender Relations, and Economic Realities in Tajikistan // *Central Asian Survey*. 2016. Vol. 35. № 1. P. 76–90.

Commercio 2015 — Commercio M. The Politics and Economics of 'Retraditionalization' in Kyrgyzstan and Tajikistan // *Post-Soviet Affairs*. 2015. Vol. 31. № 6. P. 529–556.

Commercio 2018 — Commercio M. 'A Woman without a Man Is a Kazan without a Lid': Polygyny in Tajikistan // Tajikistan on the Move: Statebuilding and Societal Transformations / Ed. by M. Laruelle. Lanham, MD: Lexington Books, 2018. P. 171–192.

DaCosta 2007 — DaCosta K. M. Making Multiracials, State, Family, and Market in the Redrawing of the Color Line. Stanford: Stanford University Press, 2007.

Dadabaev 2016 — Dadabaev T. Identity and Memory in Post-Soviet Central Asia. New York: Routledge, 2016.

Dautcher 2009 — Dautcher J. Down a Narrow Road: Identity and Masculinity in a Uyghur Community in Xinjiang China. Cambridge: Harvard University Press, 2009.

Dave 2007 — Dave B. Kazakhstan: Ethnicity, Language, and Power. London: Routledge, 2007.

Denisova 2010 — Denisova L. Rural Women in the Soviet Union and Post-Soviet Russia. London: Routledge, 2010.

DeWeese 2011 — DeWeese D. Survival Strategies: Reflections on the Notion of Religious 'Survivals' in Soviet Ethnographic Studies of Muslim Religious Life in Central Asia // Exploring the Edge of Empire: Soviet Era Anthropology in the Caucasus and Central Asia / Ed. by F. Mühlfried and S. Sokolovskiy. Berlin: Lit Verlag, 2011. P. 35–58.

Diener 2009 — Diener A. C. One Homeland or Two: The Nationalization and Transnationalization of Mongolia's Kazakhs. Washington, DC: Woodrow Wilson Center Press, 2009.

Diener 2016 — Diener A. C. Imagining Kazakhstani-stan: Negotiations of Homeland and Titular Nationality // Kazakhstan in the Making: Legitimacy, Symbols, and Social Changes / Ed. by M. Laruelle. Lanham, MD: Lexington Books, 2016. P. 131–53.

Dragadze 2011 — Dragadze T. Soviet Ethnography: Structure and Sentiment // Exploring the Edge of Empire: Soviet Era Anthropology in the

Caucasus and Central Asia / Ed. by F. Mühlfried and S. Sokolovskiy. Berlin: Lit Verlag, 2011. P. 21–34.

Dunn, Dunn 1973 — Dunn E., Dunn S. P. Ethnic Intermarriage as an Indicator of Cultural Convergence in Soviet Central Asia // The Nationality Question in Soviet Central Asia / Ed. by E. Allworth. New York: Praeger, 1973. P. 45–58.

Eden 2021 — Eden J. God Save the USSR: Soviet Muslims and the Second World War. Oxford: Oxford University Press, 2021.

Edgar 2004 — Edgar A. L. Tribal Nation: The Making of Soviet Turkmenistan. Princeton, NJ: Princeton University Press, 2004.

Edgar 2007 — Edgar A. L. Marriage, Modernity and the "Friendship of Nations": Interethnic Intimacy in Postwar Soviet Central Asia in Comparative Perspective // *Central Asian Survey*. UK: Taylor and Francis Group, 2007. Vol. 26. № 4.

Edgar 2014 — Edgar A. L. Nation-Making and National Conflict under Communism // The Oxford Handbook of World Communism / Ed. by S. A. Smith. Oxford: Oxford University Press, 2014. P. 522–541.

Edwards, Caballero 2008 — Edwards R., Caballero C. What's in a Name? An Exploration of the Significance of Personal Naming of "Mixed" Children from Different Racial, Ethnic, and Faith Backgrounds // *Sociological Review*. 2008. Vol. 56. № 1. P. 39–60.

Ellinghaus 2006 — Ellinghaus K. Taking Assimilation to Heart: Marriages of White Women and Indigenous Men in the United States and Australia, 1887–1937. Lincoln: University of Nebraska Press, 2006.

Eriksen, Finn 2001 — Eriksen T. H., Finn S. N. A History of Anthropology. London: Pluto Press, 2001.

Field 2007 — Field D. A. Private Life and Communist Morality in Khrushchev's Russia. New York: Peter Lang, 2007.

Fierman 2006 — Fierman W. Language and Education in Post-Soviet Kazakhstan: Kazakh-Medium Instruction in Urban Schools // *Russian Review*. January 2006. Vol. 65. P. 98–116.

Finding Culture 2005 — Finding Culture in Talk: A Collection of Methods / Ed. by N. Quinn. New York: Palgrave Macmillan, 2005.

Finke 2014 — Finke P. Variations on Uzbek Identity: Strategic Choices, Cognitive Schemas and Political Constraints in Identification Processes. New York: Berghahn Books, 2014.

Fisher 1980 — Fisher W. The Soviet Marriage Market: Mate Selection in Russia and the USSR. New York: Praeger, 1980.

Fitzpatrick 1993 — Fitzpatrick S. Ascribing Class: The Construction of Social Identity in Soviet Russia // *Journal of Modern History*. 1993. Vol. 65. № 4. P. 745–770.

Florin 2013 — Florin M. Kirgistan und die sowjetische Moderne. Göttingen: V & R Unipress, 2013.

Fouse 2000 — Fouse G. C. The Languages of the Former Soviet Republics: Their History and Development. Lanham, MD: University Press of America, 2000.

Frierson, Vilensky 2010 — Frierson C., Vilensky S. Children of the Gulag. New Haven, CT: Yale University Press, 2010.

Furedi 2001 — Furedi F. How Sociology Imagined Mixed Race // Rethinking "Mixed Race" / Ed. by D. Parker and M. Song. London: Pluto Press, 2001. P. 23–41.

Gans 1979 — Gans H. J. Symbolic Ethnicity: The Future of Ethnic Groups and Cultures in America // *Ethnic and Racial Studies*. 1979. Vol. 2. № 1. P. 1–20.

Gans 1994 — Gans H. J. Symbolic Ethnicity and Symbolic Religiosity: Towards a Comparison of Ethnic and Religious Acculturation // *Ethnic and Racial Studies*. 1994. Vol. 17. № 4. P. 577–592.

Gerhards, Hans 2009 — Gerhards J., Hans S. From Hasan to Herbert: Name Giving Patterns of Immigrant Parents between Acculturation and Ethnic Maintenance // *American Journal of Sociology*. 2009. Vol. 114, № 4. P. 1102–1128.

Goldman 1993 — Goldman W. Z. Women, the State, and Revolution; Soviet Family Policy and Social Life, 1917–1936. Cambridge: Cambridge University Press, 1993.

Goldman 2011 — Goldman W. Z. Inventing the Enemy: Denunciation and Terror in Stalin's Russia. Cambridge: Cambridge University Press, 2011.

Gordon 1964 — Gordon M. M. Assimilation in American Life: The Role of Race, Religion, and National Origins. Oxford: Oxford University Press, 1964.

Gorenburg 2006 — Gorenburg D. Rethinking Ethnic Intermarriage in the Soviet Union. *Post-Soviet Affairs*. 2006. Vol. 22. № 2. P. 145–165.

Graham 2016 — Graham L. Lysenko's Ghost: Epigenetics and Russia. Cambridge, MA: Harvard University Press, 2016.

Gregg 2005 — Gregg G. The Middle East: A Cultural Psychology. Oxford: Oxford University Press, 2005.

Grimshaw 2002 — Grimshaw P. Interracial Marriages and Colonial Regimes in Victoria and Aotearoa/New Zealand // *Frontiers*. 2002. Vol. 23. № 3. P. 12–28.

Gulag Voices 2011 — Gulag Voices: Oral Histories of Soviet Incarceration and Exile / Ed. by J. M. Gheith and K. R. Jolluck. New York: Palgrave Macmillan, 2011.

Harris 2004 — Harris C. Control and Subversion: Gender Relations in Tajikistan. London: Pluto Press, 2004.

Haugen 2003 — Haugen A. The Establishment of National Republics in Central Asia. London: Palgrave Macmillan, 2003.

Herbert 1997 — Herbert R. K. The Politics of Personal Naming in South Africa // *Names: A Journal of Onomastics*. 1997. Vol. 45. № 1. P. 3–17.

Hessler 2006 — Hessler J. Death of an African Student in Moscow: Race, Politics, and the Cold War // *Cahiers du Monde Russe*. 2006. Vol. 47. № 1/2. P. 33–63.

Hirsch 2005 — Hirsch F. Empire of Nations: Ethnographic Knowledge and the Making of the Soviet Union. Ithaca, NY: Cornell University Press, 2005.

Hoffmann 2004 — Hoffmann D. Was There a 'Great Retreat' from Soviet Socialism? Stalinist Culture Reconsidered // *Kritika: Explorations in Russian and Eurasian History*. 2004. Vol. 5. № 4. P. 651–674.

Hosking 2009 — Hosking G. Rulers and Victims: The Russians in the Soviet Union. Cambridge, MA: Belknap Press, 2009.

Humphrey 2006 — Humphrey C. On Being Naming and Not Named: Authority, Persons, and their Names in Mongolia // The Anthropology of Names and Naming / Ed. by G. vom Bruck and B. Bodenhorn. Cambridge, UK: Cambridge University Press, 2006. P. 158–176.

Ideologies of Race 2019 — Ideologies of Race: Imperial Russia and the Soviet Union in Global Context / Ed. by D. Rainbow. Montreal: McGill-Queen's University Press, 2019. P. 208–233.

Ifekwinigwe 1998 — Ifekwinigwe O. Scattered Belongings: Cultural Paradoxes of Race, Culture, and Nation. London: Routledge, 1998.

Intermarriage 2020 — Intermarriage from Central Europe to Central Asia: Mixed Families in the Age of Extremes / Ed. by A. Edgar and B. Frommer. Lincoln: University of Nebraska Press, 2020.

Kaiser 1994 — Kaiser R. The Geography of Nationalism in Russia and the USSR. Princeton, NJ: Princeton University Press, 1994.

Kamp 2019 — Kamp M. Hunger and Potatoes: The 1933 Famine in Uzbekistan and Changing Foodways // *Kritika: Explorations in Russian and Eurasian History*. 2019. Vol. 20. № 2. P. 237–267.

Kandiyoti 2007 — Kandiyoti D. The Politics of Gender and the Soviet Paradox: Neither Colonized, nor Modern? // *Central Asian Survey*. 2007. Vol. 26. № 4. P. 601–623.

Karklins 1986 — Karklins R. Ethnic Relations in the USSR: The Perspective from Below. Boston: Allen and Unwin, 1986.

Kertzer, Arel 2002 — Censuses, identity formation, and the struggle for political power // Census and Identity. The Politics of Race, Ethnicity, and Language in National Censuses / Ed. by D. I. Kertzer and D. Arel. Cambridge: Cambridge University Press, 2002.

Khalid 1999 — Khalid A. The Politics of Muslim Cultural Reform: Jadidism in Central Asia. Berkeley: University of California Press, 1999.

Khalid 2006 — Khalid A. Backwardness and the Quest for Civilization: Early Soviet Central Asia in Comparative Perspective // *Slavic Review*. 2006. Vol. 65. № 2. P. 231–251.

Khalid 2007 — Khalid A. Islam after Communism. Berkeley: University of California Press, 2007.

Khobova et al. 1992 — Khobova D. et al. After Glasnost: Oral History in the Soviet Union // International Yearbook of Oral History and Life Stories / Ed. by L. Passerini. Vol. 1 (Memory and Totalitarianism). Oxford: Oxford University Press, 1992. P. 89–101.

Kim 2008 — Kim T. Y. The Dynamics of Ethnic Name Maintenance and Change: Cases of Korean ESL Immigrants in Toronto // *Journal of Multilingual and Multicultural Development*. 2008. Vol. 28. № 2. P. 117–133.

Kindler 2018 — Kindler R. Stalin's Nomads: Power and Famine in Kazakhstan. Pittsburgh: University of Pittsburgh Press, 2018.

Knight 2012 — Knight N. Vocabularies of Difference: Ethnicity and Race in Late Imperial and Early Soviet Russia // *Kritika: Explorations in Russian and Eurasian History*. 2012. Vol. 13. № 3. P. 667–683.

Koivunen 2016 — Koivunen P. Friends, "Potential Friends," and Enemies: Reimagining Soviet Relations to the First, Second, and Third Worlds at the Moscow 1957 Youth Festival // Socialist Internationalism in the Cold War: Exploring the Second World / Ed. by P. Babiracki and A. Jersild. Cham, Switzerland: Palgrave Macmillan, 2016. P. 219–247.

Kotkin 2001 — Kotkin S. Modern Times: The Soviet Union and the Interwar Conjuncture // *Kritika: Explorations in Russian and Eurasian History*. 2001. Vol. 2. № 1. P. 111–164.

Kudaibergenova 2018 — Kudaibergenova D. T. Project Kelin: Marriage, Women, and Re- Traditionalization in Post-Soviet Kazakhstan // Women of Asia: Globalization, Development, and Gender Equity / Ed. by M. Najafizadeh and L. Lindsey. London: Routledge, 2018. P. 379–390.

Laitin 1998 — Laitin D. Identity in Formation: The Russian-Speaking Populations in the Near Abroad. Ithaca, NY: Cornell University Press, 1998.

Landau, Kellner-Heinkele 2001 — Landau J. M., Kellner-Heinkele B. Politics of Language in the ex-Soviet Muslim States. London: Hurst and Company, 2001.

Laruelle 2008a — Laruelle M. Russian Eurasianism: An Ideology of Empire. Washington, DC: Woodrow Wilson Center Press, 2008.

Laruelle 2008b — Laruelle M. The Concept of Ethnogenesis in Central Asia: Its Political Context and Institutional Mediators, 1940–1950 // *Kritika: Explorations in Russian and Eurasian History*. 2008. Vol. 9. № 1. P. 169–188.

Laruelle 2016 — Laruelle M. Which Future for National-Patriots? The Landscape of Kazakh Nationalism // Kazakhstan in the Making: Legitimacy, Symbols, and Social Changes / Ed. by M. Laruelle. Lanham, MD: Lexington Books, 2016. P. 155–180.

Lehmann 2012 — Lehmann M. Eine sowjetische Nation: Nationale Sozialismus-interpretationen in Armenien seit 1945. Frankfurt: Campus Verlag, 2012.

Leinarte 2016 — Leinarte D. Silence in Biographical Accounts and Life Stories: The Ethical Aspects of Interpretation // The Soviet Past in the Post-Socialist Present: Methodology and Ethics in Russian, Baltic, and Central European Oral History and Memory Studies / Ed. by M. Ilic and D. Leinarte. New York: Routledge, 2016. P. 12–18.

Lev-Ari, Boaz 2010 — Lev-Ari S., Keysar B. Why Don't We Believe Non-Native Speakers? The Influence of Foreign Accent on Credibility // *Journal of Experimental Social Psychology*. 2010. Vol. 46. № 6. P. 1093–1096.

Lewin 1988 — Lewin M. The Gorbachev Phenomenon: A Historical Interpretation. Berkeley: University of California Press, 1988.

Leydesdorff et al. 1996 — Leydesdorff S. et al. Gender and Memory // International Yearbook of Oral History and Life Stories / Ed. by S. Leydesdorff et al. Vol. 4 (Gender and Memory). Oxford: Oxford University Press, 1996.

Lieberson 2000 — Lieberson S. A Matter of Taste: How Names, Fashion, and Culture Change. New Haven, CT: Yale University Press, 2000.

Lieberson, Mikelson 1995 — Lieberson S., Mikelson K. S. Distinctive African-American Names: An Experimental, Historical, and Linguistic Analysis of Innovation // *American Sociological Review*. 1995. Vol. 60, № 6. P. 928–946.

Lillis 2010 — Lillis J. Astana Follows Thorny Path toward National Unity // *Eurasianet*. April 29, 2010. URL: https://eurasianet.org/astana-follows-thorny-path-toward-national-unity (дата обращения: 22.08.2024).

Lillis 2011 — Lillis J. Kazakhstan: How Deep Does Ethnic Harmony Go? // *Eurasianet*. May 19, 2011. URL: https://eurasianet.org/kazakhstan-how-deep-does-ethnic-harmony-go (дата обращения: 22.08.2024).

London, Morgan 1994 — London A. S., Morgan S. P. Racial Differences in First Names in 1910 // Journal of Family History. 1994 Vol. 19. № 3. P. 261–284.

Lubin 1985 — Lubin N. Labour and Nationality in Soviet Central Asia. London: Palgrave Macmillan, 1985.

Malikov 2006 — Malikov Y. Formation of a Borderland Culture: Myths and Realities of Cossack-Kazakh Relations in Northern Kazakhstan in the Eighteenth and Nineteenth Centuries. PhD diss., UC Santa Barbara, 2006.

Manley 2009 — Manley R. To the Tashkent Station: Evacuation and Survival in the Soviet Union at War. Ithaca, NY: Cornell University Press, 2009.

Martin 1999 — Martin T. Modernization or Neotraditionalism? Ascribed Nationality and Soviet Primordialism // Stalinism: New Directions / Ed. by S. Fitzpatrick. New York: Routledge, 1999. P. 348–367.

Martin 2001 — Martin T. The Affirmative Action Empire: Nations and Nationalism in the Soviet Union, 1923–1939. Ithaca, NY: Cornell University Press, 2001.

Marx 1998 — Marx A. W. Making Race and Nation: A Comparison of South Africa, the United States, and Brazil. Cambridge: Cambridge University Press, 1998.

Massell 1974 — Massell G. The Surrogate Proletariat: Moslem Women and Revolutionary Strategies in Soviet Central Asia, 1919–1929. Princeton, NJ: Princeton University Press, 1974.

Matusevich 2017 — Matusevich M. Soviet Antiracism and Its Discontents // Cold War Years in Alternative Globalizations: Eastern Europe and the Postcolonial World / Ed. by J. Mark et al. Bloomington: Indiana University Press, 2017. P. 229–250.

McClintock 1995 — McClintock A. Imperial Leather: Race, Gender and Sexuality in the Colonial Contest. New York: Routledge, 1995.

Mengel 2001 — Mengel L. Triples—The Social Evolution of a Multiracial Pan Ethnicity: An Asian American Perspective // Rethinking "Mixed Race" / Ed. by D. Parker and M. Song. London: Pluto Press, 2001. P. 99–116.

Merton 1941 — Merton R. Intermarriage and Social Structure // Psychiatry. 1941. Vol. 4. P. 361–374.

Messina 2011 — Messina P. Soviet Communal Living: An Oral History of the Kommunalka. Palgrave, 2011.

Miller 2004 — Miller M. The Rise and Fall of the Cosmic Race: The Cult of Mestizaje in Latin America. Austin: University of Texas Press, 2004.

Mogilner 2013 — Mogilner M. Homo Imperii: A History of Physical Anthropology in Russia. Lincoln: University of Nebraska Press, 2013.

Morning 2014 — Morning A. Multiraciality and Census Classification in Global Perspective // Global Mixed Race / Ed. by R. C. King-O'Riainn et al. New York: New York University Press, 2014. P. 1–15.

Moskoff 1983 — Moskoff W. Divorce in the USSR // *Journal of Marriage and Family*. 1983. Vol. 45. № 2. P. 419–425.

Mullaney 2010 — Mullaney T. Coming to Terms with the Nation: Ethnic Classification in Modern China. Berkeley: University of California Press, 2010.

Mustafa 2013 — Mustafa G. The Concept of Eurasia: Kazakhstan's Eurasian Policy and Its Implications // *Journal of Eurasian Studies*. 2013. Vol. 4. P. 160–170.

Nagzibekova 2008 — Nagzibekova M. Language and Education Policies in Tajikistan // Multilingualism in Post-Soviet Countries / Ed. by A. Pavlenko. Bristol, UK: Multilingual Matters, 2008. P. 227–234.

Najibullah, Karim 2015 — Najibullah F., Karim O. In Tajikistan, Too Much Cousin Love Could Be Causing Birth Defects // *Radio Free Europe/Radio Liberty*. March 21, 2015. URL: https://www.rferl.org/a/tajikistan-debates-keeping-marriage-outside-the-family/26913057.html (дата обращения: 24.08.2024).

Names and Naming 2016 — Names and Naming: People, Places, Perceptions, and Power / Ed. by G. Puzey and L. Kostanski. Bristol, UK: Multilingual Matters, 2016.

Nobles 2002 — Nobles M. Racial Categorization and Censuses // Census and Identity: The Politics of Race, Ethnicity and Language in National Censuses / Ed. by D. Kertzer and D. Arel. Cambridge, UK: Cambridge University Press, 2002. P. 43–70.

Northrop 2003 — Northrop D. Veiled Empire: Gender and Power in Stalinist Central Asia. Ithaca, NY: Cornell University Press, 2003.

Nourzhanov, Bleuer 2013 — Nourzhanov K., Bleuer C. Tajikistan: A Political and Social History. Canberra: Australian National University Press, 2013.

Ohnuma 2008 — Ohnuma K. Aloha Spirit and the Cultural Politics of Sentiment as National Belonging // *Contemporary Pacific*. 2008. Vol. 20. № 2. P. 365–394.

Olumide 2002 — Olumide J. Raiding the Gene Pool: The Social Construction of Mixed Race. London: Pluto Press, 2002.

On Living 2004 — On Living through Soviet Russia / Ed. by D. Bertaux et al. London: Routledge, 2004.

Parker, Song 2001 — Parker D., Song M. Introduction: Rethinking "Mixed Race" // Rethinking "Mixed Race" / Ed. by D. Parker and M. Song. London: Pluto Press, 2001.

Pascoe 1996 — Pascoe P. Miscegenation Law, Court Cases, and Ideologies of "Race" in Twentieth Century America // *Journal of American History*. 1996. Vol. 83. № 1. P. 44–69.

Pollock 2006 — Pollock E. Stalin and the Soviet Science Wars. Princeton, NJ: Princeton University Press, 2006.

Raleigh 2013 — Raleigh D. Soviet Baby Boomers: An Oral History of Russia's Cold War Generation. Oxford: Oxford University Press, 2013.

Rickford, Rickford 2000 — Rickford J. R., Rickford R. J. Spoken Soul: The Story of Black English. New York: John Wiley and Sons, 2000.

Riddell 2000 — Riddell K. 'Improving the Maori': Counting the Ideology of Intermarriage // *New Zealand Journal of History*. 2000. Vol. 34. № 1. P. 80–97.

Roche 2010 — Roche S. Domesticating Youth: The Youth Bulge in Post-Civil War Tajikistan. PhD diss., Martin-Luther Universität Halle-Wittenberg, Germany, 2010.

Roche 2020 — Roche S. Maintaining, Dissolving and Remaking Group Boundaries through Marriage: The Case of Khujand in the Ferghana Valley // Intermarriage from Central Europe to Central Asia: Mixed Families in the Age of Extremes / Ed. by A. Edgar and B. Frommer. Lincoln: University of Nebraska Press, 2020.

Romano 2003 — Romano R. C. Race Mixing: Black-White Marriage in Postwar America. Cambridge, MA: Harvard University Press, 2003.

Sahadeo 2019 — Sahadeo J. Voices from the Soviet Edge: Southern Migrants in Moscow and Leningrad. Ithaca, NY: Cornell University Press, 2019.

Schoeberlein 2011 — Schoeberlein J. Heroes of Theory: Central Asian Islam in Postwar Soviet Ethnography // Exploring the Edge of Empire: Soviet Era Anthropology in the Caucasus and Central Asia / Ed. by F. Mühlfried and S. Sokolovskiy. Berlin: Lit Verlag, 2011. P. 59–78.

Schoeberlein-Engel 1994 — Schoeberlein-Engel J. Identity in Central Asia: Construction and Contention in the Conceptions of 'Ozbek,' 'Tajik,' 'Muslim,' 'Samarqandi,' and Other Groups. PhD diss., Harvard University, 1994.

Sekulic et al. 1994 — Sekulic D. et al. Who Were the Yugoslavs? Failed Sources of a Common Identity in the Former Yugoslavia // *American Sociological Review*. 1994. Vol. 59. №. 1. P. 83–97.

Sex, Love, Race 1999 — Sex, Love, Race: Crossing Boundaries in North American History / Ed. by M. Hodes. New York: New York University Press, 1999.

Shaw 2015 — Shaw C. Making Ivan-Uzbek: War, Friendship of the Peoples, and the Creation of Soviet Uzbekistan, 1941–1945. PhD diss., UC Berkeley, 2015.

Shaw 2016 — Shaw C. Soldiers' Letters to Inobatxon and O'g'ulxon: Gender and Nationality in the Birth of a Soviet Romantic Culture // *Kritika: Explorations in Russian and Eurasian History.* 2016. Vol. 17. № 3. P. 517–552.

Sherbakova 1993 — Sherbakova I. The Gulag in Memory // International Yearbook of Oral History and Life Stories / Ed. by L. Passerini. Vol. 1. (Memory and Totalitarianism). Oxford: Oxford University Press, 1993. P. 103–115.

Shlapentokh 1984 — Shlapentokh V. Love, Marriage, and Friendship in the Soviet Union. New York: Praeger, 1984.

Shternsis 2017 — Shternsis A. When Sonia Met Boris: An Oral History of Jewish Life under Stalin. Oxford: Oxford University Press, 2017.

Silver 1977 — Silver B. Ethnic Intermarriage and Ethnic Consciousness among Soviet Nationalities // *Soviet Studies.* 1997. Vol. 29. №. 3: P. 107–116.

Simon 1991 — Simon G. Nationalism and Policy toward the Nationalities in the Soviet Union. Boulder, CO: Westview Press, 1991.

Slezkine 1994a — Slezkine Y. Arctic Mirrors: Russia and the Small Peoples of the North. Ithaca, NY: Cornell University Press, 1994.

Slezkine 1994b — Slezkine Y. The USSR as a Communal Apartment, or How a Socialist State PromotedEthnic Particularism // *Slavic Review.* 1994. Vol. 53. №. 2. P. 414–452.

Smagulova 2008 — Smagulova Y. Language Policies of Kazakhization and Their Influence on Language Attitudes and Use. // Multilingualism in Post-Soviet Countries / Ed. by A. Pavlenko. Bristol, UK: Multilingual Matters, 2008. P. 166–201.

Smagulova 2016 — Smagulova Y. The Re-acquisition of Kazakh in Kazakhstan: Achievements and Challenges // Language Change in Central Asia / Ed. by E. Ahn and J. Smagulova. Berlin: De Gruyter Mouton, 2016. P. 89–123.

Smith 2013 — Smith J. Red Nations: The Nationalities Experience in and after the USSR. Cambridge: Cambridge University Press, 2013.

Smith 1998 — Smith M. Language and Power in the Creation of the USSR, 1917–1953. Berlin: De Gruyter Mouton, 1998.

Snyder 2010 — Snyder T. Bloodlands: Europe between Hitler and Stalin. New York: Basic Books, 2010.

Soyfer 1994 — Soyfer V. Lysenko and the Tragedy of Soviet Science. New Brunswick, NJ: Rutgers University Press, 1994.

Spencer 2006 — Spencer R. Challenging Multiracial Identity. Boulder, CO: Lynne Rienner, 2006.

Spickard 1989 — Spickard P. Mixed Blood: Intermarriage and Ethnic Identity in Twentieth Century America. Madison: University of Wisconsin Press, 1989.

Spickard 2001 — Spickard P. The Subject Is Mixed Race: The Boom in Biracial Biography // Rethinking "Mixed Race" / Ed. by D. Parker and M. Song. London: Pluto Press, 2001. P. 78–81.

Stoler 2002 — Stoler A. L. Carnal Knowledge and Imperial Power: Race and the Intimate in Colonial Rule. Berkeley: University of California Press, 2002.

Stronski 2010 — Stronski P. Tashkent, Forging a Soviet City, 1930–1966. Pittsburgh: University of Pittsburgh Press, 2010.

Sue, Telles 2007 — Sue C. A., Telles E. E. Assimilation and Gender in Naming // *American Journal of Sociology*. 2007. Vol. 112. № 5. P. 1383–1415.

Suny 1993 — Suny R. G. Revenge of the Past: Nationalism and the Collapse of the Soviet Union. Stanford: Stanford University Press, 1993.

Suny 2001 — Suny R. G. Constructing Primordialism: Old Histories for New Nations // *Journal of Modern History*. 2001. Vol. 73. № 4. P. 862–896.

Suny 2012 — Suny R. G. The Contradictions of Identity: Being Soviet and National in the USSR and After // Soviet and Post-Soviet Identities / Ed. by M. Bassin and C. Kelly. Cambridge: Cambridge University Press, 2012.

Tasar 2017 — Tasar E. Soviet and Muslim: The Institutionalization of Islam in Central Asia. Oxford: Oxford University Press, 2017.

Tasar 2020 — Tasar E. Mantra: A Review Essay on Islam in Soviet Central Asia // *Journal of the Economic and Social History of the Orient*. 2020. Vol. 63. P. 389–433.

The Invention 1992 — The Invention of Tradition / Ed. by E. Hobsbawm and T. Ranger. Cambridge: Cambridge University Press, 1992.

The Multiracial Experience 1996 — The Multiracial Experience: Racial Borders as the New Frontier / Ed. by M. Root. London: Sage, 1996.

Tilley 2005 — Tilley V. Q. Mestizaje and the 'Ethnicization' of Race in Latin America // Race and Nation: Ethnic Systems in the Modern World / Ed. by P. Spickard. New York: Routledge, 2005. P. 53–68.

Timasheff 1946 — Timasheff N. The Great Retreat: The Growth and Decline of Communism in Russia. New York: E.P. Dutton, 1946.

Trilling 2015 — Trilling D. Tajikistan Mulls Ban on Muslim Names // *Eurasianet*. May 5, 2015. URL: https://eurasianet.org/tajikistan-mulls-ban-on-muslim-names (дата обращения: 25.08.2024).

Twine 2010 — Twine F. W. A White Side of Black Britain: Interracial Intimacy and Racial Literacy. Durham: Duke University Press, 2010.

Ualiyeva, Edgar 2014 — Ualiyeva S., Edgar A. The "Laboratory of Peoples' Friendship": People of Mixed Descent in Kazakhstan from the Soviet Era to the Present // Global Mixed Race / Ed. by R. C. King-O'Riain et al. NY: New York University Press, 2014.

Walke 2015 — Walke A. Pioneers and Partisans. An Oral History of Nazi Genocide in Belorussia. Oxford: Oxford University Press, 2015.

Walkowiak 2016 — Walkowiak J. B. Personal Names in Language Policy and Planning: Who Plans What Names, for Whom, and How? // Names and Naming: People, Places, Perceptions, and Power / Ed. by G. Puzey and L. Kostanski. Bristol, UK: Multilingual Matters, 2016.

Walsh 2016 — Walsh M. Introduced Personal Names for Australian Aborigines: Adaptations to an Exotic Anthroponymy // Names and Naming: People, Places, Perceptions and Power / Ed. by G. Puzey and L. Kostanski. Bristol, UK: Multilingual Matters, 2016.

Wark, John 2007 — Wark C., John F. G. Emory Bogardus and the Origins of the Social Distance Scale // *American Sociology*. 2007. Vol. 38. № 4. P. 383–395.

Waters, Jiménez 2005 — Waters M. C., Jiménez T. R. Assessing Immigrant Assimilation: New Empirical and Theoretical Challenges // *Annual Review of Sociology*. 2005. Vol. 31. P. 105–125.

Weitz 2002 — Weitz E. D. Racial Politics without the Concept of Race: Reevaluating Soviet Ethnic and National Purges // *Slavic Review*. 2002. Vol. 61. № 1. P. 1–29.

Werner 2009 — Werner C. Bride Abduction in Post-Soviet Central Asia: Marking a Shift towards Patriarchy through Local Discourses of Shame and Tradition // *Journal of the Royal Anthropological Institute*. 2009. Vol. 15. № 2. P. 314–331.

Werth 2008 — Werth P. Empire, Religious Freedom, and the Legal Regulation of 'Mixed' Marriage in Imperial Russia // *Journal of Modern History*. 2008. Vol. 80. № 2. P. 296–331.

Whittington 2018 — Whittington A. M. Forging Soviet Citizens: Ideology, Identity, and Stability in the Soviet Union, 1930–1991. PhD diss., University of Michigan, 2018.

Williams 1964 — Williams R. M. Strangers Next Door: Ethnic Relations in American Communities. Upper Saddle River, NJ: Prentice Hall, 1964.

Williamson 1980 — Williamson J. New People: Miscegenation and Mulattoes in the United States. New York: Free Press, 1980.

Yurchak 2005 — Yurchak A. Everything Was Forever, Until It Was No More: The Last Soviet Generation. Princeton, NJ: Princeton University Press, 2005.

Yusufjonova 2015 — Yusufjonova Z. Soviet State Feminism in Muslim Central Asia: Urban and Rural Women in Tajikistan, 1924–1982. PhD diss., UC Santa Barbara, 2015.

Young 1995 — Young R. Colonial Desire: Hybridity in Theory, Culture, and Race. New York: Routledge 1995.

Zack 1994 — Zack N. Race and Mixed Race. Philadelphia: Temple University Press, 1994.

Zakharov 2013 — Zakharov N. Attaining Whiteness: A Sociological Study of Race and Racialization in Russia. Uppsala: Uppsala University Press, 2013.

Zakharov, Law 2017 — Zakharov N., Law I. Post-Soviet Racisms. London: Palgrave Macmillan, 2017.

Zharkynbekova, Bokayev 2013 — Zharkynbekova S., Bokayev B. Global Transformations in Kazakhstani Society and Problems of Ethno-Linguistic Identification // Negotiating Linguistic, Cultural, and Social Identities in the Post-Soviet World / Ed. by S. Smyth and C. Opitz. Bern: Peter Lang, 2013. P. 247–278.

Zubkova 1998 — Zubkova E. Russia after the War: Hopes, Illusions, Disappointments, 1945–1957. Armonk, NY: M. E. Sharpe, 1998.

Предметно-именной указатель

Абдрахманова Марина 10, 183, 208, 264, 265, 271, 283, 284, 286, 288, 302, 322, 329, 339, 362

Абдулаева Ирина (псевд.) 107, 248, 329, 362

Абдулганиев Ахметшакур 96, 125, 212, 257, 258, 282

Абдурахманова Бахринисо Абдувалиевна 110, 151, 152, 193, 194, 209, 210, 289, 327, 362

Абдусаматова Гульмира 112, 113, 148, 195, 196, 362

Абрамзон Саул Менделевич 49, 50, 84, 157, 161, 162, 279

Абрамсон Дэвид 203

Австралия 25

Академия наук СССР 46, 52, 53, 71

Акилов Талгат 81, 169, 174, 175, 206, 207, 252, 362

Амиршоева Саодат 326

Аннаклычев Шихберды 13, 50, 162

Антропологический журнал 45

Арутюнян Юрик Вартанович 56, 57, 60, 271

ассимиляция 25, 60, 72, 74, 112, 121, 123, 146, 203, 204, 245, 246, 272, 277, 278, 280, 310, 321; см. также лингвистическая ассимиляция; *советские люди*, как национальность
культурная адаптация 121, 159
практики именования и 246, 249
Терентьева о 74
архивные записи 50

Ахметова Алия (псевд.) 136, 137, 152, 189, 217, 218, 235, 257, 302, 305, 306, 362

Ахметова Майра (псевд.) 128, 139, 140, 168, 170, 184, 191, 192, 256, 262, 284, 290, 307, 323, 339, 340, 362

Ачылова Рахат Ачыловна 37, 50

Бабаев Ильхом 114, 130, 230, 296, 362

Бабаева Лутфия 111, 169, 296, 363

Бабаева Эльмира 114, 115, 130, 296, 363

Баграмов Эдуард Александрович 56, 69, 71, 72, 275

Байбурин Ержан 212, 265, 292, 293, 331, 332, 362

билингвизм 277, 278, 291, 310; см. также лингвистическая ассимиляция
большевистская революция (1917) 12 13, 17, 41, 100, 137, 143, 247
браки между мусульманами 49, 110–112, 114, 157; м. также Ислам; религиозная вера и брак
браки по договоренности 156–158, 161, 165, 166, 313, 351
  в мусульманских семьях 157
  в Таджикистане 156, 161, 313, 351
  врожденные дефекты и 313
  согласие на 157
Брежнев Леонид Ильич 47, 55, 57, 65, 70, 71, 74, 75, 97, 150, 180–182, 203, 226, 229, 275, 279, 355, 356
Бромлей Юлиан Владимирович 18, 29, 51, 56–67, 72–74, 271, 352
  Этнос и эндогамия 60, 73
Брусина Ольга Ильинична 7, 68–70, 86, 87, 121, 279
Будет ли смешанный брак удачным?, эссе Умит Жумадиловой 321
Бэссин Марк/ Bassin M. 51, 61–65

верблюды 254
Визер Светлана Ахметшакуровна 96, 125, 138, 211, 226, 257, 258, 282, 283, 288
внешняя идентичность 205; см. также этническая идентичность
внутренняя идентичность 205; см. также этническая идентичность
военные невесты 84–97; см. также гражданская война; Вторая мировая война
война 17, 18, 31, 38, 43, 46–48, 50, 63, 83–88, 92, 97, 98, 104, 120, 121, 127, 133, 147, 150, 153, 245, 261, 274, 281, 283, 312, 314, 326, 327, 336, 342; см. также Вторая мировая война
Волкова Наталья 130, 286
восточная женщина 156–197; см. также гендерные нормы
Вторая мировая война 17, 18, 31, 46, 48, 50, 84, 85, 97, 120, 133, 147, 150, 153, 245, 261, 274, 281, 283; см. также военные невесты
  демографические сдвиги из-за 85
  эвакуации во время 84
  голод из-за 86
  советская этническая мобильность из-за 84
выраженная идентичность 126, 133, 205; см. также этническая идентичность

Ганс Герберт 145, 146, 301
Гейгер Валентина 300, 323, 341, 363
гендерное равенство 159, 161, 171, 179–181, 187, 196, 354; см. также гендерные нормы; женская работа
гендерные нормы 35, 86, 159, 171, 172, 178, 185, 196; см. также

гендерное равенство; женская работа
в мусульманском обществе 188–197
в одежде 178
восточная женщина и 171, 172
разделение труда 180– 188
генетика 18, 24, 38, 39, 43, 51, 58, 181, 311, 326, 353
Германия 8, 25, 38, 43, 44, 50, 77, 240, 245, 246; см. также нацизм
политика против смешения в 25, 38, 43, 44, 50, 77
гипогамия 52, 162
Гитлер Адольф 44; см. также нацизм
Гобино Артур де 43
голод 21, 31, 86, 191
гражданская война 63, 312, 326, 327, 336, 342; см. также военные невесты; Вторая мировая война
Грант Мэдисон 43
Грузия 94, 151
Гумилев Лев Николаевич 62–65
Этногенез и биосфера Земли 63, 64
Гумилев Николай Степанович 63

Давыдова Людмила (псевд.) 152, 153, 210, 216, 226, 233, 286
Дагестан 67, 74
Далекая невеста, комедия Е. А. Иванова-Баркова 104
демографические изменения 84, 276, 278, 313; см. также национальность
День международной солидарности трудящихся 143

дети от смешанных браков 198–270; см. также межэтнические браки; практики именования
браки по договоренности 158, 161, 164–166
культурная адаптация 249
от несчастливых браков 152, 153
официальная национальность 203–217
список голливудских звезд 320
этническая идентичность 23, 200–203, 217–226
детские дома 188, 194
Джульчиева Гульнара Ахмедовна 213
Джульчиева Елена 142, 176, 212, 213, 363
Дикая собака Динго, фильм 104
дионимия 256
Дмитриева Сажида 92, 93, 99, 137, 138, 173, 198, 208, 209, 235, 247, 250, 268, 302, 345, 363
Домуладжанова Ирина 130, 142, 148, 250, 248, 363
Драгадзе Тамара 68
Дробижева Леокадия 56, 57, 94

евгеника 38, 43–45, 61
Евдакимова Лидия Васильевна 88, 126, 256, 363
еврейские общины 21, 34, 74, 75, 128, 129, 132, 229, 245
Евстигнеев Юрий Андреевич 69, 74, 203

Желтоксан протесты (1986) 106
Жемсекбаева Куралай (псевд.) 139, 323, 346, 365

женская работа 87, 180, 183, 184, 191; см. также гендерное равенство; гендерные нормы
во время и после войны 87
в сельском хозяйстве 180
в домашней жизни 180, 183
Жумадилова Умит 321

заключение в ГУЛАГе 21, 31, 84

Ибраев Камал (псевд.) 80, 81, 141, 144, 145, 215, 301, 363
Иванов Михаил Сергеевич 61, 62, 65, 66
ингуши 152, 153, 210, 214, 216, 286, 310
Инджиголян Анжела 333, 334
Институт этнологии и антропологии 7, 48, 355
интернационализм 10, 11, 23, 32, 57, 77, 78, 82, 92, 99, 103, 120, 128, 129, 131, 155, 189, 200, 241, 258–260, 262–265, 269, 270, 296, 311, 323, 350, 353–357
Исаев Архат 183, 329, 330, 363
Исаев Руслан (псевд.) 99, 136, 205, 290, 316, 317, 322, 335, 363
Искандаров Рустам 94, 95, 103, 187, 227, 229, 232, 238, 363
Искандерова Мария (псевд.) 177, 188, 221, 222, 224, 231, 286, 287, 335, 363
ислам 20, 40, 84, 121, 124, 132–135, 138, 142, 145, 153, 242, 244, 346–348
  межэтнические браки и 20, 132, 153, 344, 346, 348
  в Казахстане 20, 121, 132, 133, 145, 153, 344
  брачные обычаи 132, 134, 145, 242
  браки между мусульманами 49, 110–112, 114, 157
  советское государство о правах женщин в 12, 34, 180, 191, 311
историческая правда против памяти 31

казахско-корейские браки 20, 34
казахско-русские браки 20, 29, 135–137, 210, 260, 263–265, 293, 316, 331
казахско-татарские браки 136, 152, 189, 257
Казахстан 7, *passim*
  идентичность в постсоветском 20, 32, 278, 311–313, 317, 336, 340, 344, 353, 357
  лингвистическая ассимиляция в 121, 277, 278
  межэтнические браки в 15, 17, 22, 23, 26, 35–37, 53, 55, 60, 63, 66, 70, 72, 77, 78, 94, 98, 103, 189, 193, 194, 198, 200, 216, 219, 220, 227, 235, 311, 327, 332–335
  образование в 207, 214, 284, 291, 359
  национально-территориальная история в 12, 14, 18, 21, 41, 215
  практики именования в 249–270
  статистика национальностей в 28, 29, 34, 332, 359
  религиозная вера в 20, 38, 34, 49, 92, 133, 145, 198, 241, 313, 316, 334, 338, 344

традиционные брачные обычаи 145, 164, 190
Кандиоти Дениз 351
Каратаева Леся 137, 179, 210, 226, 263, 288, 293, 294, 316, 363
Касенгали Асхат 321
Касымова София 188, 325, 336, 337
Ким Дарья (псевд.) 100, 213, 329, 363
Ким Хён (псевд.) 153, 154, 170, 171, 363
киргизско-русские браки 161
Китай 115, 201, 312, 314
Клементс Барбара 172
Клименко Ирина 229, 324, 363
Коммунистическая партия Советского Союза (КПСС) 33, 38, 41, 42, 47–49, 59, 70, 71, 120, 124, 157, 191, 219, 228
  смешанные браки и 120, 157, 219, 228
  о национальности 41, 42, 47, 59, 120, 191, 228
Константьянц Надежда 128, 129, 173, 174, 176, 184, 185, 341, 363
Козлов Виктор Иванович 63, 68, 204
корейско-казахские браки 20, 34
корейско-русские браки 317
коренизация 41, 271
кулаки 40
культурная адаптация 121, 125, 159, 249; см. также лингвистическая ассимиляция; религиозная вера и брак
Курбан-байрам 134, 142, 144
Кыргызстан 20, 351

Лапуж Жорж 43
Лейнарт Далия 31
лезгины 152, 193, 194
Либерсон Стэнли 261, 340
Лидия Григорьевна 121
лингвистическая ассимиляция 272, 277, 278, 280, 310; см. также ассимиляция; культурная адаптация; национальность; образованиелингвистическое разнообразие билингвизм 272, 277, 278, 291, 310
  в межэтнических семьях 279–285
  в постсоветской Центральной Азии 20, 22, 261, 278, 313, 323, 338–343, 359
  в Соединенных Штатах 272, 280, 310
  гендерное влияние на 15, 273
  официальная государственная политика в отношении 342
  стыд и 290, 307
Лысенко Трофим Денисович 18
Лэйтин Дэвид 277, 278, 309

Мамадзохирова Лариса 209, 234, 235, 253, 289, 343
Маркс Карл 57
Марцевич Анастасия 174, 268, 269, 364
Масов Рахим 326
массовые депортации 21, 84
Махсумова Марина 148, 149, 163, 165, 363
Международный Союз антропологических и этнологических наук 52

межконфессиональный брак 13, 40, 132, 134; см. также религиозная вера и брак
межэтнические браки 15, 17, 22, 23, 26, 35–37, 53, 55, 60, 63, 66, 70, 72, 77, 78, 94, 98, 103, 189, 193, 194, 198, 200, 216, 219, 220, 227, 235, 311, 327, 332–335; см. также смешанные браки; дети от межэтнических браков; практики именования; религиозная вера и брак
мексиканские иммигранты, практики именования 246
Менгел Лори 206
местизахе 25, 131, см. метисация
метисация 25, 26, 45
методы исследования 20, 55, 67
миграции 21, 39, 40, 84, 280, 314, 325, 326, 337;
  в Таджикистане 337
  массовая внутренняя 84
  трудовые 40, 325, 326, 337
Мирзорахимова Наталья 178, 179, 364
многоженство 326, 350
Монголия 240, 243, 312, 314
мораль 167, 322, 325
Морнинг Энн 24
Морозова Сусанна 127–129, 186, 214, 216, 217, 226, 227, 230, 231, 235, 236, 267, 299, 300, 331, 345, 346, 364
Мукаррам (псевд.) 194, 195, 295, 364
мусульманско-русские браки 83

Назарбаев Нурсултан Абишевич 244, 316, 318
Назарова Наргиза 136, 231, 232, 298, 364
Назарова Рано 147, 179, 182, 233, 234, 297, 298, 364
Наумова Ольга Борисовна 7, 65, 66, 68, 72, 76, 111, 121, 122, 162, 164, 165, 203, 250, 260, 276, 279
Нахипова Мадина 119, 120, 148, 190, 364
нацизм 44; см. также Германия
национальность 9, *passim*; см. также лингвистическая ассимиляция; этническая идентичность
  в советских паспортах 42, 219, 228
  выход за пределы 188
  детей от межэтнических браков 199, 200, 203–217
  как термин, используемый советским государством 24
  ошибки официальной классификации 24, 29, 199, 200, 231, 310
  советского народа 11, 14, 17, 23, 127, 129, 146, 201, 226, 228, 236, 356, 357
  Сталин о 39
  Хрущев о 47, 48
национальность, как термин 24
национальность в паспорте 12, 20, 42, 200, 201, 203, 204, 207, 208, 210–214, 219, 223, 226, 228, 237, 274, 301, 309, 354, 356, 357; см. также национальность
Николаева Катя (псевд.) 265, 266, 364

Ниязова Лариса 108, 109, 138, 143–145, 174, 253, 255, 262, 346, 364
Новая Зеландия 25

образование 43, 48, 56, 63, 73, 82, 90, 98, 104, 112, 127, 138, 148, 149, 160, 163, 165, 169, 181, 187, 199, 207, 214, 227, 275, 277, 281 ,284, 285, 289, 291, 292, 294, 296, 297, 303, 304, 308, 334, 343, 350, 351, 359; см. также лингвистическая ассимиляция
  в Казахстане 207, 214, 284, 291, 317, 359
  в Таджикистане 90, 291, 304, 343, 359
  реформы 127, 275
одежда 86, 87, 91, 121–124, 126, 157, 178, 179, 224
Ошурова Муборак 187, 257, 364

Паркер Дэвид 53
позор 49, 169
полигамия 326
политика царского государства 39–43
Потапов Леонид Павлович 59
похищение невесты 164, 165, 190, 351
правда против памяти 31
практики именования 238–270; см. также дети от межэтнических браков; этническая идентичность
  в Великобритании 244
  в Казахстане и Таджикистане 241–248
  в межэтнических браках 249–255
  в Монголии 240, 243
  в нуклеарных семьях 258–270
  в Турции 245
  государственная политика по принудительному переименованию 245
  дионимия 256
  интернационализм и 258–265
  решение с двумя именами 255–258
Пушкин Александр Сергеевич 225, 249, 321

развод 32, 100, 120, 149–155, 168, 194, 210, 219
разделение труда 180, 182, 183, 185, 206, 351; см. также гендерные нормы
расизм 17, 19, 38, 54, 63, 77, 269, 354; см. также социальная иерархия
  в межэтнических браках 12, 19, 38, 54, 77, 269, 357
  в Соединенных Штатах 357
  против африканцев 225
  советское игнорирование 17, 19, 38, 77, 225, 354, 357
распад Советского Союза 16, 17, 20, 26, 33, 63, 317, 330, 332, 333, 348, 350, 355
Рахимова Вера 79, 80, 119, 120, 122, 147, 255, 256, 364
Рахимова Джамиля 130, 132, 140, 141, 156, 157, 208, 209, 215, 227, 233, 350, 364
Рахимова Мавджуда 304, 305, 364

Рахмон Эмомали Шарипович 326, 342
Рейнджер Теренс 351
религиозная вера и брак 13, 28, 34, 40, 41, 83, 109–118, 131–156, 198, 313, 321, 326, 344, 345; см. также культурная адаптация; межэтнические браки; религиозное разнообразие
смешанные семьи и 131–146
межэтнический, но с общей 109–118
мусульман и русских 131–156
практики именования и 249–255
религиозное разнообразие 22, 132
романтическая любовь 160
Российская академия наук 48, 355
Рош Софи 8, 314
Русский евгенический журнал 43
русский язык 20, 72, 76, 77, 96, 98, 101, 129, 154, 166, 191, 194, 222, 223, 229, 230, 232, 237, 250, 256, 261, 268, 271–310, 313, 317, 328, 338–343, 359; см. также лингвистическая ассимиляция
русско-казахские браки 20, 29, 135–137, 208, 210, 260, 263–265, 293, 316, 331
русско-корейские браки 317
русско-киргизские браки 161
русско-мусульманские браки 83
русско-татарские браки 161, 173, 198
Русское евгеническое общество 43
русское православие 40, 125, 132, 133, 135, 143–145, 196, 254, 344, 345, 348–350

межэтнические браки и 40, 132, 135, 344, 345
в Казахстане 125, 132, 133, 145, 344
традиции 125, 254
Рузиев Мирзошариф 297, 364
Рузиева Екатерина 327, 364

Салиева Мария 90, 122, 123, 135, 249
Салибаева Татьяна Николаевна 100–103, 175, 176, 216, 251, 349
Satторова Масуда 295, 296
Сатыбалдинова Фатима 294
сближение нации 47, 48, 60, 73, 93
Свинарка и пастух, фильм И. А. Пырьева 104
сглаз 162, 248
сельскохозяйственная коллективизация 21, 31
Семенова Айгерим (псевд.) 97, 135, 136, 210, 214, 301, 346, 347
Сергазинов Тимур 182, 183, 216, 260, 281, 282, 285, 286, 330, 331, 339, 344
смешанные браки 7, *passim*; см. также межэтнические браки
академические исследования о 37–39, 55–78
в постсоветской Центральной Азии 311–352
в советском стиле 97–106
в эпоху Перестройки 106–109
гендерное равенство в 157–161, 171–188
военные невесты 84–97
общей религии 109–118

по определению советского государства 10–78
практики именования и 249–255
прославление 14, 37
разногласия и разводы в 149–155
характеристики успешности 146–149
советская этнография 59, 64, 68; см. также этнография
Советская этнография, журнал 49, 59–62, 65–67
советский интернационализм 32, 82, 131, 189, 200, 350, 353, 356, 357; см. также интернационализм
советский народ/люди 11, 12–14, 16, 17, 25, 37, 46–48, 57, 60, 61, 64, 72, 73, 77, 137, 203, 226–228, 236, 317, 340, 355, 356; см. также ассимиляция; национальность
Соединенные Штаты 11, 12, 14, 19, 24, 25, 34, 37, 39, 43, 50, 53, 77, 118, 145, 146, 150, 162, 199, 201, 206, 233, 236, 237, 246, 259, 272, 280, 281, 291, 301, 310, 357
как общество, основанное на расе 19
лингвистическая ассимиляция в 272, 280
политика против смешения 25, 37, 50, 77, 162, 199
практика именования в 246
смешанные браки в 24, 37, 162, 199
Сонг Мири 53

социальная иерархия 314, см. также этническая идентичность; расизм
социология 11, 26, 27, 38, 51–56, 239
спецхран 52, 53
СССР 11, 12, 16, 17, 20, 23, 24, 26, 27, 30, 31, 38, 41, 46–49, 51, 55, 56, 63, 67–69, 71, 74, 83, 90, 93, 104, 133, 140, 150, 160, 166, 181, 200, 202, 203, 225, 236, 237, 241, 275–277, 298, 309, 311, 332, 333, 355, 361
Сталин Иосиф Виссарионович 18, 27, 39, 41, 27, 51, 63, 80, 91, 180, 353
Станюкович Татьяна Владимировна 70
статус-кастовый обмен 52, 162
Столер Энн 26
Суни Рональд Григор 16, 214
Сусоколов Александр Александрович 7, 28, 30, 55, 56, 60, 66, 70, 76, 93, 94, 150, 151, 163, 204

Таджикистан 13, *passim*
идентичность в постсоветском 311–314
межэтнические браки в 88–92, 100–103, 105, 106,
миграции 325, 326
национально-территориальная история в 75
одежда в 87, 91, 123, 124, 126, 157, 178, 179
практики именования в 240–247
статистика национальностей в 22, 132

таджикский, как категория 22
традиционные брачные обычаи в 164
таджикско-русские семьи 34, 94, 103, 140, 147, 182, 227, 235, 238, 241, 253, 286, 289, 295, 350
таджикско-узбекские браки 34, 41, 110, 111, 336
татарско-казахские семьи 111, 136, 152, 189, 221, 257
татарско-русские семьи 161, 173, 198
Татарстан 76, 77, 94, 125, 161
теория этноса 51, 55–66, 203
Терентьева Людмила Николаевна 13, 55, 72, 74
Тлеубаева Салтанат (псевд.) 128, 190, 191, 251, 252, 303–305, 307–309
Тлеухан Бекболат 322
Токарев Сергей Александрович 65, 66
Толстов Сергей Павлович 46, 48, 58, 59
Толстой Лев Николаевич 149
Троегубова Татьяна 320
трудовая миграция 40, 325, 326, 337; см. также миграции
Туйчибаева Алла Михайловна 87, 91, 92, 123, 157, 158
Туйчибаева Лола 158, 235, 348, 349
Тумаркин Даниил Давыдович 59, 61, 65–67
Тумер Джин 236
турецкие практики именования 245; см. также практики именования
Туркменистан 13, 20, 50, 71, 104, 162

Узбекистан 20, 50, 71, 75, 94, 151, 207, 278, 334, 336, 351
узбекский язык 285, 342, 359, 360
узбекско-таджикские браки 34, 41, 110, 111, 336
Уильямс Гертруда Марвин 223
Уильямс Робин Мерфи 54
Strangers Next Door: Ethnic Relations in American Communities 54
Уиттингтон Анна 8, 228, 275, 291, 356
Умарова Светлана 104–106, 124
Урунбаев Камолиддин 284, 285
условия жизни 121, 188
Усманова Клара 143, 206, 234
устноисторические интервью 27, 30, 33

Фишер Уэсли 28

Хамидова Мария 95, 96, 127, 186, 250
Хобсбаум Эрик 351
Ходжаева Дильбар Аркадьевна 227, 228, 232, 247, 327, 328, 348
Хон Николай 317, 323
христианство 40, 110, 124, 132, 136, 138, 139, 143–145, 173, 242, 246, 321, 344–349; см. также русское православие
Хрущев Никита Сергеевич 38, 47, 48, 51, 52, 55, 97, 153, 181, 226

Чуйко Любовь Васильевна 37

шала-казах 111, 277, 359
Шоберлайн Джон 66

эвакуации во время войны 21, 40, 84
эндогамия 13, 60–62, 64, 66, 72, 75, 94, 313, 351, 352
Эстония 69, 94, 151
этническая идентичность 30, 46, 201, 210, 218, 228, 245, 247, 278, 300, 310, 314, 316, 356; см. также национальность; практики именования; социальная иерархия; этническая идентичность
биологические теории о 53–55
в постсоветском Казахстане и Таджикистане 311–314
маргинализация 22, 226, массовые депортации из-за 21, 84
ошибки официальной классификации 29, 200
распад Советского Союза и 317, 355
сокрытие 29
этнические процессы 47, 51, 56, 59, 66, 69, 72, 73, 76
этничность 16, 24, 35, 46, 47, 56, 59, 146, 154, 197, 270, 278, 301, 352
Этногенез и биосфера Земли, книга Л. Н. Гумилёва 63, 64

этнография 27, 38, 42, 45–47, 49, 51, 56, 58–61, 64, 65, 68, 72, 86, 164
в Советском Союзе 1920-х годов 42–46
в Советском Союзе 1960–1980-х годов 51–66
об идентичности 53–55
переосмысление 46–51
смешанные браки и теория 72–78
этнос 18, 38, 39, 46, 51, 55–58, 60–66, 69, 72–75, 203, 228, 310, 316, 319, 320, 331, 336, 352
теория этноса 51, 55–66, 203
как термин 18
Этнос и эндогамия, статья Ю. В. Бромлея 60, 73

Югославия 61, 201, 228, 246, 357
Южная Африка 25, 50, 77, 201, 240
Юрчак Алексей Владимирович 355
Юсупов Абдалла 149

Ярхо Аркадий Исаакович 45

Strangers Next Door: Ethnic Relations in American Communities, работа Р. М. Уильямса 54

Оглавление

Благодарности 7

Введение. Национальность, раса и смешанные браки
  в Советском Союзе 10
Глава 1. Смешанные браки и советские общественные
  науки 37
Глава 2. Любовь без этнических границ 79
Глава 3. Сцены из супружеской жизни счастливых
  (и не очень) смешанных браков 119
Глава 4. Смешанные браки и «восточная женщина» 156
Глава 5. Дилеммы идентичности и принадлежности ... 198
Глава 6. Выбор имени для детей смешанного
  происхождения 238
Глава 7. Смешанные семьи и русский язык 271
Глава 8. Смешанные браки после распада СССР 311
Заключение. Памятуя советский интернационализм ... 353

Приложение I. Методология устной истории 358
Приложение II. Список интервью 362
Библиография 367
Предметно-именной указатель 388

Научное издание

Адриенн Эдгар
МЕЖЭТНИЧЕСКИЕ БРАКИ И ДРУЖБА НАРОДОВ
Этническое смешение в Советской Центральной Азии

Директор издательства *И. В. Немировский*
Ответственный редактор *И. Белецкий*
Куратор серии *Е. Яндуганова*
Заведующий редакцией *А. Наседкин*

Дизайн *И. Граве*
Редактор *П. Казакова*
Корректор *И. Манлыбаева*
Верстка *Е. Падалки*

Подписано в печать 25.02.2025.
Формат издания 60 × 90 $^1/_{16}$. Усл. печ. л. 25,0.
Тираж 200 экз.

Academic Studies Press
1577 Beacon Street, Brookline, MA 02446 USA
https://www.academicstudiespress.com

ООО «Библиороссика».
198207, г. Санкт-Петербург, а/я № 8

Эксклюзивные дистрибьюторы:
ООО «Караван»
ООО «КНИЖНЫЙ КЛУБ 36.6»
http://www.club366.ru
Тел./факс: 8(495)9264544
e-mail: club366@club366.ru

Книги издательства можно купить
в интернет-магазине: www.bibliorossicapress.com
e-mail: sales@bibliorossicapress.ru

Знак информационной продукции согласно
Федеральному закону от 29.12.2010 № 436-ФЗ

www.ingramcontent.com/pod-product-compliance
Lightning Source LLC
Chambersburg PA
CBHW070307230426
43664CB00015B/2654